Les verbes anglais

Guillaume Desagulier

Pascale Leclercq

LAROUSSE

21, rue du Montparnasse 75283 Paris Cedex 06

© Larousse, 2011
21, rue du Montparnasse
75283 Paris Cedex 06
France

www.larousse.fr

ISBN 978-2-03-583772-1

Conception et rédaction
de l'introduction, des tableaux des verbes modèles et du précis grammatical
Guillaume Desagulier, Pascale Leclercq

Direction éditoriale
Ralf Brockmeier

Coordination éditoriale
Marc Chabrier

Traduction
Marie Ollivier-Caudray, Garret White

Lecture-vérification
Lucy Bove, Donald Watt, Garret White

Gestion des ressources informatiques
Monika Al Mourabit, Aurélie Prissette

Informatique éditoriale
Anna Bardon, Fabrice Jansen

Conception graphique et mise en page
Nord Compo, Villeneuve d'Ascq

Conception graphique de la couverture
Uli Meindl

Fabrication
Marlène Delbeken

Remerciements à
Agnès Gualtieri, Marianne Mouchot, Xavier Truchet

SOMMAIRE

INTRODUCTION

De par son format inédit, *Tout sur les verbes anglais* vous fait aborder le verbe anglais sous plusieurs angles :

- le livre vous fait prendre conscience de la place centrale du verbe dans la grammaire de l'anglais. Grâce à la combinaison d'un glossaire, de tableaux de conjugaison, d'un dictionnaire des *phrasal verbs*, d'un dictionnaire des verbes de plusieurs milliers d'entrées, et d'une grammaire explicative, les verbes de l'anglais n'auront bientôt plus de secret pour vous !
- le CD-Rom complète le livre par son exhaustivité et son côté pratique.

Tout sur les verbes anglais a été conçu pour des francophones désireux de progresser en anglais quel que soit leur niveau. C'est pourquoi dans toutes les parties du livre les comparaisons d'une langue à l'autre sont fréquentes.

La lecture de la grammaire est facilitée par une écriture simple et claire. Les termes techniques ont été conservés lorsqu'ils étaient essentiels, et si vous en cherchez la signification, rien de plus simple ! Un glossaire situé en début d'ouvrage vous permet à tout moment d'avoir l'explication de tout ce vocabulaire technique.

Cet ouvrage est conçu pour répondre à vos questions. Vous pourrez ainsi vous approprier l'ouvrage par de constants va-et-vient entre les différentes parties, en commençant par où bon vous semble.

Tel un artisan de la grammaire, vous pourrez puiser à votre guise dans votre « boîte à outils du verbe » !

Les tableaux des verbes

La conjugaison en anglais

La conjugaison en anglais fonctionne de manière très différente de celle du français. En français, chaque temps, chaque mode est marqué par des terminaisons verbales caractéristiques (*-rai, -ras, -ra, -rons, -rez, -ront* pour le futur de l'indicatif par exemple).

En anglais, la situation est très différente, car le système temporel ne comporte que deux temps : le présent et le prétérit, auxquels s'ajoutent les aspects : forme progressive be + V-ing (be associé à un verbe avec sa désinence en -ing), *present perfect* et *past perfect*, et les formes modales, qui permettent, entre autre, d'exprimer le futur ou le conditionnel à l'aide de verbes modaux ou quasi-modaux. On peut donc comparer la conjugaison des verbes anglais à un jeu de construction : on ajoute pièce après pièce les éléments (terminaisons comme V-s à la troisième personne du singulier au présent de l'indicatif, V-ed au prétérit, V-ing ou V-en pour marquer l'aspect, modaux, auxiliaires) qui permettent d'exprimer les temps, les aspects et la modalité.

Autre différence avec le français : les verbes de l'anglais ne se divisent pas en classes dans lesquelles on range ceux qui se conjuguent de la même manière, comme c'est le cas en français (verbes du premier groupe, de type « manger », etc.).

En anglais, on distingue par contre les verbes réguliers des verbes irréguliers : les verbes réguliers construisent leur prétérit et leur participe passé à l'aide de la terminaison -ed, alors que les verbes irréguliers ne suivent pas cette règle et ont des formes particulières au prétérit et au participe passé.

À cela s'ajoutent be, have et do qui peuvent être auxiliaires ou verbes irréguliers, et les verbes modaux, qui font l'objet d'un traitement séparé dans les tableaux.

Le classement des verbes

Nous avons donc choisi pour nos tableaux de développer les différentes formes prises par les auxiliaires be, have et do, puis de présenter quelques verbes réguliers, quelques verbes irréguliers et tous les modaux.

Le choix des verbes réguliers a été dicté par les différentes modifications orthographiques que ceux-ci peuvent subir lorsqu'on leur ajoute les terminaisons -s, -ed, ou -ing : nous avons donc sélectionné six verbes réguliers représentatifs de tous les types de modifications orthographiques.

Ces modifications orthographiques sont soulignées dans les tableaux.

Quant aux verbes irréguliers, nous en avons sélectionné quatre parmi les plus fréquents : le premier a trois formes identiques au présent, prétérit et participe passé, le deuxième et le quatrième disposent de trois formes différentes et le troisième n'a d'identique que les formes de prétérit et de participe passé.

Auxiliaires, verbes réguliers et irréguliers

Chaque verbe bénéficie d'une petite fiche d'identité, dans laquelle figurent les formes de présent, de prétérit, de participe passé et de participe présent, avec la transcription phonétique.

Les entrées des tableaux prennent en compte la spécificité du système temporel de l'anglais :

Nous avons opéré une distinction entre temps et aspects (présent et prétérit, *present perfect* et *past perfect*) et les formes modales (expression du futur avec will ou be going to, expression du conditionnel avec would).

Nous avons regroupé le présent, le prétérit avec les formes aspectuelles *present perfect* et *past perfect* car comme leur nom l'indique, *le present perfect* est une forme du présent, et le *past perfect* est une forme du passé.

Seuls le présent et le prétérit pouvant être considérés comme des temps, nous avons choisi d'utiliser le terme « expression du futur » afin d'éviter la confusion avec le temps « futur » tel qu'il existe en français par exemple.

La forme en V-ing pouvant généralement se superposer à tous les autres temps, aspects et formes modales, nous l'avons fait apparaître dans un tableau séparé.

Pour chaque verbe, il y a donc deux tableaux : un tableau sur les formes « simples » par opposition au tableau sur les formes en V-ing.

Modaux

Les modaux forment un système particulier en anglais. En effet, ils permettent au locuteur de s'exprimer avec nuance : par exemple, de donner son opinion, de formuler un jugement (you should go now *tu devrais y aller maintenant*), ou encore d'exprimer l'obligation, l'interdiction, l'autorisation... Ils ont donc la particularité d'être rattachés au moment où le locuteur parle, c'est-à-dire au présent (sauf dans les cas de discours indirect). En conséquence, on ne peut pas les conjuguer aux temps du passé.

De plus, les modaux sont toujours suivis d'une forme verbale non conjuguée. Cela peut être :

- une forme simple : base verbale I will play *je jouerai*
- une forme de perfect (et non de *present perfect* ou de *past perfect*, puisque l'auxiliaire « have » n'est pas conjugué) : I will have played *j'aurai joué*
- une forme en V-ing : I will be playing
- une forme de perfect + V-ing : I will have been playing

C'est pourquoi les tableaux des modaux ne font apparaître que ces quatre rubriques.

Certaines formes verbales existent mais sont très rarement employées : ces formes sont signalées dans les tableaux par des tirets.

La grammaire du verbe

La grammaire du verbe a été conçue en complémentarité avec les tableaux. Deux critères ont présidé à son élaboration :

- donner une image cohérente du système verbal de l'anglais en termes de formation et d'emploi. Une approche explicative, centrée sur l'usage a été adoptée, rompant ainsi avec une vision impersonnelle et compliquée de la grammaire.
- apporter une vision contrastive en notant les ressemblances et les différences entre le français et l'anglais.

Cette grammaire est constituée de fiches concises et complètes vous permettant de faire rapidement le tour de chaque question. Vous désirez savoir si vous pouvez utiliser le *present perfect* dans une phrase ? Rien de plus simple : la fiche correspondante vous indiquera non seulement comment construire la forme verbale (déjà présente dans les tableaux) mais aussi dans quels cas l'employer.

INTRODUCTION

Le dictionnaire des *phrasal verbs*

L'anglais possède la particularité d'avoir un système de « satellites » du verbe très développé : ce sont les fameuses particules des verbes prépositionnels et des phrasal verbs, si difficiles à maîtriser pour les francophones.

Le dictionnaire des phrasal verbs permet de vérifier d'une manière rapide et efficace de quelle particule tel ou tel verbe est suivi ; dans le cas de verbes pouvant être suivis d'innombrables particules, comme get ou go, ce dictionnaire offre d'un coup d'œil un panorama complet des différents sens possibles selon la particule. Il s'agit donc d'un outil précieux qui pourra être utilisé par le lecteur pour se familiariser avec les phrasal verbs et pour enrichir son expression à l'écrit comme à l'oral.

Le dictionnaire des verbes anglais

Le dictionnaire des verbes réunit plus de 9000 verbes. Une entrée de dictionnaire comporte les caractéristiques suivantes : catégorie grammaticale (transitif, intransitif, pronominal), une ou deux traductions afin de donner une idée du sens de ce verbe ou de ses acceptions. Certains verbes ou certaines acceptions sont marqués par une étiquette pour distinguer les différents sens ou indiquer les différentes variétés de l'anglais (UK=anglais britannique, US=anglais américain).

Le CD-Rom

Le conjugateur du CD-rom rassemble près de 13000 verbes et permet de les conjuguer à la forme voulue. Il vous indique comment distinguer les américanismes, un tableau des verbes irréguliers avec leur traduction et un tableau des modaux.

Deux modes de recherche sont possibles :

- Par l'infinitif, dans une nomenclature classée par ordre alphabétique.
- Par une forme fléchie. En tapant « kept » vous serez automatiquement redirigé vers l'infinitif (*keep*) ainsi que les autres formes du même verbe (*keeps*, *keeping*, etc.)

Le conjugateur est un outil pratique. Grâce à son moteur de recherche très rapide l'information est disponible en quelques secondes.

Cet ouvrage vous présente tous les aspects des verbes anglais et vous aide à mieux maîtriser la conjugaison tout en vous apportant une très grande autonomie grammaticale. Nous espérons qu'il vous séduira :

- par l'approche raisonnée du livre rédigé dans une perspective d'apprentissage,
- par l'efficacité du CD-rom qui apporte une réponse rapide aux problèmes ponctuels.

Loin de vous enseigner des règles à apprendre par cœur, *Tout sur les verbes anglais* vous fait découvrir une grammaire à échelle humaine et vous aide à penser les temps comme un locuteur anglophone. À l'image de ce dernier, vous comprendrez à quel point le système verbal n'est peut-être pas aussi abstrait qu'il en a l'air, que l'on peut par exemple se déplacer dans le temps comme on se meut dans l'espace :

I can't believe it! I am coming to the end of the book! (*Çà alors ! J'ai bientôt fini le livre !*).

Guillaume Desagulier

Pascale Leclercq

PRONONCIATION DE L'ANGLAIS

La prononciation de l'anglais est bien souvent périlleuse pour un francophone ; c'est pourquoi nous avons choisi d'y faire référence aussi souvent que possible, afin d'offrir au lecteur des repères quant à la prononciation des verbes de l'anglais.
Voici les principales caractéristiques de la prononciation de l'anglais.

Accentuation

En anglais, chaque mot prononcé individuellement porte un accent ; toutefois, au niveau de la phrase, certains mots sont accentués alors que d'autres sont réduits : on distingue donc deux niveaux d'accentuation qui se superposent en anglais, l'accent de mot et l'accent de phrase.

Accent de mot

Les francophones ont bien des difficultés à comprendre et à prononcer l'accent de mot, car le français est souvent considéré comme une langue sans accent.

En fait le français possède lui aussi un accent de mot (à la fin du mot), mais il est très régulier et ne pose pas de problème particulier. Aussi, en français, toutes les syllabes ont le même poids et sont prononcées de la même manière.

En anglais au contraire, la syllabe qui reçoit l'accent de mot est plus proéminente que les autres. Cette syllabe est prononcée avec une énergie articulatoire beaucoup plus grande que les syllabes qui ne reçoivent pas d'accent. Ces dernières sont alors prononcées plus rapidement comme si l'on avalait ces syllabes.

Cela crée le rythme de la langue anglaise (et cela explique que l'anglais oral soit bien souvent si difficile à comprendre pour un francophone !)

L'accent de mot est essentiel, car il détermine la bonne prononciation du mot en question, et il permet parfois de faire la différence entre un nom : a record ['rekɔːd] *un disque* et un verbe to record [ri'kɔːd] *enregistrer*).

On distingue plusieurs niveaux d'accentuation dans les mots anglais :

- Accent primaire (marqué dans la transcription phonétique par une apostrophe avant la syllabe accentuée) : record ['rekɔːd]
- Accent secondaire (marqué dans la transcription phonétique par une virgule avant la syllabe accentuée) : revolution [ˌrevə'luːʃən]
- Pas d'accent (aucune marque) : ce sont les syllabes cord [kɔːd] dans record, vo [və] et tion [ʃən] dans revolution

Tous les mots ont un accent primaire ; l'accent secondaire apparaît dans des mots de 4 syllabes et plus.

Les syllabes accentuées sont prononcées de manière « pleine » ; cela signifie que leur voyelle est prononcée comme indiqué dans l'alphabet phonétique ci-joint.

Les syllabes qui ne portent pas d'accent sont « réduites ». Cela veut dire que leur voyelle ne sera pas pleine : la voyelle des syllabes réduites est le plus souvent [ə], qui se prononce à peu près comme un *e* français, et en conséquence, elles seront prononcées plus rapidement.

Accent de phrase

Un deuxième niveau d'accentuation intervient lorsque les mots sont combinés dans une phrase.

Chaque mot individuel possède un accent de mot, mais dans une phrase, le locuteur accordera une importance plus grande aux mots qui apportent de l'information.

En revanche, les mots grammaticaux (auxiliaires, prépositions, articles, etc.) qui constituent la structure de la phrase mais n'apportent pas d'information lexicale, sont en règle générale non accentués (et donc prononcés de manière réduite).

Imaginons que l'on envoie le message suivant en morse, ou par SMS :

The children want to go to the cinema. *Les enfants veulent aller au cinéma.*

On pourra alors se contenter d'envoyer :

'Children 'want 'go 'cinema. *Enfants veulent aller cinéma.*

Ce sont donc ces mots-là qui seront accentués. Les autres (the, a, of) seront réduits.

Enfin, lorsque l'on veut mettre un mot particulier en valeur dans une phrase, surtout pour exprimer un contraste, on place un accent de phrase sur ce mot particulier.

A: We bought two records yesterday.
B : Oh, really ! We bought three yesterday!

A : Nous avons acheté deux disques hier.
B : Ah oui, vraiment ? Quant à nous, nous en avons acheté trois hier !

Intonation

L'intonation est la mélodie de la phrase. En anglais comme en français, elle permet d'indiquer l'état d'esprit du locuteur, de marquer la surprise, l'étonnement, mais également de donner des informations sur la syntaxe de la phrase et le sens : une phrase affirmative ou négative aura une intonation descendante, de même qu'une question en Wh- en anglais, alors que les questions fermées (Yes/No questions) auront une intonation montante. C'est l'intonation qui permettra de déterminer le sens des question tags.

James lives in New-Zealand, doesn't he? ↘

L'intonation descendante montre ici que le tag n'est pas une vraie question, mais une simple demande de confirmation de la part du locuteur (Voir *Interrogation*).

Alphabet phonétique

Voyelles

[ɪ]	pit, big, rid
[e]	pet, tend
[æ]	pat, bag, mad
[ʌ]	putt, cut
[ɒ]	pot, log
[ʊ]	put, full
[ə]	mother, suppose
[iː]	bean, weed
[ɑː]	barn, car, laugh
[ɔː]	born, lawn
[uː]	loop, loose
[ɜː]	burn, learn, bird

Diphtongues

[eɪ]	bay, late, great
[aɪ]	buy, light, aisle
[ɔɪ]	boy , foil
[əʊ]	no, road, blow
[aʊ]	now, shout, town
[ɪə]	peer, fierce, idea
[eə]	pair, bear, share
[ʊə]	poor, sure, tour

Semi-voyelles

[j]	you, spaniel
[w]	wet, why, twin

Consonnes

[p]	pop, people
[b]	bottle, bib
[t]	train, tip
[d]	dog, did
[k]	come, kitchen
[g]	gag, great
[tʃ]	chain, wretched
[dʒ]	jig, fridge
[f]	fib, physical
[v]	vine, livid
[θ]	think, fifth
[ð]	this, with
[s]	seal, peace
[z]	zip, his
[ʃ]	sheep, machine
[ʒ]	usual, measure
[h]	how, perhaps
[m]	metal, comb
[n]	night, dinner
[ŋ]	sung, parking
[l]	little, help
[r]	right, carry
[x]	loch

Divers

[ˈ]	accent primaire
[ˌ]	accent secondaire
[ˌrevəˈluʃən]	revolution (révolution)

GLOSSAIRE

Adverbe

Un adverbe est un mot invariable qui modifie le sens d'un verbe, d'un adjectif, d'un autre adverbe ou d'une proposition.

The supporters cheered **loudly**.
verbe
Les supporters ont applaudi bruyamment.

She's **surprisingly** mature.
adjectif
Elle est vraiment très mûre.

Courtney sings **very** well.
adverbe
Courtney chante très bien.

Unfortunately, she missed her train.
proposition
Malheureusement, elle a manqué son train.

Aspect

L'aspect est une catégorie grammaticale qui permet au locuteur de représenter les événements dont il parle selon son propre point de vue : par exemple, il peut représenter un événement en déroulement à l'aide du présent progressif, ou comme étant terminé à l'aide du present perfect. Attention : l'aspect est distinct du temps (présent, passé en anglais), qui permet de localiser un événement chronologiquement.

Peter is eating. *Peter est en train de manger.*
Peter has eaten. *Peter a mangé.*

Attribut du sujet

L'attribut est une propriété ou une qualité que le locuteur donne au sujet d'une phrase, à l'aide d'un verbe d'état de type be ou seem : dans l'exemple ci-dessous, on attribue la propriété crazy à this man.

This man is crazy. *Cet homme est fou.*

Auxiliaire

Comme l'indique leur origine latine (*auxilium* = aide, secours), les auxiliaires (be, do, have, les modaux) ont pour principale fonction d'assister les verbes lexicaux dans l'expression de la négation et de l'interrogation. Ils permettent aussi de ne pas répéter le verbe et de marquer l'insistance et de construire des formes verbales composées (aspect, expression du futur, du possible etc...). (Voir *Verbes et auxiliaires*.)

Base verbale

La base verbale (bare infinitive) correspond à l'une des deux formes de l'infinitif en anglais, à savoir l'infinitif sans to.

He saw her **talk** to the policeman. *Il l'a vue parler au policier.*

Catégorie grammaticale

Une catégorie grammaticale correspond à la nature syntaxique du mot dans la phrase. Les principales catégories sont : verbe, groupe nominal, pronom, déterminant, adjectif, adverbe, préposition et conjonction. On reconnaît souvent la catégorie d'un mot à sa forme. Par exemple la désinence -ly se retrouve dans de nombreux adverbes (ex. carefully), mais ce n'est pas toujours le cas (ex. lovely est un adjectif !). Attention ! Un mot donné peut appartenir à plusieurs catégories (ex. before peut être adverbe, préposition ou conjonction).

Complément

Les compléments sont des groupes nominaux ou des propositions qui viennent s'ajouter au sujet et au verbe pour compléter le sens de la phrase. On distingue les compléments d'objet, les compléments circonstanciels, les compléments d'agents...

Complément circonstanciel

Les compléments circonstanciels permettent de donner des précisions d'ordre spatial ou temporel (complément de lieu, complément de temps), sur la manière dont s'effectue une action, etc. Ils présentent la particularité d'être facultatifs : on peut les supprimer sans que la phrase ne devienne incorrecte.

Complément d'agent

Le complément d'agent est utilisé au *passif*, pour indiquer qui a fait l'action : en anglais, il est introduit par la préposition by, *par*. Il est facultatif.

Complément d'objet

En général, le complément d'objet direct (appelé aussi en abrégé COD) se place directement après le verbe (sauf lorsqu'il est de forme pronominale). Le complément d'objet indirect (COI) est introduit par une préposition après le verbe. À la tournure passive, les compléments d'objets peuvent accéder à la fonction de sujet.
(Voir *Verbes et compléments*, ainsi que *Verbes intransitifs et transitifs*.)

I'm reading **a book**.
COD
Je lis un livre.

I have been looking **for you**.
prép COI
Je te cherchais.

Concordance des temps

On appelle « concordance » le phénomène par lequel le verbe d'une subordonnée se met au temps du verbe de la principale dont il dépend.

Discours direct

Au discours direct, les paroles sont rapportées telles quelles par le locuteur sans aucune modification. Ces paroles sont mises entre guillemets.

"I'm leaving for Mexico tomorrow," Lucy said.
discours rapporté
« Je pars demain pour le Mexique, » dit Lucy.

Discours indirect

Au discours indirect, le locuteur rapporte des paroles prononcées antérieurement par un autre locuteur et apporte des modifications en termes de temps (présent → prétérit) et de personnes (1re → 3e).

Lucy said (that) **she was leaving for Mexico the following day**.
discours rapporté
Lucy a dit qu'elle partait pour le Mexique le lendemain.

Fonction

La fonction grammaticale d'un mot correspond à son rôle par rapport aux autres mots de la proposition. Les principales fonctions sont : sujet, complément, attribut. Attention ! Un mot appartenant à une catégorie particulière peut avoir plusieurs fonctions (ex. un groupe nominal peut occuper la fonction de sujet ou de complément d'objet suivant les phrases).

Forme aspectuelle

On dénombre en anglais plusieurs formes aspectuelles : les formes en be + V-ing, qui représentent une action en déroulement, et les formes de perfect, qui représentent un événement accompli.

Forme contractée

Une forme contractée permet de réunir deux éléments en un seul, comme un auxiliaire ou un modal et la négation par exemple (will + not = won't), un nom ou un pronom et un auxiliaire (he + is = he's) ou un verbe et une préposition (want + to = wanna). Ces formes sont surtout employées à l'oral.

Gérondif

Le gérondif permet de nominaliser un verbe, c'est-à-dire de lui faire occuper les fonctions d'un nom. Il se forme en anglais en ajoutant la terminaison -ing à un verbe. Il peut être suivi d'un déterminant, et peut occuper les fonctions de sujet ou de complément.

I like reading. *J'aime lire.*
To do the cleaning *faire le ménage*

Groupe nominal

Un groupe nominal est composé d'un nom, et de tous les éléments qui gravitent autour de ce nom : déterminant, adjectif, complément du nom etc.

Impossibilité logique

Lorsque le locuteur est certain qu'un événement ne peut pas (ou n'a pas pu) se produire parce que les conditions présidant à sa réalisation ne sont (ou n'étaient) pas réunies, il exprime cet état de fait par un marqueur d'impossibilité logique. Ce sens est le plus souvent transmis par le modal cannot/can't. (Voir *La modalité*)

You can't have seen my brother in Paris,
impossibilité logique
he was in London at the time.
cause
Tu n'as pas pu voir mon frère à Paris, il était à Londres à ce moment-là.

Interronégation

L'interronégation est la combinaison de l'*interrogation* et de la *négation*.

Aren't you happy?
N'es-tu pas content ?

Intonation

L'intonation est la musique de la phrase ; elle permet d'exprimer les émotions du locuteur, mais aussi d'indiquer qu'une phrase est une question ou une affirmation, ou de faire ressortir de manière contrastive certains éléments de la phrase : elle contribue donc de manière importante à donner un sens à l'énoncé. (Voir *Phonétique*)

Intransitif

Un verbe est employé dans une construction intransitive lorsqu'il ne prend pas de complément d'objet (direct ou indirect). Appear, happen, go, work, glow sont des verbes intransitifs. Certains verbes intransitifs peuvent être aussi construits de manière transitive en fonction des contextes (drive, play, write, sing, kiss, etc.). (Voir *Verbes intransitifs et transitifs*.)

Irréel

Comme son nom l'indique, l'irréel englobe tout ce qui n'appartient pas au plan du réel (= « tout ce qui n'est pas le cas »). Les raisons de renvoyer à l'irréel sont multiples : formuler une hypothèse, exprimer un souhait, adresser un reproche, etc.

Irréel du passé

L'irréel du passé renvoie à tout ce qui est perçu comme étant en dehors de la réalité à un moment du passé.

If she had told me the truth, I could have helped her.
condition irréelle dans le passé — événement non réalisé
Si elle m'avait dit la vérité, j'aurais pu l'aider.

Irréel du présent

L'irréel du présent renvoie à tout ce qui est perçu comme étant en dehors de la réalité au moment où l'on parle.

If I were rich, I would buy a Ferrari.
hypothèse concernant le présent (sous entendu : je ne suis pas riche)
Si j'étais riche, j'achèterais une Ferrari.

Locuteur

Le locuteur est la personne qui parle, qui produit un énoncé, à l'écrit comme à l'oral. Il utilise les outils que lui fournissent la grammaire et le lexique de sa langue pour communiquer avec d'autres locuteurs. La structure d'un énoncé reflète donc (au moins partiellement) les choix du locuteur en fonction de ce qu'il veut communiquer.

Manière pleine

On dit qu'une voyelle est prononcée de manière pleine lorsque sa prononciation correspond à celle qui figure sur l'alphabet phonétique. (Voir *Phonétique*)

Manière réduite

On dit qu'une voyelle est prononcée de manière réduite lorsqu'elle appartient à une syllabe non accentuée ; dans ce cas, quelle que soit la voyelle, sa prononciation sera [ə], [i] ou parfois [u].

Modalité

Pour communiquer, tout locuteur a une certaine idée de ce qu'il va dire, et une certaine idée de la façon dont il va le dire. Ce qu'il a l'intention de dire constitue le contenu de l'énoncé. La manière de présenter ce contenu correspond à la modalité. (Voir *La modalité*.)

Modaux

Les modaux anglais sont des auxiliaires spécialisés dans l'expression de la modalité. Ils aident à former la négation, l'interrogation, la reprise et l'insistance. Par ailleurs, ils sont suivis de l'infinitif sans to, ne prennent pas de s à la troisième personne du singulier au présent simple et ne se combinent pas avec d'autres modaux. (Voir *La modalité*, can/could, be able to et be allowed to, may/might, will/would, shall/should, ought to, need et dare, must, have to, want (to).)

Moment où l'on parle

C'est le moment de référence par rapport auquel on analyse les temps et aspects : par exemple, le présent be + V-ing indique qu'une action est vraie au moment où l'on parle, alors que le prétérit indique une rupture avec le moment de la parole, etc. (Voir *Temps et aspect*.)

Nécessité logique

Lorsque le locuteur est certain qu'un événement va se produire (ou s'est produit) parce que les conditions présidant à sa réalisation sont (ou étaient) réunies, il exprime cet état de fait par un marqueur de nécessité logique (ex. must, have to). (Voir *La modalité*.)

Obligation

L'obligation renvoie à la contrainte qui pousse un individu à agir. Ce dernier n'a pas le choix. Lorsque la contrainte émane d'une loi, d'une convention sociale, etc., l'obligation est dite « impersonnelle ». Lorsque la contrainte émane du locuteur, l'obligation est dite « personnelle ». (Voir *La modalité*.)

Participe passé

Le participe passé est une forme verbale qui se construit en anglais par l'adjonction au verbe régulier de la terminaison -ed, ou par une forme particulière du verbe pour les verbes irréguliers. Pour le distinguer du prétérit qui se forme lui aussi à l'aide de V-ed (verbes réguliers), on le note V-en. Le participe passé exprime le résultat d'une action verbale achevée et entre dans la composition du present perfect et du past perfect, ainsi que du passif.

Participe présent

Le participe présent est une forme verbale qui se construit en anglais par l'adjonction au verbe de la terminaison -ing. Il se distingue du gérondif car il n'a pas de fonction nominale, et il entre dans la composition de l'aspect be + V-ing. Il exprime la participation d'un sujet à un événement : dans l'exemple ci-dessous, she est décrite comme étant en train de chanter.

She is singing. *Elle chante.*

Particule

Les particules sont de petits mots qui viennent parfois compléter le sens des verbes, surtout lorsque ceux-ci sont très vagues, comme get, go, etc. ; elles peuvent êtres prépositionnelles ou adverbiales. (Voir *Les verbes à particules*.)

Préposition

Une préposition introduit un groupe nominal. L'ensemble constitue un groupe prépositionnel.

At my house.
prép. GN
Chez moi.

Proposition

Une proposition (clause) est constituée au minimum d'un groupe nominal et d'un groupe verbal. Une phrase peut contenir plusieurs propositions. Compter les verbes est un bon moyen de connaître le nombre de propositions dans une phrase.

Quasi-modal

Un quasi-modal est une construction exprimant un sens modal mais ne réunissant pas toutes les caractéristiques syntaxiques des modaux principaux de l'anglais (can, may, must, etc.). Par exemple, have to est un quasi-modal car il se construit avec l'infinitif complet, alors que la plupart des modaux sont suivis de la base verbale.

Question fermée

On appelle «question fermée» une question à laquelle on ne peut répondre que par oui ou par non. On les appelle Yes/No questions en anglais.

Sujet ou sujet grammatical
Le sujet est celui qui fait l'action ou qui est le siège d'un « état » dans la phrase. Il ne faut pas le confondre avec le locuteur, qui est celui qui parle. Parfois le locuteur et le sujet grammatical sont une seule et même personne : c'est le cas lorsque le sujet de la phrase est le pronom personnel I, je.

Syllabe accentuée
Les syllabes accentuées sont prononcées avec une plus grande énergie articulatoire, ce qui a pour effet de les rendre plus saillantes ; leur voyelle est prononcée de manière pleine. (Voir *Phonétique*.)

Temps
En anglais on appelle time le temps chronologique, c'est-à-dire le temps « réel », et tense le temps grammatical, qui permet à un locuteur de situer verbalement des événements dans le temps.

Tournure affirmative
On dit d'une phrase qu'elle est affirmative lorsque le locuteur présente le contenu de la phrase comme vrai, possible (par opposition à la *négation* ou l'*interrogation*. Voir ces fiches).

Transitif
Un verbe est employé dans une construction transitive lorsqu'il prend un complément d'objet (direct ou indirect). Grant *(accorder)*, accept *(accepter)*, access *(accéder à)* sont des verbes transitifs. Certains verbes peuvent être transitifs ou intransitifs en fonction des contextes (drive/*conduire*, play/*jouer*, write/*écrire*, sing/*chanter*, kiss/*embrasser*, etc.). (Voir *Verbes intransitifs et transitifs*.)

Transitif direct
Un verbe est transitif direct lorsqu'il est suivi d'un complément d'objet direct. Aucune préposition ne vient s'intercaler entre le verbe et son complément.

Transitif indirect
Un verbe est transitif indirect lorsqu'il est suivi d'un complément d'objet indirect. Le complément est introduit par une préposition.

V-en
Voir l'article *Participe passé* du glossaire.

Verbe d'action
Comme son nom l'indique, ce type de verbe renvoie à une action ou à un changement d'état. L'événement se caractérise par une certaine dynamique des forces. Kick (*donner un coup de pied à/dans*), jump (*sauter*), grow (*pousser, grandir, devenir*), etc. sont typiquement des verbes d'action.

Verbe d'état
Comme son nom l'indique, ce type de verbe renvoie à un état. L'événement exprimé par le verbe est doté d'une certaine stabilité (même s'il existe des états temporaires). Be, stay, seem, etc. sont typiquement des verbes d'état.

Verbe irrégulier
L'anglais possède un certain nombre de verbes dits « irréguliers », car ils ne suivent pas les règles de formation du prétérit et du participe passé. (Voir table des *verbes irréguliers*.)

Verbe lexical
Les verbes lexicaux ont un sens bien à eux que l'on doit apprendre au cas par cas et que l'on peut traduire (walk : *marcher*, jump : *sauter*, sing : *chanter*, etc). Par opposition, les auxiliaires be, have et do ont un sens plus abstrait vu que ce sont des « mots-outils ».

Voix
D'un point de vue syntaxique, un énoncé peut être à la voix active, à la voix passive ou à la voix moyenne. À la voix active, la syntaxe du groupe verbal met en avant le sujet, qui accomplit l'action ou réagit à l'événement. À la voix passive, la syntaxe du groupe verbal met en avant l'élément qui reçoit ou subit l'événement. À la voix moyenne, la construction de l'énoncé est active mais reçoit un sens passif. (Voir *Voix active, voix passive, voix moyenne*.)

Tableaux des verbes

TABLEAUX DES VERBES

Verbe irrégulier ou auxiliaire

Be est le *verbe irrégulier** de la langue anglaise qui prend le plus de formes différentes !
Attention : à la forme en V-ing, be n'apparaît que de manière rarissime aux formes de *present* et *past perfect progressifs** ou en combinaison avec les formes modales.
Ces formes n'apparaissent donc pas dans le tableau.

- Présent : am [æm], are [ɑː], is [ɪz]
- Prétérit : was [wɒz], were [wɜː]
- Participe présent : being [biːɪŋ]
- Participe passé : been [biːn]

Formes simples

TEMPS ET ASPECT

	Affirmation	Négation	Interrogation
Présent	I am you are he is we are you are they are	I am not you are not he is not we are not you/ are not they are not	am I? are you? is he? are we? are you? are they?
Prétérit	I was you were he was we were you were they were	I was not you were not he was not we were not you were not they were not	was I? were you? was he? were we? were you? were they?
Present perfect	I have be**en** you have be**en** he has be**en** we have be**en** you have be**en** they have be**en**	I have not be**en** you have not be**en** he has not be**en** we have not be**en** you have not be**en** they have not be**en**	have I be**en**? have you be**en**? has he be**en**? have we be**en**? have you be**en**? have they be**en**?
Past perfect	I had be**en** you had be**en** he had be**en** we had be**en** you had be**en** they had be**en**	I had not be**en** you had not be**en** he had not be**en** we had not be**en** you had not be**en** they had not be**en**	had I be**en**? had you be**en**? had he be**en**? had we be**en**? had you be**en**? had they be**en**?

Formes simples

FORMES MODALES

	Affirmation	Négation	Interrogation
Expression du futur will	I will be you will be he will be we will be you will be they will be	I will not be you will not be he will not be we will not be you will not be they will not be	will I be? will you be? will he be? will we be? will you be? will they be?
be going to	I am going to be you are going to be he is going to be we are going to be you are going to be they are going to be	I am not going to be you are not going to be he is not going to be we are going to be you are going to be they are going to be	am I going to be? are you going to be? is he going to be? are we going to be? are you going to be? are they going to be?
Expression du futur antérieur will	I will have be**en** you will have be**en** he will have be**en** we will have be**en** you will have be**en** they will have be**en**	I will not have be**en** you will not have be**en** he will not have be**en** we will not have be**en** you will not have be**en** they will not have be**en**	will I have be**en**? will you have be**en**? will he have be**en**? will we have be**en**? will you have be**en**? will they have be**en**?
Conditionnel	I would be you would be he would be we would be you would be they would be	I would not be you would not be he would not be we would not be you would not be they would not be	would I be? would you be? would he be? would we be? would you be? would they be?
Conditionnel passé	I would have be**en** you would have be**en** he would have be**en** we would have be**en** you would have be**en** they would have be**en**	I would not have be**en** you would not have be**en** he would not have be**en** we would not have be**en** you would not have be**en** they would not have be**en**	would I have be**en**? would you have be**en**? would he have be**en**? would we have be**en**? would you have be**en**? would they have be**en**?

Formes V-ing

TEMPS ET ASPECT

	Affirmation	Négation	Interrogation
Présent	I am be**ing** you are be**ing** he is be**ing** we are be**ing** you are be**ing** they are be**ing**	I am not be**ing** you are not be**ing** he is not be**ing** we are not be**ing** you are not be**ing** they are not be**ing**	am I be**ing**? are you be**ing**? is he be**ing**? are we be**ing**? are you be**ing**? are they be**ing**?
Prétérit	I was be**ing** you were be**ing** he was be**ing** we were be**ing** you were be**ing** they were be**ing**	I was not be**ing** you were not be**ing** he was not be**ing** we were not be**ing** you were not be**ing** they were not be**ing**	was I be**ing**? were you be**ing**? was he not be**ing**? were we be**ing**? were you be**ing**? were they be**ing**?

HAVE avoir

Verbe irrégulier ou auxiliaire

Have est un *verbe irrégulier** présentant des formes identiques au prétérit et au participe passé. Attention : la 3e personne du singulier du présent est irrégulière.

- Présent : have [hæv], has [hæz] (3e p. sing. présent)
- Prétérit : had [hæd]
- Participe présent : having
- Participe passé : had [hæd]

Note : la forme interrogative qui apparaît dans le tableau est celle avec do, toutefois, avec have verbe au présent et au prétérit, la forme interrogative peut se construire avec have got, ou have tout seul (voir les fiches sur *have** et sur *l'interrogation**).

Do you have the time? Have you the time? Have you got the time? Avez-vous l'heure ?

Formes simples

TEMPS ET ASPECT

	Affirmation	Négation	Interrogation
Présent	I have you have he has we have you have they have	I have not you have not he has not we have not you have not they have not	do I have? do you have? does he have? do we have? do you have? do they have?
Prétérit	I had you had he had we had you had they had	I had not you had not he had not we had not you had not they had not	did I have? did you have? did he have? did we have? did you have? did they have?
Present perfect	I have had you have had he has had we have had you have had they have had	I have not had you have not had he has not had we have not had you have not had they have not had	have I had? have you had? has he had? have we had? have you had? have they had?
Past perfect	I had had you had had he had had we had had you had had they had had	I had not had you had not had he had not had we had not had you had not had they had not had	had I had? had you had? had he had? had we had? had you had? had they had?

Formes simples

FORMES MODALES

	Affirmation	Négation	Interrogation
Expression du futur will	I will have you will have he will have we will have you will have they will have	I will not have you will not have he will not have we will not have you will not have they will not have	will I have? will you have? will he have? will we have? will you have? will they have?
be going to	I am going to have you are going to have he is going to have we are going to have you are going to have they are going to have	I am not going to have you are not going to have he is not going to have we are not going to have you are not going to have they are not going to have	am I going to have? are you going to have? is he going to have? are we going to have? are you going to have? are they going to have?
Expression du futur antérieur will	I will have had you will have had he will have had we will have had you will have had they will have had	I will not have had you will not have had he will not have had we will not have had you will not have had they will not have had	will I have had? will you have had? will he have had? will we have had? will you have had? will they have had?
Conditionnel	I would have you would have he would have we would have you would have they would have	I would not have you would not have he would not have we would not have you would not have they would not have	would I have? would you have? would he have? would we have? would you have? would they have?
Conditionnel passé	I would have had you would have had he would have had we would have had you would have had they would have had	I would not have had you would not have had he would not have had we would not have had you would not have had they would not have had	would I have had? would you have had? would he have had? would we have had? would you have had? would they have had?

Formes V-ing

TEMPS ET ASPECT

	Affirmation	Négation	Interrogation
Présent	I am hav**ing** you are hav**ing** he is hav**ing** we are hav**ing** you are hav**ing** they are hav**ing**	I am not hav**ing** you are not hav**ing** he is not hav**ing** we are not hav**ing** you are not hav**ing** they are not hav**ing**	am I hav**ing**? are you hav**ing**? is he hav**ing**? are we hav**ing**? are you hav**ing**? are they hav**ing**?
Prétérit	I was hav**ing** you were hav**ing** he was hav**ing** we were hav**ing** you were hav**ing** they were hav**ing**	I was not hav**ing** you were not hav**ing** he was not hav**ing** we were not hav**ing** you were not hav**ing** they were not hav**ing**	was I hav**ing**? were you hav**ing**? was he hav**ing**? were we hav**ing**? were you hav**ing**? were they hav**ing**?
Present perfect	I have been hav**ing** you have been hav**ing** he has been hav**ing** we have been hav**ing** you have been hav**ing** they have been hav**ing**	I have not been hav**ing** you have not been hav**ing** he has not been hav**ing** we have not been hav**ing** you have not been hav**ing** they have not been hav**ing**	have I been hav**ing**? have you been hav**ing**? has he been hav**ing**? have we been hav**ing**? have you been hav**ing**? have they been hav**ing**?
Past perfect	I had been hav**ing** you had been hav**ing** he had been hav**ing** we had been hav**ing** you had been hav**ing** they had been hav**ing**	I had not been hav**ing** you had not been hav**ing** he had not been hav**ing** we had not been hav**ing** you had not been hav**ing** they had not been hav**ing**	had I been hav**ing**? had you been hav**ing**? had he been hav**ing**? had we been hav**ing**? had you been hav**ing**? had they been hav**ing**?

Formes V-ing

FORMES MODALES

	Affirmation	Négation	Interrogation
Expression du futur will	I will be hav**ing** you will be hav**ing** he will be hav**ing** we will be hav**ing** you will be hav**ing** they will be hav**ing**	I will not be hav**ing** you will not be hav**ing** he will not be hav**ing** we will not be hav**ing** you will not be hav**ing** they will not be hav**ing**	will I be hav**ing**? will you be hav**ing**? will he be hav**ing**? will we be hav**ing**? will you be hav**ing**? will they be hav**ing**?
be going to	I am going to be hav**ing** you are going to be hav**ing** he is going to be hav**ing** we are going to be hav**ing** you are going to be hav**ing** they are going to be hav**ing**	I am not going to be hav**ing** you are not going to be hav**ing** he is not going to be hav**ing** we are not going to be hav**ing** you are not going to be hav**ing** they are not going to be hav**ing**	am I going to be hav**ing**? are you going to be hav**ing**? is he going to be hav**ing**? are we going to be hav**ing**? are you going to be hav**ing**? are they going to be hav**ing**?
Expression du futur antérieur will	I will have been hav**ing** you will have been hav**ing** he will have been hav**ing** we will have been hav**ing** you will have been hav**ing** they will have been hav**ing**	I will not have been hav**ing** you will not have been hav**ing** he will not have been hav**ing** we will not have been hav**ing** you will not have been hav**ing** they will not have been hav**ing**	will I have been hav**ing**? will you have been hav**ing**? will he have been hav**ing**? will we have been hav**ing**? will you have been hav**ing**? will they have been hav**ing**?
Conditionnel	I would be hav**ing** you would be hav**ing** he would be hav**ing** we would be hav**ing** you would be hav**ing** they would be hav**ing**	I would not be hav**ing** you would not be hav**ing** he would not be hav**ing** we would not be hav**ing** you would not be hav**ing** they would not be hav**ing**	would I be hav**ing**? would you be hav**ing**? would he be hav**ing**? would we be hav**ing**? would you be hav**ing**? would they be hav**ing**?
Conditionnel passé	I would have been hav**ing** you would have been hav**ing** he would have been hav**ing** we would have been hav**ing** you would have been hav**ing** they would have been hav**ing**	I would not have been hav**ing** you would not have been hav**ing** he would not have been hav**ing** we would not have been hav**ing** you would not have been hav**ing** they would not have been hav**ing**	would I have been hav**ing**? would you have been hav**ing**? would he have been hav**ing**? would we have been hav**ing**? would you have been hav**ing**? would they have been hav**ing**?

DO faire

Verbe irrégulier ou auxiliaire

Do est un *verbe irrégulier** présentant une forme différente au présent, au prétérit et au participe passé. Attention : il prend **-es** à la 3e personne du singulier du présent simple.

- Présent : do ['du:], does ['dʌz] (3e p. sing. présent)
- Prétérit : did ['dɪd]
- Participe présent : doing ['du:ɪŋ]
- Participe passé : done ['dʌn]

Formes simples

TEMPS ET ASPECT

	Affirmation	Négation	Interrogation
Présent	I do you do he do**es** we do you do they do	I do not you do not he do**es** not we do not you do not they do not	do I? do you? do**es** he? do we? do you? do they?
Prétérit	I did you did he did we did you did they did	I did not you did not he did not we did not you did not they did not	did I? did you? did he? did we? did you? did they?
Present perfect	I have do**ne** you have do**ne** he has do**ne** we have do**ne** you have do**ne** they have do**ne**	I have not do**ne** you have not do**ne** he has not do**ne** we have not do**ne** you have not do**ne** they have not do**ne**	have I do**ne**? have you do**ne**? has he do**ne**? have we do**ne**? have you do**ne**? have they do**ne**?
Past perfect	I had do**ne** you had do**ne** he had do**ne** we had do**ne** you had do**ne** they had do**ne**	I had not do**ne** you had not do**ne** he had not do**ne** we had not do**ne** you had not do**ne** they had not do**ne**	had I do**ne**? had you do**ne**? had he do**ne**? had we do**ne**? had you do**ne**? had they do**ne**?

Formes simples

FORMES MODALES

	Affirmation	Négation	Interrogation
Expression du futur will	I will do you will do he will do we will do you will do they will do	I will not do you will not do he will not do we will not do you will not do they will not do	will I do? will you do? will he do? will we do? will you do? will they do?
be going to	I am going to do you are going to do he is going to do we are going to do you are going to do they are going to do	I am not going to do you are not going to do he is not going to do we are not going to do you are not going to do they are not going to do	am I going to do? are you going to do? is he going to do? are we going to do? are you going to do? are they going to do?
Expression du futur antérieur will	I will have do**ne** you will have do**ne** he will have do**ne** we will have do**ne** you will have do**ne** they will have do**ne**	I will not have do**ne** you will not have do**ne** he will not have do**ne** we will not have do**ne** you will not have do**ne** they will not have do**ne**	will I have do**ne**? will you have do**ne**? will he have do**ne**? will we have do**ne**? will you have do**ne**? will they have do**ne**?
Conditionnel	I would do you would do he would do we would do you would do they would do	I would not do you would not do he would not do we would not do you would not do they would not do	would I do? would you do? would he do? would we do? would you do? would they do?
Conditionnel passé	I would have do**ne** you would have do**ne** he would have do**ne** we would have do**ne** you would have do**ne** they would have do**ne**	I would not have do**ne** you would not have do**ne** he would not have do**ne** we would not have do**ne** you would not have do**ne** they would not have do**ne**	would I have do**ne**? would you have do**ne**? would he have do**ne**? would we have do**ne**? would you have do**ne**? would they have do**ne**?

Formes V-ing

TEMPS ET ASPECT

	Affirmation	Négation	Interrogation
Présent	I am do**ing** you are do**ing** he is do**ing** we are do**ing** you are do**ing** they are do**ing**	I am not do**ing** you are not do**ing** he is not do**ing** we are not do**ing** you are not do**ing** they are not do**ing**	am I do**ing**? are you do**ing**? is he do**ing**? are we do**ing**? are you do**ing**? are they do**ing**?
Prétérit	I was do**ing** you were do**ing** he was do**ing** we were do**ing** you were do**ing** they were do**ing**	I was not do**ing** you were not do**ing** he was not do**ing** we were not do**ing** you were not do**ing** they were not do**ing**	was I do**ing**? were you do**ing**? was he do**ing**? were we do**ing**? were you do**ing**? were they do**ing**?
Present perfect	I have been do**ing** you have been do**ing** he has been do**ing** we have been do**ing** you have been do**ing** they have been do**ing**	I have not been do**ing** you have not been do**ing** he has not been do**ing** we have not been do**ing** you have not been do**ing** they have not been do**ing**	have I been do**ing**? have you been do**ing**? has he been do**ing**? have we been do**ing**? have you been do**ing**? have they been do**ing**?
Past perfect	I had been do**ing** you had been do**ing** he had been do**ing** we had been do**ing** you had been do**ing** they had been do**ing**	I had not been do**ing** you had not been do**ing** he had not been do**ing** we had not been do**ing** you had not been do**ing** they had not been do**ing**	had I been do**ing**? had you been do**ing**? had he been do**ing**? had we been do**ing**? had you been do**ing**? had they been do**ing**?

Formes V-ing

FORMES MODALES

	Affirmation	Négation	Interrogation
Expression du futur will	I will be do**ing** you will be do**ing** he will be do**ing** we will be do**ing** you will be do**ing** they will be do**ing**	I will not be do**ing** you will not be do**ing** he will not be do**ing** we will not be do**ing** you will not be do**ing** they will not be do**ing**	will I be do**ing**? will you be do**ing**? will he be do**ing**? will we be do**ing**? will you be do**ing**? will they be do**ing**?
be going to	I am going to be do**ing** you are going to be do**ing** he is going to be do**ing** we are going to be do**ing** you are going to be do**ing** they are going to be do**ing**	I am not going to be do**ing** you are not going to be do**ing** he is not going to be do**ing** we are not going to be do**ing** you are not going to be do**ing** they are not going to be do**ing**	am I going to be do**ing**? are you going to be do**ing**? is he going to be do**ing**? are we going to be do**ing**? are you going to be do**ing**? are they going to be do**ing**?
Expression du futur antérieur will	I will have been do**ing** you will have been do**ing** he will have been do**ing** we will have been do**ing** you will have been do**ing** they will have been do**ing**	I will not have been do**ing** you will not have been do**ing** he will not have been do**ing** we will not have been do**ing** you will not have been do**ing** they will not have been do**ing**	will I have been do**ing**? will you have been do**ing**? will he have been do**ing**? will we have been do**ing**? will you have been do**ing**? will they have been do**ing**?
Conditionnel	I would be do**ing** you would be do**ing** he would be do**ing** we would be do**ing** you would be do**ing** they would be do**ing**	I would not be do**ing** you would not be do**ing** he would not be do**ing** we would not be do**ing** you would not be do**ing** they would not be do**ing**	would I be do**ing**? would you be do**ing**? would he be do**ing**? would we be do**ing**? would you be do**ing**? would they be do**ing**?
Conditionnel passé	I would have been do**ing** you would have been do**ing** he would have been do**ing** we would have been do**ing** you would have been do**ing** they would have been do**ing**	I would not have been do**ing** you would not have been do**ing** he would not have been do**ing** we would not have been do**ing** you would not have been do**ing** they would not have been do**ing**	would I have been do**ing**? would you have been do**ing**? would he have been do**ing**? would we have been do**ing**? would you have been do**ing**? would they have been do**ing**?

MAY

Modal

En tant que modal, may ne se conjugue pas. Il n'est jamais employé seul (sauf dans les réponses brèves), c'est pourquoi il apparaît dans le tableau ci-dessous suivi du verbe play.

May suivi par une	affirmation	négation	interrogation*
Formes simples	I may play you may play he may play we/you/they may play	I may not play you may not play he may not play we/you/they may not play	may I play? may you play? may he play? may we/you/they play?
Formes en V-ing	I may be playing you may be playing he may be playing we/you/they may be playing	I may not be playing you may not be playing he may not be playing we/you/they may not be playing	
Perfect	I/you may have played he may have played we/you/they may have played	I/you may not have played he may not have played we/you/they may not have played	
Perfect + V-ing	I/you may have been playing he may have been playing we/you/they may have been playing	I/you may not have been playing he may not have been playing we/you/they may not have been playing	

* Les formes de perfect et les formes en V-ing sont peu usitées à l'interrogation, surtout à la 1re p. sing.

May permet d'envisager une éventualité, ou d'exprimer la permission, au moment où l'on parle, c'est pourquoi il a toujours un sens de « présent ».

Il peut être suivi :

- d'un verbe à l'infinitif sans to (base verbale nue) :

She may play football. *Il se peut qu'elle joue au football. / Elle a l'autorisation de jouer au football.*

- d'une forme de perfect (have + verbe au participe passé) :

She may have played. *Il se peut qu'elle ait joué*

Jesminder may have been playing football when you called her. *Il se peut que Jesminder ait été en train de jouer au football quand tu l'as appelée.*

- ou d'une forme en V-ing (be + verbe au participe présent) :

She may be playing. *Il se peut qu'elle soit en train de jouer.*

MIGHT

Modal

En tant que modal, might ne se conjugue pas. Il n'est jamais employé seul (sauf dans les réponses brèves), c'est pourquoi il apparaît dans le tableau ci-dessous suivi du verbe play.

Might suivi par une	affirmation	négation	interrogation*
Formes simples	I might play you might play he might play we/you/they might play	I might not play you might not play he might not play we/you/they might not play	might I play? might you play? might he play? might we/you/they play?
Formes en V-ing	I might be playing you might be playing he might be playing we/you/they might be playing	I might not be playing you might not be playing he might not be playing we/you/they might not be playing	might I be playing? might you be playing? might he be playing? might we/you/they be playing?
Perfect	I/you might have played he might have played we/you/they might have played	I/you might not have played he might not have played we/you/they might not have played	might I/you have played? might he have played? might we/you/they have played?
Perfect + V-ing	I/you might have been playing he might have been playing we/you/they might have been playing	I/you might not have been playing he might not have been playing we/you/they might not have been playing	might I/you have been playing? might he have been playing? might we/you/they have been playing?

* Formes peu usitées surtout à la 1re p. sing (sauf pour les formes simples au présent).

Might permet au locuteur d'envisager une éventualité au moment où l'on parle, c'est pourquoi il a toujours un sens de « présent », toutefois cette éventualité est plus incertaine qu'avec may. Il peut être suivi :

- d'un verbe à l'infinitif sans to (base verbale nue) :

She might play the violin. *Il se pourrait qu'elle joue du violon.*

- d'une forme de perfect (have + verbe au participe passé) :

She might have played the violin. *Il se pourrait qu'elle ait joué du violon.*

She might have been playing the violin when the postman came. *Il se pourrait qu'elle ait été en train de jouer du violon lorsque le facteur est passé.*

- ou d'une forme en V-ing (be + verbe au participe présent) :

She might be playing. *Il se pourrait qu'elle soit en train de jouer.*

Might s'emploie également comme passé de may au style indirect :

He said he might come. [= he said: 'I may come'] *Il a dit qu'il allait peut-être venir.*

CAN

Modal

- En tant que modal, can ne se conjugue pas. Il n'est jamais employé seul (sauf dans les réponses brèves), c'est pourquoi il apparaît dans le tableau ci-dessous suivi du verbe play.

Can suivi par une	affirmation	négation	interrogation*
Formes simples	I can play you can play he can play we/you/they can play	I cannot play you cannot play he cannot play we/you/they cannot play	can I play? can you play? can he play? can we/you/they play?
Formes en V-ing	I can be playing you can be playing he can be playing we/you/they can be playing	I cannot be playing you cannot be playing he cannot be playing we/you/they cannot be playing	
Perfect	I/you can have played he can have played we/you/they can have played	I/you cannot have played he cannot have played we/you/they cannot have played	
Perfect + V-ing	I/you can have been playing he can have been playing we/you/they can have been playing	I/you cannot have been playing he cannot have been playing we/you/they cannot have been playing	

* À la forme interrogative, dans les formes V-ing et au perfect il est préférable d'utiliser could.

Can permet au locuteur d'envisager une capacité ou une possibilité au moment où l'on parle, c'est pourquoi il a toujours un sens de « présent ».

Il peut être suivi :

- d'un verbe à l'infinitif sans to (base verbale nue) :

She can play the violin. *Elle sait jouer du violon.*

- d'une forme de perfect (have + verbe au participe passé) :

She can't have played the violin. *Il est impossible qu'elle ait joué du violon.*

She can't have been playing the violin yesterday. *Il est impossible qu'elle ait joué du violon hier.*

- ou d'une forme en V-ing (be + verbe au participe présent) :

She can't be playing the violin. *Elle ne peut pas être en train de jouer du violon.*

Attention : can est rarement combiné aux formes en V-ing et aux formes de perfect à la forme affirmative.

COULD

Modal

En tant que modal, could ne se conjugue pas. Il n'est jamais employé seul (sauf dans les réponses brèves), c'est pourquoi il apparaît dans le tableau ci-dessous suivi du verbe play.

Could suivi par une	affirmation	négation	interrogation
Formes simples	I could play you could play he could play we/you/they could play	I could not play you could not play he could not play we/you/they could not play	could I play? could you play? could he play? could we/you/they play?
Formes en V-ing	I could be playing you could be playing he could be playing we/you/they could be playing	I could not be playing you could not be playing he could not be playing we/you/they could not be playing	could I be playing? could you be playing? could he be playing? could we/you/they be playing?
Perfect	I/you could have played he could have played we/you/they could have played	I/you could not have played he could not have played we/you/they could not have played	could I/you have played? could he have played? could we/you/they have played?
Perfect + V-ing	I/you could have been playing he could have been playing we/you/they could have been playing	I/you could not have been playing he could not have been playing we/you/they could not have been playing	could I/you have been playing? could he have been playing? could we/you/they have been playing?

Could est la forme de passé de can, c'est pourquoi il permet au locuteur d'exprimer la capacité au passé, toutefois il a aussi un sens présent car il permet d'exprimer la demande et la permission, la suggestion et la possibilité logique (c'est-à-dire la probabilité).

Il peut être suivi :

- d'un verbe à l'infinitif sans to (base verbale nue) :

She could play the violin when she was young. *Elle savait jouer du violon quand elle était jeune.*

- d'une forme de perfect (have + verbe au participe passé) :

She could have played the violin. *Elle aurait pu jouer du violon.*

She could have been playing the violin when the postman came. *Elle pourrait avoir été en train de jouer du violon lorsque le facteur est passé.*

- ou d'une forme en V-ing (be + verbe au participe présent) :

She could be playing the violin. *Il se pourrait qu'elle soit en train de jouer du violon.*

SHALL

Modal

En tant que modal, shall ne se conjugue pas. Il n'est jamais employé seul (sauf dans les réponses brèves), c'est pourquoi il apparaît dans le tableau ci-dessous suivi du verbe play.

Shall suivi par une	affirmation	négation	interrogation*
Formes simples	I shall play you shall play he shall play we/you/they shall play	I shall not play you shall not play he shall not play we/you/they shall not play	shall I play? shall you play? shall he play? shall we/you/they play?
Formes en V-ing	I shall be playing you shall be playing he shall be playing we/you/they shall be playing	I shall not be playing you shall not be playing he shall not be playing we/you/they shall not be playing	shall I be playing? shall you be playing? shall he be playing? shall we/you/they be playing?
Perfect	I/you shall have played he shall have played we/you/they shall have played	I/you shall not have played he shall not have played we/you/they shall not have played	shall I/you have played? shall he have played? shall we/you/they have played?
Perfect + V-ing	I/you shall have been playing he shall have been playing we/you/they shall have been playing	I/you shall not have been playing he shall not have been playing we/you/they shall not have been playing	shall I/you have been playing? shall he have been playing? shall we/you/they have been playing?

* En anglais moderne, shall est surtout employé avec **I** et **we** ; les autres emplois sont plus rares et très formels.

Shall permet au locuteur de renvoyer à l'avenir, ou de faire une offre polie ; il est parfois employé dans des règlements.

Il peut être suivi :

- d'un verbe à l'infinitif sans to (base verbale nue) :

I shall play cricket tomorrow. *Demain, je jouerai au cricket.*

- d'une forme de perfect (have + verbe au participe passé) :

To join the national cricket team, the player shall have played at least 3 games in a national competition. *Pour rejoindre l'équipe nationale de cricket, le joueur devra avoir participé à au moins 3 matchs dans un tournoi national.* [Règlement d'un tournoi de cricket]

- ou d'une forme en V-ing (be + verbe au participe présent) :

Shall we be playing cricket tomorrow afternoon? *Jouerons-nous au cricket demain après-midi ?*

SHOULD

Modal

En tant que modal, should ne se conjugue pas. Il n'est jamais employé seul (sauf dans les réponses brèves), c'est pourquoi il apparaît dans le tableau ci-dessous suivi du verbe play.

Should suivi par une	affirmation	négation	interrogation
Formes simples	I should play you should play he should play we/you/they should play	I should not play you should not play he should not play we/you/they should not play	should I play? should you play? should he play? should we/you/they play?
Formes en V-ing	I should be playing you should be playing he should be playing we/you/they should be playing	I should not be playing you should not be playing he should not be playing we/you/they should not be playing	should I be playing? should you be playing? should he be playing? should we/you/they be playing?
Perfect	I/you should have played he should have played we/you/they should have played	I/you should not have played he should not have played we/you/they should not have played	should I/you have played? should he have played? should we/you/they have played?
Perfect + V-ing	I/you should have been playing he should have been playing we/you/they should have been playing	I/you should not have been playing he should not have been playing we/you/they should not have been playing	should I/you have been playing? should he have been playing? should we/you/they have been playing?

Should permet au locuteur de donner un avis ou un conseil, ou de faire un jugement de probabilité. Il peut être suivi :

- d'un verbe à l'infinitif sans to (base verbale nue) :

Thomas should play the violin more often. *Thomas devrait jouer du violon plus souvent.*

- d'une forme de perfect (have + verbe au participe passé) :

Margaret should have played the game. *Margaret aurait dû jouer le jeu.*

- ou d'une forme en V-ing (be + verbe au participe présent) :

Rupert should be playing pool right now. *Rupert devrait être en train de jouer au billard en ce moment.*

WILL

Modal

- En tant que modal, will ne se conjugue pas, et n'est jamais employé seul (sauf dans les réponses brèves). C'est pourquoi il apparaît dans le tableau ci-dessous suivi du verbe play.

Will suivi par une	affirmation	négation	interrogation
Formes simples	I will play you will play he will play we/you/they will play	I will not play you will not play he will not play we/you/they will not play	will I play? will you play? will he play? will we/you/they play?
Formes en V-ing	I will be playing you will be playing he will be playing we/you/they will be playing	I will not be playing you will not be playing he will not be playing we/you/they will not be playing	will I be playing? will you be playing? will he be playing? will we/you/they be playing?
Perfect	I/you will have played he will have played we/you/they will have played	I/you will not have played he will not have played we/you/they will not have played	will I/you have played? will he have played? will we/you/they have played?
Perfect + V-ing	I/you will have been playing he will have been playing we/you/they will have been playing	I/you will not have been playing he will not have been playing we/you/they will not have been playing	will I/you have been playing? will he have been playing? will we/you/they have been playing?

Avec will, le locuteur peut exprimer sa volonté, et prédire qu'un événement se réalisera ou aura été accompli.

Will peut donc être suivi :

- d'un verbe à l'infinitif sans to (base verbale nue) :

Will you marry me? *Veux-tu m'épouser ?*
Raymond will play chess tomorrow. *Raymond jouera aux échecs demain.*

- d'une forme en V-ing (be + verbe au participe présent) :

Will she be playing tennis tomorrow afternoon? *Jouera-t-elle au tennis demain après-midi ?*

- d'une forme de perfect (have + verbe au participe passé) :

At least, I will have played football once in my life! *J'aurai joué au football au moins une fois dans ma vie !*

WOULD

Modal

En tant que modal, would ne se conjugue pas, et n'est jamais employé seul (sauf dans les réponses brèves). C'est pourquoi il apparaît dans le tableau ci-dessous suivi du verbe play.

Would suivi par une	affirmation	négation	interrogation
Formes simples	I would play you would play he would play we/you/they would play	I would not play you would not play he would not play we/you/they would not play	would I play? would you play? would he play? would we/you/they play?
Formes en V-ing	I would be playing you would be playing he would be playing we/you/they would be playing	I would not be playing you would not be playing he would not be playing we/you/they would not be playing	would I be playing? would you be playing? would he be playing? would we/you/they be playing?
Perfect	I/you would have played he would have played we/you/they would have played	I/you would not have played he would not have played we/you/they would not have played	would I/you have played? would he have played? would we/you/they have played?
Perfect + V-ing	I/you would have been playing he would have been playing we/you/they would have been playing	I/you would not have been playing he would not have been playing we/you/they would not have been playing	would I/you have been playing? would he have been playing? would we/you/they have been playing?

Avec would, le locuteur peut faire une hypothèse, faire une demande polie, exprimer une habitude dans le passé... Il peut donc être suivi :

- d'un verbe à l'infinitif sans to (base verbale nue) :

They would play tennis more often if they had the time. *Ils joueraient plus souvent au tennis s'ils en avaient le temps.*

- d'une forme en V-ing (be + verbe au participe présent) :

Joan would be playing basketball if she was allowed to. *Joan jouerait au basket si elle en avait l'autorisation.*

- d'une forme de perfect (have + verbe au participe passé) :

They would have played the match yesterday if the weather had not been so bad. *Ils auraient joué le match hier si le temps n'avait pas été si mauvais.*

MUST

Modal

En tant que modal, must ne se conjugue pas, et n'est jamais employé seul (sauf dans les réponses brèves). C'est pourquoi il apparaît dans le tableau ci-dessous suivi du verbe play.

Must suivi par une	affirmation	négation	interrogation*
Formes simples	I must play you must play he must play we/you/they must play	I must not play you must not play he must not play we/you/they must not play	must I play? must you play? must he play? must we/you/they play?
Formes en V-ing	I must be playing you must be playing he must be playing we/you/they must be playing	I must not be playing you must not be playing he must not be playing we/you/they must not be playing	must I be playing?** must you be playing?** must he be playing?** must we/you/they be playing?**
Perfect	I/you must have played he must have played we/you/they must have played	I/you must not have played he must not have played we/you/they must not have played	must I/you have played? must he have played? must we/you/they have played?
Perfect + V-ing	I/you must have been playing he must have been playing we/you/they must have been playing	I/you must not have been playing he must not have been playing we/you/they must not have been playing	must I/you have been playing? must he have been playing? must we/you/they have been playing?

* La forme interrogative est peu usitée.
** Ne s'emploie qu'à certaines formes et pour certains verbes. Must you really be going? *Tu dois vraiment partir ?*

Avec must, le locuteur peut exprimer l'obligation, ou porter un jugement de probabilité sur la réalisation d'un événement. Must peut être suivi :

- d'un verbe à l'infinitif sans to (base verbale nue) :

You mustn't play the stereo so loud. *Tu ne dois pas mettre la chaîne si fort.*

- d'une forme en V-ing (be + verbe au participe présent) :

She must be playing tennis this morning : her racket isn't in the hall. *Elle doit sûrement être en train de jouer au tennis ce matin, car sa raquette n'est pas dans l'entrée.*

- d'une forme de perfect (have + verbe au participe passé) :

They must have played in that tournament at least five times. *Ils ont dû participer à ce tournoi au moins cinq fois.*

OUGHT

Modal

En tant que modal, ought to ne se conjugue pas. Il n'est jamais employé seul (sauf dans les réponses brèves), c'est pourquoi il apparaît dans le tableau ci-dessous suivi du verbe play.

Ought suivi par une	affirmation	négation*	interrogation*
Formes simples	I ought to play you ought to play he ought to play we/you/they ought to play	I ought not to play you ought not to play he ought not to play we/you/they ought not to play	ought I to play? ought you to play? ought he to play? ought we/you/they to play?
Formes en V-ing	I ought to be playing you ought to be playing he ought to be playing we/you/they ought to be playing	I ought not to be playing you ought not to be playing he ought not to be playing we/you/they ought not to be playing	ought I to be playing? ought you to be playing? ought he to be playing? ought we/you/they to be playing?
Perfect	I ought to have played you ought to have played he ought to have played we/you/they ought to have played	I ought to have played you ought to have played he/she/it ought to have played we/you/they ought to have played	ought I to have played? ought you to have played? ought he to have played? ought we/you/they to have played?
Perfect + V-ing	I ought to have been playing you ought to have been playing he ought to have been playing we/you/they ought to have been playing	I ought not to have been playing you ought not to have been playing he ought not to have been playing we/you/they ought not to have been playing	ought I to have been playing? ought you to have been playing? ought he to have been playing? ought we/you/they to have been playing?

* À la forme négative et interrogative ought est très formel, voire archaïque. Certaines variétés d'anglais n'utilisent pas le to dans les interrogations. (Pour l'emploi de ought et should voir ces fiches.)

Ought to permet d'exprimer un conseil, un reproche, ou d'évaluer la probabilité de réalisation d'un événement au moment où l'on parle, c'est pourquoi il a toujours un sens de « présent ». Ought to est le seul modal de l'anglais à se construire avec l'infinitif en to. Il peut être suivi :

- d'un verbe à l'infinitif :

She ought to play the game. *Elle devrait jouer le jeu.*

- d'une forme de perfect (have + verbe au participe passé) :

You ought to have played with your sister! *Tu aurais dû jouer avec ta sœur!*

- ou d'une forme en V-ing (be + verbe au participe présent) :

John ought to be playing pool now. *John devrait être en train de jouer au billard à l'heure qu'il est.*

STAY rester

Verbe régulier

- Stay est un *verbe régulier**, qui ne subit aucune modification orthographique du radical lors des conjugaisons ni de la formation des participes présent et passé.
- Présent : stay [steɪ], stay**s** (3e p. sing. présent)
- Prétérit : stay**ed**
- Participe présent : stay**ing**
- Participe passé : stay**ed**
- Autres verbes du même type : play, enjoy, decay etc.

Formes simples

TEMPS ET ASPECT

	Affirmation	Négation	Interrogation
Présent	I stay you stay he stay**s** we stay you stay they stay	I do not stay you do not stay he does not stay we do not stay you do not stay they do not stay	do I stay? do you stay? does he stay? do we stay? do you stay? do they stay?
Prétérit	I stay**ed** you stay**ed** he stay**ed** we stay**ed** you stay**ed** they stay**ed**	I did not stay you did not stay he did not stay we did not stay you did not stay they did not stay	did I stay? did you stay? did he stay? did we stay? did you stay? did they stay?
Present perfect	I have stay**ed** you have stay**ed** he has stay**ed** we have stay**ed** you have stay**ed** they have stay**ed**	I have not stay**ed** you have not stay**ed** he has not stay**ed** we have not stay**ed** you have not stay**ed** they have not stay**ed**	have I stay**ed**? have you stay**ed**? has he stay**ed**? have we stay**ed**? have you stay**ed**? have they stay**ed**?
Past perfect	I had stay**ed** you had stay**ed** he had stay**ed** we had stay**ed** you had stay**ed** they had stay**ed**	I had not stay**ed** you had not stay**ed** he had not stay**ed** we had not stay**ed** you had not stay**ed** they had not stay**ed**	had I stay**ed**? had you stay**ed**? had he stay**ed**? had we stay**ed**? had you stay**ed**? had they stay**ed**?

Formes simples

FORMES MODALES

	Affirmation	Négation	Interrogation
Expression du futur will	I will stay you will stay he will stay we will stay you will stay they will stay	I will not stay you will not stay he will not stay we will not stay you will not stay they will not stay	will I stay? will you stay? will he stay? will we stay? will you stay? will they stay?
be going to	I am going to stay you are going to stay he is going to stay we are going to stay you are going to stay they are going to stay	I am not going to stay you are not going to stay he is not going to stay we are not going to stay you are not going to stay they are not going to stay	am I going to stay? are you going to stay? is he going to stay? are we going to stay? are you going to stay? are they going to stay?
Expression du futur antérieur will	I will have stay**ed** you will have stay**ed** he will have stay**ed** we will have stay**ed** you will have stay**ed** they will have stay**ed**	I will not have stay**ed** you will not have stay**ed** he will not have stay**ed** we will not have stay**ed** you will not have stay**ed** they will not have stay**ed**	will I have stay**ed**? will you have stay**ed**? will he have stay**ed**? will we have stay**ed**? will you have stay**ed**? will they have stay**ed**?
Conditionnel	I would stay you would stay he would stay we would stay you would stay they would stay	I would not stay you would not stay he would not stay we would not stay you would not stay they would not stay	would I stay? would you stay? would he stay? would we stay? would you stay? would they stay?
Conditionnel passé	I would have stay**ed** you would have stay**ed** he would have stay**ed** we would have stay**ed** you would have stay**ed** they would have stay**ed**	I would not have stay**ed** you would not have stay**ed** he would not have stay**ed** we would not have stay**ed** you would not have stay**ed** they would not have stay**ed**	would I have stay**ed**? would you have stay**ed**? would he have stay**ed**? would we have stay**ed**? would you have stay**ed**? would they have stay**ed**?

Formes V-ing

TEMPS ET ASPECT

	Affirmation	Négation	Interrogation
Présent	I am stay**ing** you are stay**ing** he is stay**ing** we are stay**ing** you are stay**ing** they are stay**ing**	I am not stay**ing** you are not stay**ing** he is not stay**ing** we are not stay**ing** you are not stay**ing** they are not stay**ing**	am I stay**ing**? are you stay**ing**? is he stay**ing**? are we stay**ing**? are you stay**ing**? are they stay**ing**?
Prétérit	I was stay**ing** you were stay**ing** he was stay**ing** we were stay**ing** you were stay**ing** they were stay**ing**	I was not stay**ing** you were not stay**ing** he was not stay**ing** we were not stay**ing** you were not stay**ing** they were not stay**ing**	was I stay**ing**? were you stay**ing**? was he stay**ing**? were we stay**ing**? were you stay**ing**? were they stay**ing**?
Present perfect	I have been stay**ing** you have been stay**ing** he has been stay**ing** we have been stay**ing** you have been stay**ing** they have been stay**ing**	I have not been stay**ing** you have not been stay**ing** he has not been stay**ing** we have not been stay**ing** you have not been stay**ing** they have not been stay**ing**	have I been stay**ing**? have you been stay**ing**? has he been stay**ing**? have we been stay**ing**? have you been stay**ing**? have they been stay**ing**?
Past perfect	I had been stay**ing** you had been stay**ing** he had been stay**ing** we had been stay**ing** you had been stay**ing** they had been stay**ing**	I had not been stay**ing** you had not been stay**ing** he had not been stay**ing** we had not been stay**ing** you had not been stay**ing** they had not been stay**ing**	had I been stay**ing**? had you been stay**ing**? had he been stay**ing**? had we been stay**ing**? had you been stay**ing**? had they been stay**ing**?

Formes V-ing

FORMES MODALES

	Affirmation	Négation	Interrogation
Expression du futur will	I will be stay**ing** you will be stay**ing** he will be stay**ing** we will be stay**ing** you will be stay**ing** they will be stay**ing**	I will not be stay**ing** you will not be stay**ing** he will not be stay**ing** we will not be stay**ing** you will not be stay**ing** they will not be stay**ing**	will I be stay**ing**? will you be stay**ing**? will he be stay**ing**? will we be stay**ing**? will you be stay**ing**? will they be stay**ing**?
be going to	I am going to be stay**ing** you are going to be stay**ing** he is going to be stay**ing** we are going to be stay**ing** you are going to be stay**ing** they are going to be stay**ing**	I am not going to be stay**ing** you are not going to be stay**ing** he is not going to be stay**ing** we are not going to be stay**ing** you are not going to be stay**ing** they are not going to be stay**ing**	am I going to be stay**ing**? are you going to be stay**ing**? is he going to be stay**ing**? are we going to be stay**ing**? are you going to be stay**ing**? are they going to be stay**ing**?
Expression du futur antérieur will	I will have been stay**ing** you will have been stay**ing** he will have been stay**ing** we will have been stay**ing** you will have been stay**ing** they will have been stay**ing**	I will not have been stay**ing** you will not have been stay**ing** he will not have been stay**ing** we will not have been stay**ing** you will not have been stay**ing** they will not have been stay**ing**	will I have been stay**ing**? will you have been stay**ing**? will he have been stay**ing**? will we have been stay**ing**? will you have been stay**ing**? will they have been stay**ing**?
Conditionnel	I would be stay**ing** you would be stay**ing** he would be stay**ing** we would be stay**ing** you would be stay**ing** they would be stay**ing**	I would not be stay**ing** you would not be stay**ing** he would not be stay**ing** we would not be stay**ing** you would not be stay**ing** they would not be stay**ing**	would I be stay**ing**? would you be stay**ing**? would he be stay**ing**? would we be stay**ing**? would you be stay**ing**? would they be stay**ing**?
Conditionnel passé	I would have been stay**ing** you would have been stay**ing** he would have been stay**ing** we would have been stay**ing** you would have been stay**ing** they would have been stay**ing**	I would not have been stay**ing** you would not have been stay**ing** he would not have been stay**ing** we would not have been stay**ing** you would not have been stay**ing** they would not have been stay**ing**	would I have been stay**ing**? would you have been stay**ing**? would he have been stay**ing**? would we have been stay**ing**? would you have been stay**ing**? would they have been stay**ing**?

STARE regarder

Verbe régulier

Stare est un *verbe régulier**, qui subit une modification orthographique au participe présent : le -e final est remplacé par **-ing**.

- Présent : stare [steə], stare**s** (3e p. sing. présent)
- Prétérit : stare**d**
- Participe présent : star**ing**
- Participe passé : stare**d**

Autres verbes du même type : decide, love, provoke etc.

Formes simples

TEMPS ET ASPECT

	Affirmation	Négation	Interrogation
Présent	I stare you stare he stare**s** we stare you stare they stare	I do not stare you do not stare he does not stare we do not stare you do not stare they do not stare	do I stare? do you stare? does he stare? do we stare? do you stare? do they stare?
Prétérit	I stare**d** you stare**d** he stare**d** we stare**d** you stare**d** they stare**d**	I did not stare you did not stare he did not stare we did not stare you did not stare they did not stare	did I stare? did you stare? did he stare? did we stare? did you stare? did they stare?
Present perfect	I have stare**d** you have stare**d** he has stare**d** we have stare**d** you have stare**d** they have stare**d**	I have not stare**d** you have not stare**d** he has not stare**d** we have not stare**d** you have not stare**d** they have not stare**d**	have I stare**d**? have you stare**d**? has he stare**d**? have we stare**d**? have you stare**d**? have they stare**d**?
Past perfect	I had stare**d** you had stare**d** he had stare**d** we had stare**d** you had stare**d** they had stare**d**	I had not stare**d** you had not stare**d** he had not stare**d** we had not stare**d** you had not stare**d** they had not stare**d**	had I stare**d**? had you stare**d**? had he stare**d**? had we stare**d**? had you stare**d**? had they stare**d**?

Formes simples

FORMES MODALES

	Affirmation	Négation	Interrogation
Expression du futur will	I will stare you will stare he will stare we will stare you will stare they will stare	I will not stare you will not stare he will not stare we will not stare you will not stare they will not stare	will I stare? will you stare? will he stare? will we stare? will you stare? will they stare?
be going to	I am going to stare you are going to stare he is going to stare we are going to stare you are going to stare they are going to stare	I am not going to stare you are not going to stare he is not going to stare we are going to stare you are going to stare they are going to stare	am I going to stare? are you going to stare? is he going to stare? are we going to stare? are you going to stare? are they going to stare?
Expression du futur antérieur will	I will have stare**d** you will have stare**d** he will have stare**d** we will have stare**d** you will have stare**d** they will have stare**d**	I will not have stare**d** you will not have stare**d** he will not have stare**d** we will not have stare**d** you will not have stare**d** they will not have stare**d**	will I have stare**d**? will you have stare**d**? will he have stare**d**? will we have stare**d**? will you have stare**d**? will they have stare**d**?
Conditionnel	I would stare you would stare he would stare we would stare you would stare they would stare	I would not stare you would not stare he would not stare we would not stare you would not stare they would not stare	would I stare? would you stare? would he stare? would we stare? would you stare? would they stare?
Conditionnel passé	I would have stare**d** you would have stare**d** he would have stare**d** we would have stare**d** you would have stare**d** they would have stare**d**	I would not have stare**d** you would not have stare**d** he would not have stare**d** we would not have stare**d** you would not have stare**d** they would not have stare**d**	would I have stare**d**? would you have stare**d**? would he have stare**d**? would we have stare**d**? would you have stare**d**? would they have stare**d**?

Formes V-ing

TEMPS ET ASPECT

	Affirmation	Négation	Interrogation
Présent	I am star**ing** you are star**ing** he is star**ing** we are star**ing** you are star**ing** they are star**ing**	I am not star**ing** you are not star**ing** he is not star**ing** we are not star**ing** you are not star**ing** they are not star**ing**	am I star**ing**? are you star**ing**? is he star**ing**? are we star**ing**? are you star**ing**? are they star**ing**?
Prétérit	I was star**ing** you were star**ing** he was star**ing** we were star**ing** you were star**ing** they were star**ing**	I was not star**ing** you were not star**ing** he was not star**ing** we were not star**ing** you were not star**ing** they were not star**ing**	was I star**ing**? were you star**ing**? was he star**ing**? were we star**ing**? were you star**ing**? were they star**ing**?
Present perfect	I have been star**ing** you have been star**ing** he has been star**ing** we have been star**ing** you have been star**ing** they have been star**ing**	I have not been star**ing** you have not been star**ing** he has not been star**ing** we have not been star**ing** you have not been star**ing** they have not been star**ing**	have I been star**ing**? have you been star**ing**? has he been star**ing**? have we been star**ing**? have you been star**ing**? have they been star**ing**?
Past perfect	I had been star**ing** you had been star**ing** he had been star**ing** we had been star**ing** you had been star**ing** they had been star**ing**	I had not been star**ing** you had not been star**ing** he had not been star**ing** we had not been star**ing** you had not been star**ing** they had not been star**ing**	had I been star**ing**? had you been star**ing**? had he been star**ing**? had we been star**ing**? had you been star**ing**? had they been star**ing**?

Formes V-ing

FORMES MODALES

	Affirmation	Négation	Interrogation
Expression du futur will	I will be star**ing** you will be star**ing** he will be star**ing** we will be star**ing** you will be star**ing** they will be star**ing**	I will not be star**ing** you will not be star**ing** he will not be star**ing** we will not be star**ing** you will not be star**ing** they will not be star**ing**	will I be star**ing**? will you be star**ing**? will he be star**ing**? will we be star**ing**? will you be star**ing**? will they be star**ing**?
be going to	I am going to be star**ing** you are going to be star**ing** he is going to be star**ing** we are going to be star**ing** you are going to be star**ing** they are going to be star**ing**	I am not going to be star**ing** you are not going to be star**ing** he is not going to be star**ing** we are not going to be star**ing** you are not going to be star**ing** they are not going to be star**ing**	am I going to be star**ing**? are you going to be star**ing**? is he going to be star**ing**? are we going to be star**ing**? are you going to be star**ing**? are they going to be star**ing**?
Expression du futur antérieur will	I will have been star**ing** you will have been star**ing** he will have been star**ing** we will have been star**ing** you will have been star**ing** they will have been star**ing**	I will not have been star**ing** you will not have been star**ing** he will not have been star**ing** we will not have been star**ing** you will not have been star**ing** they will not have been star**ing**	will I have been star**ing**? will you have been star**ing**? will he have been star**ing**? will we have been star**ing**? will you have been star**ing**? will they have been star**ing**?
Conditionnel	I would be star**ing** you would be star**ing** he would be star**ing** we would be star**ing** you would be star**ing** they would be star**ing**	I would not be star**ing** you would not be star**ing** he would not be star**ing** we would not be star**ing** you would not be star**ing** they would not be star**ing**	would I be star**ing**? would you be star**ing**? would he be star**ing**? would we be star**ing**? would you be star**ing**? would they be star**ing**?
Conditionnel passé	I would have been star**ing** you would have been star**ing** he would have been star**ing** we would have been star**ing** you would have been star**ing** they would have been star**ing**	I would not have been star**ing** you would not have been star**ing** he would not have been star**ing** we would not have been star**ing** you would not have been star**ing** they would not have been star**ing**	would I have been star**ing**? would you have been star**ing**? would he have been star**ing**? would we have been star**ing**? would you have been star**ing**? would they have been star**ing**?

PUSH pousser

Verbe régulier

Push est un *verbe régulier**, auquel on ajoute -**es** au présent à la 3e personne du singulier et -**ed** au prétérit et au participe passé.

- Présent : push ['pʊʃ], pushes (3e p. sing. présent)
- Prétérit : pushed
- Participe présent : pushing
- Participe passé : pushed

Autres verbes du même type : clash, flush, garnish etc.

Formes simples

TEMPS ET ASPECT

	Affirmation	Négation	Interrogation
Présent	I push you push he push**es** we push you push they push	I do not push you do not push he does not push we do not push you do not push they do not push	do I push? do you push? does he push? do we push? do you push? do they push?
Prétérit	I push**ed** you push**ed** he push**ed** we push**ed** you push**ed** they push**ed**	I did not push you did not push he did not push we did not push you did not push they did not push	did I push? did you push? did he push? did we push? did you push? did they push?
Present perfect	I have push**ed** you have push**ed** he has push**ed** we have push**ed** you have push**ed** they have push**ed**	I have not push**ed** you have not push**ed** he has not push**ed** we have not push**ed** you have not push**ed** they have not push**ed**	have I push**ed**? have you push**ed**? has he push**ed**? have we push**ed**? have you push**ed**? have they push**ed**?
Past perfect	I had push**ed** you had push**ed** he had push**ed** we had push**ed** you had push**ed** they had push**ed**	I had not push**ed** you had not push**ed** he had not push**ed** we had not push**ed** you had not push**ed** they had not push**ed**	had I push**ed**? had you push**ed**? had he push**ed**? had we push**ed**? had you push**ed**? had they push**ed**?

Formes simples

FORMES MODALES

	Affirmation	Négation	Interrogation
Expression du futur will	I will push you will push he will push we will push you will push they will push	I will not push you will not push he will not push we will not push you will not push they will not push	will I push? will you push? will he push? will we push? will you push? will they push?
be going to	I am going to push you are going to push he is going to push we are going to push you are going to push they are going to push	I am not going to push you are not going to push he is not going to push we are not going to push you are not going to push they are not going to push	am I going to push? are you going to push? is he going to push? are we going to push? are you going to push? are they going to push?
Expression du futur antérieur will	I will have push**ed** you will have push**ed** he will have push**ed** we will have push**ed** you will have push**ed** they will have push**ed**	I will not have push**ed** you will not have push**ed** he will not have push**ed** we will not have push**ed** you will not have push**ed** they will not have push**ed**	will I have push**ed**? will you have push**ed**? will he have push**ed**? will we have push**ed**? will you have push**ed**? will they have push**ed**?
Conditionnel	I would push you would push he would push we would push you would push they would push	I would not push you would not push he would not push we would not push you would not push they would not push	would I push? would you push? would he push? would we push? would you push? would they push?
Conditionnel passé	I would have push**ed** you would have push**ed** he would have push**ed** we would have push**ed** you would have push**ed** they would have push**ed**	I would not have push**ed** you would not have push**ed** he would not have push**ed** we would not have push**ed** you would not have push**ed** they would not have push**ed**	would I have push**ed**? would you have push**ed**? would he have push**ed**? would we have push**ed**? would you have push**ed**? would they have push**ed**?

Formes V-ing

TEMPS ET ASPECT

	Affirmation	Négation	Interrogation
Présent	I am push**ing** you are push**ing** he is push**ing** we are push**ing** you are push**ing** they are push**ing**	I am not push**ing** you are not push**ing** he is not push**ing** we are not push**ing** you are not push**ing** they are not push**ing**	am I push**ing**? are you push**ing**? is he push**ing**? are we push**ing**? are you push**ing**? are they push**ing**?
Prétérit	I was push**ing** you were push**ing** he was push**ing** we were push**ing** you were push**ing** they were push**ing**	I was not push**ing** you were not push**ing** he was not push**ing** we were not push**ing** you were not push**ing** they were not push**ing**	was I push**ing**? were you push**ing**? was he push**ing**? were we push**ing**? were you push**ing**? were they push**ing**?
Present perfect	I have been push**ing** you have been push**ing** he has been push**ing** we have been push**ing** you have been push**ing** they have been push**ing**	I have not been push**ing** you have not been push**ing** he has not been push**ing** we have not been push**ing** you have not been push**ing** they have not been push**ing**	have I been push**ing**? have you been push**ing**? has he been push**ing**? have we been push**ing**? have you been push**ing**? have they been push**ing**?
Past perfect	I had been push**ing** you had been push**ing** he had been push**ing** we had been push**ing** you had been push**ing** they had been push**ing**	I had not been push**ing** you had not been push**ing** he had not been push**ing** we had not been push**ing** you had not been push**ing** they had not been push**ing**	had I been push**ing**? had you been push**ing**? had he been push**ing**? had we been push**ing**? had you been push**ing**? had they been push**ing**?

Formes V-ing

FORMES MODALES

	Affirmation	Négation	Interrogation
Expression du futur will	I will be push**ing** you will be push**ing** he will be push**ing** we will be push**ing** you will be push**ing** they will be push**ing**	I will not be push**ing** you will not be push**ing** he will not be push**ing** we will not be push**ing** you will not be push**ing** they will not be push**ing**	will I be push**ing**? will you be push**ing**? will he be push**ing**? will we be push**ing**? will you be push**ing**? will they be push**ing**?
be going to	I am going to be push**ing** you are going to be push**ing** he is going to be push**ing** we are going to be push**ing** you are going to be push**ing** they are going to be push**ing**	I am not going to be push**ing** you are not going to be push**ing** he is not going to be push**ing** we are not going to be push**ing** you are not going to be push**ing** they are not going to be push**ing**	am I going to be push**ing**? are you going to be push**ing**? is he going to be push**ing**? are we going to be push**ing**? are you going to be push**ing**? are they going to be push**ing**?
Expression du futur antérieur will	I will have been push**ing** you will have been push**ing** he will have been push**ing** we will have been push**ing** you will have been push**ing** they will have been push**ing**	I will not have been push**ing** you will not have been push**ing** he will not have been push**ing** we will not have been push**ing** you will not have been push**ing** they will not have been push**ing**	will I have been push**ing**? will you have been push**ing**? will he have been push**ing**? will we have been push**ing**? will you have been push**ing**? will they have been push**ing**?
Conditionnel	I would be push**ing** you would be push**ing** he would be push**ing** we would be push**ing** you would be push**ing** they would be push**ing**	I would not be push**ing** you would not be push**ing** he would not be push**ing** we would not be push**ing** you would not be push**ing** they would not be push**ing**	would I be push**ing**? would you be push**ing**? would he be push**ing**? would we be push**ing**? would you be push**ing**? would they be push**ing**?
Conditionnel passé	I would have been push**ing** you would have been push**ing** he would have been push**ing** we would have been push**ing** you would have been push**ing** they would have been push**ing**	I would not have been push**ing** you would not have been push**ing** he would not have been push**ing** we would not have been push**ing** you would not have been push**ing** they would not have been push**ing**	would I have been push**ing**? would you have been push**ing**? would he have been push**ing**? would we have been push**ing**? would you have been push**ing**? would they have been push**ing**?

ADMIT admettre, avouer

Verbe régulier

Admit est un *verbe régulier**, dont la consonne finale est redoublée au prétérit et aux participes présent et passé.

- Présent : admit [əd'mɪt], admits (3e p. sing. présent)
- Prétérit : admitted
- Participe présent : admitting
- Participe passé : admitted

Autres verbes du même type : refer, permit, tap etc.

Formes simples

TEMPS ET ASPECT

	Affirmation	Négation	Interrogation
Présent	I admit you admit he admit**s** we admit you admit they admit	I do not admit you do not admit he does not admit we do not admit you do not admit they do not admit	do I admit? do you admit? does he admit? do we admit? do you admit? do they admit?
Prétérit	I admit**ted** you admit**ted** he admit**ted** we admit**ted** you admit**ted** they admit**ted**	I did not admit you did not admit he did not admit we did not admit you did not admit they did not admit	did I admit? did you admit? did he admit? did we admit? did you admit? did they admit?
Present perfect	I have admit**ted** you have admit**ted** he has admit**ted** we have admit**ted** you have admit**ted** they have admit**ted**	I have not admit**ted** you have not admit**ted** he has not admit**ted** we have not admit**ted** you have not admit**ted** they have not admit**ted**	have I admit**ted**? have you admit**ted**? has he admit**ted**? have we admit**ted**? have you admit**ted**? have they admit**ted**?
Past perfect	I had admit**ted** you had admit**ted** he had admit**ted** we had admit**ted** you had admit**ted** they had admit**ted**	I had not admit**ted** you had not admit**ted** he had not admit**ted** we had not admit**ted** you had not admit**ted** they had not admit**ted**	had I admit**ted**? had you admit**ted**? had he admit**ted**? had we admit**ted**? had you admit**ted**? had they admit**ted**?

ADMIT

Formes simples

FORMES MODALES

	Affirmation	Négation	Interrogation
Expression du futur will	I will admit you will admit he will admit we will admit you will admit they will admit	I will not admit you will not admit he will not admit we will not admit you will not admit they will not admit	will I admit? will you admit? will he admit? will we admit? will you admit? will they admit?
be going to	I am going to admit you are going to admit he is going to admit we are going to admit you are going to admit they are going to admit	I am not going to admit you are not going to admit he is not going to admit we are not going to admit you are not going to admit they are not going to admit	am I going to admit? are you going to admit? is he going to admit? are we going to admit? are you going to admit? are they going to admit?
Expression du futur antérieur will	I will have admit**ted** you will have admit**ted** he will have admit**ted** we will have admit**ted** you will have admit**ted** they will have admit**ted**	I will not have admit**ted** you will not have admit**ted** he will not have admit**ted** we will not have admit**ted** you will not have admit**ted** they will not have admit**ted**	will I have admit**ted**? will you have admit**ted**? will he have admit**ted**? will we have admit**ted**? will you have admit**ted**? will they have admit**ted**?
Conditionnel	I would admit you would admit he would admit we would admit you would admit they would admit	I would not admit you would not admit he would not admit we would not admit you would not admit they would not admit	would I admit? would you admit? would he admit? would we admit? would you admit? would they admit?
Conditionnel passé	I would have admit**ted** you would have admit**ted** he would have admit**ted** we would have admit**ted** you would have admit**ted** they would have admit**ted**	I would not have admit**ted** you would not have admit**ted** he would not have admit**ted** we would not have admit**ted** you would not have admit**ted** they would not have admit**ted**	would I have admit**ted**? would you have admit**ted**? would he have admit**ted**? would we have admit**ted**? would you have admit**ted**? would they have admit**ted**?

ADMIT admettre, avouer

Formes V-ing

TEMPS ET ASPECT

	Affirmation	Négation	Interrogation
Présent	I am admit**ting** you are admit**ting** he is admit**ting** we are admit**ting** you are admit**ting** they are admit**ting**	I am not admit**ting** you are not admit**ting** he is not admit**ting** we are not admit**ting** you are not admit**ting** they are not admit**ting**	am I admit**ting**? are you admit**ting**? is he admit**ting**? are we admit**ting**? are you admit**ting**? are they admit**ting**?
Prétérit	I was admit**ting** you were admit**ting** he was admit**ting** we were admit**ting** you were admit**ting** they were admit**ting**	I was not admit**ting** you were not admit**ting** he was not admit**ting** we were not admit**ting** you were not admit**ting** they were not admit**ting**	was I admit**ting**? were you admit**ting**? was he admit**ting**? were we admit**ting**? were you admit**ting**? were they admit**ting**?
Present perfect	I have been admit**ting** you have been admit**ting** he has been admit**ting** we have been admit**ting** you have been admit**ting** they have been admit**ting**	I have not been admit**ting** you have not been admit**ting** he has not been admit**ting** we have not been admit**ting** you have not been admit**ting** they have not been admit**ting**	have I been admit**ting**? have you been admit**ting**? has he been admit**ting**? have we been admit**ting**? have you been admit**ting**? have they been admit**ting**?
Past perfect	I had been admit**ting** you had been admit**ting** he had been admit**ting** we had been admit**ting** you had been admit**ting** they had been admit**ting**	I had not been admit**ting** you had not been admit**ting** he had not been admit**ting** we had not been admit**ting** you had not been admit**ting** they had not been admit**ting**	had I been admit**ting**? had you been admit**ting**? had he been admit**ting**? had we been admit**ting**? had you been admit**ting**? had they been admit**ting**?

Formes V-ing

FORMES MODALES

	Affirmation	Négation	Interrogation
Expression du futur will	I will be admit**ting** you will be admit**ting** he will be admit**ting** we will be admit**ting** you will be admit**ting** they will be admit**ting**	I will not be admit**ting** you will not be admit**ting** he will not be admit**ting** we will not be admit**ting** you will not be admit**ting** they will not be admit**ting**	will I be admit**ting**? will you be admit**ting**? will he be admit**ting**? will we be admit**ting**? will you be admit**ting**? will they be admit**ting**?
be going to	I am going to be admit**ting** you are going to be admit**ting** he is going to be admit**ting** we are going to be admit**ting** you are going to be admit**ting** they are going to be admit**ting**	I am not going to be admit**ting** you are not going to be admit**ting** he is not going to be admit**ting** we are not going to be admit**ting** you are not going to be admit**ting** they are not going to be admit**ting**	am I going to be admit**ting**? are you going to be admit**ting**? is he going to be admit**ting**? are we going to be admit**ting**? are you going to be admit**ting**? are they going to be admit**ting**?
Expression du futur antérieur will	I will have been admit**ting** you will have been admit**ting** he will have been admit**ting** we will have been admit**ting** you will have been admit**ting** they will have been admit**ting**	I will not have been admit**ting** you will not have been admit**ting** he will not have been admit**ting** we will not have been admit**ting** you will not have been admit**ting** they will not have been admit**ting**	will I have been admit**ting**? will you have been admit**ting**? will he have been admit**ting**? will we have been admit**ting**? will you have been admit**ting**? will they have been admit**ting**?
Conditionnel	I would be admit**ting** you would be admit**ting** he would be admit**ting** we would be admit**ting** you would be admit**ting** they would be admit**ting**	I would not be admit**ting** you would not be admit**ting** he would not be admit**ting** we would not be admit**ting** you would not be admit**ting** they would not be admit**ting**	would I be admit**ting**? would you be admit**ting**? would he be admit**ting**? would we be admit**ting**? would you be admit**ting**? would they be admit**ting**?
Conditionnel passé	I would have been admit**ting** you would have been admit**ting** he would have been admit**ting** we would have been admit**ting** you would have been admit**ting** they would have been admit**ting**	I would not have been admit**ting** you would not have been admit**ting** he would not have been admit**ting** we would not have been admit**ting** you would not have been admit**ting** they would not have been admit**ting**	would I have been admit**ting**? would you have been admit**ting**? would he have been admit**ting**? would we have been admit**ting**? would you have been admit**ting**? would they have been admit**ting**?

STUDY étudier

Verbe régulier

Study est un *verbe régulier**, qui subit des modifications orthographiques au présent (à la 3e personne du singulier), au prétérit et au participe passé : -y devient -ies ou -ied.

- Présent : study ['stʌdɪ], studies (3e p. sing. présent)
- Prétérit : studied
- Participe présent : studying
- Participe passé : studied

Autres verbes du même type : carry, cry, bury etc.

Formes simples

TEMPS ET ASPECT

	Affirmation	Négation	Interrogation
Présent	I study you study he stud**ies** we study you study they study	I do not study you do not study he does not study we do not study you do not study they do not study	do I study? do you study? does he study? do we study? do you study? do they study?
Prétérit	I stud**ied** you stud**ied** he stud**ied** we stud**ied** you stud**ied** they stud**ied**	I did not study you did not study he did not study we did not study you did not study they did not study	did I study? did you study? did he study? did we study? did you study? did they study?
Present perfect	I have stud**ied** you have stud**ied** he has stud**ied** we have stud**ied** you have stud**ied** they have stud**ied**	I have not stud**ied** you have not stud**ied** he has not stud**ied** we have not stud**ied** you have not stud**ied** they have not stud**ied**	have I stud**ied**? have you stud**ied**? has he stud**ied**? have we stud**ied**? have you stud**ied**? have they stud**ied**?
Past perfect	I had stud**ied** you had stud**ied** he had stud**ied** we had stud**ied** you had stud**ied** they had stud**ied**	I had not stud**ied** you had not stud**ied** he had not stud**ied** we had not stud**ied** you had not stud**ied** they had not stud**ied**	had I stud**ied**? had you stud**ied**? had he stud**ied**? had we stud**ied**? had you stud**ied**? had they stud**ied**?

Formes simples

FORMES MODALES

	Affirmation	Négation	Interrogation
Expression du futur will	I will study you will study he will study we will study you will study they will study	I will not study you will not study he will not study we will not study you will not study they will not study	will I study? will you study? will he study? will we study? will you study? will they study?
be going to	I am going to study you are going to study he is going to study we are going to study you are going to study they are going to study	I am not going to study you are not going to study he is not going to study we are not going to study you are not going to study they are not going to study	am I going to study? are you going to study? is he going to study? are we going to study? are you going to study? are they going to study?
Expression du futur antérieur will	I will have stud**ied** you will have stud**ied** he will have stud**ied** we will have stud**ied** you will have stud**ied** they will have stud**ied**	I will not have stud**ied** you will not have stud**ied** he will not have stud**ied** we will not have stud**ied** you will not have stud**ied** they will not have stud**ied**	will I have stud**ied**? will you have stud**ied**? will he have stud**ied**? will we have stud**ied**? will you have stud**ied**? will they have stud**ied**?
Conditionnel	I would study you would study he would study we would study you would study they would study	I would not study you would not study he would not study we would not study you would not study they would not study	would I study? would you study? would he study? would we study? would you study? would they study?
Conditionnel passé	I would have stud**ied** you would have stud**ied** he would have stud**ied** we would have stud**ied** you would have stud**ied** they would have stud**ied**	I would not have stud**ied** you would not have stud**ied** he would not have stud**ied** we would not have stud**ied** you would not have stud**ied** they would not have stud**ied**	would I have stud**ied**? would you have stud**ied**? would he have stud**ied**? would we have stud**ied**? would you have stud**ied**? would they have stud**ied**?

STUDY étudier

Formes V-ing

TEMPS ET ASPECT

	Affirmation	Négation	Interrogation
Présent	I am study**ing** you are study**ing** he is study**ing** we are study**ing** you are study**ing** they are study**ing**	I am not study**ing** you are not study**ing** he is not study**ing** we are not study**ing** you are not study**ing** they are not study**ing**	am I study**ing**? are you study**ing**? is he study**ing**? are we study**ing**? are you study**ing**? are they study**ing**?
Prétérit	I was study**ing** you were study**ing** he was study**ing** we were study**ing** you were study**ing** they were study**ing**	I was not study**ing** you were not study**ing** he was not study**ing** we were not study**ing** you were not study**ing** they were not study**ing**	was I study**ing**? were you study**ing**? was he study**ing**? were we study**ing**? were you study**ing**? were they study**ing**?
Present perfect	I have been study**ing** you have been study**ing** he has been study**ing** we have been study**ing** you have been study**ing** they have been study**ing**	I have not been study**ing** you have not been study**ing** he has not been study**ing** we have not been study**ing** you have not been study**ing** they have not been study**ing**	have I been study**ing**? have you been study**ing**? has he been study**ing**? have we been study**ing**? have you been study**ing**? have they been study**ing**?
Past perfect	I had been study**ing** you had been study**ing** he had been study**ing** we had been study**ing** you had been study**ing** they had been study**ing**	I had not been study**ing** you had not been study**ing** he had not been study**ing** we had not been study**ing** you had not been study**ing** they had not been study**ing**	had I been study**ing**? had you been study**ing**? had he been study**ing**? had we been study**ing**? had you been study**ing**? had they been study**ing**?

Formes V-ing

FORMES MODALES

	Affirmation	Négation	Interrogation
Expression du futur will	I will be study**ing**	I will not be study**ing**	will I be study**ing**?
	you will be study**ing**	you will not be study**ing**	will you be study**ing**?
	he will be study**ing**	he will not be study**ing**	will he be study**ing**?
	we will be study**ing**	we will not be study**ing**	will we be study**ing**?
	you will be study**ing**	you will not be study**ing**	will you be study**ing**?
	they will be study**ing**	they will not be study**ing**	will they be study**ing**?
be going to	I am going to be study**ing**	I am not going to be study**ing**	am I going to be study**ing**?
	you are going to be study**ing**	you are not going to be study**ing**	are you going to be study**ing**?
	he is going to be study**ing**	he is not going to be study**ing**	is he going to be study**ing**?
	we are going to be study**ing**	we are not going to be study**ing**	are we going to be study**ing**?
	you are going to be study**ing**	you are not going to be study**ing**	are you going to be study**ing**?
	they are going to be study**ing**	they are not going to be study**ing**	are they going to be study**ing**?
Expression du futur antérieur will	I will have been study**ing**	I will not have been study**ing**	will I have been study**ing**?
	you will have been study**ing**	you will not have been study**ing**	will you have been study**ing**?
	he will have been study**ing**	he will not have been study**ing**	will he have been study**ing**?
	we will have been study**ing**	we will not have been study**ing**	will we have been study**ing**?
	you will have been study**ing**	you will not have been study**ing**	will you have been study**ing**?
	they will have been study**ing**	they will not have been study**ing**	will they have been study**ing**?
Conditionnel	I would be study**ing**	I would not be study**ing**	would I be study**ing**?
	you would be study**ing**	you would not be study**ing**	would you be study**ing**?
	he would be study**ing**	he would not be study**ing**	would he be study**ing**?
	we would be study**ing**	we would not be study**ing**	would we be study**ing**?
	you would be study**ing**	you would not be study**ing**	would you be study**ing**?
	they would be study**ing**	they would not be study**ing**	would they be study**ing**?
Conditionnel passé	I would have been study**ing**	I would not have been study**ing**	would I have been study**ing**?
	you would have been study**ing**	you would not have been study**ing**	would you have been study**ing**?
	he would have been study**ing**	he would not have been study**ing**	would he have been study**ing**?
	we would have been study**ing**	we would not have been study**ing**	would we have been study**ing**?
	you would have been study**ing**	you would not have been study**ing**	would you have been study**ing**?
	they would have been study**ing**	they would not have been tudy**ing**	would they have been study**ing**?

LIE mentir

Verbe régulier

Lie est un *verbe régulier**, qui subit une modification orthographique au participe présent : -ie devient -ying.

- Présent : lie ['laɪ], lies (3e p. sing. présent)
- Prétérit : lied
- Participe présent : lying
- Participe passé : lied

Autres verbes du même type : die, tie etc.

Formes simples

TEMPS ET ASPECT

	Affirmation	Négation	Interrogation
Présent	I lie you lie he lie**s** we lie you lie they lie	I do not lie you do not lie he does not lie we do not lie you do not lie they do not lie	do I lie? do you lie? does he lie? do we lie? do you lie? do they lie?
Prétérit	I lie**d** you lie**d** he lie**d** we lie**d** you lie**d** they lie**d**	I did not lie you did not lie he did not lie we did not lie you did not lie they did not lie	did I lie? did you lie? did he lie? did we lie? did you lie? did they lie?
Present perfect	I have lie**d** you have lie**d** he has lie**d** we have lie**d** you have lie**d** they have lie**d**	I have not lie**d** you have not lie**d** he has not lie**d** we have not lie**d** you have not lie**d** they have not lie**d**	have I lie**d**? have you lie**d**? has he lie**d**? have we lie**d**? have you lie**d**? have they lie**d**?
Past perfect	I had lie**d** you had lie**d** he had lie**d** we had lie**d** you had lie**d** they had lie**d**	I had not lie**d** you had not lie**d** he had not lie**d** we had not lie**d** you had not lie**d** they had not lie**d**	had I lie**d**? had you lie**d**? had he lie**d**? had we lie**d**? had you lie**d**? had they lie**d**?

Formes simples

FORMES MODALES

	Affirmation	Négation	Interrogation
Expression du futur will	I will lie you will lie he will lie we will lie you will lie they will lie	I will not lie you will not lie he will not lie we will not lie you will not lie they will not lie	will I lie? will you lie? will he lie? will we lie? will you lie? will they lie?
be going to	I am going to lie you are going to lie he is going to lie we are going to lie you are going to lie they are going to lie	I am not going to lie you are not going to lie he is not going to lie we are not going to lie you are not going to lie they are not going to lie	am I going to lie? are you going to lie? is he going to lie? are we going to lie? are you going to lie? are they going to lie?
Expression du futur antérieur will	I will have lie**d** you will have lie**d** he will have lie**d** we will have lie**d** you will have lie**d** they will have lie**d**	I will not have lie**d** you will not have lie**d** he will not have lie**d** we will not have lie**d** you will not have lie**d** they will not have lie**d**	will I have lie**d**? will you have lie**d**? will he have lie**d**? will we have lie**d**? will you have lie**d**? will they have lie**d**?
Conditionnel	I would lie you would lie he would lie we would lie you would lie they would lie	I would not lie you would not lie he would not lie we would not lie you would not lie they would not lie	would I lie? would you lie? would he lie? would we lie? would you lie? would they lie?
Conditionnel passé	I would have lie**d** you would have lie**d** he would have lie**d** we would have lie**d** you would have lie**d** they would have lie**d**	I would not have lie**d** you would not have lie**d** he would not have lie**d** we would not have lie**d** you would not have lie**d** they would not have lie**d**	would I have lie**d**? would you have lie**d**? would he have lie**d**? would we have lie**d**? would you have lie**d**? would they have lie**d**?

Formes V-ing

TEMPS ET ASPECT

	Affirmation	Négation	Interrogation
Présent	I am ly**ing** you are ly**ing** he is ly**ing** we are ly**ing** you are ly**ing** they are ly**ing**	I am not ly**ing** you are not ly**ing** he is not ly**ing** we are not ly**ing** you are not ly**ing** they are not ly**ing**	am I ly**ing**? are you ly**ing**? is he ly**ing**? are we ly**ing**? are you ly**ing**? are they ly**ing**?
Prétérit	I was ly**ing** you were ly**ing** he was ly**ing** we were ly**ing** you were ly**ing** they were ly**ing**	I was not ly**ing** you were not ly**ing** he was not ly**ing** we were not ly**ing** you were not ly**ing** they were not ly**ing**	was I ly**ing**? were you ly**ing**? was he ly**ing**? were we ly**ing**? were you ly**ing**? were they ly**ing**?
Present perfect	I have been ly**ing** you have been ly**ing** he has been ly**ing** we have been ly**ing** you have been ly**ing** they have been ly**ing**	I have not been ly**ing** you have not been ly**ing** he has not been ly**ing** we have not been ly**ing** you have not been ly**ing** they have not been ly**ing**	have I been ly**ing**? have you been ly**ing**? has he been ly**ing**? have we been ly**ing**? have you been ly**ing**? have they been ly**ing**?
Past perfect	I had been ly**ing** you had been ly**ing** he had been ly**ing** we had been ly**ing** you had been ly**ing** they had been ly**ing**	I had not been ly**ing** you had not been ly**ing** he had not been ly**ing** we had not been ly**ing** you had not been ly**ing** they had not been ly**ing**	had I been ly**ing**? had you been ly**ing**? had he been ly**ing**? had we been ly**ing**? had you been ly**ing**? had they been ly**ing**?

Formes V-ing

FORMES MODALES

	Affirmation	Négation	Interrogation
Expression du futur will	I will be ly**ing** you will be ly**ing** he will be ly**ing** we will be ly**ing** you will be ly**ing** they will be ly**ing**	I will not be ly**ing** you will not be ly**ing** he will not be ly**ing** we will not be ly**ing** you will not be ly**ing** they will not be ly**ing**	will I be ly**ing**? will you be ly**ing**? will he be ly**ing**? will we be ly**ing**? will you be ly**ing**? will they be ly**ing**?
be going to	I am going to be ly**ing** you are going to be ly**ing** he is going to be ly**ing** we are going to be ly**ing** you are going to be ly**ing** they are going to be ly**ing**	I am not going to be ly**ing** you are not going to be ly**ing** he is not going to be ly**ing** we are not going to be ly**ing** you are not going to be ly**ing** they are not going to be ly**ing**	am I going to be ly**ing**? are you going to be ly**ing**? is he going to be ly**ing**? are we going to be ly**ing**? are you going to be ly**ing**? are they going to be ly**ing**?
Expression du futur antérieur will	I will have been ly**ing** you will have been ly**ing** he will have been ly**ing** we will have been ly**ing** you will have been ly**ing** they will have been ly**ing**	I will not have been ly**ing** you will not have been ly**ing** he will not have been ly**ing** we will not have been ly**ing** you will not have been ly**ing** they will not have been ly**ing**	will I have been ly**ing**? will you have been ly**ing**? will he have been ly**ing**? will we have been ly**ing**? will you have been ly**ing**? will they have been ly**ing**?
Conditionnel	I would be ly**ing** you would be ly**ing** he would be ly**ing** we would be ly**ing** you would be ly**ing** they would be ly**ing**	I would not be ly**ing** you would not be ly**ing** he would not be ly**ing** we would not be ly**ing** you would not be ly**ing** they would not be ly**ing**	would I be ly**ing**? would you be ly**ing**? would he be ly**ing**? would we be ly**ing**? would you be ly**ing**? would they be ly**ing**?
Conditionnel passé	I would have been ly**ing** you would have been ly**ing** he would have been ly**ing** we would have been ly**ing** you would have been ly**ing** they would have been ly**ing**	I would not have been ly**ing** you would not have been ly**ing** he would not have been ly**ing** we would not have been ly**ing** you would not have been ly**ing** they would not have been ly**ing**	would I have been ly**ing**? would you have been ly**ing**? would he have been ly**ing**? would we have been ly**ing**? would you have been ly**ing**? would they have been ly**ing**?

LET laisser

Verbe irrégulier

Let est un *verbe irrégulier**, présentant trois formes identiques au présent, au prétérit et au participe passé. Attention : la consonne finale est redoublée au participe présent.

- Présent : let ['let], lets (3e p. sing. présent)
- Prétérit : let ['let]
- Participe présent : letting
- Participe passé : let ['let]

Formes simples

TEMPS ET ASPECT

	Affirmation	Négation	Interrogation
Présent	I let you let he let**s** we let you let they let	I do not let you do not let he does not let we do not let you do not let they do not let	do I let? do you let? does he let? do we let? do you let? do they let?
Prétérit	I let you let he let we let you let they let	I did not let you did not let he did not let we did not let you did not let they did not let	did I let? did you let? did he let? did we let? did you let? did they let?
Present perfect	I have let you have let he has let we have let you have let they have let	I have not let you have not let he has not let we have not let you have not let they have not let	have I let? have you let? has he let? have we let? have you let? have they let?
Past perfect	I had let you had let he had let we had let you had let they had let	I had not let you had not let he had not let we had not let you had not let they had not let	had I let? had you let? had he let? had we let? had you let? had they let?

Formes simples

FORMES MODALES

	Affirmation	Négation	Interrogation
Expression du futur will	I will let you will let he will let we will let you will let they will let	I will not let you will not let he will not let we will not let you will not let they will not let	will I let? will you let? will he let? will we let? will you let? will they let?
be going to	I am going to let you are going to let he is going to let we are going to let you are going to let they are going to let	I am not going to let you are not going to let he is not going to let we are not going to let you are not going to let they are not going to let	am I going to let? are you going to let? is he going to let? are we going to let? are you going to let? are they going to let?
Expression du futur antérieur will	I will have let you will have let he will have let we will have let you will have let they will have let	I will not have let you will not have let he will not have let we will not have let you will not have let they will not have let	will I have let? will you have let? will he have let? will we have let? will you have let? will they have let?
Conditionnel	I would let you would let he would let we would let you would let they would let	I would not let you would not let he would not let we would not let you would not let they would not let	would I let? would you let? would he let? would we let? would you let? would they let?
Conditionnel passé	I would have let you would have let he would have let we would have let you would have let they would have let	I would not have let you would not have let he would not have let we would not have let you would not have let they would not have let	would I have let? would you have let? would he have let? would we have let? would you have let? would they have let?

Formes V-ing

TEMPS ET ASPECT

	Affirmation	Négation	Interrogation
Présent	I am let**ting** you are let**ting** he is let**ting** we are let**ting** you are let**ting** they are let**ting**	I am not let**ting** you are not let**ting** he is not let**ting** we are not let**ting** you are not let**ting** they are not let**ting**	am I let**ting**? are you let**ting**? is he let**ting**? are we let**ting**? are you let**ting**? are they let**ting**?
Prétérit	I was let**ting** you were let**ting** he was let**ting** we were let**ting** you were let**ting** they were let**ting**	I was not let**ting** you were not let**ting** he was not let**ting** we were not let**ting** you were not let**ting** they were not let**ting**	was I let**ting**? were you let**ting**? was he let**ting**? were we let**ting**? were you let**ting**? were they let**ting**?
Present perfect	I have been let**ting** you have been let**ting** he has been let**ting** we have been let**ting** you have been let**ting** they have been let**ting**	I have not been let**ting** you have not been let**ting** he has not been let**ting** we have not been let**ting** you have not been let**ting** they have not been let**ting**	have I been let**ting**? have you been let**ting**? has he been let**ting**? have we been let**ting**? have you been let**ting**? have they been let**ting**?
Past perfect	I had been let**ting** you had been let**ting** he had been let**ting** we had been let**ting** you had been let**ting** they had been let**ting**	I had not been let**ting** you had not been let**ting** he had not been let**ting** we had not been let**ting** you had not been let**ting** they had not been let**ting**	had I been let**ting**? had you been let**ting**? had he been let**ting**? had we been let**ting**? had you been let**ting**? had they been let**ting**?

Formes V-ing

FORMES MODALES

	Affirmation	Négation	Interrogation
[E]xpression [d]u futur [w]ill	I will be let**ting** you will be let**ting** he will be let**ting** we will be let**ting** you will be let**ting** they will be let**ting**	I will not be let**ting** you will not be let**ting** he will not be let**ting** we will not be let**ting** you will not be let**ting** they will not be let**ting**	will I be let**ting**? will you be let**ting**? will he be let**ting**? will we be let**ting**? will you be let**ting**? will they be let**ting**?
[b]e going to	I am going to be let**ting** you are going to be let**ting** he is going to be let**ting** we are going to be let**ting** you are going to be let**ting** they are going to be let**ting**	I am not going to be let**ting** you are not going to be let**ting** he is not going to be let**ting** we are not going to be let**ting** you are not going to be let**ting** they are not going to be let**ting**	am I going to be let**ting**? are you going to be let**ting**? is he going to be let**ting**? are we going to be let**ting**? are you going to be let**ting**? are they going to be let**ting**?
[E]xpression [d]u futur [a]ntérieur [w]ill	I will have been let**ting** you will have been let**ting** he will have been let**ting** we will have been let**ting** you will have been let**ting** they will have been let**ting**	I will not have been let**ting** you will not have been let**ting** he will not have been let**ting** we will not have been let**ting** you will not have been let**ting** they will not have been let**ting**	will I have been let**ting**? will you have been let**ting**? will he have been let**ting**? will we have been let**ting**? will you have been let**ting**? will they have been let**ting**?
[C]onditionnel	I would be let**ting** you would be let**ting** he would be let**ting** we would be let**ting** you would be let**ting** they would be let**ting**	I would not be let**ting** you would not be let**ting** he would not be let**ting** we would not be let**ting** you would not be let**ting** they would not be let**ting**	would I be let**ting**? would you be let**ting**? would he be let**ting**? would we be let**ting**? would you be let**ting**? would they be let**ting**?
[C]onditionnel [p]assé	I would have been let**ting** you would have been let**ting** he would have been let**ting** we would have been let**ting** you would have been let**ting** they would have been let**ting**	I would not have been let**ting** you would not have been let**ting** he would not have been let**ting** we would not have been let**ting** you would not have been let**ting** they would not have been let**ting**	would I have been let**ting**? would you have been let**ting**? would he have been let**ting**? would we have been let**ting**? would you have been let**ting**? would they have been let**ting**?

GO aller

Verbe irrégulier

Go est un *verbe irrégulier**, présentant une forme différente au présent, au prétérit et au participe passé. Attention : il prend -**es** à la 3e personne du singulier du présent simple.

- Présent : go ['gəʊ], goes (3e p. sing. présent)
- Prétérit : went ['went]
- Participe présent : going
- Participe passé : gone ['gɒn]

Formes simples

TEMPS ET ASPECT

	Affirmation	Négation	Interrogation
Présent	I go you go he go**es** we go you go they go	I do not go you do not go he does not go we do not go you do not go they do not go	do I go? do you go? does he go? do we go? do you go? do they go?
Prétérit	I went you went he went we went you went they went	I did not go you did not go he did not go we did not go you did not go they did not go	did I go? did you go? did he go? did we go? did you go? did they go?
Present perfect	I have go**ne** you have go**ne** he has go**ne** we have go**ne** you have go**ne** they have go**ne**	I have not go**ne** you have not go**ne** he has not go**ne** we have not go**ne** you have not go**ne** they have not go**ne**	have I go**ne**? have you go**ne**? has he go**ne**? have we go**ne**? have you go**ne**? have they go**ne**?
Past perfect	I had go**ne** you had go**ne** he had go**ne** we had go**ne** you had go**ne** they had go**ne**	I had not go**ne** you had not go**ne** he had not go**ne** we had not go**ne** you had not go**ne** they had not go**ne**	had I go**ne**? had you go**ne**? had he go**ne**? had we go**ne**? had you go**ne**? had they go**ne**?

Formes simples

FORMES MODALES

	Affirmation	Négation	Interrogation
Expression du futur will	I will go you will go he will go we will go you will go they will go	I will not go you will not go he will not go we will not go you will not go they will not go	will I go? will you go? will he go? will we go? will you go? will they go?
be going to	I am going to go you are going to go he is going to go we are going to go you are going to go they are going to go	I am not going to go you are not going to go he is not going to go we are not going to go you are not going to go they are not going to go	am I going to go? are you going to go? is he going to go? are we going to go? are you going to go? are they going to go?
Expression du futur antérieur will	I will have go**ne** you will have go**ne** he will have go**ne** we will have go**ne** you will have go**ne** they will have go**ne**	I will not have go**ne** you will not have go**ne** he will not have go**ne** we will not have go**ne** you will not have go**ne** they will not have go**ne**	will I have go**ne**? will you have go**ne**? will he have go**ne**? will we have go**ne**? will you have go**ne**? will they have go**ne**?
Conditionnel	I would go you would go he would go we would go you would go they would go	I would not go you would not go he would not go we would not go you would not go they would not go	would I go? would you go? would he go? would we go? would you go? would they go?
Conditionnel passé	I would have go**ne** you would have go**ne** he would have go**ne** we would have go**ne** you would have go**ne** they would have go**ne**	I would not have go**ne** you would not have go**ne** he would not have go**ne** we would not have go**ne** you would not have go**ne** they would not have go**ne**	would I have go**ne**? would you have go**ne**? would he have go**ne**? would we have go**ne**? would you have go**ne**? would they have go**ne**?

Formes V-ing

TEMPS ET ASPECT

	Affirmation	Négation	Interrogation
Présent	I am go**ing** you are go**ing** he is go**ing** we are go**ing** you are go**ing** they are go**ing**	I am not go**ing** you are not go**ing** he is not go**ing** we are not go**ing** you are not go**ing** they are not go**ing**	am I go**ing**? are you go**ing**? is he go**ing**? are we go**ing**? are you go**ing**? are they go**ing**?
Prétérit	I was go**ing** you were go**ing** he was go**ing** we were go**ing** you were go**ing** they were go**ing**	I was not go**ing** you were not go**ing** he was not go**ing** we were not go**ing** you were not go**ing** they were not go**ing**	was I go**ing**? were you go**ing**? was he go**ing**? were we go**ing**? were you go**ing**? were they go**ing**?
Present perfect	I have been go**ing** you have been go**ing** he has been go**ing** we have been go**ing** you have been go**ing** they have been go**ing**	I have not been go**ing** you have not been go**ing** he has not been go**ing** we have not been go**ing** you have not been go**ing** they have not been go**ing**	have I been go**ing**? have you been go**ing**? has he been go**ing**? have we been go**ing**? have you been go**ing**? have they been go**ing**?
Past perfect	I had been go**ing** you had been go**ing** he had been go**ing** we had been go**ing** you had been go**ing** they had been go**ing**	I had not been go**ing** you had not been go**ing** he had not been go**ing** we had not been go**ing** you had not been go**ing** they had not been go**ing**	had I been go**ing**? had you been go**ing**? had he been go**ing**? had we been go**ing**? had you been go**ing**? had they been go**ing**?

Formes V-ing

FORMES MODALES

	Affirmation	Négation	Interrogation
Expression du futur will	I will be go**ing** you will be go**ing** he will be go**ing** we will be go**ing** you will be go**ing** they will be go**ing**	I will not be go**ing** you will not be go**ing** he will not be go**ing** we will not be go**ing** you will not be go**ing** they will not be go**ing**	will I be go**ing**? will you be go**ing**? will he be go**ing**? will we be go**ing**? will you be go**ing**? will they be go**ing**?
be going to	I am going to be go**ing** you are going to be go**ing** he is going to be go**ing** we are going to be go**ing** you are going to be go**ing** they are going to be go**ing**	I am not going to be go**ing** you are not going to be go**ing** he is not going to be go**ing** we are not going to be go**ing** you are not going to be go**ing** they are not going to be go**ing**	am I going to be go**ing**? are you going to be go**ing**? is he going to be go**ing**? are we going to be go**ing**? are you going to be go**ing**? are they going to be go**ing**?
Expression du futur antérieur will	I will have been go**ing** you will have been go**ing** he will have been go**ing** we will have been go**ing** you will have been go**ing** they will have been go**ing**	I will not have been go**ing** you will not have been go**ing** he will not have been go**ing** we will not have been go**ing** you will not have been go**ing** they will not have been go**ing**	will I have been go**ing**? will you have been go**ing**? will he have been go**ing**? will we have been go**ing**? will you have been go**ing**? will they have been go**ing**?
Conditionnel	I would be go**ing** you would be go**ing** he would be go**ing** we would be go**ing** you would be go**ing** they would be go**ing**	I would not be go**ing** you would not be go**ing** he would not be go**ing** we would not be go**ing** you would not be go**ing** they would not be go**ing**	would I be go**ing**? would you be go**ing**? would he be go**ing**? would we be go**ing**? would you be go**ing**? would they be go**ing**?
Conditionnel passé	I would have been go**ing** you would have been go**ing** he would have been go**ing** we would have been go**ing** you would have been go**ing** they would have been go**ing**	I would not have been go**ing** you would not have been go**ing** he would not have been go**ing** we would not have been go**ing** you would not have been go**ing** they would not have been go**ing**	would I have been go**ing**? would you have been go**ing**? would he have been go**ing**? would we have been go**ing**? would you have been go**ing**? would they have been go**ing**?

MAKE faire

Verbe irrégulier

Make est un *verbe irrégulier**, dont les formes de prétérit et participe passé sont identiques.

- Présent : make ['meɪk], makes (3e p. sing. présent)
- Prétérit : made ['meɪd]
- Participe présent : making
- Participe passé : made ['meɪd]

Formes simples

TEMPS ET ASPECT

	Affirmation	Négation	Interrogation
Présent	I make you make he make**s** we make you make they make	I do not make you do not make he does not make we do not make you do not make they do not make	do I make? do you make? does he make? do we make? do you make? do they make?
Prétérit	I made you made he made we made you made they made	I did not make you did not make he did not make we did not make you did not make they did not make	did I make? did you make? did he make? did we make? did you make? did they make?
Present perfect	I have made you have made he has made we have made you have made they have made	I have not made you have not made he has not made we have not made you have not made they have not made	have I made? have you made? has he made? have we made? have you made? have they made?
Past perfect	I had made you had made he had made we had made you had made they had made	I had not made you had not made he had not made we had not made you had not made they had not made	had I made? had you made? had he made? had we made? had you made? had they made?

Formes simples

FORMES MODALES

	Affirmation	Négation	Interrogation
Expression du futur will	I will make you will make he will make we will make you will make they will make	I will not make you will not make he will not make we will not make you will not make they will not make	will I make? will you make? will he make? will we make? will you make? will they make?
be going to	I am going to make you are going to make he is going to make we are going to make you are going to make they are going to make	I am not going to make you are not going to make he is not going to make we are not going to make you are not going to make they are not going to make	am I going to make? are you going to make? is he going to make? are we going to make? are you going to make? are they going to make?
Expression du futur antérieur will	I will have made you will have made he will have made we will have made you will have made they will have made	I will not have made you will not have made he will not have made we will not have made you will not have made they will not have made	will I have made? will you have made? will he have made? will we have made? will you have made? will they have made?
Conditionnel	I would make you would make he would make we would make you would make they would make	I would not make you would not make he would not make we would not make you would not make they would not make	would I make? would you make? would he make? would we make? would you make? would they make?
Conditionnel passé	I would have made you would have made he would have made we would have made you would have made they would have made	I would not have made you would not have made he would not have made we would not have made you would not have made they would not have made	would I have made? would you have made? would he have made? would we have made? would you have made? would they have made?

Formes V-ing

TEMPS ET ASPECT

	Affirmation	Négation	Interrogation
Présent	I am mak**ing** you are mak**ing** he is mak**ing** we are mak**ing** you are mak**ing** they are mak**ing**	I am not mak**ing** you are not mak**ing** he is not mak**ing** we are not mak**ing** you are not mak**ing** they are not mak**ing**	am I mak**ing**? are you mak**ing**? is he mak**ing**? are we mak**ing**? are you mak**ing**? are they mak**ing**?
Prétérit	I was mak**ing** you were mak**ing** he was mak**ing** we were mak**ing** you were mak**ing** they were mak**ing**	I was not mak**ing** you were not mak**ing** he was not mak**ing** we were not mak**ing** you were not mak**ing** they were not mak**ing**	was I mak**ing**? were you mak**ing**? was he mak**ing**? were we mak**ing**? were you mak**ing**? were they mak**ing**?
Present perfect	I have been mak**ing** you have been mak**ing** he has been mak**ing** we have been mak**ing** you have been mak**ing** they have been mak**ing**	I have not been mak**ing** you have not been mak**ing** he has not been mak**ing** we have not been mak**ing** you have not been mak**ing** they have not been mak**ing**	have I been mak**ing**? have you been mak**ing**? has he been mak**ing**? have we been mak**ing**? have you been mak**ing**? have they been mak**ing**?
Past perfect	I had been mak**ing** you had been mak**ing** he had been mak**ing** we had been mak**ing** you had been mak**ing** they had been mak**ing**	I had not been mak**ing** you had not been mak**ing** he had not been mak**ing** we had not been mak**ing** you had not been mak**ing** they had not been mak**ing**	had I been mak**ing**? had you been mak**ing**? had he been mak**ing**? had we been mak**ing**? had you been mak**ing**? had they been mak**ing**?

Formes V-ing

FORMES MODALES

	Affirmation	Négation	Interrogation
Expression du futur will	I will be mak**ing** you will be mak**ing** he will be mak**ing** we will be mak**ing** you will be mak**ing** they will be mak**ing**	I will not be mak**ing** you will not be mak**ing** he will not be mak**ing** we will not be mak**ing** you will not be mak**ing** they will not be mak**ing**	will I be mak**ing**? will you be mak**ing**? will he be mak**ing**? will we be mak**ing**? will you be mak**ing**? will they be mak**ing**?
be going to	I am going to be mak**ing** you are going to be mak**ing** he is going to be mak**ing** we are going to be mak**ing** you are going to be mak**ing** they are going to be mak**ing**	I am not going to be mak**ing** you are not going to be mak**ing** he is not going to be mak**ing** we are not going to be mak**ing** you are not going to be mak**ing** they are not going to be mak**ing**	am I going to be mak**ing**? are you going to be mak**ing**? is he going to be mak**ing**? are we going to be mak**ing**? are you going to be mak**ing**? are they going to be mak**ing**?
Expression du futur antérieur will	I will have been mak**ing** you will have been mak**ing** he will have been mak**ing** we will have been mak**ing** you will have been mak**ing** they will have been mak**ing**	I will not have been mak**ing** you will not have been mak**ing** he will not have been mak**ing** we will not have been mak**ing** you will not have been mak**ing** they will not have been mak**ing**	will I have been mak**ing**? will you have been mak**ing**? will he have been mak**ing**? will we have been mak**ing**? will you have been mak**ing**? will they have been mak**ing**?
Conditionnel	I would be mak**ing** you would be mak**ing** he would be mak**ing** we would be mak**ing** you would be mak**ing** they would be mak**ing**	I would not be mak**ing** you would not be mak**ing** he would not be mak**ing** we would not be mak**ing** you would not be mak**ing** they would not be mak**ing**	would I be mak**ing**? would you be mak**ing**? would he be mak**ing**? would we be mak**ing**? would you be mak**ing**? would they be mak**ing**?
Conditionnel passé	I would have been mak**ing** you would have been mak**ing** he would have been mak**ing** we would have been mak**ing** you would have been mak**ing** they would have been mak**ing**	I would not have been mak**ing** you would not have been mak**ing** he would not have been mak**ing** we would not have been mak**ing** you would not have been mak**ing** they would not have been mak**ing**	would I have been mak**ing**? would you have been mak**ing**? would he have been mak**ing**? would we have been mak**ing**? would you have been mak**ing**? would they have been mak**ing**?

GROW croître, cultiver

Verbe irrégulier

Grow est un *verbe irrégulier**, présentant une forme différente au présent, au prétérit et au participe passé.

- Présent : grow [grəʊ], grows (3e p. sing. présent)
- Prétérit : grew [gru:]
- Participe présent : growing
- Participe passé : grown [grəʊn]

Formes simples

TEMPS ET ASPECT

	Affirmation	Négation	Interrogation
Présent	I grow you grow he grow**s** we grow you grow they grow	I do not grow you do not grow he does not grow we do not grow you do not grow they do not grow	do I grow? do you grow? does he grow? do we grow? do you grow? do they grow?
Prétérit	I grew you grew he grew we grew you grew they grew	I did not grow you did not grow he did not grow we did not grow you did not grow they did not grow	did I grow? did you grow? did he grow? did we grow? did you grow? did they grow?
Present perfect	I have grow**n** you have grow**n** he has grow**n** we have grow**n** you have grow**n** they have grow**n**	I have not grow**n** you have not grow**n** he has not grow**n** we have not grow**n** you have not grow**n** they have not grow**n**	have I grow**n**? have you grow**n**? has he grow**n**? have we grow**n**? have you grow**n**? have they grow**n**?
Past perfect	I had grow**n** you had grow**n** he had grow**n** we had grow**n** you had grow**n** they had grow**n**	I had not grow**n** you had not grow**n** he had not grow**n** we had not grow**n** you had not grow**n** they had not grow**n**	had I grow**n**? had you grow**n**? had he grow**n**? had we grow**n**? had you grow**n**? had they grow**n**?

Formes simples

FORMES MODALES

	Affirmation	Négation	Interrogation
Expression du futur will	I will grow you will grow he will grow we will grow you will grow they will grow	I will not grow you will not grow he will not grow we will not grow you will not grow they will not grow	will I grow? will you grow? will he grow? will we grow? will you grow? will they grow?
be going to	I am going to grow you are going to grow he is going to grow we are going to grow you are going to grow they are going to grow	I am not going to grow you are not going to grow he is not going to grow we are not going to grow you are not going to grow they are not going to grow	am I going to grow? are you going to grow? is he going to grow? are we going to grow? are you going to grow? are they going to grow?
Expression du futur antérieur will	I will have grow**n** you will have grow**n** he will have grow**n** we will have grow**n** you will have grow**n** they will have grow**n**	I will not have grow**n** you will not have grow**n** he will not have grow**n** we will not have grow**n** you will not have grow**n** they will not have grow**n**	will I have grow**n**? will you have grow**n**? will he have grow**n**? will we have grow**n**? will you have grow**n**? will they have grow**n**?
Conditionnel	I would grow you would grow he would grow we would grow you would grow they would grow	I would not grow you would not grow he would not grow we would not grow you would not grow they would not grow	would I grow? would you grow? would he grow? would we grow? would you grow? would they grow?
Conditionnel passé	I would have grow**n** you would have grow**n** he would have grow**n** we would have grow**n** you would have grow**n** they would have grow**n**	I would not have grow**n** you would not have grow**n** he would not have grow**n** we would not have grow**n** you would not have grow**n** they would not have grow**n**	would I have grow**n**? would you have grow**n**? would he have grow**n**? would we have grow**n**? would you have grow**n**? would they have grow**n**?

Formes V-ing

TEMPS ET ASPECT

	Affirmation	Négation	Interrogation
Présent	I am grow**ing** you are grow**ing** he is grow**ing** we are grow**ing** you are grow**ing** they are grow**ing**	I am not grow**ing** you are not grow**ing** he is not grow**ing** we are not grow**ing** you are not grow**ing** they are not grow**ing**	am I grow**ing**? are you grow**ing**? is he grow**ing**? are we grow**ing**? are you grow**ing**? are they grow**ing**?
Prétérit	I was grow**ing** you were grow**ing** he was grow**ing** we were grow**ing** you were grow**ing** they were grow**ing**	I was not grow**ing** you were not grow**ing** he was not grow**ing** we were not grow**ing** you were not grow**ing** they were not grow**ing**	was I grow**ing**? were you grow**ing**? was he grow**ing**? were we grow**ing**? were you grow**ing**? were they grow**ing**?
Present perfect	I have been grow**ing** you have been grow**ing** he has been grow**ing** we have been grow**ing** you have been grow**ing** they have been grow**ing**	I have not been grow**ing** you have not been grow**ing** he has not been grow**ing** we have not been grow**ing** you have not been grow**ing** they have not been grow**ing**	have I been grow**ing**? have you been grow**ing**? has he been grow**ing**? have we been grow**ing**? have you been grow**ing**? have they been grow**ing**?
Past perfect	I had been grow**ing** you had been grow**ing** he had been grow**ing** we had been grow**ing** you had been grow**ing** they had been grow**ing**	I had not been grow**ing** you had not been grow**ing** he had not been grow**ing** we had not been grow**ing** you had not been grow**ing** they had not been grow**ing**	had I been grow**ing**? had you been grow**ing**? had he been grow**ing**? had we been grow**ing**? had you been grow**ing**? had they been grow**ing**?

Formes V-ing

FORMES MODALES

	Affirmation	Négation	Interrogation
Expression du futur will	I will be grow**ing** you will be grow**ing** he will be grow**ing** we will be grow**ing** you will be grow**ing** they will be grow**ing**	I will not be grow**ing** you will not be grow**ing** he will not be grow**ing** we will not be grow**ing** you will not be grow**ing** they will not be grow**ing**	will I be grow**ing**? will you be grow**ing**? will he be grow**ing**? will we be grow**ing**? will you be grow**ing**? will they be grow**ing**?
be going to	I am going to be grow**ing** you are going to be grow**ing** he is going to be grow**ing** we are going to be grow**ing** you are going to be grow**ing** they are going to be grow**ing**	I am not going to be grow**ing** you are not going to be grow**ing** he is not going to be grow**ing** we are not going to be grow**ing** you are not going to be grow**ing** they are not going to be grow**ing**	am I going to be grow**ing**? are you going to be grow**ing**? is he going to be grow**ing**? are we going to be grow**ing**? are you going to be grow**ing**? are they going to be grow**ing**?
Expression du futur antérieur will	I will have been grow**ing** you will have been grow**ing** he will have been grow**ing** we will have been grow**ing** you will have been grow**ing** they will have been grow**ing**	I will not have been grow**ing** you will not have been grow**ing** he will not have been grow**ing** we will not have been grow**ing** you will not have been grow**ing** they will not have been grow**ing**	will I have been grow**ing**? will you have been grow**ing**? will he have been grow**ing**? will we have been grow**ing**? will you have been grow**ing**? will they have been grow**ing**?
Conditionnel	I would be grow**ing** you would be grow**ing** he would be grow**ing** we would be grow**ing** you would be grow**ing** they would be grow**ing**	I would not be grow**ing** you would not be grow**ing** he would not be grow**ing** we would not be grow**ing** you would not be grow**ing** they would not be grow**ing**	would I be grow**ing**? would you be grow**ing**? would he be grow**ing**? would we be grow**ing**? would you be grow**ing**? would they be grow**ing**?
Conditionnel passé	I would have been grow**ing** you would have been grow**ing** he would have been grow**ing** we would have been grow**ing** you would have been grow**ing** they would have been grow**ing**	I would not have been grow**ing** you would not have been grow**ing** he would not have been grow**ing** we would not have been grow**ing** you would not have been grow**ing** they would not have been grow**ing**	would I have been grow**ing**? would you have been grow**ing**? would he have been grow**ing**? would we have been grow**ing**? would you have been grow**ing**? would they have been grow**ing**?

VERBES IRRÉGULIERS

Infinitif	Présent	Prétérit	Participe passé	Traduction
arise	I/you arise he/she/it arise**s**	arose	arisen	*surgir* *résulter*
awake	I/you awake he/she/it awake**s**	awoke/awaked	awoken/awaked	*(se) réveiller*
be	I am/you are he/she/it is	was/were	been	*être*
bear	I/you bear he/she/it bear**s**	bore	borne	*supporter*
beat	I/you beat he/she/it beat**s**	beat	beaten	*frapper* *battre*
begin	I/you begin he/she/it begin**s**	began	begun	*commencer*
bend	I/you bend he/she/it bend**s**	bent	bent/bended	*plier*
bet	I/you bet he/she/it bet**s**	bet/betted	bet/betted	*parier*
bid	I/you bid he/she/it bid**s**	bid/bade	bid/bidden	*faire une offre (de)* *commander*
bind	I/you bind he/she/it bind**s**	bound	bound	*attacher*
bite	I/you bite he/she/it bite**s**	bit	bitten	*mordre*
bleed	I/you bleed he/she/it bleed**s**	bled	bled	*saigner*
blow	I/you blow he/she/it blow**s**	blew	blown	*souffler* *faire bouger*
break	I/you break he/she/it break**s**	broke	broken	*(se) casser*
breed	I/you breed he/she/it breed**s**	bred	bred	*élever (animaux)*
bring	I/you bring he/she/it bring**s**	brought	brought	*amener*
build	I/you build he/she/it build**s**	built	built	*construire*
burn	I/you burn he/she/it burn**s**	burnt/burned	burnt/burned	*brûler*
burst	I/you burst he/she/it burst**s**	burst	burst	*éclater* *crever*
buy	I/you buy he/she/it buy**s**	bought	bought	*acheter*
cast	I/you cast he/she/it cast**s**	cast	cast	*jeter* *projeter*
catch	I/you catch he/she/it catch**es**	caught	caught	*attraper*
chide	I/you chide he/she/it chide**s**	chid/chided	chid/(chidden)/ chided	*gronder*
choose	I/you choose he/she/it choose**s**	chose	chosen	*choisir*
come	I/you come he/she/it come**s**	came	come	*venir* *arriver*
cost	I/you cost he/she/it cost**s**	cost	cost	*coûter*
creep	I/you creep he/she/it creep**s**	crept	crept	*se glisser* *ramper*
cut	I/you cut he/she/it cut**s**	cut	cut	*couper*
deal	I/you deal he/she/it deal**s**	dealt	dealt	*traiter (de)* *distribuer (les cartes)*

Infinitif	Présent	Prétérit	Participe passé	Traduction
do	I/you do he/she/it do**es**	did	done	*faire*
draw	I/you draw he/she/it draw**s**	drew	drawn	*dessiner*
dream	I/you dream he/she/it dream**s**	dreamt/dreamed	dreamt/dreamed	*rêver*
drink	I/you drink he/she/it drink**s**	drank	drunk	*boire*
drive	I/you drive he/she/it drive**s**	drove	driven	*conduire*
dwell	I/you dwell he/she/it dwell**s**	dwelt	dwelt	*habiter*
eat	I/you eat he/she/it eat**s**	ate	eaten	*manger*
fall	I/you fall he/she/it fall**s**	fell	fallen	*tomber*
feed	I/you feed he/she/it feed**s**	fed	fed	*nourrir*
feel	I/you feel he/she/it feel**s**	felt	felt	*sentir* *toucher*
fight	I/you fight he/she/it fight**s**	fought	fought	*se battre*
find	I/you find he/she/it find**s**	found	found	*trouver*
flee	I/you flee he/she/it flee**s**	fled	fled	*fuir*
fling	I/you fling he/she/it fling**s**	flung	flung	*lancer* *jeter*
fly	I/you fly he/she/it fl**ies**	flew	flown	*voler* *piloter*
forget	I/you forget he/she/it forget**s**	forgot	forgotten	*oublier*
freeze	I/you freeze he/she/it freeze**s**	froze	frozen	*geler*
get	I/you get he/she/it get**s**	got	got/(US gotten)	*recevoir* *devenir*
give	I/you give he/she/it give**s**	gave	given	*donner*
go	I/you go he/she/it go**es**	went	gone	*aller*
grow	I/you grow he/she/it grow**s**	grew	grown	*croître* *cultiver*
hang	I/you hang he/she/it hang**s**	hung/hanged	hung/hanged	*pendre* *accrocher*
have	I/you have he/she/it has	had	had	*avoir*
hear	I/you hear he/she/it hear**s**	heard	heard	*entendre*
hide	I/you hide he/she/it hide**s**	hid	hidden	*(se) cacher*
hit	I/you hit he/she/it hit**s**	hit	hit	*frapper*
hold	I/you hold he/she/it hold**s**	held	held	*(se) tenir*
hurt	I/you hurt he/she/it hurt**s**	hurt	hurt	*faire mal (à)*
keep	I/you keep he/she/it keep**s**	kept	kept	*garder* *continuer*

Infinitif	Présent	Prétérit	Participe passé	Traduction
kneel	I/you kneel he/she/it kneel**s**	knelt/kneeled	knelt /kneeled	*s'agenouiller* *se mettre à genoux*
knit	I/you knit he/she/it knit**s**	knit/knitted	knit/knitted	*tricoter*
know	I/you know he/she/it know**s**	knew	known	*connaître* *savoir*
lay	I/you lay he/she/it lay**s**	laid	laid	*poser* *pondre*
lead	I/you lead he/she/it lead**s**	led	led	*mener*
lean	I/you lean he/she/it lean**s**	leant/leaned	leant/leaned	*pencher* *s'appuyer*
leap	I/you leap he/she/it leap**s**	leapt/leaped	leapt/leaped	*bondir* *sauter (par-dessus)*
learn	I/you learn he/she/it learn**s**	learnt/learned	learnt/learned	*apprendre*
leave	I/you leave he/she/it leave**s**	left	left	*partir* *quitter*
lend	I/you lend he/she/it lend**s**	lent	lent	*prêter*
let	I/you let he/she/it let**s**	let	let	*laisser* *louer*
lie	I/you lie he/she/it lie**s**	lay	lain	*mentir* *se coucher*
light	I/you light he/she/it light**s**	lit/lighted	lit/lighted	*éclairer* *allumer*
lose	I/you lose he/she/it lose**s**	lost	lost	*perdre*
make	I/you make he/she/it make**s**	made	made	*faire*
mean	I/you mean he/she/it mean**s**	meant	meant	*vouloir dire* *signifier*
meet	I/you meet he/she/it meet**s**	met	met	*rencontrer* *se rencontrer*
mow	I/you mow he/she/it mow**s**	mowed	mown/mowed	*tondre* *faucher*
pay	I/you pay he/she/it pay**s**	paid	paid	*payer*
put	I/you put he/she/it put**s**	put	put	*mettre*
quit	I/you quit he/she/it quit**s**	quit/quitted	quit/quitted	*quitter* *renoncer*
read	I/you read he/she/it read**s**	read	read	*lire*
rid	I/you rid he/she/it rid**s**	rid/ridded	rid/ridded	*débarrasser*
ride	I/you ride he/she/it ride**s**	rode	ridden	*monter (à cheval, à vélo)*
ring	I/you ring he/she/it ring**s**	rang	rung	*sonner*
rise	I/you rise he/she/it rise**s**	rose	risen	*se lever* *augmenter*
run	I/you run he/she/it run**s**	ran	run	*courir* *diriger*
saw	I/you saw he/she/it saw**s**	sawed	sawn/sawed	*scier*
say	I/you say he/she/it say**s**	said	said	*dire*

Infinitif	Présent	Prétérit	Participe passé	Traduction
sew	I/you sew he/she/it sews	sewed	sewed/sewn	*coudre*
see	I/you see he/she/it sees	saw	seen	*voir*
seek	I/you seek he/she/it seeks	sought	sought	*chercher*
sell	I/you sell he/she/it sells	sold	sold	*(se) vendre*
send	I/you send he/she/it sends	sent	sent	*envoyer*
set	I/you set he/she/it sets	set	set	*poser* *régler*
shake	I/you shake he/she/it shakes	shook	shaken	*secouer* *trembler*
shed	I/you shed he/she/it sheds	shed	shed	*perdre* *se débarrasser de*
shine	I/you shine he/she/it shines	shone	shone	*briller*
shoot	I/you shoot he/she/it shoots	shot	shot	*tirer* *atteindre*
show	I/you show he/she/it shows	showed	shown/showed	*montrer*
shrink	I/you shrink he/she/it shrinks	shrank/shrunk	shrunk/shrunken	*rétrécir* *(faire) rétrécir*
shut	I/you shut he/she/it shuts	shut	shut	*(se) fermer*
sing	I/you sing he/she/it sings	sang	sung	*chanter*
sink	I/you sink he/she/it sinks	sank	sunk/sunken	*couler*
sit	I/you sit he/she/it sits	sat	sat	*(s')asseoir*
slay	I/you slay he/she/it slays	slew	slain	*tuer*
sleep	I/you sleep he/she/it sleeps	slept	slept	*dormir*
slide	I/you slide he/she/it slides	slid	slid	*glisser* *faire glisser*
sling	I/you sling he/she/it slings	slung	slung	*jeter*
smell	I/you smell he/she/it smells	smelt/smelled	smelt/smelled	*sentir*
sow	I/you sow he/she/it sows	sowed	sown/sowed	*semer*
speak	I/you speak he/she/it speaks	spoke	spoken	*parler*
speed	I/you speed he/she/it speeds	sped/speeded	sped/speeded	*aller à toute allure*
spell	I/you spell he/she/it spells	spelt/spelled	spelt/spelled	*épeler*
spend	I/you spend he/she/it spends	spent	spent	*dépenser*
spill	I/you spill he/she/it spills	spilt/spilled	spilt/spilled	*renverser* *se renverser*
spin	I/you spin he/she/it spins	spun	spun	*faire tourner* *tourner*
spit	I/you spit he/she/it spits	spat/spit	spat/spit	*cracher*

Infinitif	Présent	Prétérit	Participe passé	Traduction
split	I/you split he/she/it splits	split	split	*fendre* *se fendre*
spoil	I/you spoil he/she/it spoils	spoilt/spoiled	spoilt/spoiled	*gâter* *se gâter*
spread	I/you spread he/she/it spreads	spread	spread	*étaler* *s'élargir*
spring	I/you spring he/she/it springs	sprang	sprung	*bondir* *déclencher*
stand	I/you stand he/she/it stands	stood	stood	*se lever* *se tenir*
steal	I/you steal he/she/it steals	stole	stolen	*voler*
stick	I/you stick he/she/it sticks	stuck	stuck	*coller*
sting	I/you sting he/she/it stings	stung	stung	*piquer*
stink	I/you stink he/she/it stinks	stank	stunk	*puer* *empester*
strike	I/you strike he/she/it strikes	struck	struck/stricken	*frapper*
swear	I/you swear he/she/it swears	swore	sworn	*jurer*
sweep	I/you sweep he/she/it sweeps	swept	swept	*balayer*
swell	I/you swell he/she/it swells	swelled	swollen/swelled	*gonfler*
swim	I/you swim he/she/it swims	swam	swum	*nager*
swing	I/you swing he/she/it swings	swung	swung	*se balancer* *balancer*
take	I/you take he/she/it takes	took	taken	*prendre*
teach	I/you teach he/she/it teaches	taught	taught	*enseigner*
tear	I/you tear he/she/it tears	tore	torn	*déchirer* *se déchirer*
tell	I/you tell he/she/it tells	told	told	*dire*
think	I/you think he/she/it thinks	thought	thought	*penser*
throw	I/you throw he/she/it throws	threw	thrown	*lancer* *jeter (par terre)*
tread	I/you tread he/she/it treads	trod	trodden	*fouler*
wake	I/you wake he/she/it wakes	woke/waked	woken/waked	*(se) réveiller*
wear	I/you wear he/she/it wears	wore	worn	*porter* *(des vêtements)*
weave	I/you weave he/she/it weaves	wove	woven	*tisser*
weep	I/you weep he/she/it weeps	wept	wept	*pleurer*
win	I/you win he/she/it wins	won	won	*gagner*
wind	I/you wind he/she/it winds	wound	wound	*serpenter* *enrouler*
wring	I/you wring he/she/it wrings	wrung	wrung	*essorer*
write	I/you write he/she/it writes	wrote	written	*écrire*

Précis grammatical

VERBES ET AUXILIAIRES

Comme en français, on distingue en anglais les verbes des auxiliaires. Toutefois, le système des auxiliaires de l'anglais est plus complexe que celui du français. On y trouve :

- Be, have, do
- Les *modaux** et les *quasi modaux**

1 Les verbes

Les verbes sont des mots qui permettent d'exprimer un état ou une action du sujet de la phrase. Ils apportent également une information sur le ***temps**** de cette action ; en effet, pour construire les temps et les aspects, on ajoute une terminaison à leur forme de base (***la base verbale**** ou infinitif sans to) :

Base verbale	
play	jouer
Terminaison	**valeur**
+ ø	*base verbale**, infinitif, présent simple à toutes les personnes sauf la 3e sing, impératif, subjonctif.
+ -s	présent simple 3e personne du singulier.
+ -ed	prétérit ou participe passé (verbes réguliers). Attention : le participe passé est conventionnellement noté V-en.
+ -ing	participe présent ou forme en V-ing.

Les verbes ont besoin d'un ***auxiliaire**** pour construire les formes aspectuelles et leurs ***formes négatives**** et ***interrogatives****.

Ils ont différentes caractéristiques :

S'ils prennent un complément d'objet, on les dit « ***transitifs**** directs » :

Rob likes cycling.
S Vtr direct CO
Rob aime bien faire du vélo.

Lorsqu'ils prennent un complément d'objet mais que celui-ci est toujours introduit par une préposition, on les dit « transitifs indirects » :

They are waiting for a friend.
S Vtr indirect CO
Ils attendent un ami.

S'ils ne prennent pas de complément d'objet, on les appelle « ***intransitifs**** ».

The train stops here.
S Vintr Adv
Le train s'arrête ici.

Certains verbes sont dits « irréguliers » car leurs formes de prétérit et de participe passé ne suivent pas les règles de formation habituelles (V-ed, V-en). (Voir fiche sur **le prétérit**).

Enfin, certains verbes anglais présentent la particularité de s'associer à des particules, petits mots «satellites» du verbe (voir fiches **Les verbes à particules**). On distingue les verbes de mouvement, les verbes prépositionnels et les phrasal verbs.

Raymond cycles to work everyday. [verbe de mouvement]
*Raymond **se rend** au travail **en vélo** tous les jours.*

Dany is listening to music. [verbe prépositionnel]
Dany écoute de la musique.

We have to check in at the hotel before 8 pm. [phrasal verb]
Nous devons nous présenter à la réception de l'hôtel avant 20 h.

2 Les auxiliaires

Comme son nom l'indique, un auxiliaire «aide» le verbe en permettant la construction de formes verbales composées, de l'interrogation, de la négation, de la reprise (dans les réponses brèves), et de marquer l'insistance. En français, ce sont *avoir* et *être* qui remplissent ces fonctions ; par contre on distingue différents types d'auxiliaires en anglais :

- Be, have et do, qui peuvent être utilisés comme verbe ou comme auxiliaire.
- Les *modaux** et *quasi-modaux**.

Sous cette appellation, on trouve principalement can, could, may, might, must, will, would, shall et should. Certaines formes sont appelées «quasi-modaux» : c'est le cas de be going to, have to, be able to... Contrairement aux modaux, ils comportent un élément conjugué, l'auxiliaire be ou have. Comme les modaux, et dans certains cas, ils permettent l'expression de certaines notions comme l'obligation, la capacité, l'expression du futur etc.

Formes verbales composées

Be et have permettent la composition des *formes aspectuelles** comme le *present perfect** ou le présent progressif *be + V-ing**; de plus, be permet de former le *passif**.

Have you been smoking? *Avez-vous fumé?*

What are you doing? I am watching TV! *Qu'est-ce que tu fais? Je regarde la télé!*

The car was repaired yesterday. *La voiture a été réparée hier.*

Les modaux permettent aussi la construction de formes composées:

I will go to Italy next summer. *Je vais aller en Italie l'été prochain.* [expression de l'avenir]

We could rent a car. *Nous pourrions louer une voiture.* [conditionnel]

Négation

La négation s'accroche à be, have et do ainsi qu'à la plupart des modaux; cela crée à l'écrit ce que l'on appelle les formes contractées.

Mary doesn't know where I live. *Mary ne sait pas où j'habite.*

I can't read that book. *Je ne peux pas lire ce livre.* (impossibilité)

Interrogation

Les auxiliaires be, have, do et les modaux servent à construire l'interrogation:

Have you ever been to Paris? *Avez-vous déjà été à Paris ?*

Would you like a cup of tea? *Voulez-vous une tasse de thé ?* (demande polie)

Reprise et insistance.

Lorsque l'on répond à une question, on n'est pas obligé de reprendre l'intégralité de la proposition. Dans ce cas il suffit d'utiliser l'auxiliaire pour la reprendre de manière implicite:

Will you marry me? I will. *Voulez-vous m'épouser? Oui, je le veux.*

Do you like swimming? I do / I don't. *Aimes-tu nager? Oui, j'aime bien cela / non, je n'aime pas cela.*

On peut aussi utiliser les auxiliaires pour renforcer une affirmation (après une contradiction, par exemple) :

You don't like swimming, do you? I do like swimming! *Tu n'aimes pas nager, n'est-ce pas ? Mais si, j'adore ça !*

Auxiliaries are nice!

En anglais, *négation*, *interrogation*, *reprise* et *insistance* se traduisent par les termes Negation, Interrogation, Code et Emphasis: les initiales forment le mot NICE!

BE

Be « être », tout comme le verbe *être* en français, se rencontre en tant qu'auxiliaire ou verbe irrégulier (verbe d'état, intransitif). C'est le verbe irrégulier anglais qui possède le plus de formes différentes !

1 Formes verbales de be

Trois formes au présent : am, are, is. Formes contractées : 'm, 're, 's.

Deux formes au passé : was, were. Pas de forme contractée au passé à la forme affirmative.

À la forme négative : aren't, isn't, wasn't, weren't (la négation ne peut être accolée à am) en anglais standard.

Participe passé : been

Participe présent : being

2 Be auxiliaire

Emploi

Be auxiliaire est utilisé dans certaines formes composées : l'aspect be + V-ing, et le passif.

- Aspect be + V-ing :

Look! The plane is taking off!
be présent V-ing
Regarde ! L'avion décolle/est en train de décoller !

Marion was playing ball with her nephew when the
be prétérit V-ing
phone rang.
Marion jouait au ballon avec son neveu lorsque le téléphone sonna.

- Passif : be + participe passé

The plants are watered twice a week.
be présent V-ed
Les plantes sont arrosées deux fois par semaine.

This book was written by a Polish writer.
be prétérit V-en
Ce livre a été écrit par un écrivain polonais.

Be auxiliaire est utilisé pour former la négation et l'interrogation dans ces mêmes formes composées.

Is the plane taking off?
L'avion est-il en train de décoller ?

How often are the plants watered?
À quelle fréquence les plantes sont-elles arrosées ?

Prononciation

Be auxiliaire est un mot grammatical qu n'apporte pas d'information lexicale importante Si l'on envoyait un télégramme (ou un texto !) on pourrait le supprimer aisément. Comparez :

The plane is taking off./Plane taking off.

En conséquence, be auxiliaire est prononcé à l'ora de manière réduite ; ceci est marqué à l'écrit par la forme contractée : the plane's /z/ taking off.

La négation apporte une information nouvelle c'est pourquoi les formes contractées isn't aren't, wasn't et weren't sont accentuées.

The plane is not /ɪz'nɒt/ taking off.

The plane isn't /'ɪznt/ taking off.

3 Be verbe

Emploi

La valeur centrale de be est de marque l'identité ; son rôle est d'associer une propriété au sujet de la phrase et son sens correspond à celui du signe = « égal » :

I am a teacher. *Je suis professeur.*

I = teacher. *Je = professeur.*

Be verbe sert à construire l'interrogation et la négation :

Are you tired? I'm not tired.

Es-tu fatigué ? Je ne suis pas fatigué.

- On l'emploie également lorsque l'on veut signaler la présence/l'existence d'un élément :

There's a frog in my bedroom!
Il y a une grenouille dans ma chambre !

This is my daughter Jane.
Voici ma fille Jane/Je vous présente ma fille Jane.

- Comme le verbe être en français, be verbe peut prendre un sens philosophique : *être* au sens d'exister.

To be or not to be... that is the question! (Shakespeare)
Être ou ne pas être... telle est la question !

Prononciation

Be est accentué et prononcé de manière pleine lorsqu'il prend le sens d'*exister*.

I think, therefore I am /'æm/.
Je pense, donc je suis.

Par contre, lorsqu'il prend le sens du signe « égal », il est réduit, sauf quand il est employé de manière contrastive ou dans les réponses brèves :

I'm /m/ a student. *Je suis étudiant.*

There's /z/ a cat in the garden. *Il y a un chat dans le jardin.*

A : I can't believe you're /eə/ Henry. *Je ne peux pas croire que tu sois Henry.*

B : But I am /'æm/ Henry! *Mais si, je suis bien Henry !* (emploi contrastif)

Are they tired? They are. /'ɑː/ *Sont-ils fatigués ? Oui, en effet.* (réponse brève)

Le saviez-vous ?

Dans de nombreuses expressions, le français « avoir » se traduit par be :
Avoir faim, soif, chaud, froid = to be hungry, thirsty, hot, cold
Avoir peur = to be afraid
Avoir de la chance = to be lucky
Avoir raison/tort = to be right/wrong
Avoir 18 ans = to be 18

HAVE/HAVE (GOT)

On rencontre have aussi bien dans des emplois d'*auxiliaire**, lorsqu'il sert à composer des formes verbales comme le present perfect ou le past perfect, que dans des emplois de verbes : on peut alors dans certains cas le remplacer par have got.
La prononciation de have change selon qu'il est utilisé en tant qu'auxiliaire ou en tant que verbe.

1 Have en tant qu'auxiliaire

Emploi

- En tant qu'auxiliaire, have est utilisé pour former le present perfect ou le past perfect :

have + V-en/had + V-en
present perfect/past perfect

- Have auxiliaire sert de support à la négation et est utilisé également pour former les questions.
- On le trouve donc principalement sous trois formes (have, has et had), qui peuvent se combiner à la négation not :
  - Have/has au présent (lorsque l'on forme le present perfect)

I have studied mathematics for ten years.
Cela fait dix ans que j'étudie les mathématiques.

He hasn't finished his thesis yet.
Il n'a pas encore fini sa thèse.

Have you visited the castle?
Avez-vous visité le château ?

  - Had au prétérit (lorsque l'on forme le past perfect).

He had already cleaned the house when she arrived.
Il avait déjà nettoyé la maison quand elle est arrivée.

Prononciation

Comme c'est le cas pour l'auxiliaire «avoir» en français, have est un mot grammatical lorsqu'il compose le present perfect ou le past perfect ; dans I have eaten too much *j'ai trop mangé*, have n'apporte pas d'information particulière. Ce sont les mots eat, too et much qui apportent des informations. C'est pourquoi have auxiliaire n'est pas accentué dans la phrase en anglais, et en conséquence on l'entend à peine. On dit qu'il est alors prononcé de ***manière réduite****. Ceci est transcrit à l'écrit par la ***forme contractée****.

I have eaten too much → I've eaten too much.
/əv/ /əv/

Attention !

La négation nous apporte une information, et en conséquence not est toujours accentué. C'est pourquoi les formes contractées haven't, hasn't ou hadn't sont accentuées.

I have not eaten a lot → I haven't eaten a lot.
/əv 'nɒt/ /'hævnt/

2 Have (got) en tant que verbe

Comme le verbe *avoir* en français, il prend différents sens, dont celui de possession.

Prononciation

Il est porteur d'information et est donc toujours accentué :

have /'hæv/ has /'hæz/ had /'hæd/ having /'hæviŋ/

Emploi

Comme les autres verbes, have utilise have auxiliaire pour la construction du present perfect et du past perfect, et be pour les formes en V-ing.

I'm having breakfast
Je suis en train de petit-déjeuner

This singer hasn't had any success so far.
Ce chanteur n'a pas eu de succès jusqu'à présent.

On trouve toutefois have verbe dans deux types d'emploi :

- Repérage : on l'utilise pour repérer quelque chose par rapport au sujet ; cela englobe les sens de possession (ex. John has a dog *John a un chien*) ou d'état du sujet (ex. I have a headache *j'ai mal à la tête*.)

On peut alors le remplacer par have got.

- Expression d'une action: lorsque le sujet accomplit une action (ex. Did you have any difficulty finding the house? *Avez-vous rencontré des difficultés pour trouver la maison ?*).

Have (got) à valeur de repérage

Pour former la négation et l'interrogation, have à valeur de repérage peut se comporter :

- soit comme un verbe ordinaire, avec do pour former l'interrogation et la négation au présent/prétérit :

I didn't have any money.
Je n'avais pas d'argent.

Do you have a pen?
Est-ce que tu as un stylo ?

- soit comme have auxiliaire, et dans ce cas la construction de la négation et de l'interrogation s'effectue avec have. On préférera alors souvent le remplacer par have got (qui est la forme de present perfect de get *obtenir*, mais garde le sens de have)

I haven't got any money.
Je n'ai pas d'argent.

Have you got a pen?
Est-ce que tu as un stylo ?

NB : Il est possible d'utiliser I haven't any money/Have you a pen?, mais cette option est plus formelle et moins usitée ; on la rencontre surtout en anglais britannique, dans un registre de langue assez élevé. De plus, la forme en -ing est difficilement compatible avec ce type d'emploi.

Attention !

Avec have got, l'accent est mis sur le résultat : got (participe passé de get) : *obtenu*. Il est intéressant de noter qu'en anglais parlé, le have de have got a tendance à disparaître et l'on rencontre souvent des phrases du type : I got a pen ou même Got a pen?

Have : expression d'une action

Lorsque have exprime une action, l'interrogation et la négation se forment toujours à l'aide de do ; il est impossible d'utiliser Have got. Par contre, il est possible d'utiliser la forme en V-ing :

Did you have a good time?
Est-ce que tu as passé un bon moment ?

Bryan is having a drink at the Rose & Crown.
Bryan est en train de prendre un verre au Rose & Crown.

Have peut aussi exprimer une action dans des constructions résultatives :

Did they have the new building painted? *Ont-ils fait repeindre le nouveau bâtiment ?*

Enfin, ce type de have entre dans beaucoup d'expressions : to have a drink *prendre un verre*, to have a rest *se reposer*, to have a dream *faire un rêve*, to have a go *essayer, tenter le coup*...

Have permet d'exprimer une expérience vécue par le sujet grammatical, et non plus simplement une caractéristique du sujet. Comparez les exemples suivants :

To have breakfast = to eat breakfast
Prendre le petit déjeuner, manger → action : il s'agit d'accomplir l'action de manger.

To have blue eyes = to be blue-eyed *Avoir les yeux bleus* → propriété, état : aucune action n'est accomplie ; la couleur des yeux est une caractéristique du sujet.

En anglais, on utilise be pour dire l'âge (I am 13 *J'ai 13 ans*), ou pour exprimer certains états (la faim, la soif : « I'm hungry/thirsty » *J'ai faim/soif*, la peur I'm afraid *j'ai peur*, etc.), alors que c'est le verbe *avoir* qui est utilisé en français dans ces expressions.

DO

Do se rencontre aussi bien en tant qu'auxiliaire qu'en tant que verbe irrégulier (*faire*). (Voir tableau do.)
Do auxiliaire sert principalement au présent et au prétérit pour construire l'interrogation et la négation, et pour renforcer une affirmation, sauf en présence d'un autre auxiliaire.
Do verbe *faire* est un verbe irrégulier qui est utilisé pour des activités (to do the dishes *faire la vaisselle*...)

1 Formes verbales de do

- Présent : do /duː/, does /dʌz/
- Prétérit : did /did/
- Participe passé : Done /dʌn/
- Participe présent : Doing /duːiŋ/

2 Do auxiliaire

- Lorsqu'il est auxiliaire, do perd son sens de « *faire* » et devient un mot grammatical qui sert à former l'interrogation et la négation avec les verbes lexicaux au présent/prétérit (formes simples).

Where do /də/ you want to go?
Où veux-tu aller ?
Does /dəz/ she like tea?
Est-ce qu'elle aime le thé ?
I don't /'dəʊnt/ know.
Je ne sais pas.

- Dans les réponses brèves, il permet de ne pas répéter l'ensemble de la proposition :

Do you like skiing? I do/don't.
Est-ce que tu aimes skier ? Oui, j'aime bien/Non, je n'aime pas ça.

I do/I don't permet d'apporter une réponse affirmative ou négative à la question posée : il est inutile de répéter « like skiing ».

Dans les réponses brèves, do auxiliaire apporte une information nouvelle : la réponse à la question. En conséquence, il sera accentué et ne sera pas prononcé de manière réduite.

- Il sert à renforcer une affirmation, surtout lorsque cela ne va pas de soi (tournures emphatiques):

You don't like pizzas, do you? I do like pizzas.
Tu n'aimes pas les pizzas, n'est-ce pas ? Mais si, j'aime les pizzas.
Do you mind if I smoke? Yes, I do mind.
Cela vous dérange-t-il que je fume ? Oui, justement, cela me dérange.

En français, ce sont les mots *si*, *mais si* ou *justement* qui vont servir à renforcer l'affirmation. Ici, do exprime un contraste, et apporte une information nouvelle : il sera donc accentué.

On trouve également ce do emphatique à l'impératif :

Do sit down!
Mais asseyez-vous donc !

On peut le contraster avec l'impératif Sit down! *Asseyez-vous !* qui constitue un ordre, alors que la tournure avec do s'apparente davantage à une invitation.

- Do auxiliaire est un simple mot grammatical n'apportant pas d'information lexicale. C'est pourquoi do est prononcé de manière réduite dans les questions.

Do /də/ you like travelling? *Aimez-vous voyager ?*

On peut lui accoler la négation : à l'écrit, ce sont les formes contractées. Les formes négatives contractées sont toujours ***accentuées**** car la négation apporte une information.

He/she/it doesn't /'dʌznt/ know. *Il/elle ne sait pas.*
I didn't /'didn't/ know. *Je ne savais pas.*

3 Do verbe

Do verbe est un verbe transitif irrégulier. Il possède une forme de participe passé (done) et une forme en V-ing (doing).

Son sens correspond à peu près à celui de «faire». On le trouve essentiellement avec des activités :

I do my shopping on Wednesdays. *Je fais mes courses le mercredi.*
I have to do sport. *Il faut que je fasse du sport.*
Let's do the dishes! *Faisons la vaisselle !*

Attention !

Il ne faut pas le confondre avec make *faire, fabriquer*. On emploie généralement make lorsqu'il s'agit d'une création, d'une production, alors que do est utilisé lorsque l'on parle d'une simple activité.

LA NÉGATION

En anglais, c'est le mot not qui marque la négation.
Formation : S + aux + not + V + cplt
Sens : la négation s'oppose à l'affirmation.

- Lorsqu'une phrase est à l'affirmatif, on dit « c'est le cas » :
Jane is a university student. *Jane est une étudiante à l'université.*
- Avec not, on dit « ce n'est pas le cas » :
Jane is not a university student. *Jane n'est pas étudiante à l'université.*

1 Comment la forme-t-on ?

La négation se construit toujours avec un auxiliaire ou un modal (voir fiche p. 116) ; on place la négation not entre l'auxiliaire ou le modal et le verbe.

S + aux + not + V + cplt

Bien souvent, la négation not est accolée directement à l'auxiliaire ou au modal : on a alors la forme contractée (voir tableau des formes contractées.)

Négation avec do

La négation avec do est utilisée pour tous les verbes (sauf be) au présent et au prétérit simples : S + do + not + V + cplt

Raymond does not/doesn't like cauliflower.
S do not Vb
Raymond n'aime pas le choux-fleur.

Négation avec be

Avec be au présent ou au prétérit simples, on a :
S + be + not + cplt

Simon is not/isn't happy. *Simon n'est pas heureux.*

Au présent et au prétérit dits progressifs, la négation se forme en plaçant not entre be et la forme V-ing : S + be + not + V-ing + cplt.

I'm not joking! *Je ne plaisante pas !*

Négation avec have

Pour former la négation avec have au présent simple, on peut soit utiliser do, soit have got (voir fiche sur have) : S + do + not + Vb + cplt ou S + have + not + got + cplt

Annmarie doesn't have/hasn't got any money.
Annmarie n'a pas d'argent.

Au présent perfect et au past perfect, not se place entre have et le verbe au participe passé V-en : S + have + not + V-en + cplt

I haven't been able to work today.
Je n'ai pas pu travailler aujourd'hui.

She claimed she hadn't heard the news.
Elle a prétendu ne pas avoir entendu la nouvelle.

Négation avec les modaux

Avec les modaux, la négation se place entre le modal et le verbe : S + modal + not + V + cplt

Rupert won't play pool tonight.
Rupert ne jouera pas au billard ce soir.

I may not win the competition.
Il se peut que je ne gagne pas la compétition.

We must not/mustn't forget Ted's birthday.
Nous ne devons pas oublier l'anniversaire de Ted.

Joan cannot/can't run as fast as I can.
Joan ne peux pas courir aussi vite que moi.

Remarque 1 : la forme contractée est extrêmement fréquente, mais on préférera l'éviter à l'écrit lorsque l'on utilise un registre de langue assez élevé.
Remarque 2 : la négation, tout particulièrement sous sa forme contractée, peut se combiner à l'interrogation pour former l'interronégation.

2 Prononciation

Not /'nɒt/ est toujours accentué, car ce mot exprime un contraste par rapport à la forme affirmative; et lorsque la négation est sous forme contractée, c'est la forme contractée entière qui sera accentuée (Voir tableau des formes contractées).

Do → do not → don't /'dəʊnt/
Will → will not → won't /'wəʊnt/
Etc.

I will not go to the Alps./I won't go to the Alps.
/wil/ /'nɒt/ /'wəʊnt/
Je n'irai pas dans les Alpes.

3 Autres types de négation

Les mots never, hardly ont également un sens négatif. Comme not, ils se placent entre l'auxiliaire et le verbe :

I will never leave. *Je ne partirai jamais.*
It's hardly my fault! *Ce n'est quand même pas de ma faute !*

Pour résumer

La négation se forme à l'aide de not, qui se place après l'auxiliaire ou le modal et avant le verbe. En général, la négation s'accole directement à l'auxiliaire ou au modal pour former une forme contractée. La négation est toujours accentuée, car elle marque un contraste par rapport à la forme affirmative.

L'INTERROGATION

L'interrogation est utilisée lorsqu'il manque une information au locuteur : il s'en remet alors à un interlocuteur qui lui répondra *oui* yes ou *non* no lors de questions fermées, ou apportera des éléments d'information complémentaire lors de questions ouvertes : How old are you? I'm 17. *Quel âge as-tu ? J'ai 17 ans.*

1 Yes/No questions

Les Yes/No questions sont appelées questions fermées car on y répond par oui ou par non ; le locuteur demande à son interlocuteur de choisir entre la forme affirmative et la forme négative. Elles se construisent à l'aide des auxiliaires be, have, do et des modaux, par inversion du sujet et de l'auxiliaire :

- Temps simples (présent, prétérit) : l'interrogation se forme avec do sauf lorsqu'il y a un modal ou que le verbe principal est be.

Do + S + V + Complément (=cplt) ? ↗

Does Raymond like broccoli? *Est-ce que Raymond aime les brocolis ?*

Did you enjoy the film? *Avez-vous apprécié le film ?*

Do they want to go home? *Veulent-ils rentrer à la maison ?*

Does Annmarie have a kangaroo in her garden? *Annmarie a-t-elle un kangourou dans son jardin ?*

- Remarque : avec have, on peut soit utiliser do comme c'est le cas dans l'exemple ci-dessus, soit utiliser have got : Has she got a kangaroo in her garden?
- lorsque le verbe principal est be, c'est be qui sert à construire l'interrogation :

Be + S + cplt? ↗

Are you happy? *Es-tu heureux ?*

Is Charlotte 18 already? *Charlotte a-t-elle déjà 18 ans ?*

- Au présent et au prétérit be + V-ing : l'interrogation se forme à l'aide de l'auxiliaire be.

Be + S + V-ing + cplt? ↗

Are you doing the dishes? *Êtes-vous en train de faire la vaisselle ?*

Were they having a good time when you arrived? *S'amusaient-ils bien lorsque vous êtes arrivé ?*

- Au present perfect et au past perfect : l'interrogation se forme à l'aide de l'auxiliaire have.

Have + S + V-en + cplt ↗

Had you visited China before? *Aviez-vous déjà visité la Chine ?*

Has Helen bought her Eurostar tickets to Paris? *Hélène a-t-elle acheté ses billets d'Eurostar pour Paris ?*

Lorsque la phrase comporte un modal, c'est celui-ci qui est utilisé pour former l'interrogation.

Modal + S + V + cplt ? ↗

Will Raymond like broccoli? *Raymond aimera-t-il les brocolis ?*

Could Annmarie have a kangaroo in her garden? *Se pourrait-il qu'Annmarie ait un kangourou dans son jardin ?*

Will Helen have bought her Eurostar tickets? *Helen aura-t-elle acheté ses tickets d'Eurostar ?*

Can Charlotte be 18 already? *Se peut-il que Charlotte ait déjà 18 ans ?*

- ***Prononciation**** : dans les Yes/No questions l'***intonation**** est toujours montante à la fin de l'énoncé. Quant à be, have, do et les modaux ils ne sont normalement pas accentués dans les questions.

2 Wh- questions

- Les questions dites ouvertes commencent par un mot interrogatif en Wh- qui porte sur un élément de la phrase : on dénombre who, what, which, where, how, why. Ils indiquent un déficit d'information que le locuteur cherche à combler en faisant appel à un interlocuteur.

Comme dans les Yes/No questions, il y a inversion du sujet et de l'auxiliaire :

Wh- + aux + S + (Vb) + (cplt) ? ↘

Who would you like to see? *Qui aimeriez-vous voir ?*

Who are you? *Qui êtes-vous ?*

What have you been doing? *Qu'est-ce que tu étais en train de faire ?*

Where do they want to spend their holiday? *Où veulent-ils passer leurs vacances ?*

Why should we obey her? *Pourquoi devrions-nous lui obéir ?*

Which colour would you prefer? *Quelle couleur préféreriez-vous ?*

How fast can Jim run? *À quelle vitesse Jim peut-il courir ?*

- ***Prononciation****: dans les Wh-questions, l'***intonation**** est normalement descendante en fin de phrase, comme c'est le cas pour les phrases affirmatives, et l'auxiliaire n'est pas accentué.

3 Interronégation

La négation peut se combiner à l'interrogation pour former l'interronégation. La plupart du temps, la négation not s'accole aux auxiliaires be, have et aux modaux qui sont alors sous forme contractée.

En anglais, on utilise généralement l'interronégation lorsque l'on attend une réponse positive :

Didn't you enjoy the film? *N'avez vous pas aimé le film ?*

Haven't you done the dishes? *N'as-tu pas fait la vaisselle ?*

Can't she stop that music? *Ne peut-elle pas arrêter cette musique ?*

L'interronégation est également utilisée dans les tags.

Pour résumer

D'une manière générale, on a le schéma suivant :
(Wh-) + aux + S + (V) + (cplt)
On distingue :
les questions fermées : Yes/No questions
les questions ouvertes : Wh- questions
Enfin, l'interrogation peut se combiner à la négation pour former l'interronégation qui est notamment utilisée dans les question tags.

QUESTION TAGS

Le mot tag veut dire *étiquette* en français ; on peut donc comparer les question tags à de petites étiquettes que l'on rajoute à la fin d'une phrase affirmative ou négative pour la transformer en question et solliciter l'approbation de l'interlocuteur ou tout simplement une réaction de sa part. Ils peuvent se traduire par *n'est-ce pas ?* ou dans un registre moins soutenu, par *tu ne trouves pas ?*, *hein ?* ou *non ?* en fin de phrase.

1 Formation

Le choix de l'auxiliaire pour former l'interrogation dans le tag suit les mêmes règles que celles énoncées dans la fiche Interrogation p. 90.

Faîtes attention : le sujet du tag est toujours un pronom qui reprend le sujet de la phrase principale :

Mary has a beautiful flat, hasn't she? *Mary a un bel appartement, n'est-ce pas ?*

Ici le sujet de la phrase principale est Mary, le sujet du tag est donc le pronom féminin de la 3e personne du singulier she qui reprend Mary.

Le tag suit le schéma suivant :

aux + (not) + S pronom ?

La polarité du tag est à l'inverse de celle de la phrase principale :

Phrase principale affirmative (+) → tag interronégatif (-)

James lives in New-Zealand, doesn't he? *James vit en Nouvelle-Zélande, n'est-ce pas ?*

Annmarie will join him in Wellington, won't she? *Annmarie va le rejoindre à Wellington, n'est-ce pas ?*

She's very happy about that, isn't she? *Elle en est très heureuse, n'est-ce pas ?*

Phrase principale négative (-) → tag interrogatif (+)

Raymond doesn't like cauliflower, does he? *Raymond n'aime pas le choux fleur, n'est-ce pas ?*

Marion can't speak German, can she? *Marion ne parle pas allemand, n'est-ce pas ?*

Charly shouldn't be allowed to go out, should he? *Charly ne devrait pas être autorisé à sortir, n'est-ce pas ?*

Exception : phrase principale à l'*impératif** → tag interrogatif

Let's go out for dinner, shall we? *Et si nous sortions ce soir pour dîner ?*

Close the window, will you? *Ferme la fenêtre, veux-tu ?*

2 Sens

Le sens du tag est lié à l'intonation qui lui est attribuée :

- Avec une intonation montante, le tag exprime une vraie question, comme c'est le cas dans les questions fermées traditionnelles ; on fait donc appel à l'interlocuteur pour avoir la réponse.
- Avec une intonation descendante, l'énonciateur connaît déjà la réponse à sa question, il ne fait qu'en demander confirmation à l'interlocuteur. C'est l'intonation que l'on trouve dans les phrases affirmatives.

Comparez :

James lives in New Zealand, doesn't he? ↘

Le locuteur utilise une intonation descendante sur le question tag : il est quasiment certain que James habite en Nouvelle-Zélande, il ne fait donc qu'en demander une confirmation, purement rhétorique, à son interlocuteur.

James lives in New-Zealand, doesn't he? ↗

Le locuteur utilise une intonation montante : il s'agit donc d'une vraie question.

Pour résumer

Schéma :
phrase principale, aux + (not) + S pronom ?
Intonation montante ↗ : vraie question
Intonation descendante ↘ : demande de confirmation

TEMPS ET ASPECT

Le système verbal de l'anglais

Pour exprimer le présent, le passé et le futur, l'anglais utilise :
- des temps : le présent et le prétérit
- des aspects : be + V-ing, le present perfect, le past perfect.
- des *modaux** et *quasi-modaux** : pour l'expression de l'avenir (will, shall, be going to) et du conditionnel (would, should)

Temps, aspect et modalité peuvent se combiner.

L'anglais n'a que deux temps : le présent et le passé. On utilise les modaux pour exprimer le futur ou le conditionnel, et on a recours à des formes aspectuelles pour exprimer qu'une action est en cours (présent et prétérit be + V-ing), ou qu'une action passée a des répercussions au moment où l'on parle (present perfect), ou à un moment donné dans le passé (past perfect).

Temps et aspect peuvent se combiner : be + V-ing s'utilise au présent (présent continu) ou au prétérit (prétérit continu), et l'on peut combiner be + V-ing avec le present perfect et le past perfect.

1 Le temps

En anglais, on trouve deux mots pour traduire *temps* : time et tense.

- Time renvoie au temps chronologique, divisé en trois catégories : passé, présent, avenir.
- Tense renvoie aux marques grammaticales de temps portées par les verbes (au moins en français et en anglais). Par exemple, -ed dans loved marque le prétérit en anglais.

Il ne faut donc pas confondre la notion de temps avec sa marque grammaticale.

En anglais, il n'y a que deux temps grammaticaux : le présent et le passé.

On utilise les modaux et quasi-modaux pour exprimer le futur (will, shall, be going to) et le conditionnel (would, should).

Les temps et les modaux peuvent se combiner aux formes aspectuelles.

2 L'aspect

Le mot *aspect* vient du latin *aspectus*, qui veut dire *regard* ; l'aspect renvoie donc à l'idée de point de vue que l'on adopte sur un événement.

Il convient en effet de bien faire la différence entre l'événement lui-même, tel qu'il a eu lieu à moment donné, et sa représentation à l'aide des mots.

Par exemple, si l'on veut raconter un même événement passé (John/clean the house this morning), on a le choix entre plusieurs solutions :

John cleaned the house this morning.
Ce matin, John a nettoyé la maison.

John has cleaned the house this morning : now it's clean.
Jean a nettoyé la maison ce matin : maintenant elle est propre.

This morning John was cleaning the house when the postman brought a parcel.
Ce matin, John nettoyait la maison quand le facteur a apporté un colis.

Dans ces trois phrases, l'événement dont on parle (John/clean the house) est le même et a eu lieu au même moment dans le passé (this morning *ce matin* précisément).

Dans la première phrase au prétérit, l'événement est présenté de manière factuelle, objective : la maison est nettoyée, l'action est finie et datée (ce matin).

Dans la deuxième phrase au present perfect, l'événement est également représenté comme terminé, mais ce qui intéresse l'énonciateur, ce sont les conséquences de cette action : au moment où il parle, la maison est propre, on voit que Jean l'a nettoyée ce matin.

À noter : en français, le passé composé peut prendre à la fois la valeur du prétérit (événement passé, terminé) et celle du present perfect (événement passé ayant des conséquences au moment où l'on parle).

Enfin dans la troisième phrase, on présente cet événement en déroulement : John était en plein nettoyage lorsque le facteur a sonné. Rien n'est précisé quant à la fin de l'événement.

En conclusion...

Un même événement peut être présenté différemment selon l'intention du locuteur ; il peut donc soit faire de l'événement une description la plus objective possible : pour cela, il utilisera un temps simple (présent, prétérit), soit en faire une description qui inclut un point de vue particulier sur l'événement : dans ce cas il utilisera une forme aspectuelle.

LE PRÉSENT SIMPLE (Ø/-S)

C'est, avec le prétérit l'un des deux temps grammaticaux de l'anglais.
Pour le construire, on utilise la base verbale, à laquelle on ajoute -s à la 3e personne du singulier, et rien à toutes les autres personnes.
Comme en français, les valeurs du présent sont multiples (vérité générale, habitude, etc.).

1 Formation

Généralités

Pour former le présent simple, il suffit de prendre l'infinitif sans to (ou base verbale) du verbe. Seule la 3e personne du singulier se distingue par la terminaison -s.

I live in Paris.
J'habite à Paris.

Charlie lives near the Eiffel Tower.
Charlie habite près de la tour Eiffel.

Il n'y a donc pas de conjugaisons comme en français.

Seul l'auxiliaire be a 3 formes au présent : I am, you/we/they are, she/he/it is

Have est irrégulier à la 3e personne du singulier : have → has.

Do est normalement utilisé pour construire la forme négative ou interrogative, sauf avec le verbe be.

Do you live in Paris? *Vivez-vous à Paris ?*

Charlie doesn't live in Paris. *Charlie ne vit pas à Paris.*

Alistair isn't happy. *Alistair n'est pas content.*

La 3e personne du singulier : Règles orthographiques

- En règle générale : Base verbale + -s

Stay *rester* → stays   Decide *décider* → decides
Admit *admettre* → admits   Drink *boire* → drinks

- Avec des verbes terminés par -s, -x, -sh, -ch, -z(e) ou -o, on ajoute -es :

Kiss *embrasser* → kisses   Fix *réparer* → fixes
Push *pousser* → pushes   Scratch *gratter* → scratches
Sneeze *éternuer* → sneezes   Go *aller* → goes

- Avec des verbes terminés par un y précédé d'une consonne, on transforme le y en i et on ajoute es :

Carry *porter* → carries   Study *étudier* → studies

Attention !

Les verbes terminés par un -y mais précédés pa[r] une voyelle ne subissent pas la transformation enjoy *apprécier* → enjoys, play *jouer* → plays

Règles de prononciation du -s

/iz/	/s/	/z/
/s/ press → presses	/p/ clap → claps	Dans tous les autres cas
/ʃ/ push → pushes	/t/ put → puts	
/tʃ/ scratch → scratches	/k/ back → backs	
/z/ sneeze → sneezes	/f/ laugh → laughs	
/ks/ fix → fixes		
/dʒ/ manage → manages		
/ʒ/ massage → massages (UK)		

Remarque : Le -s de pluriel à la fin des noms su[it] les mêmes règles de prononciation que le -s qu[e] l'on trouve à la fin des verbes à la 3ème personn[e] du singulier au présent.

2 Emploi

- D'une manière générale, on utilise le présen[t] simple pour exprimer des propriétés perma[nentes], des caractéristiques, des vérités géné[rales]… sans pour autant que l'événement do[nt] on parle soit situé au moment présent.

L'événement est envisagé dans sa totalité, d[u] début à la fin.

The sun rises in the East.
Le soleil se lève à l'est.

It never rains in Madrid.
Il ne pleut jamais à Madrid.

Dogs bark.
Les chiens aboient.
Il est dans la nature des chiens d'aboyer.

Rob likes beer.
Rob aime la bière.

Attention !

Pour exprimer le fait qu'une action est en cours de déroulement au moment où l'on parle, on utilise en anglais le présent be + V-ing :

Dogs are barking.
Il y a des chiens en train d'aboyer.
C'est vrai au moment où l'on parle.

■ Le présent simple s'emploie pour exprimer une habitude, la fréquence d'un événement ou d'une action :

Jules always eats cornflakes in the morning.
Jules mange toujours des cornflakes le matin.

Every evening, Michelle watches the news on television.
Chaque soir, Michelle regarde les informations à la télévision.

Les adverbes temporels always, never, often etc. qui sont alors fréquemment associés, car ils contribuent à l'expression des habitudes.

■ On trouve aussi le présent simple pour les :

– Instructions (recettes de cuisine par exemple):

You break 3 eggs, you mix them with flour and milk...
Cassez trois oeufs, mélangez-les avec de la farine et du lait...

– Reportages sportifs :

Dan Clark shoots and scores!
Dan Clark tire et marque !

– Indications scéniques, récits au présent de narration, blagues :

A panda walks into a café. He orders a sandwich, eats it, then draws a gun and fires two shots in the air. (Eats, Shoots and Leaves, Lynn Truss).
Un panda entre dans un café. Il commande un sandwich, le mange, puis sort un fusil et tire deux coups en l'air.

Attention ! En anglais, le temps du récit est normalement le prétérit ; le présent simple de narration peut s'employer pour raconter une histoire, mais est beaucoup plus rare qu'en français dans cet emploi.

– Les verbes de pensée (understand, think, know, etc.) et de perception (see, hear, etc.) sont le plus souvent au présent simple, car ils permettent un commentaire de l'énonciateur.

I think the waiter did a good job.
Je pense que le serveur a fait du bon travail.

I hear you've lived in Thailand.
Il paraît que tu as vécu en Thaïlande.

– Parfois, le fait de dire quelque chose équivaut à une action ; dans le cas de declare, ou promise, je le dis, donc c'est fait. On parle alors de valeur performative du présent simple.

I declare the meeting open.
Je déclare la séance ouverte.

I promise I'll do it.
Je promets de le faire.

– On emploie également le présent simple en combinaison avec un repère temporel futur pour renvoyer à des événements situés dans l'avenir :

His train leaves at 5 p.m.
Son train part à 17 h 00.

Cet emploi est assez minoritaire ; on préférera utiliser be + V-ing pour exprimer le futur.

– Enfin, le présent simple est employé dans les propositions subordonnées qui suivent des principales dans lesquelles on utilise will et shall. (En français, on utilise le futur dans la proposition principale comme dans la subordonnée.)

You will understand when you are an adult.
présent
Tu comprendras quand tu seras grand.
futur

Pour résumer

Le présent simple permet d'exprimer des propriétés générales, et de rendre compte d'un événement dans sa globalité ; pour exprimer des événements en cours de réalisation on fait appel à be +V-ing.

LE PRÉTÉRIT (-ED)

- Le prétérit est, avec le présent simple, l'un des deux temps grammaticaux de l'anglais.
- C'est un temps simple (d'où l'appellation simple past) parce qu'il se construit sans auxiliaire, par simple ajout de la terminaison -ed à la fin du verbe.
- C'est le temps du récit par excellence en anglais.

1 Règles de formation

Les verbes réguliers

À l'écrit

Le prétérit s'obtient en ajoutant la terminaison -ed à la fin de la forme infinitive du verbe, lorsque celui-ci est régulier : talk *(parler)* → talked

Ce principe entraîne quelques modifications orthographiques :

- Si le verbe se termine par une consonne, il faut la redoubler avant la terminaison -ed si la syllabe qui précède est accentuée :

refer *(faire référence à)* → referred (-rr-)

mais enter *(entrer)* → entered (-r-)

Attention !

- Si le verbe se termine par e, il suffit d'ajouter -d :

illuminate+d → illuminated

- Cette règle ne concerne pas les verbes se terminant par une syllabe inaccentuée suivie de la lettre ‹g› :

humbug *(tromper)* → humbugged (-gg)

- Certaines consonnes finales sont obligatoirement redoublées en anglais britannique mais pas en anglais américain :

travel *(voyager)* → travelled (GB/US) ; traveled (US)

- Toutefois, le redoublement de la consonne finale ne concerne pas la plupart des verbes se terminant par une voyelle inaccentuée suivie de ‹p›, que ce soit en anglais britannique ou en anglais américain :

develop *(développer)* → developed

- Certains verbes se terminant par une voyelle suivie de ‹s› admettent les deux possibilités:

bias *(influencer)* → biased/biassed

- Si le verbe se termine par une consonne suivie de ‹y›, cette dernière lettre devient ‹i› :

cry *(pleurer)* → cried

mais decay *(pourrir)* → decayed

- Pour les verbes se terminant par une voyelle suivie de ‹c›, on ajoute ‹k› devant -ed :

picnic *(pique-niquer)* → picnicked

À l'oral

La terminaison -ed peut être prononcée de trois façons en fonction du contexte

- /ɪd/ si le verbe se termine par les sons/t/ et /d/

deleted → /dɪliːtɪd/, mended → /mendɪd/

- /d/ si le verbe se termine par une voyelle ou consonne sonore autre que /d/:

trimmed → /trɪmd/, peed → /piːd/

- /t/ si le verbe se termine par une autre consonne « dure » (/p/,/k/,/f/, etc.) :

tapped → /tæpt/, tricked → /trɪkt/

Attention !

En anglais, la lettre ‹r› en position finale donne à l'oral un son voyelle :

transfer → /trænsfɜː/; transferred → /trænsfɜːd/

Les verbes irréguliers

- Réguliers au présent, ces verbes sont irréguliers de par leur participe passé et/ou leur prétérit.
- On distingue les verbes :
  - identiques à l'infinitif, au prétérit et au participe passé : let, let, let,
  - identiques seulement au prétérit et au participe passé : keep, kept, kept,
  - différents à chaque fois : show, showed, shown
  - plus rarement, identiques seulement à l'infinitif et au participe passé : come, came, come.

2 Les emplois

Le prétérit à valeur de passé

Dans sa valeur de base, le prétérit indique que l'événement exprimé par le verbe est révolu par rapport au moment où l'on parle.

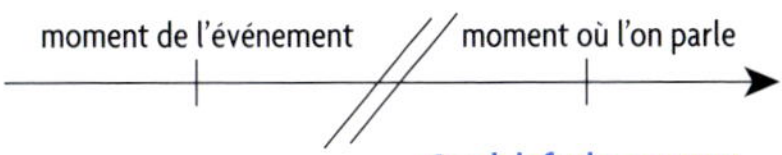

•	**Sarah left the country this morning.**
événement ponctuel, daté et révolu	*Sarah a quitté le pays ce matin*
••••••	**Harry took the bus to school every morning.**
série d'événements ponctuels, datés et révolus	*Harry allait à l'école en bus tous les matins.*
▬▬▬	**I knew her well at the time.**
période indéfinie et révolue	*Je la connaissais bien à l'époque.*

Lorsque l'événement est ponctuel, on traduit le plus souvent le prétérit anglais par du passé composé, sauf dans les registres littéraires, où l'on emploie le passé simple : 'But where can I meet you?' she wondered... *se demanda-t-elle.* Avec une série d'événements ou une période révolue, on traduira de préférence par de l'imparfait en français.

Autres emplois

Il est des cas où le prétérit indique que l'événement est coupé de la réalité.

If only I knew the truth !
Si seulement je connaissais la vérité.
(sous-entendu : je l'ignore)

Come on Charly, it's (high) time you went to bed!
Allons Charly, il est (grand) temps d'aller te coucher.
(Charly n'est pas au lit alors qu'il le devrait car il est tard, par exemple).

Le prétérit est également employé pour accentuer la politesse d'une requête, d'un conseil, etc.

I wanted to ask you a favour.
Je voulais vous demander un service.

En français, l'imparfait joue le même rôle (« je me demandais si... »).

Le prétérit de concordance des temps.

Au *discours indirect**, si le verbe de la proposition principale est au prétérit, alors le verbe de la subordonnée (qui contient le discours rapporté) est lui aussi au prétérit. Il y a *concordance des temps** :

[discours direct] Simon told his mother: 'I want an MP3 player for Christmas.'
discours rapporté au style direct
*Simon dit à sa mère : « je **veux** un lecteur MP3 pour Noël. »*

[discours indirect] Simon told his mother that he wanted an MP3 player for Christmas.
discours rapporté au style indirect
*Simon dit à sa mère qu'il voul**ait** un lecteur MP3 pour Noël.*

Au discours indirect, tout se passe comme si le temps du verbe de la proposition principale (told) « contaminait » le verbe de la subordonnée (wanted). L'action est présentée comme étant coupée du présent.

La concordance n'est pas obligatoire lorsque l'affirmation faite dans la subordonnée est générale ou permanente :

The coach said he wants to convince his striker to change his mind.
L'entraîneur a fait savoir qu'il comptait faire changer d'avis à son attaquant.
NB : en français, on a préfère faire la concordance.

Pour résumer

On utilise généralement le prétérit pour exprimer des propriétés révolues du sujet grammatical, ou pour présenter objectivement des événements passés et datés dans leur globalité, sans conséquence sur le présent.

BE + V-ING

La forme dite « progressive » : formation

L'anglais dispose de deux temps (le présent et le prétérit), mais aussi d'aspects, comme be + V-ing qui permettent au locuteur d'exprimer un point de vue particulier sur un événement. La forme be + V-ing est également appelée « forme progressive » car elle permet de présenter des événements dans leur progression, pendant le cours de leur déroulement ; en français, on utilise « en train de ».

Grâce à la forme en be + V-ing, le locuteur peut présenter un événement comme « en déroulement », mais aussi donner son avis et faire un commentaire sur cet événement, ou renvoyer à l'avenir ; les valeurs de la forme en be + V-ing sont donc multiples.

Be + V-ing peut se combiner avec le présent ou le prétérit, pour former le présent et le prétérit dits « progressifs ». Il peut également s'ajouter au present perfect, au past perfect, au passif et aux modaux.

1 Présent et prétérit

Présent be + V-ing

Be est l'élément conjugué de la forme dite « progressive » : lorsqu'il est conjugué au présent, on forme le présent progressif :

I'm travelling around the world. *Je fais le tour du monde.*

C'est be qui permet la construction de la négation et de l'interrogation dans les formes progressives (voir fiches négation et interrogation).

Jane isn't working right now. *Jane ne travaille pas en ce moment.*

What are you doing? *Qu'est-ce que tu fais ?*

Prétérit be + V-ing

Lorsque be est conjugué au prétérit, on forme le prétérit progressif :

I/he/she/it was V-ing You/we/they were V-ing

They were doing well yesterday when we met them. *Ils allaient bien hier quand nous les avons rencontrés.*

Règles orthographiques :

En règle générale : V + -ing

start *commencer* → starting play *jouer* → playing

Verbes terminés par -e : on supprime le -e et on ajoute -ing

write *écrire* → writing smoke *fumer* → smoking

Verbes terminés par une voyelle et une consonne : doublement de la consonne

swim *nager* → swimming hit *frapper* → hitting

Verbes terminés en -ie : -ie devient -y

die *mourir* → dying lie *mentir* → lying

Prononciation :

Dans la forme en be + V-ing, be n'est pas accentué car c'est un mot grammatical : il est donc bien souvent sous forme contractée.

2 Combiné avec d'autres formes

Present et past perfect (have/had + V-en)

On rencontre également la forme be + V-ing en combinaison avec les formes aspectuelles have + V-en (present perfect) et had + V-en (past perfect).

On a alors les formes suivantes :

Have/had + been + V-ing

William has been smoking a lot these last few days. *William a beaucoup fumé ces derniers jours.*

Passif

Be + V-ing peut également se combiner avec les formes passives :

This computer is being used at the moment. *Cet ordinateur est en train d'être utilisé.*

Modaux

Enfin, il est possible d'utiliser la forme be + V-ing après les modaux. On a alors le schéma suivant : modal + be + V-ing ou modal + have been + V-ing

He may be doing the washing up. *Il se peut qu'il soit en train de faire la vaisselle.*

Dan Clark should have been training harder. *Dan Clark aurait dû s'entraîner de manière plus intensive.*

Attention !

N'oubliez pas que les modaux sont toujours suivis du verbe à l'infinitif sans to.

Pour résumer

La forme be + V-ing peut se combiner avec l'ensemble des formes verbales de l'anglais, pour prendre des sens variables (Voir **Forme progressive : emplois**).

BE + V-ING

La forme dite « progressive » : emplois

1 Sens de base

La forme **be** + V-**ing** permet de présenter un événement comme « en déroulement », c'est-à-dire ayant commencé et n'étant pas achevé. Lorsque l'on dit **I'm preparing a cake** *je prépare/je suis en train de préparer un gâteau.* (J'ai déjà commencé à préparer le gâteau, mais ce dernier n'est pas encore prêt à être dégusté). Cela montre donc l'implication du sujet de la phrase dans cette activité. En français, on peut utiliser le présent simple ou « en train de » pour dire qu'un événement est en cours de déroulement.

Au présent

Lorsque **be** est au présent, **be** + V-**ing** permet de rattacher la phrase au moment où l'on parle. Lorsque l'on dit « **I'm preparing a cake** », cela est vrai au moment où l'on parle : l'action de préparer le gâteau a déjà commencé et n'est pas encore terminée. Cet événement est repéré par rapport au moment où l'on parle.

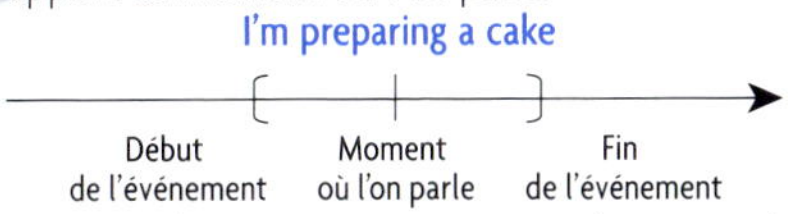

La forme **be** + V-**ing** permet au locuteur de décrire des actions en cours de déroulement, il ne peut le faire avec le présent simple en anglais que dans les cas d'emploi performatif (voir fiche Présent simple). Comparez :

Dogs bark. *Les chiens aboient.* (Il est dans la nature des chiens d'aboyer : c'est vrai à tout moment.)

Dogs are barking. *Il y a des chiens qui aboient/en train d'aboyer.* (C'est vrai au moment où l'on parle.)

- **Rappel :** le présent simple exprime des caractéristiques, des habitudes, la généralité ;
  le présent **be** + V-**ing** présente un événement en déroulement au moment où l'on parle, ou apporte un commentaire du locuteur sur cet événement.

Au prétérit

Au passé, **be** + V-**ing** est également utilisé pour présenter des événements en cours de déroulement à un moment donné. Lorsque **be** est conjugué au prétérit, l'événement est repéré par rapport à un repère temporel passé :

Yesterday at 5 pm, I was watching television. *Hier à 17 h, je regardais la télévision.*

Ici, l'événement **I/watch television** n'est pas rattaché au moment où l'on parle, mais au repère **Yesterday at 5 pm.**

Hier à 17 h, l'action de regarder la télévision avait déjà commencé, mais n'était pas encore terminée. Rien n'est précisé quant au début ou à la fin de l'événement : on ne sait pas quand le sujet **I** a allumé ou éteint la télévision.

Attention !

L'impression de durée est souvent donnée par le sens du verbe, et non par la forme **be** + V-**ing** :

He was entering the house when he heard a sound. *Il était en train d'entrer dans la maison lorsqu'il entendit un bruit.*

Entrer dans une maison est une action généralement brève ; l'utilisation de **be** + V-**ing** permet pourtant de représenter cet événement comme en cours de déroulement au moment où un bruit a été entendu.

Yesterday at 5 pm, I was watching television. *Hier à 17 h, je regardais la télévision.*

Regarder la télévision est une action qui, bien souvent, dure un certain temps. L'impression de durée est donc due au sens du verbe, et non à la forme **be** + V-**ing** qui ne fait qu'indiquer que cette action est en cours de déroulement à un moment précis du passé (hier à 17 h).

2 Sens dérivés

Valeur de commentaire

Be + V-**ing** est une forme aspectuelle (voir Temps et Aspects), qui permet au locuteur d'exprimer son point de vue sur un événement : il est donc souvent utilisé par le locuteur lorsqu'il veut faire un commentaire, porter un jugement.

He's always smoking those horrible cigars. *Il est toujours en train de fumer ces horribles cigares.*

He's being stupid. *Il fait l'imbécile, là.*

Le locuteur, en employant la forme **be** + V-**ing**, fait un commentaire appréciatif (la fumée incommode ; un comportement est jugé stupide, etc.).

Expression du futur

Be + V-**ing** peut être utilisé pour renvoyer à l'avenir, s'il s'agit d'un événement planifié à l'avance : **I'm leaving tomorrow.** *Je pars demain.*

Les repères temporels futurs (**tomorrow**) indiquent que ces événements prendront place dans l'avenir.

Pour résumer

Be + V-**ing** peut se combiner à l'ensemble des formes verbales de l'anglais ; sa valeur de base est l'expression d'un événement en cours de déroulement, mais il peut également être utilisé pour réaliser un commentaire sur un événement, ou pour parler d'événements futurs déjà planifiés.

LE PRESENT PERFECT

have + V-en

Le present perfect est une *forme aspectuelle** de l'anglais ; comme son nom l'indique, c'est un présent qui parle du passé.

1 Formation

Le present perfect est l'une des formes aspectuelles de l'anglais (voir fiche Temps et Aspects). Il est composé de l'auxiliaire have au présent et du participe passé V-en du verbe.

On a donc le schéma suivant :

S + have/has + V-en + (complément)

She has worked for the pharmaceutical industry. *Elle a travaillé pour l'industrie pharmaceutique.*

La négation et l'interrogation se forment avec have auxiliaire (voir fiches négation et interrogation):

She hasn't been very well these last few days. *Elle n'a pas été très bien ces derniers jours.*

Where have you been? *Où étiez-vous ?*

On peut également combiner have + V-en avec be + V-ing pour former le present perfect dit « progressif » : have been V-ing

Oh, it's been raining! You're all wet! *On dirait qu'il a plu ! Tu es tout mouillé !*

Prononciation

Comme tous les mots grammaticaux, have auxiliaire n'est pas prononcé de manière pleine lorsqu'il entre dans la composition du present perfect : il apparaît donc très souvent à l'écrit sous sa forme contractée 's.

2 Emploi

Le present perfect « simple »

Have + V-en est utilisé lorsque le locuteur veut présenter des événements passés comme ayant un impact sur le présent.

Il est important de se souvenir que le present perfect n'est pas un temps à proprement parler mais un aspect exprimant un point de vue du locuteur : l'élément conjugué (have auxiliaire) est au présent, mais le verbe lui-même est au participe passé. Le participe passé indique que l'action exprimée par le verbe a été accomplie et qu'un résultat a été obtenu ; l'auxiliaire have au présent permet de relier cette action accomplie au moment où l'on parle.

She has worked for the pharmaceutical industry. *Elle a travaillé pour l'industrie pharmaceutique.*

Événement passé : le sujet « elle » a travaillé dans l'industrie pharmaceutique. Conséquence sur le présent : elle a de l'expérience dans ce domaine, et cela pourrait l'aider par exemple à trouver un autre emploi.

Le present perfect est employé lorsque l'on souhaite faire le bilan d'un événement passé et en tirer les conséquences.

On peut comparer cette forme avec le prétérit :

She worked for the pharmaceutical industry. *Elle a travaillé pour l'industrie pharmaceutique.*

Avec le prétérit, le locuteur présente l'événement comme terminé, révolu. Aucun lien spécifique n'est créé avec le présent. Aucun point de vue particulier n'est exprimé.

À noter : dans les deux cas, on traduit en français par le passé composé, qui peut soit renvoyer à un événement révolu sans lien avec le présent, tout comme le prétérit, soit prendre une valeur de bilan au présent d'une action passée, tout comme le present perfect.

Le present perfect « progressif »

have + been + V-ing

La forme be + V-ing permet, entre autres, de montrer l'implication du sujet de la phrase dans un événement en cours (voir fiche be + V-ing) on retrouve cette valeur avec le present perfect progressif.

Comme le present perfect simple, le present perfect progressif permet au locuteur de faire un bilan au présent d'un événement passé. Toutefois, la forme en V-ing permet plus particulièrement de faire le bilan de l'activité du sujet de la phrase :

have + V-en

Bilan au présent d'un événement passé

He has repaired his car.
Il a réparé sa voiture.

Le locuteur fait un bilan d'un événement passé (repair his car) : ça y est, la voiture marche.

have been + V-ing

Bilan au présent de l'activité du sujet de la phrase.

He has been repairing his car.
Il a été occupé à réparer sa voiture.

Le locuteur fait un bilan de cette action : le sujet he a été bien occupé par cette activité (résultat : il a du cambouis sur ses vêtements), et la voiture est désormais en état de marche.

On retrouve également la valeur de commentaire de be + V-ing :
Someone has been smoking here. *Quelqu'un a fumé ici.*

On sous-entend ici que la pièce sent la fumée, sensation désagréable : le locuteur fait donc comprendre qu'il n'aime pas cette odeur de fumée.

Attention !

L'impression que l'événement se prolonge dans le présent souvent associée à be + V-ing est souvent trompeuse :

It has been snowing. *Il a neigé.*

Événement passé : la neige est tombée. Conséquence : tout est blanc.

Rien ne nous permet d'affirmer qu'il continue à neiger au moment où l'on parle.

En revanche, si l'on a :

It has been snowing for the last five hours. *Ça fait cinq heures qu'il neige.*

Le complément de temps « for the last five hours » suggère que la neige continue de tomber au moment présent.

C'est donc le contexte qui nous permettra de déterminer si oui ou non l'événement dont on parle au present perfect progressif se produit encore au moment où l'on parle.

Remarque : les mots ever, never, for, since, already, not yet, so far, etc., sont particulièrement compatibles avec le present perfect.

LE PAST PERFECT

had + V-en

1 Formation

Le **past perfect** est composé de l'auxiliaire have au *prétérit**, et du *participe passé** du verbe V-en.

Comme le **present perfect**, il peut se combiner à la forme be + V-ing pour former le **past perfect** progressif : **had been** + V-ing.

Had + V-en est également compatible avec des mots comme **for, since, already, so far**, etc.

Michelle discovered that the cat had disappeared. *Michelle découvrit que le chat avait disparu.*

Dan had been training since October to win the competition. *Dan s'entraînait depuis Octobre pour gagner la compétition.*

2 Emploi

■ Had + V-en

Had indique que l'événement accompli (V-en) est rattaché à un moment du passé.

Au **present perfect**, le bilan s'effectue au présent, au moment où l'on parle ; par contre, au **past perfect**, le bilan est effectué à un moment du passé.

■ L'antériorité

On rencontre souvent le **past perfect** dans des récits, pour exprimer l'antériorité : on l'utilise donc lorsque l'on veut parler d'un événement s'étant déroulé avant un autre événement dans le passé :

By the time I got home, everyone had gone to sleep. *Lorsque je fus enfin rentré à la maison, tout le monde était déjà parti se coucher.*

When he came back, John discovered that Mary had done the washing up. *À son retour, John découvrit que Mary avait fait la vaisselle.*

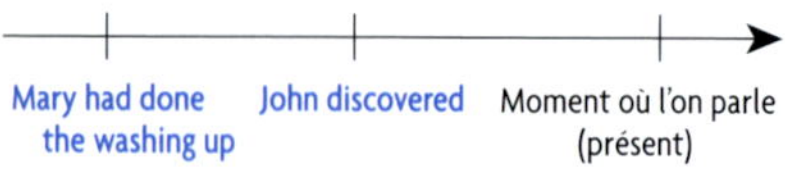

Dans cet exemple, l'événement « **Mary had done the washing up** » est antérieur au retour de John, et à sa découverte de la vaisselle propre ! Ces deux événements sont situés dans le passé, et antérieurs au moment où l'on parle.

■ Discours indirect

Lors du passage au *discours indirect**, on utilise fréquemment le **past perfect** : celui-ci remplace alors un **prétérit** ou un **present perfect** au *discours direct**.

David said : "I knocked on the door before entering the room".
Discours direct — prétérit

David dit : « J'ai frappé à la porte avant d'entrer dans la pièce. »

David said he had knocked on the door before entering the room.
Discours indirect — past perfect

David dit qu'il avait frappé à la porte avant d'entrer.

James thought : "I have eaten too much!".
Discours direct — present perfect

James pensa : « J'ai trop mangé ! »

James thought he had eaten too much.
Discours indirect — past perfect

James pensa qu'il avait trop mangé.

■ Had been + V-ing

Comme pour le **present perfect** progressif, cette forme permet au *locuteur** d'effectuer un bilan de l'activité du sujet :

I had been working a lot on my book, so I deserved a holiday. *J'avais travaillé beaucoup à mon livre, et je méritais donc des vacances.*

Ici le locuteur insiste sur l'activité **working**, et non sur le résultat de cette activité. Le bilan porte donc sur les conséquences de l'activité : la fatigue, et le besoin de vacances !

I had worked a lot, and my book was now finished *J'avais beaucoup travaillé, et mon livre était désormais terminé.*

Ici le locuteur insiste sur le résultat de **work** : le livre est terminé. Le bilan porte donc sur le résultat de la situation, et non sur l'activité du sujet.

Had been + V-ing permet également au locuteur d'introduire un commentaire appréciatif :

I saw John yesterday: he had been drinking again. *J'ai vu John hier : il avait encore bu.*

Ici **had been** + V-ing permet à la fois au locuteur d'établir les conséquences de l'activité de John (**drink**) : il était saoûl au moment repère (**yesterday**) et de porter un jugement dépréciatif sur sa conduite

L'INFINITIF

1 Forme

L'infinitif anglais est constitué de la base verbale du verbe, avec ou sans **to** :

Why come here? *Pourquoi venir ici ?*

Tell me what to do next. *Dis-moi ce que je peux faire ensuite.*

C'est une forme verbale non conjuguée : l'infinitif n'a pas de sujet, et ne renvoie ni au passé, ni au présent, ni à l'avenir.

Lorsqu'on utilise l'infinitif sans **to** (ou base verbale), c'est pour évoquer l'« idée de » : dans l'exemple **Why come here?** on ne parle pas d'un événement précis, mais de l'idée de *venir*.

Lorsque l'on parle d'un événement particulier, et non plus d'une simple idée, on utilise l'infinitif avec **to** : dans l'exemple **Tell me what to do next**, une action (**to do**) est envisagée par le sujet de la phrase ; il utilise donc l'infinitif avec **to**.

- La forme négative est très simple à former : il suffit de placer le mot **not** avant la base verbale s'il s'agit de l'infinitif sans **to**, et avant **to** + base verbale s'il s'agit de l'infinitif avec **to**.

not + base verbale (infinitif sans **to**)

Why not go? *Pourquoi ne pas y aller ?*

not + **to** + base verbale (infinitif avec **to**).

To be or not to be, that is the question (Shakespeare) *Être ou ne pas être, telle est la question.*

2 Emplois

Infinitif sans to

On emploie l'infinitif sans **to** après les modaux (**can**, **could**, **may**, **might**, **must**, **will**, **shall**, **would**, **should**... et parfois **need**), ainsi qu'après des expressions comme **would rather** ou **had better** :

You must believe me! *Vous devez me croire !*

Can you speak English? *Parlez-vous anglais ?*

I will go abroad next year. *J'irai à l'étranger l'année prochaine.*

I would rather speak Spanish than Italian. *Je préférerais parler espagnol plutôt qu'italien.*

I had better go home now. *Je ferais mieux de rentrer maintenant.*

On le trouve également après **Why (not)** :

Why not go? *Pourquoi ne pas y aller ?*

Why buy a car? *Pourquoi acheter une voiture ?*

Et après certains verbes comme **let**, **make** ou **hear** etc. :

Let me wash the dishes! *Laisse-moi faire la vaisselle !*

Sarah made me change my mind about New Zealand. *Sarah m'a fait changer d'avis sur la Nouvelle-Zélande.*

I heard David come in late last night. *J'ai entendu David rentrer tard cette nuit.*

Infinitif avec to

On rencontre l'infinitif précédé de **to** dans des phrases faussement interrogatives, comme on en trouve dans des guides pratiques :

Where to eat in Playa del Carmen. *Où manger à Playa del Carmen.*

Attention !

Un infinitif précédé de *pour*, *à* ou *de* en français sera souvent traduit par l'infinitif avec **to** :

Je suis trop fatigué pour cuisiner. Commandons des pizzas ! **I'm too tired to cook. Let's order some pizzas!**

Susie est venue (pour) te montrer ses photos. **Susie has come to show you her pictures.**

C'est facile à faire. **It's easy to do.**

J'ai envie de faire un gâteau. **I want to bake a cake.**

Attention !

Un infinitif français se traduit souvent par une forme en **V-ing** en anglais (voir fiche **Infinitif ou V-ing**) :

J'adore nager. **I love swimming.**

J'irai marcher demain. **I will go walking tomorrow.**

L'IMPÉRATIF

L'impératif peut se former de deux manières :
Base verbale du verbe
Construction impérative avec let
Il prend toutes sortes de valeurs directives, allant de la suggestion à l'ordre.

1 Formation

L'impératif se construit de deux manières :
Base verbale :
Wait a minute! *Attendez une minute !*
Get out! *Sors !/Sortez !*

Attention : Les verbes prépositionnels (voir fiche **Les verbes à particules**) ne gardent leur préposition que lorsqu'ils sont suivis d'un complément :
Listen to your father! *Écoute ton père !*
Listen! *Écoute !*

En revanche, les phrasal verbs gardent toujours leur particule :
Hold on a second! *Patientez une seconde !*

Forme négative : do + not + base verbale
Don't worry. *Ne t'inquiète pas.*
Don't do that. *Ne fais pas cela.*
Don't be cruel to your sister. *Ne sois pas cruel avec ta sœur.*

On peut également utiliser do pour rendre l'impératif plus emphatique (voir fiche do p. 88)
Do stop talking! *Arrête de parler, je t'en prie !*

- Construction impérative avec let :

Let + nom/pronom objet + base verbale + (cplt)
Let me think. *Laissez-moi réfléchir.*
Let's go! *Allons-y !*
Let's have a picnic! *Faisons un pique-nique.*

À noter : 's correspond au pronom objet 1re personne du pluriel us /ʌs/
La forme négative se construit de la manière suivante :
Do + not + let + N/pronom objet + V (base verbale) + (cplt)
Ou let + N/pronom objet + not + V + (cplt)

Don't let's go out/let's not go out tonight. *Ne sortons pas ce soir.*
(C'est la deuxième option qui est la plus fréquente.)

Don't let me catch you at it again! *Que je ne t'y reprenne plus !*

Remarque

let's, don't let's/let's not sont parfois utilisés comme réponses brèves :
Shall we have a picnic? Yes, let's! *Si on faisait un pique-nique ? D'accord !*

2 Emplois

L'utilisation de l'impératif anglais est très proche de celle du français : son sens de base correspond à la valeur directive.
Ceci englobe :
La suggestion : Let's go out! *Et si nous sortions ?*

L'offre : Have another slice of cake! *Reprenez un morceau de gâteau !*

Le souhait : Enjoy your vacation! *Passez de bonnes vacances !*

L'ordre : Get out of my house! *Sortez de chez moi*

On peut même parfois le traduire par un groupe nominal en français : Keep off the grass *pelouse interdite*, ou un infinitif : Shake well before use *bien agiter avant usage*.
À noter : les constructions en let s'apparentent davantage à des suggestions, alors que la forme verbale de l'impératif est plus directive.

LE SUBJONCTIF

Le subjonctif est formé par la base verbale nue.
Il est utilisé pour parler d'un événement encore virtuel mais fortement souhaité par l'énonciateur. Son emploi est assez peu fréquent.

1 Formation

On dit que le subjonctif, comme l'indicatif, est un mode « personnel » nécessitant un sujet alors que l'infinitif et les participes présent (V-ing) et passé (V-en) sont des modes « impersonnels » qui n'ont pas besoin de sujet.

En anglais, le subjonctif correspond à la base verbale nue ; il n'y a pas de conjugaisons au subjonctif.

Le subjonctif ressemble donc fortement à l'infinitif et au présent simple. On note toutefois certaines différences :

Sauf en ce qui concerne be, il ne se distingue du présent simple que par l'absence de -s à la troisième personne.

Il se distingue de l'infinitif car il a toujours un sujet.

Formation : BASE VERBALE

I suggest that we do nothing for the moment. *Je suggère que nous ne fassions rien pour l'instant.*

The teacher ordered that silence be made. *Le professeur ordonna que l'on fasse silence.*

À la forme négative, le subjonctif n'utilise pas do, et not est placé avant le verbe :

The new law proposes that imports from European Union countries not be taxed.
La nouvelle loi propose que les importations en provenance des pays de l'Union européenne ne soient pas taxées.

Remarque

Cet emploi est assez rare.
En anglais, seul be possède deux formes subjonctives : be et were.

It is important that he be polite. *Il est important qu'il soit poli.*

If I were you, I would buy a new car. *Si j'étais vous, j'achèterais une nouvelle voiture.*

2 Emplois

Attention !

La seule forme de subjonctif fréquemment employée en anglais britannique est were, que l'on peut employer à la place de was (prétérit) :

I wish I were younger!/I wish I was younger! *Si seulement j'étais plus jeune !*

Les autres formes de subjonctif sont rares en anglais britannique, mais plus fréquentes en anglais américain. (On peut les remplacer par une structure avec should (voir fiche **should** p. 126). Elles s'emploient :

Après des expressions comme It is necessary/essential/crucial/important that...

It is important that you (should) get the job. *Il est important que vous obteniez cet emploi.*

Après des verbes comme order *ordonner*, demand *exiger*, command *commander*, request *demander*

She commanded that we leave immediately. *Elle nous a ordonné de partir immédiatement.*

Le subjonctif est donc employé dans des contextes où le locuteur souhaite fortement l'accomplissement d'une action : le verbe au subjonctif exprime une action encore virtuelle, mais dont la réalisation est fortement souhaitée par le locuteur.

Pour résumer

Le subjonctif en anglais correspond à la base verbale.
Son emploi est beaucoup plus restreint qu'en français, et il est souvent remplacé par une structure avec should.
Il est utilisé lorsque un événement est encore virtuel mais que sa réalisation est fortement souhaitée par l'énonciateur, après certaines expressions et certains verbes.

L'EXPRESSION DE L'AVENIR

L'avenir est la zone de temps (time) postérieure au moment où l'on parle. En français, on utilise le temps grammatical (tense) du futur pour parler d'événements situés dans l'avenir (*-rai*, *-ras*, *-ra*, *-rons*, *-rez*, *-ront*). Ce temps n'existe pas en anglais. Pour projeter un événement dans l'avenir, il faut donc faire appel à d'autres formes grammaticales, à savoir des modaux (shall/will), d'autres temps (le présent simple), ou des constructions (be going to, be about to, is to, be + V-ing, etc.)

1 Shall/will

Ces deux modaux peuvent chacun exprimer une *prédiction* : il y a de fortes chances pour que l'événement se produise. Dans ce cas, l'expression de l'avenir est une conséquence de cette valeur de forte prédiction : le futur, c'est ce qui va très certainement être (lat. *futurus* qui va être, à venir) :

I shall/'ll see him tomorrow.
Je le verrai demain.

He will/'ll visit us next month.
Il nous rendra visite le mois prochain.

Shall comporte l'idée de *devoir* tandis que will est associé à celle de *volonté* (voir fiches p. 124 et p. 126). Ces sens sont entièrement compatibles avec l'idée de futur : un événement a de grandes chances de se produire dans l'avenir si l'on *doit* ou si l'on *veut* l'accomplir.

NB : L'expression de l'avenir n'est que l'un des emplois de ces modaux. Ils ne s'y limitent pas : on ne peut donc pas les appeler des « auxiliaires du futur ».

2 Le présent simple et progressif

Cela peut paraître surprenant au premier abord, mais le présent simple renvoie à l'avenir en anglais si le contexte s'y prête :

The plane leaves at 10:00 tomorrow.
L'avion décolle demain à 10 h.

C'est le repère temporel « tomorrow » qui projette dans l'avenir l'information contenue dans « the plane leaves at 10:00 ». C'est donc le contexte qui confère au présent simple une valeur de futur. En français, on pourra tout aussi bien traduire cela par du présent simple.

En anglais, la forme progressive be + V-ing au présent renvoie également à l'avenir :

We are leaving for Mexico on Friday.
Nous partons pour le Mexique vendredi.

Il y a cependant une légère différence de sens par rapport à la forme simple. Avec la forme progressive, le sujet de l'énoncé exprime une *intention*.

Dans l'exemple ci-dessus, le sujet we exprime son intention de partir pour le Mexique : nous avons l'intention de partir pour le Mexique, les billets d'avion sont pris, les réservations d'hôtel faites, etc.

Notons que cette valeur est dominante si l'on retire le repère temporel « on Friday » (l'expression de l'avenir disparaît presque totalement au profit de l'intention). Voici un autre exemple :

I'm having lunch with my boss next Tuesday. [intention + renvoi à l'avenir]
Je déjeune avec mon patron mardi prochain.

Ici, le sujet (I) a participé à la décision lorsque le rendez-vous a été pris pour le mardi suivant. Tout est arrangé, les deux personnes sont d'accord.

3 Be going to

Il est intéressant de constater que be going to a conservé une partie du sens initial du verbe go, à savoir l'idée de déplacement dans l'espace :

I'm going to Spain next summer.
Je vais en Espagne l'été prochain.

L'été prochain, il est prévu que je me déplace géographiquement en Espagne (que ce soit en car, en avion, en train, etc.). Du déplacement géographique au déplacement imagé, il n'y a qu'un pas. Dans l'exemple suivant, Jenny se déplace de façon imagée vers l'achat de la maison, prévu dans l'avenir :

Jenny is going to buy a house in the suburbs.
Jenny va acheter une maison en banlieue.

Attention !

À la forme négative, on perd la référence à l'avenir au profit de sens tels que l'intention, le refus, ou l'interdiction :

I'm not going to Spain!
Je refuse d'aller en Espagne !

You're not going out tonight!
Je t'interdis de sortir ce soir !

4 Be about to

Be about to est employé lorsqu'on veut dire qu'une action est sur le point de se faire :

The company is about to close down.
L'entreprise est sur le point de fermer.

La fermeture de l'entreprise est imminente.

En français, la meilleure traduction de be about to est « être sur le point de ». On ne peut pas vraiment traduire cette construction par du futur dans la mesure où l'on perdrait cette idée d'imminence.

5 Is to

Avec is to, tout est prévu ou planifié. Dans l'exemple ci-dessous, une décision a été prise au préalable :

She is to be placed in ward.
Il est convenu de la placer sous tutelle judiciaire.

Attention !

À la forme négative, on quitte l'expression de l'avenir pour l'interdiction :

You are not to tell anyone about the secret.
Tu ne dois parler de ce secret à personne.

Pour résumer

Contrairement au français, l'anglais ne dispose pas de temps (tense) futur. Il existe néanmoins un éventail assez vaste de formes pour exprimer le fait qu'un événement se situe dans l'avenir.

VERBES INTRANSITIFS ET TRANSITIFS

En anglais, un verbe est obligatoirement accompagné d'un groupe nominal sujet. En revanche, la présence d'un complément d'objet du verbe est optionnelle. Si le verbe prend un complément d'objet, la construction est dite *transitive*. S'il n'en prend pas, la construction du verbe est *intransitive*. Voir également **le verbe et ses compléments**.

1 Les verbes intransitifs

Un verbe se construit de manière intransitive lorsqu'il ne prend pas de complément d'objet (direct ou indirect). La présence de compléments circonstanciels ou d'adverbes ne change rien à l'intransitivité du verbe dans la mesure où leur rôle dans la phrase est limité (on peut les effacer sans mettre en péril la structure de la phrase).

Certains verbes sont intransitifs, parce que leur sens est incompatible avec la présence d'un complément d'objet. C'est le cas de appear, par exemple :

The sun appeared from behind a cloud.
Le soleil est sorti de derrière un nuage.

La présence d'un complément d'objet n'aurait aucun sens ici (en effet, on ne peut pas dire *to appear someone ou *to appear something).

D'autres verbes sont intransitifs en contexte, parce que la présence d'un complément d'objet n'est pas requise :

I can drive.
Je sais conduire.

Nul besoin de spécifier un complément ici vu que l'énoncé traite de la capacité à conduire, quelle que soit la voiture. Par contre, le verbe drive peut prendre un complément si l'on veut préciser quel véhicule on conduit (I drive a Volvo *J'ai une Volvo*). Dans ce cas, le même verbe sera transitif.

2 Les verbes transitifs

Un verbe se construit de manière transitive lorsqu'il prend un complément d'objet. Il existe des verbes transitifs directs et des verbes transitifs indirects.

Les verbes transitifs directs

Un verbe est transitif direct s'il est suivi d'un complément d'objet direct. Le complément d'objet est direct lorsqu'aucune préposition ne se place entre lui et le verbe :

We have bought two plane tickets.
S V COD
Nous avons acheté deux billets d'avion.

Les verbes transitifs indirects

Un verbe est transitif indirect s'il est suivi d'un complément d'objet indirect. Le complément d'objet est indirect lorsqu'il est introduit par une préposition (Voir la fiche sur **les verbes à particules**) :

I have listened to their latest record.
S V prép COI
J'ai écouté leur dernier disque.

Dans cet exemple, le complément est introduit par la préposition to. Dans l'exemple suivant, le complément est introduit par la préposition for :

Veronica has already paid for the meal.
Veronica a déjà payé le repas.

3 Les verbes ditransitifs

Les verbes ditransitifs prennent deux compléments d'objet. En anglais, la construction ditransitive apparaît sous deux formes :

Malcolm gave the book to his sister.
S V COD COI
Malcolm a donné le livre à sa sœur.

Dans ce schéma, le verbe est suivi respectivement du complément d'objet direct (the book) puis du complément d'objet indirect introduit par la préposition to (to her sister). Le complément d'objet direct renvoie à l'objet (le livre) qui est donné par Malcolm. Le complément d'objet indirect renvoie au destinataire du livre, à savoir la sœur de Malcolm.

Il existe un schéma équivalent (la traduction reste la même), sans préposition :

Malcolm gave his sister the book.
S V COI COD
Malcom a donné le livre a sa soeur.

Cette fois, le verbe est suivi du COI puis du COD. Notez également que le COI n'est plus introduit par une préposition. Il demeure malgré tout COI de par son sens, vu qu'il renvoie toujours à la personne qui reçoit le livre (= to his sister).

4 Cas particuliers

Attention !

Certains verbes donnent l'impression d'être transitifs alors qu'ils ne le sont pas :

You look exhausted.
adj
Tu as l'air épuisé(e).

Exhausted joue ici le rôle d'un adjectif. Il ne peut pas être considéré comme un complément d'objet dans la mesure où ce n'est pas un groupe nominal. Il en va de même pour certains adverbes.

Un groupe nominal attribut ne peut pas non plus être considéré comme un objet du verbe. En effet, le rôle d'un attribut est de caractériser le sujet de la proposition. Ci-dessous, le sujet (I) est caractérisé comme étant étudiant(e) :

I am a student.
GN attribut
Je suis étudiant(e).

Enfin, la construction ci-dessous n'est pas ditransitive :

I find him stupid.
Je le trouve stupide.

En effet, l'adjectif stupid (qui qualifie him) n'est pas un objet. Le verbe find n'a pas deux compléments ; il n'est donc pas ditransitif.

Pour résumer

Certains verbes sont intransitifs (appear, happen, go, work, glow, etc.), d'autres transitifs (grant, accept, access, etc.) D'autres encore acceptent les deux constructions en fonction du contexte (drive, play, write, sing, kiss, etc.)

Pour savoir si un verbe est transitif ou intransitif, attention à ne pas confondre les compléments d'objet avec des adverbes ou des compléments circonstanciels.

LE VERBE ET SES COMPLÉMENTS

Une phrase se décompose en propositions. Une phrase simple comporte une seule proposition tandis qu'une phrase complexe en comporte au moins deux.
Une proposition se construit obligatoirement autour d'un verbe. La nature de la proposition dépend des possibilités qu'offre ce verbe.
Un verbe possède un sujet. Il peut prendre un nombre variable de compléments : aucun, un seul, deux, parfois plus.
Le but de ce chapitre est de vous familiariser avec les fonctions grammaticales attribuées par le verbe ainsi qu'avec les principaux schémas de phrase.

1 Les fonctions autour du verbe

Chaque mot a une catégorie (= sa nature ; par ex. groupe nominal) et une fonction (= son rôle dans la proposition ; par ex. complément d'objet direct). C'est le verbe qui attribue à chaque mot de la proposition sa fonction.

Dans une phrase déclarative à la tournure affirmative, le sujet se place généralement avant le verbe. Sa présence est obligatoire dans la mesure où il représente le thème central de l'énoncé (= ce dont il est question). Lorsqu'il n'apparaît pas (comme à l'impératif : Go to bed! *Va te coucher !*), il est néanmoins sous-entendu. Le verbe s'accorde avec le sujet.

Certains verbes prennent un complément, d'autres non (voir fiche sur **les verbes transitifs et intransitifs**). Les compléments peuvent être de nature nominale (le complément comprend un groupe nominal, pas de verbe) ou propositionnelle (le complément comprend un autre verbe, c'est donc une proposition).

2 Les compléments nominaux

Le schéma attributif

Si l'on veut attribuer une caractéristique au sujet, on peut utiliser un verbe « copule », c'est-à-dire un verbe qui établit un lien entre une propriété et le sujet. Les principales copules sont be, seem, look, appear, sound, smell, keep, become, grow, go, get, etc.

The hotel is next to the river.
caractéristique
L'hôtel est près de la rivière.

I must have looked a fool.
caractéristique
J'ai dû passer pour un imbécile.

He's gone mad.
caractéristique
Il est devenu fou.

Le schéma de la proposition est ***attributif**** (on « attribue » une propriété au sujet grammatical) : Sujet + Verbe$_{\text{copule}}$ + Complément

Le schéma transitif

Certains verbes prennent un complément d'objet direct (COD) qui se place immédiatement après :

A doctor attended the children.
S V COD
Un médecin a soigné les enfants.

Le schéma est ***transitif direct**** dans la mesure où aucun mot ne vient se placer entre le verbe et son COD : Sujet + Verbe + COD.

Si une préposition sépare le verbe de son complément d'objet, ce dernier est un ***complément d'objet indirect**** (COI) et le schéma est ***transitif indirect**** : Sujet + Verbe + Prép. + COI.

The management dealt with the situation promptly.
prép
La direction a réagi immédiatement.

NB : certains verbes peuvent être soit transitifs, soit intransitifs, en fonction de la construction dans laquelle ils apparaissent.

Le schéma ditransitif

Certains verbes prennent à la fois un COD et un COI :

I gave the book to him = I gave him the book
COD prép COI COI COD
Je lui ai donné le livre.

Le schéma est ditransitif (= deux compléments d'objet) :
- Sujet + Verbe + COD + Prép + COI, ou
- Sujet + Verbe + COI + COD

Le schéma intransitif

Certains verbes ne prennent pas de complément d'objet. L'événement ou l'état auquel le verbe fait référence ne se rapporte qu'au sujet :

We laughed until we cried.
V intr V intr
On a ri aux larmes.

Le schéma est alors intransitif : Sujet + Verbe.

3 Les compléments propositionnels

Certains verbes admettent des compléments de nature propositionnelle, c'est-à-dire comprenant un verbe. Nous en illustrons quelques exemples ci-après.

Complément à l'infinitif avec to

Dans l'exemple suivant, la proposition infinitive to go to bed joue le rôle de COD du verbe want :

I want to go to bed.
Je veux aller me coucher.

Complément au gérondif*

I love lying in bed on Sunday mornings.
J'adore faire la grasse matinée le dimanche.

La proposition lying in bed on Sunday mornings est le COD du verbe love.

Proposition subordonnée introduite par that ou Ø

I know (that) he's lying.
Je sais qu'il ment.

La proposition subordonnée (that) he's lying est le COD du verbe know.

Proposition interrogative indirecte

I don't know what to do.
Je ne sais pas quoi faire.

Dans cet exemple, la proposition interrogative indirecte what to do est le COD du verbe tell :

Dans l'exemple suivant, c'est la proposition whether I could come qui joue le rôle de COD du verbe ask :

I asked whether I could come.
J'ai demandé si je pouvais venir.

Pour résumer

Le schéma d'une proposition est déterminé par les possibilités du verbe, c'est-à-dire du nombre et du type de compléments avec lesquels il se construit.
Un même verbe peut se construire de multiples façons.

LES VERBES À PARTICULES

Les particules

Les particules sont des petits mots « satellites » qui peuvent s'associer aux verbes pour compléter ou modifier leur sens.
Les particules les plus courantes sont up, down, in, out, on, over, with, to, from, about, around, into, across, along, at, away, by, for, past, under, through...

1 Catégorie grammaticale

Certaines de ces particules entrent dans la catégorie des prépositions, et d'autres dans la catégorie des adverbes. Une même particule peut appartenir à ces deux catégories :

The mirror fell on the floor.
préposition + groupe nominal
La glace est tombée par terre.

The lid wasn't on.
adverbe
Le couvercle n'était pas mis.

2 Prononciation

Les particules sont accentuées lorsqu'elles apportent du sens : c'est le cas des particules dans les verbes de mouvement et dans les phrasal verbs.

She knocked the vase off the table. *Elle a fait tomber le vase de la table.*

They walked on. *Ils poursuivirent leur chemin.*

Dans les verbes prépositionnels, la préposition est un mot grammatical et n'est donc pas accentuée, sauf lorsqu'elle est en position finale :

He's listening to /tə/ music *il écoute de la musique*

What kind of music is he listening to /'tʊ/? *Quelle sorte de musique écoute-t-il ?*

3 Sens

Dans leur sens littéral, les particules expriment toutes des relations spatiales : mouvement (up, down, in, out, to, from, into, through...) et localisation (around, about, at, on...)

Ce sont des « satellites » du verbe qui précisent le sens de ce dernier (voir fiche **verbes à particules**).

Lorsqu'elles sont associées à un verbe, les particules perdent parfois leur sens spatial et prennent un sens figuré. C'est le cas avec certains verbes prépositionnels : dans look after *s'occuper de*, le sens de after *après* s'est estompé, en revanche, dans listen to *écouter*, to *vers* semble encore indiquer que l'on tend l'oreille vers une source sonore. C'est également le cas presque systématiquement dans les phrasal verbs (put up with *supporter, tolérer*, make up *inventer, compenser etc.*, look forward to *attendre avec impatience*) où la particule prend un sens figuré et forme une nouvelle unité de sens avec le verbe.

Voici un tableau présentant les principales particules ayant à la fois un sens spatial et un ou plusieurs sens figurés (liste non exhaustive).

particule	sens spatial	sens figuré
about	Autour de, dans les parages, par ici	À propos de, au sujet de, concernant
	They've been sitting about all day. *Ils ont passé toute la journée assis à ne rien faire.*	I'm worried about her. *Je suis inquiet à son sujet.*
away	Mouvement d'éloignement	Disparition, déclin, etc.
	He drove away. *Il s'est éloigné (en voiture).*	We danced the night away. *Nous avons passé toute la nuit à danser.*
by	Près de, à côté de, devant	Par (moyen, cause)
	She drove by without stopping. *Elle est passée (en voiture) sans s'arrêter.* Don't stand by the door. *Ne restez pas debout près de la porte.*	To go by bus/car/plane/train. *Aller en autobus/voiture/avion/train.* It was built by the Romans. *Il fut construit par les Romains.*

particule	*sens spatial*	*sens figuré*
for	Pour (direction) They left for Spain. *Ils sont partis pour l'Espagne.*	Pour (but, intention, cause, etc.) She apologized for being late. *Elle s'est excusée d'être en retard.*
from	Provenance I've just come back from there. *J'en reviens.*	Cause He died from grief. *Il est mort de chagrin.*
in	Mouvement vers l'intérieur Come in! *Entrez !*	Addition, inclusion, etc. Stir in the chopped onions. *Ajouter les oignons émincés.*
into	Mouvement vers l'intérieur Come into my office. *Venez dans mon bureau.*	Transformation, résultat Mix the ingredients into a paste. *Mélangez les ingrédients jusqu'à ce qu'ils forment une pâte.*
on	Sur (position) He works on a building site. *Il travaille sur un chantier.*	Continuité, état de marche, etc. They walked on. *Ils poursuivirent leur chemin.* Turn the tap on. *Ouvre le robinet.*
out	Mouvement vers l'extérieur (spatial) She strolled out. *Elle est sortie sans se presser.*	Mouvement vers l'extérieur (figuré) It gives out a lot of heat. *Ça dégage beaucoup de chaleur.* Read out the first paragraph. *Lisez le premier paragraphe à haute voix.*
off	Éloignement, détachement Peel off the wallpaper. *Décollez le papier peint.* She knocked the vase off the table. *Elle a fait tomber le vase de la table.*	Interruption To put ou switch ou turn the light off. *Éteindre la lumière.*
to	Vers (direction) Let's go to town. *Allons en ville.*	Visée (but, résultat, etc) She did it to help him. *Elle l'a fait pour l'aider.* The rain turned to snow. *La pluie avait fait place à la neige.*
through	Mouvement à travers We travelled through America. *Nous avons parcouru les États-Unis.* A shiver ran through him. *Il fut parcouru d'un frisson.*	Par (moyen), action menée à son terme I sent it through the post. *Je l'ai envoyé par la poste.* I slept through until 8. *J'ai dormi (sans me réveiller) jusqu'à 8 h.*
up	Mouvement vers le haut Wait till the moon comes up. *Attends que la lune se lève.*	Action menée à son terme Eat up your greens. *Mange tes légumes.* Time is up! *C'est l'heure, le temps est écoulé !*

LES VERBES À PARTICULES

Les verbes

Un certain nombre de verbes anglais présentent la particularité de pouvoir s'associer à de petits mots que l'on appelle particules.

On distingue :

Les verbes de mouvement, qui expriment la manière dont s'effectue un déplacement, et qui sont librement associés par le locuteur à une particule exprimant la direction de ce mouvement.

Les verbes prépositionnels, suivis d'une préposition qui introduit un ***complément**** d'objet : la préposition est imposée, il s'agit donc d'une association contrainte.

Les phrasal verbs, constitués d'un verbe et d'une particule adverbiale et formant un bloc de sens ; l'association entre verbe et particule est obligatoire.

1 Association libre : les verbes de mouvement et de déplacement

Les mouvements et déplacements sont exprimés de manière très différente en français et en anglais.

En français, le chemin parcouru par le sujet de la phrase est exprimé par le verbe et la manière dont s'effectue le déplacement est exprimée par un complément optionnel.

Il a traversé la Manche (à la nage/en bateau/en avion).
Vchemin cplt manière

Le « chemin » emprunté est exprimé par le verbe *traverser*. La manière dont la traversée a été effectuée est précisée par les compléments « à la nage », « en bateau », « en avion ».

En anglais, c'est toujours le verbe qui exprime la manière dont s'effectue le déplacement. La direction du déplacement est exprimée par un « satellite » du verbe : une particule.

He swam/he sailed/he flew across the Channel.
Vmanière satellite chemin

Contrairement à ce qui se passe en français, ici le « chemin » emprunté est indiqué par le groupe prépositionnel « across the Channel » et la manière dont la traversée a été effectuée est exprimée par les verbes swim, sail ou fly.

On doit donc obligatoirement en anglais exprimer la *manière* dont s'effectue le déplacement (verbe) et la *direction* de ce déplacement (satellite).

Pour l'expression des mouvements, les anglophones bénéficient de la très grande souplesse de leur langue. La libre association de verbes exprimant la manière dont s'effectue un mouvement et de particules indiquant la direction de ce mouvement permet une très grande précision dans la description des déplacements :

The little sparrow is hopping away from the tree.
Le petit moineau s'éloigne de l'arbre en sautillant.

Dans une boutique bondée au moment des soldes, quelqu'un cherche à se frayer un chemin à travers la foule compacte et demande à deux personnes :

Can I squeeze through?
Puis-je me faufiler entre vous ?

2 Association contrainte : verbes prépositionnels

Certains verbes ont besoin d'une préposition pour introduire un complément :

To think about something. *Penser à quelque chose.*
To borrow from somebody. *Emprunter à quelqu'un.*

Dans ces constructions verbales, le sens initial de la particule n'a pas complètement disparu ; toutefois, contrairement à ce qui se passe pour les verbes de mouvement et de déplacement, on n'a pas le choix de la préposition (voir le dictionnaire des phrasal verbs).

Remarque : on peut insérer un adverbe entre le verbe et sa préposition.

The doctor listens carefully to his patient. *Le docteur écoute attentivement son patient.*

3 Association obligatoire : phrasal verbs

En anglais, le mot phrase veut dire *expression* ; les phrasal verbs, toujours suivis d'une particule, prennent un sens différent de celui du verbe additionné de celui de la particule ; ils forment un nouveau bloc de sens.

To blow up *exploser*

To put off *remettre*

To give up *abandonner*

Attention !

La particule des phrasal verbs n'est pas suivie d'un complément, contrairement à celle des verbes prépositionnels :

She's getting up (phrasal verb) *elle se lève*

she's looking after her grandmother (verbe prépositionnel) *elle s'occupe de sa grand-mère.*

En règle générale, on évite de séparer le verbe de sa particule.

They found out the truth. *Ils ont découvert la vérité.*

Did they find out the truth? *Ont-ils découvert la vérité ?*

What did they find out? *Qu'ont-ils découvert ?*

The truth wasn't found out. *La vérité n'a pas été découverte.*

On peut ne peut pas insérer d'adverbe entre le verbe et la particule :

She's getting up slowly et pas she's getting ~~slowly up~~.

Toutefois, lorsque les phrasal verbs peuvent prendre un complément d'objet, on a souvent le choix : celui-ci peut se placer après le bloc verbe + particule, ou être intercalé entre les deux (obligatoire s'il s'agit d'un pronom) :

She's giving up smoking/she's giving it up.
Phrasal V CO V CO particule

Elle arrête de fumer.

We put off the wedding/we put the wedding off. *Nous avons remis le marriage.*

I picked up a book/I picked a book up. *J'ai ramassé un livre.*

Les phrasal verbs sont parfois suivis d'une préposition :

To put up with sb/sthg. *Supporter qqn/qqch.*

To stand up for sb. *Prendre la défense de quelqu'un.*

To look forward to sthg. *Attendre qqch avec impatience.*

LA MODALITÉ

Le mot modalité vient du latin *modus*, qui signifie la *manière*. La modalité correspond donc à la manière de présenter le contenu de l'énoncé.
En anglais, plusieurs types de mots sont susceptibles d'exprimer la modalité : les auxiliaires modaux bien sûr, mais aussi d'autres formes verbales à sens modal (have to, be able to), voire des adverbes (probably, certainly) ou des adjectifs (probable, possible, impossible, etc.).

1 Présentation générale

Pour communiquer, il faut avoir une certaine idée de ce que l'on va dire, et une certaine idée de la façon dont on va le dire. Ce que l'on va dire constitue le *contenu de l'énoncé*. La manière de présenter ce contenu correspond à la *modalité*.

Ainsi, un fait décrit dans un énoncé peut être présenté sur le mode :

- du possible ou de l'impossible :

Erin can drive.
Erin sait conduire.
Erin en a la capacité, donc c'est possible

John can't swim.
John ne sait pas nager.
John n'en a pas la capacité, donc c'est impossible

- du souhaitable :

She should not drink alcohol.
Elle ne devrait pas boire d'alcool.
il est souhaitable qu'elle ne boive pas d'alcool parce que ce n'est pas bon pour elle

You (would) want to be careful.
Si j'étais toi, je ferais attention.
il est dans ton intérêt de faire attention

- de la permission ou de l'interdiction :

You may sit down.
Vous pouvez vous asseoir.
vous en avez la permission

You mustn't smoke.
Il est interdit de fumer.
ici, c'est contre la loi

- du facultatif ou du nécessaire :

You don't have to wear a tie.
Il n'est pas nécessaire que tu portes une cravate.
c'est à toi de décider

You must wear a tie.
Tu dois porter une cravate.
tu n'as pas le choix

- de l'éventuel ou du certain :

I might be home late tonight.
Je rentrerai peut-être tard ce soir.
ce n'est pas sûr

That will be the postman.
C'est sans doute le facteur.
c'est certainement lui

2 Exprimer la modalité

Les auxiliaires modaux

Les principaux modaux en anglais sont can, could, may, might, must, shall, should, will et would (et parfois need et dare). Ce sont des ***auxiliaires**** (du latin *auxilium*, secours, aide). Ils aident ainsi à former :

- la négation

I can't understand you when you mumble.
Je ne comprends pas ce que tu dis quand tu marmonnes.

- l'interrogation

May I interrupt?
inversion sujet-auxiliaire
Puis-je vous interrompre ?

- la reprise (pour éviter de répéter le verbe)

She works more than she should.
répétition inutile du verbe work
Elle travaille plus que nécessaire.

- l'insistance

She will have the last word.
Il faut toujours qu'elle ait le dernier mot.

Remarque

En anglais, la négation, l'interrogation, la reprise et l'insistance se disent respectivement Negation, Interrogation, Code, et Emphasis. Si l'on prend la première lettre de chacun de ces mots, on obtient l'adjectif N.I.C.E. C'est pourquoi on dit souvent en anglais, pour plaisanter : « auxiliaries are nice! »

En plus de ces caractéristiques, les modaux :

- sont suivis de l'infinitif sans to,
- ne prennent pas de s à la troisième personne du singulier au présent simple,
- ne se combinent pas avec d'autres modaux.

Vu que les modaux ne se combinent pas entre eux, il faut trouver des équivalents lorsque le besoin s'en fait sentir, notamment après will, may ou might :

Il va falloir que tu t'excuses = You will have to apologize (will + must impossible)

Elle peut peut-être t'aider = She may be able to help you (may + can impossible)

On t'autorisera peut-être à sortir = You might be allowed to go out (might + can impossible)

Les formes modales

D'autres constructions verbales ont un sens modal :

You had better be on time!
Tu as intérêt à être à l'heure !
je t'avertis : tu n'as pas le choix

You have to get some rest.
Il faut que vous vous reposiez.
c'est dans votre intérêt, donc c'est souhaitable

It was bound to happen.
C'était à prévoir.
c'était certain

Plusieurs de ces formes se comportent presque comme des auxiliaires : have to, be about/able/bound/going/obliged/supposed/willing to, etc. Elles sont appelées des quasi-modaux ou semi-auxiliaires, selon les grammaires.

Les adverbes et les adjectifs

Bon nombre d'adverbes ont un sens modal :

She has probably left already.
Elle est probablement déjà partie.
c'est possible

I will certainly come.
Je ne manquerai pas de venir.
c'est certain

Cela est aussi vrai de certains adjectifs :

He's certain to come.
Il ne manquera pas de venir.
c'est certain

It's impossible for me to leave work before 6 p.m.
Il m'est impossible de quitter mon travail avant 18 h.
je n'en ai pas la possibilité

Pour résumer

La modalité est un concept qui appartient aux domaines du sens et de l'interprétation. C'est pourquoi elle dépend fortement du contexte.
Sans modalité, il est impossible de communiquer avec nuance. C'est pourquoi l'expression de la modalité varie en fonction des langues et des cultures.

CAN/COULD

Can et could expriment la possibilité au sens large, à savoir :
- la capacité (physique ou intellectuelle)
- la permission
- la suggestion
- la probabilité

1 Can

La capacité

Can indique une capacité du sujet à faire quelque chose :

We can hear everything our neighbours say. [ouïe = capacité physique]
It is possible for us to hear (il nous est possible d'entendre)
Nous entendons tout ce que disent nos voisins.

I can't understand you when you mumble. [incapacité physique]
Je ne comprends pas ce que tu dis quand tu marmonnes.

She can speak three languages. [capacité intellectuelle]
Elle parle trois langues.

Notez que dans ce sens (surtout avec les verbes de perception : see, hear, smell, etc.), can(not) ne se traduit pas.

La demande et la permission

Can indique également une permission et cannot une absence de permission :

Can I borrow your sweater? Yes you can/No you cannot.
demande
Puis-je t'emprunter ton pull ? (Mais) oui/Non.

La suggestion

Can est parfois employé pour effectuer une suggestion. Cet usage est alors incompatible avec la négation :

You can use my car if you want.
Vous pouvez utiliser ma voiture si vous le désirez.

La probabilité

Can exprime une probabilité principalement lorsqu'il se combine à la négation et au present perfect ou à be + V-ing :

The house can't have been that expensive.
La maison n'a pas dû coûter si cher que ça.

They can't be eating now, it's 3 p.m.!
Ils ne peuvent pas être à table [ce n'est pas logique], *il est 15 heures !*

Attention !

À l'écrit, si vous ne faites pas la contraction (can't), veillez à bien rattacher can à la négation (can + not = cannot), sans quoi votre énoncé risque d'être ambigu :

He cannot [be in bed now].
négation du possible = impossible
Il est impossible [qu'il soit couché à présent].

He can [not be in bed now]. [emploi très rare]
éventualité de la négation = pas impossible
Littéralement, *il se peut* [qu'il *ne soit pas* couché à présent].

À la tournure affirmative, on préférera may à can pour l'expression d'une probabilité :

He may be in bed now.
Il se peut qu'il soit couché à présent.

2 Could

Could se forme en mettant can au passé. Outre la capacité au passé, ce modal recouvre une gamme d'emplois très vaste : la capacité au présent, la demande et la permission, la suggestion et la possibilité (ou la probabilité).

La capacité

Could indique la capacité du sujet

- dans le passé :

She could read and write.
Elle savait lire et écrire.

L'accent est mis sur la compétence. Avec was able to et managed to, on insiste non plus sur le fait d'être capable de faire quelque chose mais sur la réalisation de l'action :

She was able to/managed to read and write.
Elle a pu lire et écrire.

- dans le présent :

I could kill him!
Je pourrais le tuer !
[je le peux maintenant, mais je ne passe pas à l'acte]

La demande et la permission

Could s'emploie dans une demande polie (encore plus qu'avec can). L'emploi du passé fait qu'on ne force pas la main de la personne à qui on fait la demande :

Could I borrow your sweater?
Pourrais-je t'emprunter ton pull ?

La réponse ne sera vraisemblablement pas yes you could car généralement on donne une réponse franche : yes you can.
Was allowed to s'emploie plus que could pour la permission dans le passé :

I was allowed to go out.
J'avais/J'ai eu la permission de sortir.

Au style indirect cependant, la *concordance des temps* rend could possible :

Jenny's father said she could go out tonight. [au style direct, il a dit : "you can go out"]
prétérit can au passé
Le père de Jenny a dit qu'elle pouvait sortir ce soir.

La suggestion

Ici encore, could est moins insistant (donc plus poli) que can :

You could use my car.
Tu pourrais utiliser ma voiture.

La probabilité

Avec could, on évalue les chances de réalisation de l'événement (« ce n'est pas impossible »). Le modal exprime alors une possibilité atténuée par un léger doute :

Don't touch it, it could be dangerous.
Ne le touche pas, cela pourrait être dangereux.

Comparez ainsi :

He may be lying
Il se peut qu'il mente.

He could be lying
Il se pourrait qu'il mente.

La probabilité est moins forte avec could qu'avec may. C'est pourquoi on traduit par un temps du conditionnel en français.

Attention !

- *au style direct*, le jugement de probabilité est émis au moment où l'on parle, il ne faut donc pas le traduire par un temps du passé en français :

He could have been lying.
Il se pourrait qu'il ait menti.

La probabilité est bien exprimée au moment présent, on la traduit par le conditionnel présent. Le mensonge quant à lui n'est possible que dans le passé, c'est pourquoi on emploie la forme have been lying après could.

- *au style indirect*, le jugement rapporté a eu lieu dans le passé. On peut donc le traduire par un temps du passé :

Yesterday, Mark said: "He can't possibly have finished already!" [style direct]
Hier, Mark a dit: « Ce n'est pas possible qu'il ait déjà fini !»

Yesterday, Mark said that he couldn't possibly have finished already. [style indirect]
Hier, Mark a dit que ce n'était pas possible qu'il ait déjà fini.

BE ABLE TO/BE ALLOWED TO

Les constructions be able to et be allowed to sont proches par leur sens des modaux can/could.
Toutefois, les emplois de ces formes ne se recouvrent pas toujours.

1 Be able to

Able est un adjectif signifiant *apte, compétent, capable*. Avec be able to, on attribue, grâce à be, une compétence au sujet :

Ashley was able to open the jar.
Ashley a réussi à ouvrir le bocal.

Le but (open the jar) a été atteint. Notez que l'on aurait pu employer la construction manage to (Ashley managed to open the jar) sans changer le sens de l'énoncé.

Si l'on sait que le but n'a pas été atteint, deux formes sont possibles :

Ashley was not able to open the jar et Ashley was unable to open the jar
Ashley n'a pas réussi à ouvrir le bocal.

Dans certains cas, be able to s'emploie parallèlement à can ou could :

I can drive.
Je sais conduire. = j'en ai la compétence

I am able to drive.
Je peux conduire. = rien ne s'oppose à l'action de conduire

Toutefois, ces deux formes ne sont pas synonymes ! Can met l'accent sur le savoir-faire et la faisabilité de l'action. Be able to souligne la réalisation de l'action. C'est particulièrement évident au passé :

We were able to play tennis.
Nous avons pu jouer au tennis.

We could play tennis.
Nous pouvions jouer au tennis.

Dans le premier cas, be able to indique que nous avons effectivement joué au tennis. Dans le deuxième cas, could (= can au passé) ne dit rien quant à la réalisation de l'action. Si l'action a été accomplie avec succès dans le passé, il faut employer be able to.

Enfin, be able to remplace can après des modaux :

You will be able to meet the manager.
(will : modal)
Vous pourrez rencontrer la directrice.

2 Be allowed to

Allowed est la forme de participe passé du verbe allow signifiant *permettre, autoriser*. Avec be allowed to, le sujet reçoit l'autorisation de faire quelque chose. Cette construction s'emploie notamment lorsque le can dit « de permission » est impossible, c'est-à-dire :

- au passé :

We were allowed in.
On nous a permis d'entrer.

- après des modaux :

No one should be allowed to smoke in pubs.
(should : modal)
On devrait interdire à quiconque de fumer dans les pubs.

Notez qu'à la tournure négative cette construction permet d'exprimer une interdiction.

Pour résumer

Be able to et be allowed to permettent de remplacer can (et could) lorsqu'il est impossible d'employer un modal. Ces constructions ont toutefois chacune un sens qui leur est propre.

HAVE TO

Have to est un « quasi-modal » proche de must par son sens et ses emplois (voir **must**). Il indique :
- que le sujet de l'énoncé est dans l'obligation de faire quelque chose,
- qu'un événement a de fortes chances de se réaliser (ou pas).

À la forme négative, have to devient don't have to : le sujet est libre de ne pas faire l'action.

1 Obligation impersonnelle

À l'instar de must, have to marque l'obligation :

I won't apologize – you have to.
Je ne m'excuserai pas – il le faut.

Avec have to, le sujet de l'énoncé (ici you) est tenu d'agir. La contrainte n'émane pas du locuteur. Ce dernier ne fait que rapporter objectivement une loi, une règle, un impératif extérieur :

I have to get up early tomorrow.
Je dois me lever de bonne heure demain.
Ce n'est pas moi qui l'ai décidé, j'ai un rendez-vous.

Par opposition, I must get up early tomorrow (*je dois me lever de bonne heure demain*) exprime une obligation que je me suis imposée à moi-même. Toutefois, cette subtilité s'estompe en contexte. Au présent simple, have got to est également possible (voir **have/have got**). Dans ce cas, got est accentué :

You've got to tell me the truth.
Vous devez me dire la vérité.

Have to s'emploie dans les cas où must est impossible, notamment au passé ou après d'autres modaux (vu que les modaux ne se combinent pas) :

Peter had to go to the dentist's.
Peter a dû aller chez le dentiste.

I will have to think about it.
modal
Il va falloir que j'y réfléchisse.

La construction négative don't have to atténue considérablement la contrainte. Par conséquent, le sujet de l'énoncé est libre d'accomplir l'action ou non :

She doesn't have to drive if she doesn't want to.
Elle n'est pas obligée de conduire si elle ne le souhaite pas.

On pourrait tout aussi bien avoir she needn't drive ou she doesn't need to drive en conservant un sens proche.

2 Forte probabilité

Have to indique également qu'un événement a de fortes chances de se réaliser :

It has to be true.
C'est certainement vrai.

She has to be telling the truth.
Elle dit certainement la vérité.

Le locuteur se contente de rapporter objectivement la forte probabilité en référence à des indices extérieurs. Son opinion importe peu, contrairement à ce que nous aurions avec must.
NB : Cet emploi (expression d'une forte probabilité) est plus rare que le précédent (expression de l'obligation).

Pour résumer

Proches au point de vue du sens, have to et must ne sont pas pour autant interchangeables. Avec have to, le locuteur rapporte une obligation ou une forte probabilité de manière impersonnelle.

MAY / MIGHT

Les modaux may et might s'emploient pour exprimer une *caractéristique possible*, une *permission*, ou pour se prononcer sur une *éventualité* présente ou passée. Ils ont également d'autres emplois particuliers comme le *but* ou la *concession*, voire le *reproche*.

1 May

La demande et la permission

May sert à demander ou accorder poliment une autorisation :

May I make a suggestion?
Puis-je me permettre de faire une suggestion ?

You may sit down.
Vous pouvez vous asseoir.

À la forme négative (may not), aucune autorisation n'est accordée. Dans l'exemple ci-dessous, le locuteur (par exemple une mère parlant à son enfant) est catégorique.

You may not leave the table now.
Je t'interdis de sortir de table.

La probabilité

On emploie aussi may pour se prononcer sur les chances de réalisation d'un événement :

Jimmy may be in bed now.
Il se peut que Jimmy soit couché à présent.

Le locuteur n'est sûr de rien. Il y a une chance sur deux pour que Jimmy soit couché au moment présent (et donc une chance sur deux pour qu'il ne le soit pas). L'ajout de l'adverbe well fait pencher la balance vers plus de certitude : « il est fort probable/possible que » :

You may well be right.
Il est fort possible que vous ayez raison.

Dans le même ordre d'idées, may indique une caractéristique éventuelle du sujet :

This medication may cause nausea.
Ce médicament peut entraîner la nausée.

La nausée est un effet secondaire possible. On retrouve cet emploi dans les notices d'utilisation ou les descriptions scientifiques.
Le jugement de probabilité peut aussi s'appliquer sur un événement passé. Après may, on aura donc have + V-en :

She may have thought we were joking.
Peut-être a-t-elle cru que nous plaisantions.

Have thought indique que le fait de croire (qu'il soit avéré ou non) est situé dans le passé. Tout se déroule comme si on tentait de reconstituer une scène passée.

Autres emplois

- la concession :

He may not be very bright, but he's got a heart of gold.
Il n'est peut-être pas très brillant mais il a un cœur d'or.

- le but :

They work hard so that their children may have a better life.
Ils travaillent dur pour que leurs enfants aient une vie meilleure.

- le souhait, le vœu :

May she rest in peace.
Qu'elle repose en paix.

May the best team win!
Que les meilleurs gagnent !

2 Might

Might est la forme passée de may, mais ce modal ne se limite pas à la simple expression de la possibilité dans le passé.

La possibilité au passé

Might s'emploie comme passé de **may** au style indirect pour indiquer que le sujet est disposé à faire quelque chose :

He said he might come. [= he said: "I may come"]
Il a dit qu'il allait peut-être venir.

We feared you might be dead.
Nous avons eu peur que vous ne soyez mort.

Au style direct, **might** ne se traduit que très rarement par du passé à l'indicatif en français.

La probabilité

Le passé de **might** indique que la personne qui parle observe l'événement depuis une position éloignée. La probabilité exprimée par **might** est donc faible (plus qu'avec **may**). C'est pourquoi on traduit le plus souvent (mais pas obligatoirement) par un temps du conditionnel en français. Comparez :

It may snow.
Il se peut qu'il neige.

It might snow.
Il se pourrait qu'il neige.

Attention !

- *au style direct*, le jugement de probabilité est émis au moment où l'on parle, il ne faut donc pas le traduire par un temps du passé en français :

She might have forgotten to lock the door.
jugement au présent événement probable au passé
Il n'est pas impossible qu'elle ait oublié de fermer la porte à clé.

- Il n'est absolument pas certain que l'action en question (oublier de fermer la porte à clé) se soit effectivement produite. Dans tous les cas, elle n'a pu se produire que dans le passé (d'où l'emploi de la forme **have forgotten** après **might**). La probabilité (faible) est exprimée quant à elle au moment présent.
- *au style indirect*, le jugement rapporté a eu lieu dans le passé. On peut donc traduire par un temps du passé :

I never considered that she might want to come
Je n'avais jamais pensé qu'elle pouvait avoir envie de venir.

La suggestion

Might est moins insistant (donc plus poli) que **may** :

You might try using a different approach altogether.
Vous pourriez adopter une approche entièrement différente.

Cette retenue n'est plus de mise avec l'expression adverbiale **at least** :

You might at least tidy up your room!
Tu pourrais au moins ranger ta chambre !

Le reproche

Might s'emploie parfois dans l'expression d'un reproche. Le modal est alors très proche de **should** (ce dernier est d'ailleurs bien plus fréquent dans ce contexte) :

You might have warned me!
Tu aurais pu me prévenir !

Ici, ce qui est reprochable, c'est que **you** n'a pas averti (**warned**) le locuteur alors qu'il/elle en avait la possibilité. Le reproche peut être adressé à soi-même :

I might have known he'd be the last to arrive.
J'aurais dû savoir qu'il serait le dernier à arriver.

WILL / WOULD

Contrairement à ce que l'on pourrait croire, le modal will ne se limite pas au renvoi à l'avenir. Il permet aussi d'exprimer la volonté, la caractéristique, la suggestion polie, tout comme would. Ces deux modaux ont chacun une forme contractée, respectivement ‹'ll› et ‹'d›.

1 Will

L'expression de l'avenir

Will indique une prédiction forte (« c'est sûr »), tellement forte en fait qu'on est proche du futur français :

The next meeting will be held in July.
La prochaine réunion aura lieu en juillet.

What time will you be home tonight?
À quelle heure rentrez-vous ce soir ?

Cette interprétation est confirmée par les repères temporels « in July » et « tonight », qui font référence à l'avenir. Très souvent, ces repères sont implicites.

La volonté et le refus

Étymologiquement, will exprime la *volonté* (pensez au proverbe where there's a will there's a way : *quand on veut on peut*). Ce sens n'a pas disparu, aussi ne faut-il pas manquer de le traduire le cas échéant :

The car won't start.
La voiture ne veut pas démarrer.

You must come! — I won't!
Il faut que vous veniez ! — Je refuse !

Will au sens de « vouloir » est particulièrement approprié dans les demandes polies :

If you will come with me.
Si vous voulez bien venir avec moi.

Will you please stop smoking?
Pouvez-vous éteindre votre cigarette, s'il vous plaît ?

Il est en effet poli de demander son avis à son interlocuteur.

La caractéristique

Will est souvent employé pour exprimer une caractéristique du sujet :

The machine will wash up to 5 kilos of laundry.
La machine peut laver jusqu'à 5 kilos de linge.

Lorsque cette caractéristique est un défaut prévisible, will traduit l'agacement du locuteur vis-à-vis du sujet :

She will have the last word.
Il faut toujours qu'elle ait le dernier mot.

Dans ce cas, le modal est accentué et la forme contractée ‹'ll› impossible.

La prédiction

Bien souvent avec will, le locuteur fait une prédiction à partir de la situation. Dans l'exemple ci-dessous, le locuteur sait que le facteur passe tous les jours à la même heure ; il y a donc de grandes chances pour que ce soit lui qui sonne à la porte :

The bell's ringing. That'll be the postman.
Quelqu'un sonne. C'est sans doute le facteur.

Dans les subordonnées de temps

Dans une subordonnée de temps à sens futur (après when, as soon as, as long as, etc.), on n'emploie ni shall ni will mais le présent simple

Will you still love me (principale) when I'm old? (subordonnée)
M'aimeras-tu encore quand je serai vieux ?

En français, on met du futur dans la principale et dans la subordonnée.

2 Would (will + ed)

Would est la forme passée de will. Would n'a pas pour autant qu'un sens passé.

L'hypothèse

Dans l'expression d'une hypothèse, would peut être traduit par du conditionnel en français :

They wouldn't have come if they had known.
Ils ne seraient pas venus s'ils avaient su.

La volonté et le refus.

Tout comme will, would exprime l'idée de *volonté* et, à la tournure négative, de *refus* :

They would give their lives for the cause. [volonté hypothétique]
Ils seraient prêts à donner leur vie pour la cause.

She wouldn't touch alcohol. [refus dans le passé]
Elle refusait de toucher à l'alcool.

Would apparaît également dans les demandes polies :

Would you mind driving me home?
Est-ce que cela vous dérangerait de me reconduire chez moi ?

Would you like another cake?
Voulez-vous un autre gâteau ?

Pour énoncer une préférence, on a le choix entre deux constructions idiomatiques, would prefer + infinitif en to et would rather/sooner + infinitif sans to :

I would prefer to go alone.
J'aimerais mieux y aller seul.

I would rather/sooner go alone.
Je préférerais y aller seul.

La caractéristique

Would traduit également l'agacement du locuteur vis-à-vis d'un défaut prévisible qui caractérise le sujet :

He would!
C'est bien de lui !

He would say that, wouldn't he.
Il fallait qu'il dise ça.

Would est accentué et sa forme contractée ‹'d› impossible.

L'habitude

Dans une description au passé, would indique parfois qu'un événement s'est reproduit au point de devenir une *habitude* :

He would smoke a cigar after dinner.
Il fumait un cigare après le dîner.

On dit que would est « fréquentatif ».

La prédiction

Would apparaît parfois (mais assez rarement) dans l'expression d'une *probabilité* :

There was a woman there — that would be his wife.
Il y avait une femme — ça devait être sa femme.

Pour résumer

Will et would posent souvent des problèmes d'emploi dans la mesure où ils ont des effets de sens variés qui dépendent grandement du contexte. Derrière cette myriade d'interprétations se cache cependant une certaine logique :
- la caractéristique, l'habitude et la prédiction sont de l'ordre de la *régularité*.
- nos comportements prévisibles sont souvent le fait de notre *volonté*.

SHALL / SHOULD

Shall fait partie des formes que l'on utilise en anglais pour renvoyer au futur chronologique (« time »), en l'absence de temps grammatical futur (« tense ») correspondant. Ce modal est utilisé dans les règlements, mais aussi pour faire une offre ou pour s'engager formellement à accomplir une action (Shall I... ? Shall we... ?).
Should, forme passée de shall, sert à indiquer un conseil, à suggérer (de façon imagée) un chemin à prendre (you should...) ou à ne pas prendre (you shouldn't...). Dans une moindre mesure, il indique également une nécessité logique du type « c'est peut-être le cas ».

1 Shall

Shall est d'un emploi assez rare aujourd'hui. Il appartient à la langue soutenue.

L'expression du futur (= prédiction)

Lorsqu'il renvoie à l'avenir, shall est proche de will :

I/we <u>shall</u> come tomorrow.
/ʃəl/ (forme réduite)
Je viendrai/nous viendrons demain.

Avec shall, le sujet s'engage à accomplir l'action, d'où l'idée de *devoir*. Will, qui est ici possible, mettrait plus l'accent sur la *volonté*.
Notez la forme négative contractée (très rare) :

I shan't be able to come.
Je ne pourrai pas venir.

L'offre, la proposition

Dans ce cas, shall s'emploie dans une phrase interrogative (ou un tag interrogatif) :

Shall I open the window?
Voulez-vous que j'ouvre la fenêtre ?

We'll all go then, shall we?
Dans ce cas, pourquoi n'y allons-nous pas tous ?

NB : Dans les emplois ci-dessus, le sujet est principalement à la 1re personne (I ou we). Le moyen mnémotechnique qui s'applique dans ce cas est le suivant : « on met un shall sur les je/nous » (« on met un châle sur les genoux »).

L'engagement

Avec shall, on exprime un engagement fort, solennel et collectif d'ordre politique ou idéologique :

We shall overcome!
Nous vaincrons ! [= nous nous engageons à vaincre]

They shall not pass!
Ils ne passeront pas ! [= nous nous engageons à ce qu'ils ne passent pas]

La contrainte formelle

Dans d'autres cas, shall peut transmettre de manière très formelle une idée de contrainte, que ce soit dans un règlement, une garantie commerciale, un texte de loi ou un commandement religieux :

You shall not kill.
Tu ne tueras point.

The Congress <u>shall</u> assemble at least once in every year.
Le Congrès <u>*devra*</u> se réunir au moins une fois l'an. *(Constitution américaine)*

Dans cet emploi précis, le sujet (principalement à la 2e ou 3e personne) n'est pas maître de sa décision.

2 Should (shall + ed)

Should est la forme passée de shall. Cela ne veut pas dire qu'elle ait nécessairement une valeur de passé chronologique.

Le conseil et le reproche

Avec should, on indique une direction à suivre sans toutefois forcer la main (c'est ce qu'indique ed):

You should read this book.
Tu devrais lire ce livre.

En fonction du contexte, le *conseil* peut être plus ou moins appuyé, au point de devenir un ordre déguisé :

[une mère à son enfant] It's late, you should be in bed!
Il est tard. Tu devrais être au lit !

Dans un cadre officiel, le conseil prend parfois la forme d'une consigne :

Papers should not exceed ten pages.
Les devoirs ne devront pas dépasser dix pages.
futur

Liée à l'idée de conseil (appuyé) est l'expression d'un *reproche*. Dans l'exemple ci-dessous, le reproche porte sur une action passée :

You shouldn't have done that!
jugement au moment présent action dans le passé
Tu n'aurais pas dû faire ça !

L'idée de *regret* n'est jamais loin :

They should have won the match.
Ils auraient dû gagner le match.

Nécessité logique atténuée et éventualité

Dans certains contextes, should indique une *probabilité relative* :

They should have arrived by now.
Il y a des chances pour qu'ils soient arrivés à présent.

En règle générale, ce modal va de pair avec l'idée d'*éventualité* :

Should you be interested, I know a good hotel there.
nversion
Si cela vous intéresse, je connais un bon hôtel là-bas.

L'équivalent du subjonctif en français

On emploie should dans les subordonnées où le verbe est traduit en français par du subjonctif (voir **le subjonctif**). On exprime alors une volonté ou une opinion :

I'm anxious that she should come.
Je tiens à ce qu'elle vienne.

It's strange that she should do that.
C'est bizarre qu'elle fasse cela.

Should est parfois omis :

It is important that you (should) get the job.
Il est important que vous obteniez cet emploi.

Ce modal s'emploie également dans des subordonnées exprimant un but négatif, après so that :

He locked his dog in so that it shouldn't escape.
Il a enfermé son chien pour qu'il ne s'échappe pas.
NB : certains anglophones emploient également wouldn't dans ce cas.

Quelques emplois idiomatiques

How should I know?
Comment voulez-vous que je le sache ?

I should think so/not!
J'espère bien/bien que non !

Lest it should rain.
De crainte ou *de peur qu'il ne pleuve.*

Pour résumer

Les emplois de shall et should sont variés. Il y a néanmoins une certaine cohérence dans leur sens. Ces modaux indiquent notamment que le sujet de l'énoncé n'est pas vraiment autonome, qu'il n'est pas à l'origine de l'action. On pousse le sujet à agir. Shall est à ce titre plus contraignant que should :
You shall not kill (=› c'est la loi)
You shouldn't smoke (=› c'est une question de bon sens)

OUGHT TO

Ought to est le seul modal de l'anglais à se construire avec l'infinitif en to (les autres modaux sont, quant à eux, suivis de l'infinitif sans to). Il permet d'exprimer un *conseil*, un *reproche*, ou un degré de *probabilité* quant à la réalisation d'un événement.

1 Règles de formation

Alors que la plupart des modaux se construisent avec l'infinitif sans to, ought (/ɔːt/) est suivi de l'infinitif complet (c'est-à-dire avec to). À la tournure négative, not s'insère entre ought et to :

This ought not to be the case.
Cela ne devrait pas être le cas.

À la tournure interrogative, il y a une inversion entre ought et le sujet grammatical ; to vient après l'inversion :

Ought this to be the case?
sujet
Cela devrait-il être le cas ?

2 Le conseil et le reproche

Le conseil

Ought to s'emploie pour exprimer un conseil :

You ought to tell her.
Vous devriez le lui dire. [je vous conseille de le lui dire]

Une pression extérieure (par ex. le bon sens, la morale) pousse le sujet de l'énoncé à agir :

I really ought to be going.
Il faut vraiment que je m'en aille.

Ici, c'est le bon sens qui me contraint à partir : il est tard, j'ai du travail à faire, etc.
Should est également possible dans ce type d'usage. Ce modal est d'ailleurs nettement plus fréquent que ought to. Il existe cependant une différence de sens entre eux :
Ought to indique que la contrainte qui pousse le sujet de l'énoncé à agir est extérieure.
Should est nettement plus subjectif car l'avis de la personne qui parle joue un rôle dans la pression qui s'exerce sur le sujet de l'énoncé.

Le reproche

Ought to est parfois suivi de have et du participe passé. Dans ce cas, ought to permet d'adresser un reproche au sujet de l'énoncé :

You ought to have told me!
Vous auriez dû me le dire !

Should est également possible ici avec la même nuance de sens que précédemment : le reproche est plus personnel et dépend nettement moins des règles du bon sens, de la morale, etc.

3 L'expression d'une probabilité

Au même titre que should, ought to permet d'indiquer un degré de probabilité quant à la réalisation d'un événement.

They ought to be home now.
À l'heure qu'il est, ils devraient être rentrés.

Dans cet exemple, les indices présents dans le contexte font qu'il est raisonnable de penser qu'ils sont rentrés (par ex. ils ont deux heures de route or ils sont justement partis il y a deux heures).

Pour résumer

Ought to est un auxiliaire modal particulier. Proche de should, il s'en distingue cependant :
- par la forme : ought est suivi de l'infinitif complet et should de l'infinitif sans to.
- par le sens : dans l'expression du conseil et du reproche, ought to est plus objectif que should, c'est-à-dire que la contrainte qui pousse le sujet de l'énoncé à agir est extérieure (elle émane du bon sens, de la morale ou des règles de savoir-vivre).

Par contre, ought to et should sont quasiment synonymes dans l'expression d'une probabilité.

FORMES CONTRACTÉES

rincipales ontractions	Forme pleine 1		Forme pleine 2		Principales contractions	Forme pleine 1		Forme pleine 2	
	had		**would**		*’s*	**is (be)**		**has (have)**	
	I’d	(I had)	I’d	(I would)		he’s	(he is)	he’s	(he has)
	you’d	(you had)	you’d	(you would)		it’s	(it is)	it’s	(it has)
	he’d	(he had)	he’d	(he would)		she’s	(she is)	she’s	(she has)
	she’d	(she had)	she’d	(she would)		that’s	(that is)	what’s	(what has)
	it’d	(it had)	it’d	(it would)		there’s	(there is)	who’s	(who has)
	we’d	(we had)	we’d	(we would)		what’s	(what is)		
	they’d	(they had)	they’d	(they would)		who’s	(who is)		
	who’d	(who had)	who’d	(who would)					
	will		**shall**		*’ve*	**have**			
	I’ll	(I will)	I’ll	(I shall)		I’ve	(I have)		
	you’ll	(you will)	we’ll	(we shall)		you’ve	(you have)		
	he’ll	(he will)	who’ll	(who shall)		we’ve	(we have)		
	she’ll	(she will)				they’ve	(they have)		
	it’ll	(it will)				who’ve	(who have)		
	we’ll	(we will)				could’ve	(could have)		
	they’ll	(they will)				may’ve	*(familier)* (may have)		
	who’ll	(who will)				might’ve	(might have)		
						must’ve	(must have)		
						should’ve	(should have)		
						would’ve	(would have)		

ormes négatives contractées des auxiliaires ou modaux		
en’t	(are not)	*be*
’t	(is not)	
asn’t	(was not)	
eren’t	(were not)	
dn’t	(had not)	*have*
sn’t	(has not)	
ven’t	(have not)	
dn’t	(did not)	*do*
esn’t	(does not)	
n’t	(do not)	

Contractions familières		
ain’t	*(familier)*	(am not/is not/are not) et (has not/have not)
can’t	*(familier)*	(cannot/can not)
dunno	*(familier)*	(I don’t know)
gimme	*(familier)*	(give me)
gonna	*(surtout US) (familier)*	(going to)
gotta	*(US) (familier)*	(have got a)
gotta	*(US) (familier)*	(have got to)
oughta	*(US) (familier)*	(ought to)
wanna	*(familier)*	(want a)
wanna	*(familier)*	(want to)

let’s (let us)

Contractions archaïques		
’tis	*(littéraire & dialecte)*	(it is)
’twas	*(littéraire & dialecte)*	(it was)
’twere	*(littéraire & dialecte)*	(it were)
’twill	*(littéraire & dialecte)*	(it will)

Formes négatives contractées des auxiliaires ou modaux								
n’t	(cannot/can not)	*can*	mustn’t	(must not)	*must*	won’t	(will not)	*will*
uldn’t	(could not)	*could*	oughtn’t	(ought not)	*ought to*	wouldn’t	(would not)	*would*
ayn’t *(rare)*	(may not)	*may*	shan’t *(rare)*	(shall not)	*shall*	needn’t	(need not)	*need*
ghtn’t *(rare)*	(might not)	*might*	shouldn’t	(should not)	*should*	daren’t	(dare not)	*dare*

Need et dare ont pour particularité d'être proches des auxiliaires modaux sans appartenir entièrement à cette catégorie. Ils peuvent en effet se comporter chacun soit comme un verbe ordinaire, soit comme un auxiliaire modal.
Need exprime les idées de *besoin* et de *nécessité*.
Du point de vue du sens, dare est quant à lui proche du verbe « *oser* » en français.

1 Need

Need en tant que verbe « ordinaire »

Need se comporte principalement comme un verbe régulier : I need to eat (*j'ai besoin de manger*), she needs to eat (*elle a besoin de manger*), I needed to eat (*j'avais besoin de manger*), I will need to eat (*j'aurai besoin de manger*), I don't need to eat (*je n'ai pas besoin de manger*), Do I need to eat? (*ai-je besoin de manger ?*)

Dans ce cas, il peut être suivi :

- d'un complément d'objet direct de nature nominale :

I need a drink.
J'ai besoin de boire quelque chose.

- d'un complément d'objet direct au gérondif :

The carpet needs cleaning. (gérondif)
La moquette a besoin d'être nettoyée.

NB : Ici, la forme en -ing permet de transformer le verbe clean en nom (on dit que le verbe est « nominalisé »). Cleaning peut donc être employé sans problème comme complément d'objet direct.

- d'un infinitif complet :

She needs to be home by ten.
Il faut qu'elle soit rentrée pour 10 h.

Need en tant qu'auxiliaire modal

En tant qu'auxiliaire modal :

- need n'a pas besoin de do (qui est aussi un auxiliaire) pour former la négation ou l'interrogation :
  – il ne se conjugue pas,
  – il est suivi de l'infinitif sans to.

De plus, il apparaît principalement aux tournures interrogative et négative.

À la tournure interrogative, on remet en cause la nécessité de faire quelque chose et on s'en remet à l'avis de l'interlocuteur :

Need she say more?
A-t-elle besoin d'en dire davantage ? [est-ce vraiment nécessaire ?]

Deux réponses sont alors possibles :

Yes, she must.
Oui, il le faut.

No, she needn't.
Non, ce n'est pas nécessaire.

À la tournure négative, on exprime une absence de nécessité :

She needn't come if she doesn't want to.
Elle n'est pas obligée de venir si elle n'en a pas envie. [c'est facultatif]

You needn't come if you don't want to.
Vous n'êtes pas obligé de venir si vous n'en avez pas envie.

Notez que la négation ne se porte pas toujours directement sur need. Dans l'exemple ci-dessous, le marqueur de négation (no) porte sur le pronom one :

No-one else need ever know.
Ça reste entre nous.

Le modal need apparaît parfois (mais assez rarement) à la tournure affirmative, dans des constructions restrictives, c'est-à-dire des constructions qui expriment une nécessité limitée :

All you need do is look after your little brother.
Tout ce que tu as à faire c'est de t'occuper de ton petit frère.

Au passé

L'auxiliaire modal need ne se met pas au prétérit. Il peut toutefois être employé au style indirect avec un sens passé, mais sa forme est au présent simple. On le traduira alors par de l'imparfait :

Your mother said that you needn't wait for your brother.
(that you needn't wait for your brother : discours rapporté au style indirect)
Ta mère a dit que tu n'étais pas obligé d'attendre ton frère.

Le verbe need est quant à lui compatible avec le prétérit.

That was exactly what I needed.
(needed : need + ED)
C'était exactement ce dont j'avais besoin. [le besoin est situé dans le passé]

Attention !

Ne confondez pas les deux constructions illustrées ci-dessous :

I needn't have bothered.
Je me suis donné bien du mal pour rien.

I didn't need to bother.
Je n'avais pas besoin de me donner du mal. [je ne me suis donc pas donné de mal]

Dans le premier exemple, need est employé en tant qu'auxiliaire. La forme have bothered (have + participe passé) indique que je me suis donné beaucoup de mal dans le passé, mais que cela n'était pas nécessaire.

Cette construction va souvent de pair avec une idée de reproche ou de regret :

The accident need never have happened.
Cet accident aurait pu être évité.
Remarque : c'est never qui donne ici un sens négatif à l'énoncé.

Dans le deuxième exemple, need est employé en tant que verbe et est suivi d'un complément à l'infinitif. L'action ne s'est pas faite : je ne me suis pas donné de mal vu que je savais dès le départ que c'était inutile.

2 Dare

Dare en tant que verbe « ordinaire »

Le verbe dare se construit généralement avec un complément à l'infinitif complet :

Stan dared to declare his love to Monica.
Stan a osé déclarer sa flamme à Monica.

Les énoncés négatifs et interrogatifs se construisent avec l'auxiliaire do :

Stan did not dare to declare his love to Monica.
Stan n'a pas osé déclarer sa flamme à Monica.

Did Stan dare to declare his love to Monica?
Stan a-t-il osé déclarer sa flamme à Monica ?

Dare en tant qu'auxiliaire modal

Le modal dare se comporte comme le modal need. Il peut toutefois être mis au prétérit. Dare n'apparaît sous les traits d'un auxiliaire qu'aux tournures interrogative et négative :

She dared not/daren't say a word.
Elle n'a pas osé dire un mot.

Dared she say a word?
A-t-elle osé dire un mot ?

MUST

Must s'emploie pour exprimer l'idée de nécessité. Deux cas de figure sont possibles :

- une obligation s'impose au sujet – une forte pression le pousse à agir (« il n'y a pas le choix »).
- une nécessité logique s'impose au sujet– une forte pression le pousse à faire un constat (« c'est nécessairement le cas »).

1 Obligation

À la forme affirmative

Avec must, le locuteur peut imposer son autorité auprès du sujet :

You must leave at once!
Je vous ordonne de partir immédiatement !

Dans d'autres cas, le locuteur peut rapporter une règle qu'il n'a pas lui-même dictée. Dans l'exemple suivant, on peut imaginer qu'un enfant rappelle à son grand frère les paroles de la mère :

Remember what mum said: you must lock the door before you leave.
N'oublie pas ce qu'a dit maman: il faut que tu fermes la porte à clé avant de partir.

Ici, c'est la mère qui est la source de l'obligation. Cette source est parfois plus diffuse (ou « impersonnelle ») :

You must always read the instructions.
Il faut toujours lire le mode d'emploi. [c'est le bon sens qui l'impose]

Toutefois, dans les cas où la source d'obligation est diffuse on emploie plus fréquemment le « quasi-modal » have to, dont le sens est très proche de must :

It's late. I have to leave.
Il est tard. Il faut que je rentre. [parce que c'est plus raisonnable comme ça]

En général, l'obligation exprimée par must est forte. Cependant, on trouve des cas où cette obligation est atténuée. C'est souvent le cas lorsqu'on propose de faire quelque chose de manière insistante, tout en voulant rester poli :

You must meet my wife.
Il faut que vous fassiez la connaissance de ma femme.

Cet emploi est plus rare que les précédents.

À la forme négative

Must se combine à not (must not) et peut se contracter (mustn't). Au point de vue du sens, la négation de l'obligation permet d'exprimer soit une interdiction, soit une absence d'obligation :

- *l'interdiction* (« obligation de ne pas faire quelque chose ») :

You mustn't tell anyone.
Tu ne dois le dire à personne.

Can't, qui est ici très proche de mustn't, est plus impersonnel (« c'est la loi, c'est la règle ») Comparez :

You mustn't smoke here.
[Je t'informe qu'] *il est interdit de fumer ici.*

You can't smoke here.
[Selon la loi] *il est interdit de fumer ici.*

- *l'absence d'obligation* : don't have to, don't need to, needn't.

You must wear a tie ≠ You don't have to/don't need to/needn't wear a tie.
Il te faut porter une cravate ≠ *Tu n'es pas obligé de* porter une cravate.

NB : mustn't ne marque que l'interdiction. Par contre, don't have to don't need to et needn't ne peuvent pas exprimer l'interdiction.

Au passé ?

Contrairement aux autres modaux, must n'a pas véritablement de forme de passé. Pour rendre compte d'une obligation au passé, on a recours à had to :

He had to go to the dentist's.
Il a dû aller chez le dentiste.

Must s'emploie cependant avec un sens passé au style indirect :

They told us we must leave.
Ils nous ont dit que nous devions partir.

2 Nécessité logique

À la forme affirmative

Le locuteur est certain de ce qu'il dit au vu des indices qui l'entourent :

He is always complaining. He must be French!
Il se plaint tout le temps. Il est sûrement Français !
[indice : il se plaint tout le temps]

Cet emploi se combine aisément avec be + V-ing, qui indique que l'action est en déroulement :

Don't call them now, they must be watching the news.
Ne les appelle pas maintenant, ils sont sûrement en train de regarder les informations.
[indice : c'est l'heure des informations]

À la forme négative

Combinée à la négation, la nécessité logique devient ***impossibilité logique**** : il est impossible que l'événement se produise ou se soit produit. Vu que mustn't ne s'emploie que pour exprimer l'interdiction, il faut avoir recours à une autre forme pour exprimer l'impossibilité logique, en l'occurrence can't :

He can't possibly have finished already!
Ce n'est pas possible qu'il ait déjà fini !
[sa rapidité dépasse l'entendement]

Mustn't n'aurait ici aucun sens : « il n'a pas le droit d'avoir déjà fini » !

She can't be telling the truth.
*Je n'arrive pas à croire qu'*elle dise vrai.

Notez que dans tous les cas le locuteur est quasiment certain de ce qu'il dit.
NB : en anglais américain, mustn't est de plus en plus utilisé dans ce cas de figure. Mais cela demeure marginal.

Au passé.

Au style direct, le jugement de probabilité est émis au moment où l'on parle, c'est-à-dire au présent. Il n'est donc pas obligatoire de le traduire par un temps du passé en français :

She must have got lost.
jugement au présent + événement très probable au passé
Il est très probable qu'elle se soit perdue/Elle s'est sûrement perdue.

La probabilité (forte) est exprimée au moment présent. Elle porte cependant sur un événement passé, d'où l'emploi du perfect (have got lost).
Au style indirect, le jugement rapporté a eu lieu dans le passé. On peut donc traduire par un temps du passé :

He thought that it must be true.
Il pensait que cela devait être vrai.

WANT (TO)

Le verbe want est doté de multiples sens. Il intervient notamment dans l'expression du *manque*, du *besoin*, du *désir*, voire de *l'ordre*, du *conseil* et de l'*avertissement*.
Le but de ce chapitre est d'aider le lecteur à s'y retrouver dans ce foisonnement sémantique qui, loin d'être chaotique, a une certaine cohérence.

1 Du manque à la volonté

À l'origine, want exprime un *manque*, ou une *quantité insuffisante*. Le verbe a conservé ce sens jusqu'à aujourd'hui :

Your jacket wants a button.
Il manque un bouton à votre veste.

Remarquez qu'en français on traduit par une construction impersonnelle : il manque... à ...
Want s'emploie également dans une construction similaire pour exprimer le *besoin* :

Your hair wants cutting.
Tes cheveux ont besoin d'être coupés.

Want est ici suivi d'un gérondif, c'est-à-dire d'un verbe qui se comporte comme un nom (à la rigueur cutting et polishing peuvent se traduire par des noms, respectivement *une coupe* et *du cirage*). Ce n'est cependant pas obligatoire. Want peut en effet être suivi d'un groupe nominal, tout simplement :

The living-room wants a fresh coat of paint. (a fresh coat of paint : groupe nominal)
Le salon a besoin d'une nouvelle couche de peinture.

Lorsque l'on a besoin de quelque chose, il est normal de le vouloir, c'est pourquoi want exprime aussi le *désir*, la *volonté*. Dans l'exemple ci-dessous, want est transitif (il est suivi d'un complément d'objet direct) :

I want a cup of coffee. (a cup of coffee : COD)
Je veux/je voudrais une tasse de café.

Le verbe peut aussi être suivi d'un adverbe ou d'un complément à l'infinitif :

I want to drink a cup of coffee. (to drink a cup of coffee : complément à l'infinitif)
Je veux/je voudrais boire une tasse de café.
NB : Dans un registre familier, want to se contracte et devient wanna.

She wants out! (out : adverbe)
Elle n'est plus de la partie !

2 De la volonté à l'ordre

Il est possible d'imposer sa volonté aux autres. Dans ce cas, on donne un *ordre* :

I want you to wait here.
Je veux que tu attendes ici.

Le locuteur (ici le sujet I) impose sa volonté (want) à l'interlocuteur (you) qui n'a pas le choix : il doit attendre à l'endroit indiqué. On est ici très proche du sens de la construction modale avec must, dans la mesure où ce modal exprime également une obligation personnelle, qui émane du locuteur : you must wait here (voir must).
L'ordre émane parfois du sujet grammatical et pas toujours du locuteur.

The mother wants her child to go to bed.
La mère veut que son enfant aille se coucher.

La mère, ici en position de sujet, n'est pas la personne qui parle.

3 De la volonté au conseil et à l'avertissement

Enfin, want to est de plus en plus employé pour exprimer un *conseil* ou un *avertissement* :

WANT (TO)

You (would) want to see a doctor about that leg.
Vous devriez montrer cette jambe à un médecin.

Le locuteur se met à la place de l'interlocuteur et lui présente un raisonnement logique : il est normal pour vous de vouloir montrer votre jambe à un médecin parce que c'est dans votre intérêt. Want to est ici proche des modaux should et ought to (voir **should** et **ought to**). Cette construction est très pratique en anglais car elle permet de choisir à la place de la personne à qui l'on parle sans en avoir l'air :

You don't want to be late tomorrow morning.
Tu n'as pas intérêt à être en retard demain matin.

Ici, je prétends que c'est mon interlocuteur qui veut être à l'heure, alors qu'en réalité c'est bien moi qui décide. Ce type de construction avec want to a l'avantage de présenter un avertissement tout en conservant une certaine retenue.

Bien souvent, cette retenue n'est qu'une apparence :

You want to be careful when you are throwing those accusations.
Vous devriez faire attention lorsque vous lancez ces accusations.
= je veux que vous fassiez attention

Le locuteur lance ici un avertissement sans équivoque à l'interlocuteur.

Pour résumer

Les multiples sens de want (to) sont liés par une certaine logique :

- on désire ce dont on a besoin, c'est-à-dire ce dont on manque,
- ordonner, c'est imposer sa volonté à l'autre,
- conseiller, c'est se mettre à la place de l'autre et lui montrer ce dont il a besoin,
- conseiller de manière appuyée, c'est avertir.

VOIX ACTIVE, VOIX PASSIVE, VOIX MOYENNE

La voix est la tournure que prend le verbe en fonction des relations du sujet vis-à-vis de l'événement.
La voix est *active* lorsque la tournure du verbe met en avant le sujet, qui accomplit l'action ou réagit à l'événement.
La voix est *passive* lorsque la tournure du verbe met en avant l'élément qui reçoit ou subit l'événement.
La voix est *moyenne* lorsque la construction de l'énoncé est active mais prend un sens passif.

1 La voix active

Traditionnellement, on considère que la voix active, le sujet accomplit l'action :

Eve kicked the ball over the wall.
sujet
Ève a envoyé la balle par-dessus le mur (d'un coup de pied).

Dans cet exemple, Ève (le sujet) accomplit l'action en donnant un coup de pied dans la balle.
En général, la voix active est associée à la construction ‹sujet + verbe (+ complément)›, qui a l'avantage de mettre le sujet en évidence au début de l'énoncé.

Attention !

Certains verbes sont employés à la voix active sans exprimer pour autant une action. C'est le cas des verbes de perception (hear, feel, sound, etc.), de réception (get, obtain, receive, etc.), ou qui posent le sujet comme « victime » (lose, forget, etc.) :

I feel sad.
Je me sens triste.

Dans cet exemple, je ne fais que réagir de façon passive à ce qui m'affecte. Malgré tout, la construction de l'énoncé prouve que nous sommes bien à la voix active.
Par conséquent, à la voix active, le sujet accomplit l'action ou réagit à l'événement.

2 La voix passive

Traditionnellement, on considère qu'à la voix passive, le sujet subit l'action :

I have been robbed!
Au voleur !

Dans cet exemple, le sujet est une personne (I) qui a été victime d'un vol. Le sujet peut également être une chose :

The bridge was damaged beyond repair.
sujet
Le pont a subi des dégâts irréparables.

En général, la voix passive est associée à la construction ‹sujet + be + verbe au participe passé (+ by + groupe nominal agent)› qui a l'avantage de mettre le sujet passif en évidence en début d'énoncé. L'agent (qui accomplit l'action) est quant à lui placé en fin d'énoncé, précédé de la préposition by. L'ensemble forme un complément d'agent :

The bridge was built by the Romans.
agent
Le pont fut construit par les Romains.

Le complément d'agent est optionnel, surtout si l'on ne sait pas (ou si l'on ne veut pas dire) qui est à l'origine de l'action.
Il n'y a pas de complément d'agent lorsque l'on a un passif d'état, c'est-à-dire lorsque le verbe (ci-dessous be) introduit une caractéristique (closed) :

The supermarket is closed.
Le supermarché est fermé.

Il existe d'autres constructions pour exprimer la voix passive. Dans l'exemple suivant, elle est exprimée par le complément à l'infinitif :

There is work to do/to be done.
Il y a du travail à faire.

Attention !

De nombreux verbes à la voix passive n'indiquent pas pour autant que le sujet subisse l'événement

The human-rights activist has been granted political asylum.
On a accordé l'asile politique au militant des droits de l'homme.

Certes, le militant en question n'est pas à l'origine de l'action (grant political asylum). Néanmoins, il ne la subit pas non plus, vu qu'il en est le bénéficiaire.

De plus, l'agent n'accomplit pas nécessairement une action. Dans l'exemple ci-dessous, la possession du château n'implique aucun effort particulier :

The chateau is owned by a big company.
Le château appartient à une grosse firme.

La voix passive est plus fréquente en anglais qu'en français. C'est pourquoi, dans la mesure du possible, il vaut mieux éviter le mot à mot lorsque l'on traduit une construction passive de l'anglais vers le français. On emploie de préférence le pronom « on » en français :

He is reported/said to have left or as having left the country.
On rapporte/dit qu'il aurait quitté le pays.

My car has been stolen!
= voix passive en anglais

On a volé ma voiture !
= voix active en français

Notez que, à la voix active (someone has stolen my car), cet énoncé peut se traduire à l'identique.

3 La voix moyenne

La voix moyenne adopte la construction de la voix active (sujet + verbe + complément) mais y associe un sens passif :

Their last album has sold well.
Leur dernier album s'est bien vendu.
L'album a été vendu par quelqu'un, peu importe qui.

This poem reads like prose.
Ce poème se lit comme de la prose.
Quelqu'un lit le poème, peu importe qui.

My new shirt feels soft.
Ma nouvelle chemise est douce au toucher.
Il faut toucher le tissu pour sentir qu'il est doux.

Ces verbes à la voix moyenne sont employés de manière intransitive, c'est-à-dire sans complément d'objet (voir ***les verbes intransitifs, transitifs et ditransitifs****).

Pour résumer

La voix active n'implique pas forcément que le sujet accomplit une action, et la voix passive n'implique pas toujours que le sujet subit une action.
Les voix servent en fait à focaliser l'attention sur les différents participants de l'événement.

LES CONSTRUCTIONS CAUSATIVES

Dans une construction causative, le sujet cherche à obtenir un résultat sans accomplir lui-même l'action qui mène à ce résultat. Il peut laisser faire (« je ne t'empêche pas de le faire »), déléguer (« peux-tu le faire pour moi ? ») ou au contraire contraindre (« je te force à le faire ») : tout dépend du choix du verbe causatif.
Les principaux verbes causatifs sont : make, have, let, get, order, cause. Ils ont pour particularité de ne pas indiquer précisément la *manière* dont on parvient au résultat.
Bien que les causatives soient proches des résultatives (voir les constructions résultatives), il ne faut toutefois pas les confondre.

1 Make/have/let

Avec make, le sujet principal (they) ne laisse pas le choix à « me »:

They made me tell the truth.
contrainte — action « causée »
Ils m'ont fait dire la vérité.

Avec have, on délègue une action ou on la provoque indirectement, sans nécessairement forcer la main :

She had him invite all the neighbours round.
Elle lui a fait inviter tous les voisins. [elle l'a convaincu]

He soon had them all laughing.
Il eut tôt fait de les faire tous rire.
[c'est venu spontanément]

Avec let, on laisse faire. Le degré de contrainte est très faible (on donne la permission, on n'intervient pas) :

She let them watch the programme.
Elle les a laissés regarder l'émission.

Si l'on n'intervient pas, on peut avoir des surprises !

I let the cakes burn.
J'ai laissé brûler les gâteaux.
[j'aurais dû intervenir, mais je ne l'ai pas fait]

À la *voix active*, ces verbes sont tous suivis d'une *infinitive sans* to :

They made me tell the truth.
prop. infinitive sans to

À la *voix passive*, on a une *infinitive avec* to si le verbe causatif est make :

I was made to tell the truth.
passif — infinitif
Ils m'ont forcé à dire la vérité.
[la traduction reste la même]

Have et let n'apparaissent pas à la voix passive dans cette construction.

Attention ! Ce n'est pas parce que have apparaît dans ce type de construction qu'on a une causative. Il faut que le sens de l'énoncé s'y prête.

My parents had some strange things happen to them.
Il est arrivé de drôles de choses à mes parents.
Les parents en question ne sont pas la cause de ce qui leur arrive. La construction n'est donc pas causative.

2 Get/order/cause

Les verbes causatifs get, order et cause sont suivis d'une *infinitive avec* to. L'idée de cause est assez forte :

He got the other members to agree.
Il a réussi à obtenir l'accord des autres membres.

The doctor ordered him to rest for three weeks.
Le médecin lui a prescrit trois semaines de repos.

This caused me to lose my job.
À cause de cela, j'ai perdu mon emploi.

On trouve parfois la forme en -ing dans certaines constructions à sens causatif :

That book got me thinking.
Ce livre m'a fait réfléchir.

3 Avec un sens passif

Dans certaines causatives, l'événement provoqué apparaît sous la forme d'un participe passé. C'est particulièrement fréquent avec have et get :

We must have the curtains cleaned.
Nous devons donner les rideaux à nettoyer.

Quelqu'un va nettoyer les rideaux pour nous, à notre demande.

I had my hair cut.
Je me suis fait couper les cheveux.

Je provoque l'action, mais heureusement ce n'est pas moi qui l'accomplit !

He got himself nominated president.
Il s'est fait nommer président.

Il a fait en sorte que quelqu'un le nomme président.

Attention !

Have et get n'ont pas toujours un sens causatif dans ce type de construction. Pour éviter les contresens, faites bien attention au contexte :

Gordon had all his money stolen.
Gordon s'est fait voler ou *on lui a volé tout son argent.*

Ici, Gordon n'a pas provoqué le vol (directement ou indirectement). La construction n'a pas de sens causatif, ce n'est donc pas une causative.

4 « Faire + infinitif » ?

On traduit souvent les causatives par « faire + infinitif » en français. L'inconvénient de cette traduction est qu'elle ne rend pas compte des nuances (parfois importantes) de sens.

Comparez :

J'ai fait réparer mon ordinateur.
I had my computer repaired/I had someone to repair my computer.

J'ai fait attendre mon client.
I made my customer wait.

Du point de vue de la forme, rien ne distingue ces constructions : on retrouve la formule « faire + infinitif » dans les deux cas. Au niveau du sens, elles sont pourtant bien différentes :

- Dans le premier cas, je paye le service après-vente pour qu'il répare mon ordinateur. En anglais, on a donc recours au verbe causatif have, parce que la contrainte n'est pas très forte.
- Dans le deuxième cas, je force le client à attendre : la contrainte est donc forte, car je ne lui demande pas son avis, c'est pourquoi on a en anglais le causatif make.
- Dans la mesure du possible, il faut faire ressortir le sens précis du verbe causatif dans la traduction (*j'ai donné mon ordinateur à réparer*; *j'ai contraint mon client à attendre*).

Pour résumer

Il faut faire intervenir la forme et le sens pour bien construire une causative et la traduire correctement. Les verbes causatifs sont bien moins spécifiques quant à la manière d'obtenir un résultat que les verbes des résultatives.

LES CONSTRUCTIONS RÉSULTATIVES

Comme leur nom l'indique, les constructions résultatives expriment un lien de type cause-résultat. Bien que les constructions résultatives soient proches des causatives (voir **les causatives**), il ne faut toutefois pas les confondre.

1 Règles de formation

Les constructions résultatives se trouvent sous deux formes :

- Groupe Nominal 1 + Verbe + {Adjectif ou Adverbe ou Groupe Prépositionnel}

The door banged shut.
GN V adjectif
La porte s'est refermée en claquant.

Mike ran out.
GN V adverbe
Mike est sorti en courant.

He dashed into the room.
GN V groupe prépositionnel
Il s'est précipité dans la pièce.

- Groupe Nominal 1 + Verbe + Groupe Nominal 2 + {Adjectif ou Adverbe ou Groupe Prépositionnel}

Mark banged the door shut.
GN1 V GN2 adjectif
Mark a fermé la porte en la claquant.

The audience booed the actors off.
GN1 V GN2 adverbe
Les acteurs sont partis sous les huées du public.

Martin sneezed the foam off his cappuccino.
GN1 V GN2 groupe prépositionnel
En éternuant, Martin a fait s'envoler la mousse de son cappuccino.

Les résultatives sont parfois très proches des verbes à particules (voir **les verbes à particules**). Dans l'exemple ci-dessous (qui comprend un verbe à particule), l'extinction de la lumière (résultat) s'obtient par une action sur l'interrupteur (cause) :

Jenny switched the light off.
Jenny a éteint la lumière.

Notez qu'un verbe ne se comporte plus de la même façon une fois inséré dans une résultative :

He never stops talking.
Il n'arrête pas de parler.

He's talking to his girlfriend.
Il parle à sa copine.

He talked his girlfriend out of selling her computer.
Il a dissuadé sa copine de vendre son ordinateur.

Dans le dernier exemple (qui est une construction résultative), **talk** se comporte comme un verbe transitif direct alors qu'il est normalement transitif indirect ou intransitif.

2 Les emplois

Les constructions résultatives indiquent qu'un résultat est obtenu à la suite d'une action exprimée par le verbe. Cette action peut être une cause, un moyen ou une circonstance. L'ordre des éléments en anglais permet de souligner que l'action précède le résultat. Cet ordre n'est pas toujours conservé lorsqu'on passe au français.

The baby cried herself to sleep.
cause résultat
À force de pleurer, le bébé s'est endormi.

Monica elbowed her way through the crowd.
moyen résultat
Monica a traversé la foule en jouant des coudes.

Attention !

C'est bien la *construction* en contexte qui exprime la relation cause/moyen-résultat. Le verbe à lui tout seul ne suffit pas. Le verbe laugh ci-dessous n'exprime pas à lui seul une cause ou un moyen :

They laughed Marilyn out of publishing her poems.
Ils se sont tellement moqués de Marilyn qu'elle a renoncé à publier ses poèmes.

Parce que le contexte s'y prête, c'est la construction tout entière qui a un sens résultatif. Ce n'est pas le cas ci-dessous, contrairement à ce que la forme peut laisser croire :

She felt tired.
GN V adjectif.
Elle se sentit fatiguée.

Il n'y a ici aucun lien de type cause-résultat entre le fait de ressentir quelque chose (felt) et l'état de fatigue.

Janet found Wesley boring.
GN1 V GN2 adjectif
Janet a trouvé Wesley ennuyeux.

L'opinion de Janet (found) n'a rien à voir avec le fait que Wesley est ennuyeux.

3 Comment traduire ?

- Lorsque la construction résultative indique une manière de se déplacer, la technique de traduction la plus fréquemment utilisée est celle du « chassé-croisé » :

She ran moyen	across the street résultat
Elle a traversé la rue résultat	*en courant* moyen

- Les constructions en « one's way », qui expriment un déplacement malaisé, relèvent de la même technique :

Stephen groped his way towards the exit.
Stephen s'est dirigé vers la sortie à tâtons.

Notez qu'il n'est pas besoin de traduire « his way ».

- Concernant les constructions résultatives en « into/out of » suivies d'un gérondif, retenez que, la plupart du temps, il est question de menace, de persuasion, de moquerie, de tromperie, etc. C'est précisément cela qu'il faut chercher à traduire :

Jim threatened Tom into telling the truth.
Jim a contraint Tom sous la menace de dire la vérité.

Wendy coaxed us out of going to Jenny's party.
À force de nous cajoler, Wendy nous a dissuadés d'aller à la fête de Jenny.

Remarquez qu'avec into l'action du verbe se fait. Avec out of, l'action ne se fait pas. Remarquez également que les verbes placés après les prépositions (ici into et out of) se mettent à la forme **-ing**. Rien de plus normal : une préposition introduit normalement un nom ou un groupe nominal. Si l'on choisit de mettre un verbe à la place du nom, il faut le nominaliser ; c'est possible grâce à **-ing**.

- Certaines expressions imagées ont besoin d'une traduction au cas par cas :

Gavin slept round the clock.
Gavin a fait le tour du cadran.

She cried her eyes out.
Elle a pleuré à chaudes larmes.

IF ET WISH

Avec if et wish, on imagine une scène dans laquelle on présente à l'interlocuteur ce qui pourrait, aurait pu ou aurait dû avoir lieu. Le plus souvent, cette scène est détachée du réel : on est dans le domaine de l'irréel.

1 Les constructions en if

La conjonction if s'emploie principalement dans les subordonnées de condition. Le type de condition exprimé (potentiel, irréel) change en fonction du temps du verbe qui suit.

If + verbe au présent simple

Dans une proposition subordonnée exprimant une condition, lorsque if est suivi du présent simple, l'événement auquel renvoie le verbe est potentiellement réalisable :

If Rachel comes, we will ask her.
présent simple — condition potentielle — événement soumis à condition
Si Rachel vient, on lui demandera.

Dans cet exemple, rien ne s'oppose à ce que Rachel vienne. Elle peut potentiellement venir à tout moment. Si la condition est remplie (Rachel comes) alors un autre événement se réalisera (we will ask Rachel). Autrement dit, la venue de Rachel est la condition pour que nous l'interrogions.

If + verbe au prétérit modal

Lorsque if est suivi d'un verbe au prétérit dans une subordonnée de condition, l'événement auquel renvoie ce verbe n'est pas réalisé au moment présent. Le prétérit n'a alors ici pas de valeur temporelle : il indique une rupture avec le plan du réel (voir **le prétérit**). La construction en if exprime donc un *irréel du présent** :

If I were a millionaire, I would buy a yacht.
prétérit modal
Si j'étais millionnaire, j'achèterais un yacht.

Ici, l'achat du yacht est soumis à une condition : que je sois millionnaire (c'est pourquoi on emploie would à valeur de conditionnel). On voit bien que cette condition appartient au domaine du rêve : je suis loin d'être millionnaire, ce qui ne m'empêche pas de rêver. Notez que au prétérit modal, on a I were au lieu de I was.

Dans cette construction, la réalisation de la condition étant improbable, l'événement qui y est soumis est tout aussi improbable :

If I were you, I wouldn't do that.
condition irréelle — événement soumis à condition
Si j'étais toi, je ne ferais pas ça.

Vu que cette condition est irréelle, je ne peux pas agir à ta place dans la réalité. Par contre, je peux imaginer une scène dans laquelle c'est possible. Je te donne un conseil en me mettant imaginairement à ta place.

If + verbe au past perfect

Lorsque if est suivi d'un verbe au past perfect dans une subordonnée de condition, l'événement auquel renvoie ce verbe n'est pas réalisé au moment passé. Le past perfect n'a pas ici de valeur temporelle et la construction en if exprime alors un *irréel du passé** :

If Nancy had introduced herself, I would have recognized her.
condition irréelle — événement non réalisé
Si Nancy s'était présentée, je l'aurais reconnue.

Cet énoncé présuppose que Nancy ne s'est pas présentée lorsque nous nous sommes vus dans le passé. La condition pour que nous nous reconnaissions n'a donc pas été remplie dans le passé (d'où l'appellation « d'irréel du passé »). Par conséquent, nous ne nous sommes pas reconnus.

2 Les constructions en wish

À l'origine, wish est un verbe signifiant « désirer ». En fonction du contexte, il sert à exprimer un souhait, un regret ou un reproche.

Wish + verbe au prétérit modal

Lorsque wish est suivi d'une proposition subordonnée dont le verbe est au prétérit, plusieurs sens sont possibles. En fonction de la situation, le locuteur exprimera :

- un souhait réalisable,

I wish you would be more careful.
J'aimerais que vous fassiez plus attention.
[les choses peuvent changer]

- un regret,

I wish you were here with us.
J'aimerais bien que tu sois là avec nous.
[les choses ne changeront probablement pas]

On est dans l'expression de l'irréel du présent, c'est-à-dire des événements perçus comme non réalisés au moment présent.

Wish + verbe au past perfect

Lorsque wish est suivi d'une proposition subordonnée dont le verbe est au past perfect, le locuteur exprime un regret :

I wish I had never come!
Je n'aurais jamais dû venir !
[malheureusement, je ne peux pas revenir en arrière]

Wish apparaît parfois au prétérit, suivi du past perfect :

I wished I had thought of that before.
Je regrettais de n'y avoir pas pensé plus tôt.

Dans tous les cas, on est dans l'expression de l'irréel du passé, c'est-à-dire des événements non réalisés dans le passé.

Autres constructions en wish

Dans certains cas, wish a conservé son sens de base :

I don't wish to appear rude, but...
Je ne voudrais pas paraître grossier mais...

Do as you wish.
Faites comme vous voulez.

Ce verbe est fréquent dans quelques expressions idiomatiques :

I wish you well.
J'espère que tout ira bien pour vous.

She wished herself far away.
Elle aurait souhaité être loin.

Pour résumer

If et wish permettent de parler de l'irréel, c'est-à-dire de ce qui n'est pas réalisé dans le plan du réel.
If renvoie à une *condition potentielle* ou *irréelle*, dans le présent ou dans le passé.
Wish rend possible l'expression d'un *souhait*, d'un *regret* voire d'un *reproche*.

USED TO/BE USED TO

deux constructions à ne pas confondre

On confond souvent used to et be used to du fait de leur ressemblance de forme. Il ne faut pas s'y fier car ces deux constructions sont bien distinctes.

1 Used to + base verbale

Formation

Used : ce verbe ne se conjugue qu'au prétérit.

To : dans cette construction, to est employé comme marqueur de l'*infinitif*. Le verbe qui suit n'a donc pas de marque de conjugaison (par exemple le ‹s› de la 3e personne au singulier du présent simple).

I used to live in Quebec.
Avant, je vivais au Québec.

Emploi

Used to permet d'insister sur le *décalage* entre le moment où l'on parle et le moment de l'événement (« c'est bel et bien fini »). En français, on traduit cette coupure chronologique par «jadis», « autrefois », « avant », etc.

Stephen used to smoke.
Autrefois, Stephen fumait.
[à présent, ce n'est plus le cas car il a arrêté]

Cette construction apparaît souvent dans des contextes exprimant l'idée d'*habitude* :

Stephen used to smoke ten cigarettes a day.
habitude
Autrefois, Stephen fumait dix cigarettes par jour.

Le repère temporel « a day » indique que l'événement « smoke ten cigarettes » est une habitude. Used to signale que cette habitude est révolue.

2 Be used to + V-ing

Formation

Be used : l'élément qui précède used est le plus souvent be, mais on trouve aussi become, get ou grow. La construction ne se limite pas au prétérit :

You'll soon become/get/grow used to the idea.
Tu te feras vite à l'idée.

To est ici une préposition, c'est-à-dire un mot grammatical qui introduit d'ordinaire un groupe nominal :

I am not used to so much work.
prép. G.N.
Je ne suis pas habitué à autant de travail.

On peut employer un verbe après une préposition à condition de le *nominaliser* (c'est à dire de le «déguiser » en nom). Il suffit pour cela de mettre ce verbe à la forme en -ing, et le tour est joué :

I am not used to working so much.
prép. V-ing.
Je n'ai pas l'habitude de travailler autant.

Emploi

Be used to + V-ing s'emploie pour exprimer une habitude. S'ajoute à cela l'idée d'*accoutumance* :

I'm not used to drinking strong coffee.
Je n'ai pas l'habitude de boire du café fort.
[je n'y suis pas accoutumé].

Bien souvent, le sujet doit s'adapter à une contrainte :

My father is used to getting up early.
Mon père est habitué à se lever tôt.

Pour résumer

Avec used to (+ infinitif), on insiste sur le fait que l'événement est révolu, terminé.
Avec be/get used to + (V-ing), le sujet s'adapte à quelque chose de subi.

INFINITIF OU V-ING ?

Certains verbes, comme begin, peuvent être suivis par l'infinitif ou par la forme en V-ing. He began talking/he began to talk *il a commencé à parler* : quelle différence de sens entre ces deux formes? Nous allons d'abord expliquer leurs valeurs respectives, avant de présenter quelques verbes pouvant être suivis soit de l'infinitif, soit de la forme en V-ing.

Valeur de l'infinitif avec to

Le marqueur de l'infinitif to est très similaire à la préposition to dont le sens spatial correspond à un mouvement vers un but, une projection ; au sens figuré, to indique donc un mouvement vers l'accomplissement de l'événement. (Voir fiche sur **les verbes à particules**)

I want to travel around the world. *Je veux faire le tour du monde.*

On utilise donc l'infinitif avec to après un verbe lorsque l'on souhaite parler d'une action envisagée (ici, un voyage autour du monde) mais pas encore en cours de réalisation.

Valeur de V-ing

V-ing est la forme de ***participe présent**** du verbe. V-ing indique donc que le sujet participe, est déjà impliqué dans la réalisation de l'événement.

She loves swimming. *Elle adore nager.*

L'événement est ici présenté comme une activité déjà pratiquée par le sujet. On ne parle pas d'une situation précise mais de l'activité en elle-même.

Les formes d'infinitif avec to et la forme en V-ing, correspondent donc à des degrés différents de participation du sujet dans l'événement, et à des degrés divers de réalisation de l'événement.

Exemples de verbes suivis de l'infinitif avec to ou de V-ing

On peut utiliser l'infinitif avec to ou V-ing après des verbes comme like, love, hate, prefer, regret ou begin, start :

Mary likes dancing. *Mary aime danser.*

On parle d'une activité que Mary apprécie.

Mary likes to dance. *Mary aime danser.*

On parle d'un événement, ou d'une série d'événements, que Mary envisage.

I hate to mention it, but you still owe me £5. *Je suis désolé d'avoir à vous le faire remarquer, mais vous me devez toujours 5 livres.*

On parle d'une situation qui met le sujet de la phrase mal à l'aise, mais qu'il doit envisager.

She hates wearing a school uniform. *Elle a horreur de porter un uniforme scolaire.*

On parle d'une activité que le sujet déteste.

Thomas began playing the violin when he was 5. *Thomas a commencé à jouer du violon à l'âge de 5 ans.*

On considère une activité qui a débuté dans le passé : Thomas a commencé cette activité à 5 ans, et continue à la pratiquer.

Thomas began to play when the conductor gestured to him. *Thomas a commencé à jouer lorsque le chef d'orchestre lui a fait signe.*

To indique que l'on parle d'un moment particulier dans le passé : celui où le violoniste démarre son morceau à l'invitation du chef d'orchestre.

Remarque : la différence de sens entre les deux formes est souvent ténue, et les deux options sont la plupart du temps interchangeables.

Verbes de perception

Après les verbes de perception comme see, hear, etc. on peut avoir l'infinitif sans to ou la forme en V-ing : ces deux formes permettent d'exprimer un point de vue différent sur l'événement.

I saw Philip playing with his son the other day/I saw Philip play with his son the other day. *J'ai vu Philippe jouer avec son fils l'autre jour.*

Avec la forme en V-ing, Philip est présenté en pleine action. Avec la forme simple d'infinitif sans to, l'événement play est présenté dans sa globalité, et non comme un événement en cours de déroulement.

Pour **need** et **dare**, voir la fiche correspondante.

LES VERBES À NE PAS CONFONDRE

Il existe en anglais des verbes proches du point de vue du sens mais qui ne sont pas pour autant synonymes ou qui ne se construisent pas exactement de la même façon. Ces verbes sont une source de confusion pour les francophones, c'est pourquoi nous en abordons quelques uns ici : say/tell, remember/remind, see/look/watch, hear/listen, leave/let.
Concernant la distinction entre do et make, reportez-vous à la fiche sur do.

1 Say et tell

On utilise le verbe say (*dire*), pour rapporter des paroles

- au style direct :

"See you later," she said.
« À plus tard », fit-elle.

- au style indirect :

Dylan said (that) he was tired.
Dylan a dit qu'il était fatigué.

Say n'est jamais suivi directement d'un complément de personne (= le destinataire des paroles). Il faut obligatoirement intercaler la préposition to :

She said goodnight (COD) to (prép) her mother (COI).
Elle a dit bonne nuit à sa mère.

La personne à qui les paroles sont adressées apparaît au niveau du complément d'objet indirect. Le contenu des paroles est quant à lui en position de complément d'objet direct.

Le verbe tell met principalement l'accent sur la transmission d'une information ou d'un ordre. Le complément qui suit directement le verbe renvoie obligatoirement à la personne à qui s'adressent les paroles :

I told my friend (destinataire) what I thought (paroles).
J'ai dit à mon ami ce que je pensais.

The father told his son (destinataire) to tidy up his room (ordre).
Le père a dit à son fils de ranger sa chambre.

2 Remember et remind

Le verbe remember a le sens de « se souvenir/se rappeler de». Il est suivi d'un complément d'objet direct qui renvoie à ce dont on se souvient, ou ce dont on doit se rappeler :

I remember locking the door.
Je me rappelle avoir fermé la porte à clé.

I must remember to lock the door.
Il faut que je pense à fermer la porte à clé.

Dans le premier cas, le souvenir de l'action (locking the door) est situé dans le passé : le verbe qui suit remember est à la forme ing. Dans le deuxième cas, l'action doit être effectuée dans l'avenir : le verbe qui suit remember est à l'infinitif.

Le verbe remind s'emploie lorsque l'on veut rappeler quelque chose à quelqu'un :

Can you remind me to pay the bills?
Pouvez-vous me rappeler de payer les factures ?

Dans cet exemple, on demande à you de nous faire penser à accomplir l'action (pay the bills) dans l'avenir. Le souvenir est provoqué en quelque sorte. Ce sens est également présent lorsque remind se construit avec les prépositions about et of :

Can you remind me about the bills?
Pouvez-vous me faire penser aux factures ?

She reminds me of my sister.
Elle me rappelle ma sœur.

3 See, look et watch

See, dans son sens premier (*voir*), est un verbe qui renvoie à une perception visuelle passive ou involontaire. Ce n'est donc pas un synonyme de verbes équivalents comme look (*regarder*) et watch (*regarder, observer*) :

Wendy could see a light in the distance.
Wendy voyait une lumière au loin.

Wendy ne fait pas d'effort particulier pour voir la lumière. Ce n'est plus le cas avec look, comme dans l'exemple ci-dessous :

Tom was looking out of the window.
Tom regardait par la fenêtre.

Tom accomplit l'action délibérément. Watch implique également un minimum d'intention de la part du sujet :

They watch a lot of television.
Ils regardent beaucoup la télévision.

Dans certains cas, watch va jusqu'à impliquer de la concentration de la part du sujet :

Watch how I do it.
Observez comment je fais.

4 Hear et listen

Dans le même ordre d'idée, hear renvoie à une perception sonore involontaire, tandis que listen suppose un minimum d'intention de la part de la personne qui écoute :

He could hear someone crying.
Il entendait quelqu'un pleurer.

Dans cet exemple, le sujet de l'énoncé perçoit les pleurs sans y être pour quoi que ce soit. Dans l'exemple suivant, on demande à son interlocuteur de se concentrer sur ce que l'on va dire :

Listen carefully.
Écoutez bien.

5 Leave et let

Les verbes leave et let sont fréquemment confondus lorsqu'ils se traduisent par *laisser*.
Leave s'emploie pour tout ce qui, de près ou de loin, implique que l'on laisse quelque chose derrière soi :

I've left your dinner in the oven for you.
Je t'ai laissé de quoi dîner dans le four.

I must have left my gloves at the café.
J'ai dû oublier mes gants au café.

She left London yesterday.
Elle a quitté Londres hier.

Lorsque l'on dit à quelqu'un :

Leave me alone!
Laisse-moi tranquille !

On lui demande littéralement de passer son chemin sans nous importuner.
Let a le sens de *permettre*. Il est alors suivi de l'infinitif sans to :

She let them watch the programme.
Elle les a laissés regarder l'émission.

Don't be selfish, let him have a cake!
Ne sois pas égoïste, donne-lui un gâteau !

Dictionnaire des phrasal verbs

ABRÉVIATIONS UTILISÉES

Variétés de l'anglais

UK	anglais britannique
US	anglais américain

Domaines du savoir

AÉRON	aéronautique
AUTO	automobile
COMM	commerce
FIN	finance
FOOTBALL	football
INFORM	informatique
MÉD	médecine
MÉTÉOR	météorologie
MIL	militaire
MUS	musique
PHOTO	photographie
RAIL	chemin de fer
RADIO	radio
SPORT	sport
TÉLÉC	télécommunications
TV	télévision

Autres abréviations

aux modal	auxiliaire modal
euphém	euphémisme
interj	interjection
fam	familier
fig	figuré
litt	sens propre
péj	péjoratif
qqch	quelque chose
qqn	quelqu'un
sout	soutenu
tfam	très familier
v aux	verbe auxiliaire
vi	verbe intransitif
vieilli	terme vieilli
vp + prép	verbe pronominal + préposition
vt	verbe transitif
vulg	vulgaire

abide
▪ **abide by** *vt* respecter, se soumettre à

account
▪ **account for** *vt* 1. justifier, expliquer 2. représenter • this accounts for 50% of the total cela représente 50 % du chiffre total

act
▪ **act on** *vt* 1. suivre 2. exécuter • acting on your instructions, we have cancelled your account selon vos instructions, nous avons fermé votre compte 3. *(médicament)* agir sur

add
▪ **add on** *vt* • to add sthg on (to) - ajouter qqch (à) - rajouter qqch (à)
▪ **add to** *vt* ajouter à, augmenter
▪ **add up** *vt* additionner
▪ **add up to** *vt (somme, total)* s'élever à

allow
▪ **allow for** *vt* tenir compte de

amount
▪ **amount to** *vt* 1. s'élever à 2. revenir à, équivaloir à

answer
▪ **answer back** ⊙ *vt* répondre (avec insolence) à ⊙ *vi* répondre (avec insolence)
▪ **answer for** *vt* être responsable de, répondre de

ask
▪ **ask after** *vt* demander des nouvelles de
▪ **ask for** *vt* 1. demander à voir *(quelqu'un)* 2. demander *(quelque chose)*

attend
▪ **attend to** *vt* 1. s'occuper de, régler 2. (MÉD) s'occuper de *(quelqu'un)*, soigner

auction
▪ **auction off** *vt* vendre aux enchères

back
▪ **back down** *vi* céder
▪ **back out** *vi* se dédire
▪ **back up** ⊙ *vt* 1. appuyer *(une demande)*, épauler, soutenir *(une personne)* 2. reculer 3. (INFORM) sauvegarder, faire une copie de sauvegarde de ⊙ *vi* reculer

bail
▪ **bail out** ⊙ *vt* 1. se porter garant(e) de 2. *fig* tirer d'affaire ⊙ *vi (US)* sauter (en parachute)

balance
▪ **balance out** *vi* contrebalancer - compenser • the advantages and disadvantages balance out les avantages contrebalancent ou compensent les inconvénients

bale
▪ **bale out** *(UK)* ⊙ *vt* écoper, vider ⊙ *vi* sauter en parachute

bandy
▪ **bandy about, bandy around** *vt* répandre *(une expression)*, faire circuler *(une histoire)*

bank
▪ **bank on** *vt* compter sur

bargain
▪ **bargain for, bargain on** *vt* compter sur, prévoir

bear
▪ **bear out** *vt* confirmer, corroborer
▪ **bear up** *vi* tenir le coup
▪ **bear with** *vt* être patient(e) avec

beat
▪ **beat off** *vt* repousser
▪ **beat up** *vt fam* 1. tabasser 2. culpabiliser • to beat o.s. up (about sthg) culpabiliser (à propos de qqch)

blot
▪ **blot out** *vt* 1. cacher, masquer 2. effacer

blow
▪ **blow out** ⊙ *vt* souffler ⊙ *vi* 1. *(bougie)* s'éteindre 2. *(pneu)* éclater
▪ **blow over** *vi* se calmer
▪ **blow up** ⊙ *vt* 1. gonfler 2. faire sauter 3. (PHOTO) agrandir ⊙ *vi* exploser

blurt
▪ **blurt out** *vt* laisser échapper

boil
▪ **boil down to** *vt fig* revenir à, se résumer à
▪ **boil over** *vi* 1. *(liquide)* déborder 2. *fig (sentiments)* exploser

bolster
▪ **bolster up** *vt* soutenir

book
▪ **book up** *vt* réserver, retenir

border
▪ **border on** *vt* friser, être voisin(e) de

boss
▪ **boss about, boss around** *vt* INF donner des ordres à, régenter

botch
▪ **botch up** *vt fam* bousiller, saboter

bottle
▪ **bottle up** *vt* refouler, contenir

bowl
▪ **bowl over** *vt litt fig* renverser, sidérer

brazen
▪ **brazen out** *vt* • to brazen it out crâner

break
▪ **break away** *vi* s'échapper
▪ **break down** ⊙ *vt* 1. démolir, enfoncer 2. analyser ⊙ *vi* 1. tomber en panne 2. céder 3. échouer 4. fondre en larmes, éclater en sanglots
▪ **break in** ⊙ *vi* 1. entrer par effraction 2. • to break in (on sb/sthg) interrompre (qqn/qqch) ⊙ *vt* 1. dresser *(un cheval)* 2. *(chaussures)* porter *(pour user)*, faire
▪ **break into** *vt* 1. entrer par effraction dans 2. • to break into song/applause se mettre à chanter/applaudir
▪ **break off** ⊙ *vt* 1. détacher 2. rompre 3. interrompre ⊙ *vi* 1. se casser, se détacher 2. s'interrompre, se taire
▪ **break out** *vi* 1. *(feu)* se déclarer 2. *(bagarre)* éclater 3. • to break out (of) s'échapper (de), s'évader (de)
▪ **break up** ⊙ *vt* 1. mettre en morceaux 2. détruire, mettre fin à ⊙ *vi* 1. *(navire)* se casser en morceaux 2. se briser 3. *(relation)* prendre fin 4. *(école)* finir, fermer 5. • to break up (with sb) rompre avec qqn 6. se disperser

breathe
▪ **breathe in** *vi & vt* inspirer
▪ **breathe out** *vi & vt* expirer

brighten
▪ **brighten up** ⊙ *vt* égayer ⊙ *vi* 1. s'égayer, s'animer 2. (MÉTÉOR) se dégager, s'éclaircir

bring
▪ **bring about** *vt* causer, provoquer
▪ **bring around** *vt* ranimer
▪ **bring back** *vt* 1. rapporter *(quelque chose)* 2. ramener *(quelqu'un)* 3. rappeler *(des souvenirs)* 4. rétablir
▪ **bring down** *vt* 1. abattre *(un avion)* 2. renverser *(un gouvernement)* 3. faire baisser *(les prix)*
▪ **bring forward** *vt* 1. avancer 2. reporter
▪ **bring in** *vt* 1. introduire *(une loi)* 2. gagner, rapporter
▪ **bring off** *vt* 1. réaliser, réussir 2. conclure, mener à bien *(une affaire)*
▪ **bring out** *vt* 1. lancer *(un produit)* 2. publier, faire paraître *(un livre)* 3. faire ressortir
▪ **bring round** *(UK)*, **bring to** *vt* → **bring around**
▪ **bring up** *vt* 1. élever *(des enfants)* 2. mentionner 3. rendre, vomir

brush
▪ **brush aside** *vt fig* écarter, repousser
▪ **brush off** *vt* 1. envoyer promener (qqn) 2. enlever (à la brosse)
▪ **brush up** ⊙ *vt* réviser ⊙ *vi* • to brush up on sthg réviser qqch

budget
▪ **budget for** *vt* prévoir

build
▪ **build on, build upon** ⊙ *vt* tirer avantage de ⊙ *vt* fonder sur

■ **build up** ⊙ *vt* 1. développer *(une affaire)* 2. bâtir *(une réputation)* ⊙ *vi* 1. *(nuages)* s'amonceler 2. *(circulation)* augmenter

bump
■ **bump into** *vt* rencontrer par hasard

buoy
■ **buoy up** *vt* soutenir

burn
■ **burn down** ⊙ *vt* incendier ⊙ *vi* brûler complètement

burst
■ **burst into** *vt* 1. faire irruption dans 2. • to burst into tears fondre en larmes • to burst into flames prendre feu
■ **burst out** *vt* s'exclamer • to burst out laughing éclater de rire

button
■ **button up** *vt* boutonner

buy
■ **buy up** *vt* acheter en masse

call
■ **call away** *vt* • she's often called away on business elle doit souvent partir en déplacement ou s'absenter pour affaires
■ **call back** ⊙ *vt* rappeler ⊙ *vi* 1. (TÉLÉCOM) rappeler 2. repasser
■ **call for** *vt* 1. passer prendre, passer chercher 2. demander
■ **call in** ⊙ *vt* 1. faire venir *(la police, un expert)* 2. (COMM) rappeler *(des marchandises)* 3. (FIN) exiger le remboursement de ⊙ *vi* passer
■ **call off** *vt* 1. annuler 2. rappeler
■ **call on** *vt* 1. passer voir 2. • to call on sb to do sthg demander à qqn de faire qqch
■ **call out** ⊙ *vt* 1. appeler *(la police, le médecin)* 2. crier ⊙ *vi* crier
■ **call round** *vi (UK)* passer
■ **call up** *vt* 1. (MIL & TÉLÉCOM) appeler 2. (INFORM) rappeler

calm
■ **calm down** ⊙ *vt* calmer ⊙ *vi* se calmer

cancel
■ **cancel out** *vt* annuler • to cancel each other out s'annuler

care
■ **care for** *vt vieilli* aimer

carry
■ **carry forward** *vt* (FIN) reporter
■ **carry off** *vt* 1. mener à bien 2. remporter
■ **carry on** ⊙ *vt* continuer • to carry on doing sthg continuer à ou de faire qqch ⊙ *vi* 1. continuer • to carry on with sthg continuer qqch 2. *fam* faire des histoires
■ **carry out** *vt* 1. remplir *(une mission)* 2. exécuter *(un ordre)* 3. effectuer *(une expérience)* 4. mener *(une enquête)*
■ **carry through** *vt* réaliser

carve
■ **carve out** *vt fig* se tailler
■ **carve up** *vt fig* diviser

cast
■ **cast aside** *vt fig* écarter, rejeter
■ **cast off** *vi* larguer les amarres

catch
■ **catch on** *vi* 1. prendre 2. *fam* • to catch on (to sthg) piger (qqch)
■ **catch out** *vt (UK)* prendre en défaut, coincer
■ **catch up** ⊙ *vt* rattraper ⊙ *vi* • to catch up on sthg rattraper qqch
■ **catch up with** *vt* rattraper

cater
■ **cater for** *vt (UK)* 1. pourvoir à, satisfaire *(des besoins)* 2. s'adresser à • this TV channel caters for teenagers cette chaîne de télé s'adresse aux adolescents 3. prévoir
■ **cater to** *vt* satisfaire

chat
■ **chat up** *vt (UK) fam* baratiner

check
■ **check in** ⊙ *vt* enregistrer *(ses bagages)* ⊙ *vi* 1. *(à l'hôtel)* signer le registre 2. *(à l'aéroport)* se présenter à l'enregistrement

▪ **check into** *vt* • to check into a hotel descendre dans un hôtel

▪ **check out** ⊙ *vt* 1. retirer *(ses bagages)* 2. vérifier 3. *fam* • check this out - vise un peu ça - écoute-moi ça ⊙ *vi (à l'hôtel)* régler sa note

▪ **check up** *vi* • to check up on sb prendre des renseignements sur qqn • to check up (on sthg) vérifier (qqch)

cheer

▪ **cheer up** ⊙ *vt* remonter le moral à ⊙ *vi* se dérider

chew

▪ **chew up** *vt* mâchouiller

chip

▪ **chip in** *vi fam* 1. contribuer 2. mettre son grain de sel

▪ **chip off** *vt* enlever petit morceau par petit morceau

chop

▪ **chop down** *vt* abattre *(un arbre)*

▪ **chop up** *vt* couper en morceaux

chuck

▪ **chuck away, chuck out** *vt fam* jeter, balancer

churn

▪ **churn out** *vt fam* produire en série

clean

▪ **clean out** *vt* nettoyer à fond

▪ **clean up** *vt* nettoyer

clear

▪ **clear away** *vt* 1. débarrasser 2. enlever

▪ **clear off** *vi (UK) fam* dégager

▪ **clear out** ⊙ *vt* 1. vider 2. ranger ⊙ *vi fam* dégager

▪ **clear up** ⊙ *vt* 1. ranger 2. éclaircir ⊙ *vi* 1. s'éclaircir 2. tout ranger

clog

▪ **clog up** ⊙ *vt* boucher ⊙ *vi* se boucher

close

▪ **close down** *vt & vi* fermer

cock

▪ **cock up** *vt (UK) tfam* faire merder

coil

▪ **coil up** *vt* enrouler

come

▪ **come about** *vi* arriver, se produire

▪ **come across** *vt* tomber sur, trouver par hasard

▪ **come along** *vi* 1. arriver 2. *(travail)* avancer 3. *(élève)* faire des progrès

▪ **come apart** *vi* 1. tomber en morceaux 2. se détacher

▪ **come around, come round** *(UK) vi* reprendre connaissance, revenir à soi

▪ **come at** *vt* attaquer

▪ **come back** *vi* 1. • to come back to sthg revenir à qqch 2. • to come back (to sb) revenir (à qqn)

▪ **come by** *vt* trouver, dénicher

▪ **come down** ⊙ *vt* descendre ⊙ *vi* 1. baisser 2. descendre

▪ **come down to** *vt* se résumer à, se réduire à

▪ **come down with** *vt* attraper *(la grippe, un rhume)*

▪ **come forward** *vi* se présenter

▪ **come from** *vt* venir de

▪ **come in** *vi* entrer

▪ **come in for** *vt* être l'objet de

▪ **come into** *vt* 1. hériter de 2. • to come into being prendre naissance, voir le jour

▪ **come off** *vi* 1. *(bouton)* se détacher 2. *(tache)* s'enlever 3. réussir • come off it! *fam* et puis quoi encore !, non mais sans blague !

▪ **come on** *vi* 1. commencer, apparaître 2. s'allumer 3. avancer, faire des progrès • come on! - allez ! - allez, dépêche-toi ! - allons donc !

▪ **come out** *vi* 1. être découvert(e) 2. *(livre, film)* sortir, paraître 3. *(soleil, lune)* apparaître 4. faire grève 5. • to come out for/against sthg se déclarer pour/contre qqch

▪ **come over** *vi* venir

▪ **come round** *vi (UK)* → **come around**

▪ **come through** *vt* survivre à

▪ **come to** ⊙ *vt* 1. • to come to an end se terminer, prendre fin • to come to a decision parvenir à ou prendre une décision 2. *(somme, total)* s'élever à ⊙ *vi* revenir à soi, reprendre connaissance

▪ **come under** *vt* 1. dépendre de 2. tomber sous, être soumis à • the government is coming under pressure to lower taxes le gouvernement subit des pressions visant à réduire les impôts • to come under attack (from) être en butte aux attaques (de)
▪ **come up** *vi* 1. survenir 2. approcher 3. *(occasion)* se présenter 4. *(soleil)* se lever
▪ **come up against** *vt* se heurter à
▪ **come up to** *vt* 1. s'approcher de 2. répondre à *une attente)*
▪ **come up with** *vt* proposer *(une réponse, une idée)*

conjure
▪ **conjure up** *vt* évoquer

consist
▪ **consist in** *vt* • to consist in sthg consister dans qqch • to consist in doing sthg consister à faire qqch
▪ **consist of** *vt* consister en

coop
▪ **coop up** *vt fam* confiner

cordon
▪ **cordon off** *vt* barrer (par un cordon de police)

count
▪ **count against** *vt* jouer contre
▪ **count (up) on** *vt* 1. compter sur 2. s'attendre à, prévoir
▪ **count up** *vt* compter

cover
▪ **cover up** *vt fig* dissimuler, cacher

cross
▪ **cross off, cross out** *vt* rayer

cut
▪ **cut back** ⊙ *vt* 1. tailler 2. réduire ⊙ *vi* • to cut back on réduire, diminuer
▪ **cut down** ⊙ *vt* 1. couper 2. réduire, diminuer ⊙ *vi* • to cut down on smoking/eating/spending fumer/manger/dépenser moins
▪ **cut in** *vi* 1. • to cut in (on sb) interrompre (qqn) 2. (AUTO & SPORT) se rabattre
▪ **cut off** *vt* 1. couper 2. amputer 3. • to be cut off (from) - être coupé(e) (de) - être isolé(e) (de)
▪ **cut out** *vt* 1. découper 2. tailler 3. • to cut out smoking/chocolates arrêter de fumer/de manger des chocolats • cut it out! *fam* ça suffit ! 4. exclure
▪ **cut up** *vt* couper, hacher

dawn
▪ **dawn (up)on** *vt* venir à l'esprit de

deal
▪ **deal in** *vt* (COMM) faire le commerce de
▪ **deal out** *vt* distribuer
▪ **deal with** *vt* 1. s'occuper de 2. traiter de 3. traiter ou négocier avec

decide
▪ **decide (up) on** *vt* se décider pour, choisir

dig
▪ **dig out** *vt fam* dénicher
▪ **dig up** *vt* 1. déterrer 2. arracher *(des pommes de terre)* 3. *fam* dénicher

dish
▪ **dish out** *vt fam* distribuer
▪ **dish up** *vt fam* servir

dispense
▪ **dispense with** *vt* 1. se passer de 2. rendre superflu(e) • to dispense with the need for sthg rendre qqch superflu

dispose
▪ **dispose of** *vt* 1. se débarrasser de 2. résoudre

do
▪ **do away with** *vt* supprimer
▪ **do out of** *vt fam* • to do sb out of sthg escroquer ou carotter qqch à qqn
▪ **do up** *vt* 1. attacher, boutonner 2. refaire 3. emballer
▪ **do with** *vt* 1. avoir besoin de 2. • that has nothing to do with it ça n'a rien à voir, ça n'a aucun rapport • I had nothing to do with it je n'y étais pour rien
▪ **do without** ⊙ *vt* se passer de ⊙ *vi* s'en passer

dole
▪ **dole out** *vt* distribuer au compte-gouttes

dote
- **dote (up)on** *vt* adorer

double
- **double back** *vi* tourner brusquement • the path doubles back on itself le sentier vous ramène sur vos pas

draw
- **draw out** *vt* 1. faire sortir de sa coquille 2. prolonger 3. faire un retrait de, retirer
- **draw up** ⊙ *vt* établir, dresser ⊙ *vi* s'arrêter

dream
- **dream up** *vt* inventer

dredge
- **dredge up** *vt* 1. draguer *(une rivière)* 2. *fig* déterrer

drop
- **drop in** *vi fam* • to drop in (on sb) passer (chez qqn)
- **drop off** ⊙ *vt* déposer ⊙ *vi* 1. s'endormir 2. baisser
- **drop out** *vi* • to drop out of society vivre en marge de la société

drum
- **drum up** *vt* rechercher, solliciter

dry
- **dry up** ⊙ *vt* essuyer ⊙ *vi* 1. s'assécher 2. se tarir 3. *(acteur, orateur)* avoir un trou, sécher 4. *(UK)* essuyer la vaisselle

dwell
- **dwell on** *vt* s'étendre sur

eat
- **eat away, eat into** *vt* 1. *(rouille, acide)* ronger 2. grignoter

egg
- **egg on** *vt* pousser, inciter

eke
- **eke out** *vt* faire durer

enlarge
- **enlarge (up)on** *vt* développer

enter
- **enter into** *vt* entamer

even
- **even out** ⊙ *vt* égaliser ⊙ *vi* s'égaliser

expand
- **expand (up)on** *vt* développer

face
- **face up to** *vt* faire face à

fall
- **fall apart** *vi* 1. tomber en morceaux 2. *fig* tomber en ruine 3. s'effondrer *(personne)*
- **fall back** *vi* reculer
- **fall back on** *vt* se rabattre sur
- **fall behind** *vi* 1. se faire distancer 2. être en retard • to fall behind with *(UK)* ou in *(US)* one's work avoir du retard dans son travail
- **fall for** *vt fam* 1. tomber amoureux(euse) de 2. se laisser prendre à
- **fall in** *vi* 1. s'écrouler, s'affaisser 2. (MIL) former les rangs
- **fall off** *vi* 1. se détacher, tomber 2. baisser, diminuer
- **fall out** *vi* 1. tomber 2. se brouiller 3. (MIL) rompre les rangs
- **fall over** ⊙ *vt* • to fall over sthg trébucher sur qqch et tomber ⊙ *vi* tomber
- **fall through** *vi* échouer

fend
- **fend off** *vt* 1. parer *(des coups)* 2. écarter *(des questions)*

fetch
- **fetch up** *vi fam* se retrouver • to fetch up in hospital/in a ditch se retrouver à l'hôpital/dans un fossé

fight
- **fight back** ⊙ *vt* refouler *(ses larmes)* ⊙ *vi* riposter

figure
- **figure out** *vt* 1. comprendre 2. trouver

fill
- **fill in** ⊙ *vt* 1. remplir 2. • to fill sb in (on) mettre qqn au courant (de) ⊙ *vi* • to fill in for sb remplacer qqn
- **fill out** *vt* remplir
- **fill up** ⊙ *vt* remplir ⊙ *vi* se remplir

find
- **find out** ⊙ *vi* se renseigner ⊙ *vt* 1. se renseigner sur 2. découvrir, apprendre ⊙ *vt* démasquer

finish
- **finish off** *vt* finir, terminer
- **finish up** *vi* finir

fit
- **fit in** ⊙ *vt* prendre ⊙ *vi* s'intégrer • to fit in with sthg correspondre à qqch • to fit in with sb s'accorder à qqn

fix
- **fix up** *vt* 1. • to fix sb up with sthg obtenir qqch pour qqn 2. arranger

flag
- **flag down** *vt* héler *(un taxi)* • to flag sb down faire signe à qqn de s'arrêter

flatten
- **flatten out** ⊙ *vi* s'aplanir ⊙ *vt* aplanir

flick
- **flick through** *vt* feuilleter

flip
- **flip through** *vt* feuilleter

fob
- **fob off** *vt* repousser • to fob sthg off on sb refiler qqch à qqn • to fob sb off with sthg se débarrasser de qqn à l'aide de qqch

fold
- **fold up** ⊙ *vt* plier ⊙ *vi* 1. se plier, se refermer 2. échouer

follow
- **follow up** *vt* 1. prendre en considération, donner suite à 2. • to follow sthg up with faire suivre qqch de

fork
- **fork out** *fam* ⊙ *vt* allonger, débourser ⊙ *vi* • to fork out (for) casquer (pour)

fritter
- **fritter away** *vt* gaspiller

frown
- **frown (up)on** *vt* désapprouver

gain
- **gain on** *vt* rattraper

get
- **get about** *(UK)*, **get around** *vi* se déplacer
- **get along** *vi* 1. se débrouiller 2. avancer, faire des progrès 3. s'entendre • she's easy to get along with elle est facile à vivre
- **get around, get round** *(UK)* ⊙ *vt* venir à bout de, surmonter ⊙ *vi* 1. circuler, se répandre 2. • to get around to (doing) sthg trouver le temps de faire qqch
- **get at** *vt* 1. parvenir à 2. vouloir dire • what are you getting at? où veux-tu en venir ? 3. *(UK) fam* critiquer, dénigrer
- **get away** *vi* 1. partir, s'en aller 2. partir en vacances 3. s'échapper, s'évader
- **get away with** *vt* • he got away with cheating on his taxes personne ne s'est aperçu qu'il avait fraudé le fisc
- **get back** ⊙ *vt* retrouver, récupérer ⊙ *vi* s'écarter
- **get back to** *vt* 1. revenir à • to get back to sleep se rendormir • to get back to work se remettre au travail 2. reprendre son travail 3. *fam* rappeler • I'll get back to you on that je te reparlerai de ça plus tard
- **get by** *vi* se débrouiller, s'en sortir
- **get down** *vt* 1. déprimer 2. descendre
- **get down to** *vt* • to get down to doing sthg se mettre à faire qqch
- **get in** *vi* 1. entrer, monter 2. arriver 3. rentrer
- **get into** *vt* 1. monter dans 2. se lancer dans • to get into an argument with sb se disputer avec qqn 3. • to get into a panic s'affoler • to get into trouble s'attirer des ennuis • to get into the habit of doing sthg prendre l'habitude de faire qqch
- **get off** ⊙ *vt* 1. partir de 2. descendre de 3. enlever ⊙ *vi* 1. descendre 2. s'en tirer 3. partir

▪ **get on** ⊙ *vt* 1. monter dans 2. monter sur ⊙ *vi* 1. monter 2. s'entendre, s'accorder 3. avancer, progresser • how are you getting on? comment ça va ? 4. • to get on (with sthg) continuer (qqch), poursuivre (qqch) 5. réussir

▪ **get out** ⊙ *vt* 1. sortir 2. enlever ⊙ *vi* 1. descendre 2. s'ébruiter

▪ **get out of** *vt* 1. descendre de 2. s'évader de, s'échapper de 3. éviter, se dérober à • to get out of doing sthg se dispenser de faire qqch

▪ **get over** *vt* 1. se remettre de 2. surmonter, venir à bout de

▪ **get round** *vt & vi (UK)* → **get around**

▪ **get through** ⊙ *vt* 1. arriver au bout de 2. réussir à 3. consommer 4. endurer, supporter ⊙ *vi* 1. • to get through (to sb) se faire comprendre (de qqn) 2. (TÉLÉCOM) obtenir la communication

▪ **get to** *vt fam* taper sur les nerfs à

▪ **get together** ⊙ *vt* rassembler, préparer ⊙ *vi* se réunir

▪ **get up** ⊙ *vi* se lever ⊙ *vt* organiser

▪ **get up to** *vt fam* faire *(des bêtises)*

give

▪ **give away** *vt* 1. donner 2. révéler

▪ **give back** *vt* rendre

▪ **give in** *vi* 1. abandonner, se rendre 2. • to give in to sthg céder à qqch

▪ **give off** *vt* 1. exhaler *(une odeur)* 2. faire *(de la fumée)* 3. produire *(de la chaleur)*

▪ **give out** ⊙ *vt* distribuer ⊙ *vi* 1. *(provisions)* s'épuiser 2. *(voiture)* lâcher

▪ **give up** ⊙ *vt* 1. renoncer à • to give up drinking/smoking arrêter de boire/de fumer 2. • to give o.s. up (to sb) se rendre (à qqn) ⊙ *vi* abandonner, se rendre

glance

▪ **glance off** *vt* ricocher sur

glory

▪ **glory in** *vt* savourer

gloss

▪ **gloss over** *vt* passer sur *(une faute, une erreur)*

go

▪ **go about** ⊙ *vt* • to go about one's business vaquer à ses occupations ⊙ *vi* → **go around**

▪ **go ahead** *vi* 1. • to go ahead with sthg mettre qqch à exécution • go ahead! allez-y ! 2. avoir lieu

▪ **go along** *vi* avancer • as you go along au fur et à mesure

▪ **go along with** *vt* 1. appuyer, soutenir 2. suivre

▪ **go around** *vi* 1. • to go around with sb fréquenter qqn 2. circuler, courir

▪ **go away** *vi* partir, s'en aller • go away! va-t'en ! • I'm going away for a few days je pars pour quelques jours

▪ **go back on** *vt* revenir sur *(une promesse)*

▪ **go back to** *vt* 1. reprendre, se remettre à • to go back to sleep se rendormir 2. remonter à, dater de

▪ **go by** ⊙ *vi* s'écouler, passer ⊙ *vt* 1. suivre 2. juger d'après

▪ **go down** ⊙ *vi* 1. baisser 2. • to go down well/badly être bien/mal accueilli(e) 3. *(soleil)* se coucher 4. *(ballon, pneu)* se dégonfler ⊙ *vt* descendre

▪ **go for** *vt* 1. choisir 2. être attiré(e) par 3. tomber sur, attaquer 4. essayer d'obtenir

▪ **go in** *vi* entrer

▪ **go in for** *vt* 1. prendre part à 2. se présenter à 3. *(activités)* aimer, faire, s'adonner à

▪ **go into** *vt* 1. étudier, examiner 2. entrer dans

▪ **go off** ⊙ *vi* 1. exploser 2. sonner 3. *(UK) (nourriture)* se gâter 4. s'éteindre 5. *(US) fam* s'emporter ⊙ *vt* ne plus aimer

▪ **go on** ⊙ *vi* 1. se passer 2. se mettre en marche 3. • to go on (doing) continuer (à faire) 4. • to go on to sthg passer à qqch • to go on to do sthg faire qqch après 5. parler à n'en plus finir • to go on about sthg ne pas arrêter de parler de qqch ⊙ *vt* se fonder sur

▪ **go on at** *vt (UK) fam* harceler

▪ **go out** *vi* 1. sortir 2. • to go out (with sb) sortir (avec qqn) 3. s'éteindre

▪ **go over** *vt* 1. examiner, vérifier 2. repasser, réviser

▪ **go round** *vi (UK)* tourner → **go around**

▪ **go through** *vt* 1. subir, souffrir 2. examiner • she went through his pockets elle lui a fait les poches, elle a fouillé dans ses poches

▪ **go through with** *vt* aller jusqu'au bout de

▪ **go toward(s)** *vt* contribuer à

▪ **go under** *vi litt & fig* couler

▪ **go up** ⊙ *vi* 1. monter 2. *(prix)* augmenter ⊙ *vt* monter

▪ **go without** ⊙ *vt* se passer de ⊙ *vi* s'en passer

gobble
- **gobble down, gobble up** *vt* engloutir

grapple
- **grapple with** *vt* 1. lutter avec 2. se débattre avec, se colleter avec

grind
- **grind down** *vt* opprimer
- **grind up** *vt* pulvériser

grow
- **grow on** *vt fam* plaire de plus en plus à • it'll grow on you cela finira par te plaire
- **grow out of** *vt* 1. *(vêtements, chaussures)* devenir trop grand(e) pour 2. perdre *(une habitude)*
- **grow up** *vi* 1. grandir, devenir adulte • grow up! ne fais pas l'enfant ! 2. se développer

gulp
- **gulp down** *vt* avaler

gun
- **gun down** *vt* abattre

hack
- **hack into** *vt* (INFORM) pirater

hammer
- **hammer out** *vt* parvenir finalement à

hand
- **hand down** *vt* transmettre
- **hand in** *vt* remettre
- **hand out** *vt* distribuer
- **hand over** ⊙ *vt* 1. remettre 2. transmettre ⊙ *vi* to hand over (to) passer le relais (à)

hang
- **hang on** *vi* 1. • to hang on (to) s'accrocher ou se cramponner (à) 2. *fam* attendre 3. tenir bon
- **hang out** *vi fam* traîner
- **hang round** *vt (UK)* → **hang about**
- **hang up** ⊙ *vt* pendre ⊙ *vi (au téléphone)* raccrocher
- **hang up on** *vt (au téléphone)* raccrocher au nez de

hanker
- **hanker after, hanker for** *vt* convoiter

have
- **have on** *vt* 1. porter *(un vêtement)* 2. *(UK)* faire marcher
- **have out** *vt* 1. • to have one's appendix/tonsils out se faire opérer de l'appendicite/des amygdales 2. • to have it out with sb s'expliquer avec qqn

head
- **head for** *vt* 1. se diriger vers 2. *fig* aller au devant de

heat
- **heat up** ⊙ *vt* réchauffer ⊙ *vi* chauffer

help
- **help out** *vt & vi* aider

hem
- **hem in** *vt* encercler

hinge
- **hinge (up)on** *vt* dépendre de

hire
- **hire out** *vt (UK)* louer

hitch
- **hitch up** *vt* remonter

hive
- **hive off** *vt (UK)* transférer

hold
- **hold back** *vt* 1. retenir 2. réprimer • to hold sb back from doing sthg retenir qqn de faire qqch 3. cacher
- **hold down** *vt* garder
- **hold off** *vt* 1. tenir à distance 2. reporter
- **hold on** *vi* 1. attendre 2. *(au téléphone)* ne pas quitter 3. • to hold on (to sthg) se tenir (à qqch)
- **hold out** ⊙ *vt* tendre ⊙ *vi* 1. durer 2. • to hold out (against sb/sthg) résister (à qqn/qqch)
- **hold up** *vt* 1. lever 2. retarder

hollow
- **hollow out** *vt* creuser, évider

hook
- **hook up** *vt* • to hook sthg up to sthg connecter qqch à qqch

hunger
▪ **hunger after, hunger for** *vt fig* avoir faim de, avoir soif de

idle
▪ **idle away** *vt* • to idle away one's time perdre son temps à ne rien faire

inform
▪ **inform on** *vt* dénoncer

inquire
▪ **inquire after** *vt* s'enquérir de
▪ **inquire into** *vt* enquêter sur

iron
▪ **iron out** *vt* 1. *fig* aplanir *(les difficultés)* 2. résoudre *(les problèmes)*

jack
▪ **jack up** *vt* 1. soulever avec un cric 2. *fig* faire grimper *(les prix)*

jazz
▪ **jazz up** *vt fam* égayer, animer

join
▪ **join in** ⊙ *vt* prendre part à, participer à ⊙ *vi* participer
▪ **join up** *vi* (MIL) s'engager dans l'armée

jot
▪ **jot down** *vt* noter, prendre note de

jump
▪ **jump at** *vt fig* sauter sur

keep
▪ **keep away** ⊙ *vt* tenir éloigné(e), empêcher d'approcher • spectators were kept away by the fear of violence la peur de la violence tenait les spectateurs à distance ⊙ *vi* ne pas s'approcher • keep away from those people évitez ces gens-là
▪ **keep back** *vt* 1. tenir éloigné, empêcher de s'approcher 2. cacher, ne pas divulguer
▪ **keep from** *vt* s'empêcher de, se retenir de • I couldn't keep from laughing je n'ai pas pu m'empêcher de rire
▪ **keep in with** *vt* • to keep in with sb rester en bons termes avec qqn
▪ **keep off** ⊙ *vt* 1. éloigner 2. protéger de • this cream will keep the mosquitoes off cette crème vous protégera contre les moustiques • keep your hands off! pas touche !, bas les pattes ! ⊙ *vt* • 'keep off the grass' '(il est) interdit de marcher sur la pelouse'
▪ **keep on** *vi* 1. • to keep on (doing sthg) - continuer (de ou à faire qqch) - ne pas arrêter (de faire qqch) 2. • to keep on (about sthg) ne pas arrêter de parler (de qqch)
▪ **keep out** ⊙ *vt* empêcher d'entrer ⊙ *vi* • 'keep out' 'défense d'entrer'
▪ **keep to** *vt* respecter, observer
▪ **keep up** ⊙ *vt* 1. continuer 2. maintenir ⊙ *vi* • to keep up (with sb) aller aussi vite (que qqn)

key
▪ **key in** *vt* 1. (INFORM) saisir *(un texte, des données)* 2. composer *(un code)*

kick
▪ **kick around, kick about** *(UK)* ⊙ *vt* 1. • to kick a ball around jouer au ballon 2. *fam* débattre • we kicked a few ideas around on a discuté à bâtons rompus ⊙ *vi fam* traîner
▪ **kick in** ⊙ *vt* défoncer à coups de pied • I'll kick his teeth in! *fam* je vais lui casser la figure ! ⊙ *vi fam* entrer en action
▪ **kick off** *vi* 1. (FOOTBALL) donner le coup d'envoi 2. *fam & fig* démarrer
▪ **kick out** *vt fam* vider, jeter dehors

knock
▪ **knock down** *vt* 1. *(UK)* renverser *(un piéton)* 2. démolir
▪ **knock off** *vi fam* finir son travail ou sa journée
▪ **knock out** *vt* 1. assommer 2. éliminer *(d'une compétition)*
▪ **knock over** *vt* renverser, faire tomber

lace
▪ **lace up** *vt* lacer

latch
▪ **latch onto** *vt fam* s'accrocher à

laugh
▪ **laugh at** *vt* se moquer de, rire de

■ **laugh off** *vt* tourner en plaisanterie

lay

■ **lay aside** *vt* mettre de côté
■ **lay down** *vt* 1. imposer, stipuler 2. déposer
■ **lay off** ⊙ *vt* licencier ⊙ *vt fam* 1. ficher la paix à 2. arrêter
■ **lay on** *vt (UK)* organiser
■ **lay out** *vt* 1. arranger, disposer 2. concevoir

lead

■ **lead up to** *vt* 1. conduire à, aboutir à 2. amener

leaf

■ **leaf through** *vt* parcourir, feuilleter

leave

■ **leave aside** *vt* laisser de côté • leaving aside the question of cost si on laisse de côté la question du coût
■ **leave behind** *vt* 1. abandonner, laisser • she soon left the other runners behind elle a vite distancé tous les autres coureurs 2. oublier, laisser
■ **leave out** *vt* omettre, exclure • leave it out! *(UK) tfam* lâche-moi !
■ **leave over** *vt* laisser • to be left over rester • there are still one or two left over il en reste encore un ou deux

let

■ **let down** *vt* 1. *(UK)* dégonfler 2. décevoir
■ **let in** *vt* laisser ou faire entrer
■ **let off** *vt* 1. *(UK)* • to let sb off sthg dispenser qqn de qqch 2. ne pas punir 3. faire éclater *(une bombe)* 4. faire partir *(un feu d'artifice, une arme)*
■ **let on** *vi* • don't let on! *(UK)* ne dis rien (à personne) !
■ **let out** ⊙ *vt* 1. laisser sortir • to let air out of sthg dégonfler qqch 2. laisser échapper *(un cri)* ⊙ *vi (US)* finir
■ **let up** *vi* 1. *(pluie)* diminuer 2. *(personne)* s'arrêter

level

■ **level off, level out** *vi* 1. se stabiliser 2. (AÉRON) amorcer un palier
■ **level with** *vt fam* être franc (franche) ou honnête avec

light

■ **light up** ⊙ *vt* 1. éclairer 2. allumer *(une cigarette)* ⊙ *vi* 1. *(visage)* s'éclairer 2. *fam* allumer une cigarette

line

■ **out of line** *adj* déplacé(e)
■ **line up** ⊙ *vt* 1. aligner 2. prévoir ⊙ *vi* 1. s'aligner 2. faire la queue

link

■ **link up** *vt* relier • to link sthg up with sthg (INFORM) relier qqch avec ou à qqch

live

■ **live down** *vt* faire oublier
■ **live off** *vt* 1. vivre de 2. vivre aux dépens de
■ **live on** ⊙ *vt* vivre de ⊙ *vi (souvenir, sentiment)* rester, survivre
■ **live through** *vt* connaître • they've lived through war and famine ils ont connu la guerre et la famine
■ **live together** *vi* vivre ensemble
■ **live up to** *vt* • to live up to sb's expectations répondre à l'attente de qqn • to live up to one's reputation faire honneur à sa réputation
■ **live with** *vt* 1. vivre avec 2. *fam* se faire à, accepter

liven

■ **liven up** ⊙ *vt* 1. égayer 2. animer ⊙ *vi* s'animer

load

■ **load down** *vt* charger (lourdement) • he was loaded down with packages il avait des paquets plein les bras • I'm loaded down with work je suis surchargé de travail
■ **load up** *vt & vi* charger

lock

■ **lock away** *vt* 1. mettre sous clef 2. incarcérer, mettre sous les verrous • we keep the alcohol locked away nous gardons l'alcool sous clef
■ **lock in** *vt* enfermer (à clef)
■ **lock out** *vt* 1. enfermer dehors, laisser dehors • to lock o.s. out s'enfermer dehors 2. empêcher d'entrer, mettre à la porte
■ **lock up** *vt* 1. mettre en prison ou sous les verrous, enfermer *(dans un asile)* 2. fermer à clef 3. enfermer, mettre sous clef

long
▪ **long for** *vt* 1. désirer ardemment 2. attendre avec impatience

look
▪ **look after** *vt* s'occuper de
▪ **look around, look round** *(UK)* ⊙ *vt* faire le tour de ⊙ *vi* 1. se retourner 2. regarder (autour de soi)
▪ **look at** *vt* 1. regarder 2. examiner 3. considérer
▪ **look down on** *vt* mépriser
▪ **look for** *vt* chercher
▪ **look forward to** *vt* attendre avec impatience
▪ **look into** *vt* examiner, étudier
▪ **look on** *vi* regarder
▪ **look out** *vi* prendre garde, faire attention • look out! attention !
▪ **look out for** *vt* 1. guetter 2. être à l'affût de, essayer de repérer
▪ **look round** *vt (UK)* → **look around**
▪ **look to** *vt* 1. compter sur 2. songer à
▪ **look up** ⊙ *vt* 1. chercher *(dans un livre)* 2. aller ou passer voir ⊙ *vi* reprendre • things are looking up ça va mieux, la situation s'améliore
▪ **look up to** *vt* admirer

lop
▪ **lop off** *vt* couper

lumber
▪ **lumber with** *vt (UK) fam* • to lumber sb with sthg coller qqch à qqn

lust
▪ **lust after, lust for** *vt* 1. *fig* être assoiffé(e) de 2. désirer

make
▪ **make for** *vt* 1. se diriger vers 2. rendre probable, favoriser
▪ **make of** ⊙ *vt* comprendre ⊙ *vt* penser de • what do you make of the Smiths? qu'est-ce que tu penses des Smith ?
▪ **make off** *vi fam* filer
▪ **make out** ⊙ *vt* 1. discerner 2. comprendre 3. libeller *(un chèque)* faire *(une facture)*, remplir *(un formulaire)* ⊙ *vt* • to make out (that) ... prétendre que... ⊙ *vi* 1. *fam* se débrouiller • how did you make out at work today? comment ça s'est passé au boulot aujourd'hui ? 2. *(US) tfam* se peloter • to make out with sb s'envoyer qqn
▪ **make over** *vt* 1. transférer, céder 2. transformer 3. • the garage had been made over into a workshop le garage a été transformé en atelier
▪ **make up** ⊙ *vt* 1. composer, constituer 2. inventer 3. maquiller 4. faire *(un paquet)*, préparer 5. exécuter *(une ordonnance)* 6. compléter ⊙ *vi* se réconcilier
▪ **make up for** *vt* compenser
▪ **make up to** *vt* • to make it up to sb (for sthg) se racheter auprès de qqn (pour qqch)

map
▪ **map out** *vt* 1. élaborer *(un plan)* 2. établir *(un emploi du temps)* 3. définir *(une tâche)*

mark
▪ **mark off** *vt* 1. délimiter • one corner of the field had been marked off by a fence un coin du champ avait été isolé par une barrière 2. cocher

meet
▪ **meet up** *vi* se retrouver • to meet up with sb rencontrer qqn, retrouver qqn
▪ **meet with** *vt* 1. être accueilli(e) par 2. remporter *(un succès)* 3. essuyer *(un échec)* 4. *(US)* retrouver

melt
▪ **melt down** *vt* fondre

mess
▪ **mess around, mess about** *(UK)* ⊙ *vt* • to mess sb around traiter qqn par-dessus ou par-dessous la jambe ⊙ *vi* 1. perdre ou gaspiller son temps 2. • to mess around with sthg s'immiscer dans qqch
▪ **mess up** *vt fam* 1. mettre en désordre 2. salir 3. *fig* gâcher

mete
▪ **mete out** *vt sout* infliger

minister
▪ **minister to** *vt* 1. donner ou prodiguer ses soins à 2. pourvoir à

miss
▪ **miss out** ⊙ *vt (UK)* oublier, omettre ⊙ *vi* • to miss out on sthg ne pas pouvoir profiter de qqch

mix
■ **mix up** *vt* 1. confondre 2. mélanger

mop
■ **mop up** *vt* éponger

move
■ **move about** *vi (UK)* → **move around**
■ **move along** ⊙ *vt* faire avancer ⊙ *vi* se déplacer • the police asked him to move along la police lui a demandé de circuler
■ **move around** *vi* 1. remuer 2. voyager
■ **move away** *vi* partir
■ **move in** *vi* emménager
■ **move on** ⊙ *vi* se remettre en route ⊙ *vi (US)* se tourner vers l'avenir
■ **move out** *vi* déménager
■ **move over** *vi* s'écarter, se pousser
■ **move up** *vi* 1. se déplacer 2. *fig* • you've moved up in the world! tu en as fait du chemin !

mow
■ **mow down** *vt* faucher

muck
■ **muck about, muck around** *(UK) fam* ⊙ *vt* • to muck sb about faire perdre son temps à qqn ⊙ *vi* traîner
■ **muck up** *vt fam* gâcher

muddle
■ **muddle along** *vi* se débrouiller tant bien que mal
■ **muddle through** *vi* se tirer d'affaire, s'en sortir tant bien que mal
■ **muddle up** *vt* mélanger

mull
■ **mull over** *vt* ruminer, réfléchir à

nail
■ **nail down** *vt* 1. clouer 2. *fig* • to nail sb down to sthg faire préciser qqch à qqn

narrow
■ **narrow down** *vt* réduire, limiter

note
■ **note down** *vt* noter, inscrire

open
■ **open onto** *vt (pièce)* donner sur
■ **open up** ⊙ *vt* 1. ouvrir 2. exploiter, développer ⊙ *vi* 1. s'offrir, se présenter 2. ouvrir

order
■ **order about** *(UK)*, **order around** *vt* commander

pack
■ **pack in** *(UK) fam* ⊙ *vt* plaquer • pack it in! - arrête !, ça suffit maintenant ! - la ferme ! ⊙ *vi* tomber en panne
■ **pack off** *vt fam* expédier

palm
■ **palm off** *vt fam* • to palm sthg off on sb refiler qqch à qqn • to palm sb off with sthg se débarrasser de qqn avec qqch

parcel
■ **parcel up** *vt* empaqueter

part
■ **part with** *vt* 1. débourser 2. se défaire de

pass
■ **pass as** *vt* passer pour
■ **pass away** *vi euphem* s'éteindre
■ **pass by** ⊙ *vt* • the news passed him by la nouvelle ne l'a pas affecté ⊙ *vi* passer à côté
■ **pass for** *vt* → **pass as**
■ **pass on** ⊙ *vt* • to pass sthg on (to) - faire passer qqch (à) - transmettre qqch (à) ⊙ *vi* 1. continuer son chemin 2. *euphem* → **pass away**
■ **pass out** *vi* 1. s'évanouir 2. *(UK)* (MIL) finir ou terminer les classes
■ **pass over** *vt* passer sous silence
■ **pass up** *vt* laisser passer

patch
■ **patch up** *vt* 1. rafistoler, bricoler 2. *fig* régler, arranger • to patch up a relationship se raccommoder

pay
■ **pay back** *vt* 1. rembourser 2. revaloir • I'll pay you back for that tu me le paieras, je te le revaudrai

■ **pay off** ⊙ *vt* 1. s'acquitter de, régler, rembourser 2. licencier, congédier 3. soudoyer, acheter ⊙ *vi* être payant(e)
■ **pay up** *vi* payer

pep
■ **pep up** *vt fam* 1. remonter, requinquer 2. animer

phase
■ **phase in** *vt* introduire progressivement
■ **phase out** *vt* supprimer progressivement

phone
■ **phone up** *vt* & *vi* téléphoner

pick
■ **pick on** *vt* s'en prendre à, être sur le dos de
■ **pick out** *vt* 1. repérer, reconnaître 2. choisir, désigner
■ **pick up** ⊙ *vt* 1. ramasser 2. aller chercher, passer prendre 3. apprendre 4. prendre *(une habitude)* 5. découvrir • to pick up speed prendre de la vitesse 6. *fam* draguer 7. (RADIO & TÉLÉCOM) capter, recevoir 8. reprendre *(son travail)*, continuer *(une conversation)* ⊙ *vi* reprendre

piece
■ **piece together** *vt* coordonner

pile
■ **pile into** *vt fam* s'entasser dans, s'empiler dans
■ **pile up** ⊙ *vt* empiler, entasser ⊙ *vi* 1. s'entasser 2. *fig* s'accumuler

pin
■ **pin down** *vt* 1. définir, identifier 2. • to pin sb down obliger qqn à prendre une décision

plan
■ **plan on** *vt* • to plan on doing sthg prévoir de faire qqch

play
■ **play along** *vi* • to play along (with sb) entrer dans le jeu (de qqn)
■ **play down** *vt* minimiser
■ **play up** ⊙ *vt* insister sur ⊙ *vi* 1. faire des siennes 2. *(UK)* ne pas être sage

plonk
■ **plonk down** *vt* poser brutalement

plough
■ **plough into** ⊙ *vt* investir ⊙ *vt* rentrer dans

pluck
■ **pluck up** *vt* • to pluck up the courage to do sthg rassembler son courage pour faire qqch

plug
■ **plug away** *vi* travailler dur
■ **plug in** *vt* brancher

plump
■ **plump for** *vt* opter pour, choisir
■ **plump up** *vt* secouer

point
■ **point out** *vt* 1. montrer, indiquer 2. signaler

polish
■ **polish off** *vt fam* expédier, en finir avec
■ **polish up** *vt* 1. perfectionner 2. peaufiner

pore
■ **pore over** *vt* examiner de près

pour
■ **pour in** *vi* affluer
■ **pour out** *vt* 1. vider 2. verser, servir

press
■ **press for** *vt* demander avec insistance
■ **press on** *vi* • to press on (with sthg) continuer (qqch), ne pas abandonner (qqch)

prey
■ **prey on** *vt* 1. faire sa proie de 2. • to prey on sb's mind ronger qqn, tracasser qqn

prick
■ **prick up** *vt* • to prick up one's ears - *(animal)* dresser les oreilles - *(personne)* dresser ou tendre l'oreille

print
■ **print out** *vt* (INFORM) imprimer

prop
■ **prop up** *vt* 1. soutenir, étayer 2. *fig* soutenir

provide
- **provide for** *vt* 1. subvenir aux besoins de 2. *sout* prévoir

puff
- **puff out** *vt* gonfler

pull
- **pull apart** *vt* séparer
- **pull at** *vt* tirer sur
- **pull away** *vi* 1. (AUTO) démarrer 2. prendre de l'avance
- **pull down** *vt* démolir
- **pull in** *vi* (AUTO) se ranger
- **pull off** *vt* 1. enlever, ôter 2. réussir
- **pull out** ⊙ *vt* retirer ⊙ *vi* 1. (RAIL) partir, démarrer 2. (AUTO) déboîter 3. se retirer
- **pull over** *vi* (AUTO) se ranger
- **pull through** *vi* s'en sortir, s'en tirer
- **pull together** *vt* • to pull o.s. together se ressaisir, se reprendre
- **pull up** ⊙ *vt* 1. remonter 2. avancer ⊙ *vi* s'arrêter

push
- **push around** *vt fam & fig* marcher sur les pieds de
- **push in** *vi* resquiller
- **push off** *vi fam* filer, se sauver
- **push on** *vi* continuer
- **push through** *vt* faire accepter *(une loi, une réforme)*

put
- **put across** *vt* faire comprendre
- **put away** *vt* 1. ranger 2. *fam* enfermer
- **put back** *vt* 1. remettre (à sa place ou en place) 2. *(ajourner)* remettre 3. retarder
- **put by** *vt* mettre de côté
- **put down** *vt* 1. poser, déposer 2. réprimer 3. inscrire, noter 4. *(UK)* • to have a dog/cat put down faire piquer un chien/chat
- **put down to** *vt* attribuer à
- **put forward** *vt* 1. proposer, avancer 2. avancer *(un rendez-vous)*
- **put in** *vt* 1. passer *(du temps)* 2. présenter
- **put off** *vt* 1. remettre (à plus tard) 2. décommander 3. dissuader 4. déconcerter, troubler 5. dégoûter 6. éteindre
- **put on** *vt* 1. mettre, enfiler 2. organiser, monter 3. • to put on weight prendre du poids, grossir 4. allumer, mettre *(la radio, la télé)* 5. • to put the light on allumer (la lumière) 6. • to put the brake on freiner 7. passer, mettre *(un CD, un DVD)* 8. mettre à cuire 9. feindre 10. prendre *(un accent)* 11. parier, miser 12. ajouter
- **put out** *vt* 1. mettre dehors 2. publier *(un livre)* 3. sortir *(un CD, un DVD)* 4. éteindre • to put the light out éteindre (la lumière) 5. tendre *(la main)* 6. • to be put out être contrarié(e) 7. déranger
- **put through** *vt* (TÉLÉCOM) passer
- **put up** ⊙ *vt* 1. ériger, dresser *(une tente)* 2. *(UK)* ouvrir *(un parapluie)* 3. hisser *(un drapeau)* 4. accrocher 5. fournir 6. proposer 7. augmenter 8. loger, héberger ⊙ *vt* • to put up a fight se défendre
- **put up with** *vt* supporter

puzzle
- **puzzle out** *vt* comprendre

quiet
- **quiet down** ⊙ *vt* calmer, apaiser ⊙ *vi* se calmer

quieten
- **quieten down** ⊙ *vt* calmer, apaiser ⊙ *vi* se calmer

rally
- **rally around, rally round** *(UK)* ⊙ *vt* apporter son soutien à ⊙ *vi fam* • all her family rallied round toute sa famille est venue lui apporter son soutien

read
- **read out** *vt* lire à haute voix
- **read up on** *vt* étudier

reason
- **reason with** *vt* raisonner

reckon
- **reckon on** *vt* compter sur
- **reckon with** *vt* s'attendre à

reel
- **reel in** *vt* remonter
- **reel off** *vt* débiter

refer
▪ **refer to** *vt* 1. parler de, faire allusion à ou mention de 2. s'appliquer à, concerner 3. se référer à, se reporter à

rely
▪ **rely on** *vt* 1. compter sur • to rely on sb to do sthg compter sur qqn ou faire confiance à qqn pour faire qqch 2. dépendre de

resort
▪ **resort to** *vt* recourir à, avoir recours à

rig
▪ **rig up** *vt* installer avec les moyens du bord

ring
▪ **ring back** *vt & vi (UK)* rappeler
▪ **ring off** *vi (UK)* raccrocher
▪ **ring up** *vt (UK)* téléphoner à, appeler

roll
▪ **roll around, roll about** *(UK) vi* 1. *(personne)* se rouler 2. *(objet)* rouler çà et là
▪ **roll over** *vi* se retourner
▪ **roll up** ⊙ *vt* 1. rouler *(un tapis, un poster)* 2. retrousser *(ses manches)* ⊙ *vi fam* s'amener, se pointer

root
▪ **root for** *vt fam* encourager
▪ **root out** *vt* extirper

rope
▪ **rope in** *vt fam* enrôler

rough
▪ **rough up** *vt fam* tabasser, passer à tabac

round
▪ **round down** *vt* arrondir au chiffre inférieur
▪ **round off** *vt* terminer, conclure
▪ **round up** *vt* 1. rassembler 2. arrondir au chiffre supérieur

rub
▪ **rub off on** *vt* déteindre sur
▪ **rub out** *vt* effacer

rule
▪ **rule out** *vt* exclure, écarter

run
▪ **run across** *vt* tomber sur
▪ **run away** *vi* • to run away (from) s'enfuir (de) • to run away from home faire une fugue
▪ **run down** ⊙ *vt* 1. *(véhicule)* renverser 2. dénigrer 3. restreindre 4. réduire l'activité de ⊙ *vi* 1. *(montre)* s'arrêter 2. *(batterie)* se décharger
▪ **run into** *vt* 1. se heurter à, tomber sur 2. rentrer dans
▪ **run off** ⊙ *vt* tirer ⊙ *vi* • to run off (with) s'enfuir (avec)
▪ **run out** *vi* 1. s'épuiser • time is running out il ne reste plus beaucoup de temps 2. *(licence, contrat)* expirer
▪ **run out of** *vt* manquer de • to run out of petrol tomber en panne d'essence, tomber en panne sèche
▪ **run over** *vt* renverser
▪ **run through** *vt* 1. répéter 2. parcourir *(les mers)*
▪ **run to** *vt* monter à, s'élever à
▪ **run up** *vt* laisser accumuler *(des factures, des dettes)*
▪ **run up against** *vt* se heurter à

sail
▪ **sail through** *vt fig* réussir les doigts dans le nez

salt
▪ **salt away** *vt* mettre de côté

scale
▪ **scale down** *vt* réduire

scare
▪ **scare away, scare off** *vt* faire fuir

scoop
▪ **scoop out** *vt* évider

score
▪ **score out** *vt (UK)* barrer, rayer

scrape
▪ **scrape through** *vt* réussir de justesse

screw
▪ **screw up** *vt* 1. froisser, chiffonner 2. plisser 3. tordre 4. *vulg* gâcher, bousiller

seal
▪ **seal off** *vt* interdire l'accès de

see
▪ **see about** *vt* s'occuper de
▪ **see off** *vt* 1. accompagner (pour dire au revoir) 2. *(UK)* faire partir ou fuir
▪ **see out** *vt* reconduire ou raccompagner à la porte • can you see yourself out? pouvez-vous trouver la sortie tout seul ?
▪ **see through** ⊙ *vt* voir clair dans • to see through sb voir dans le jeu de qqn ⊙ *vt* mener à terme, mener à bien
▪ **see to** *vt* s'occuper de, se charger de

seize
▪ **seize (up)on** *vt* saisir, sauter sur
▪ **seize up** *vi* 1. s'ankyloser 2. *(moteur)* se gripper

sell
▪ **sell off** *vt* vendre, liquider
▪ **sell out** ⊙ *vt* • the performance is sold out il ne reste plus de places, tous les billets ont été vendus ⊙ *vi* 1. • we've sold out on n'en a plus 2. être infidèle à ses principes

send
▪ **send for** *vt* 1. appeler, faire venir 2. commander par correspondance
▪ **send in** *vt* envoyer, soumettre
▪ **send off** *vt* 1. expédier 2. *(UK)* expulser
▪ **send off for** *vt* commander par correspondance
▪ **send up** *vt (UK) fam* parodier, ridiculiser

serve
▪ **serve out, serve up** *vt* servir

set
▪ **set about** *vt* entreprendre, se mettre à • to set about doing sthg se mettre à faire qqch
▪ **set aside** *vt* 1. mettre de côté 2. rejeter, écarter
▪ **set back** *vt* retarder
▪ **set off** ⊙ *vt* 1. déclencher, provoquer 2. faire exploser *(une bombe)* 3. faire partir *(un feu d'artifice)* ⊙ *vi* se mettre en route, partir
▪ **set out** ⊙ *vt* 1. disposer 2. présenter, exposer ⊙ *vt* • to set out to do sthg entreprendre ou tenter de faire qqch ⊙ *vi* se mettre en route, partir
▪ **set up** *vt* 1. créer, fonder 2. constituer, mettre en place 3. arranger, organiser 4. dresser, ériger 5. placer, installer 6. préparer, installer 7. *fam* monter un coup contre
▪ **set upon** *vt* attaquer, s'en prendre à

settle
▪ **settle down** *vi* 1. • to settle down to sthg/to doing sthg se mettre à qqch/à faire qqch 2. s'installer 3. se ranger 4. se calmer
▪ **settle for** *vt* accepter, se contenter de
▪ **settle in** *vi* s'adapter
▪ **settle on** *vt* fixer son choix sur, se décider pour
▪ **settle up** *vi* • to settle up (with sb) régler (qqn)

sew
▪ **sew up** *vt* recoudre

shake
▪ **shake off** *vt* 1. semer *(des poursuivants)* 2. se débarrasser *(d'une maladie)*

share
▪ **share out** *vt* partager, répartir

shear
▪ **shear off** ⊙ *vt* 1. couper *(une branche)* 2. cisailler *(un morceau de métal)* ⊙ *vi* se détacher

shoot
▪ **shoot down** *vt* abattre
▪ **shoot up** *vi* 1. *(enfant, plante)* pousser vite 2. *(prix)* monter en flèche

shore
▪ **shore up** *vt* 1. étayer, étançonner 2. *fig* consolider

shout
▪ **shout down** *vt* huer, conspuer

show
▪ **show off** ⊙ *vt* exhiber ⊙ *vi* faire l'intéressant(e), frimer
▪ **show up** ⊙ *vt* embarrasser, faire honte à ⊙ *vi* 1. se voir, ressortir 2. *fam* s'amener, rappliquer

shrug
▪ **shrug off** *vt* ignorer

shut
- **shut away** *vt* mettre sous clef
- **shut down** ⊙ *vt* & *vi* 1. fermer 2. éteindre ⊙ *vi* *(magasin)* fermer
- **shut out** *vt* 1. supprimer *(un bruit)* 2. ne pas laisser entrer *(la lumière)* • to shut sb out laisser qqn à la porte
- **shut up** *fam* ⊙ *vt* faire taire ⊙ *vi* se taire

side
- **side with** *vt* prendre le parti de, se ranger du côté de

sign
- **sign on** *vi* 1. (MIL) s'engager 2. s'inscrire 3. *(UK)* s'inscrire au chômage
- **sign up** ⊙ *vt* 1. embaucher 2. engager ⊙ *vi* 1. (MIL) s'engager 2. s'inscrire *(à un cours)*

single
- **single out** *vt* • to single sb out (for) choisir qqn (pour)

siphon
- **siphon off** *vt* 1. siphonner 2. *fig* canaliser 3. détourner *(des fonds)*

sit
- **sit about** *(UK)*, **sit around** *vi* rester assis(e) à ne rien faire
- **sit down** *vi* s'asseoir
- **sit in on** *vt* assister à
- **sit through** *vt* rester jusqu'à la fin de
- **sit up** *vi* 1. se redresser 2. s'asseoir 3. veiller

size
- **size up** *vt* 1. jauger 2. apprécier, peser

skirt
- **skirt around** *vt* 1. contourner 2. éviter

sleep
- **sleep in** *vi (UK)* faire la grasse matinée
- **sleep with** *vt* coucher avec

slow
- **slow down, slow up** *vt* & *vi* ralentir

smarten
- **smarten up** *vt* arranger • to smarten o.s. up se faire beau (belle)

smooth
- **smooth out** *vt* défroisser

snap
- **snap up** *vt* sauter sur

soak
- **soak up** *vt* absorber

sort
- **sort out** *vt* 1. ranger, classer 2. résoudre

sound
- **sound out** *vt* • to sound sb out (on ou about) sonder qqn (sur)

space
- **space out** *vt* espacer

speak
- **speak for** *vt* parler pour, parler au nom de • she's already spoken for elle est déjà prise
- **speak up** *vi* 1. • to speak up for sb/sthg parler en faveur de qqn/qqch, soutenir qqn/qqch 2. parler plus fort

speed
- **speed up** ⊙ *vt* 1. faire aller plus vite 2. accélérer ⊙ *vi* 1. aller plus vite 2. accélérer

spell
- **spell out** *vt* 1. épeler 2. • to spell sthg out (for ou to sb) expliquer qqch clairement (à qqn)

spin
- **spin out** *vt* faire durer *(des provisions, une histoire)*

spirit
- **spirit away** *vt* 1. faire disparaître *(comme par enchantement)* 2. escamoter, subtiliser

spruce
- **spruce up** *vt* astiquer, briquer

spur
- **spur on** *vt* encourager

stand
- **stand back** *vi* reculer
- **stand by** ⊙ *vt* 1. soutenir 2. s'en tenir à ⊙ *vi* rester là (sans rien faire)
- **stand down** *vi (UK)* démissionner
- **stand for** *vt* 1. représenter 2. supporter, tolérer
- **stand in** *vi* • to stand in for sb remplacer qqn
- **stand out** *vi* ressortir
- **stand up** ⊙ *vt fam* poser un lapin à ⊙ *vi* se lever • stand up! debout !
- **stand up for** *vt* défendre
- **stand up to** *vt* 1. résister à 2. tenir tête à

start
- **start off** ⊙ *vt* 1. ouvrir *(des débats)*, commencer *(une réunion)* 2. faire naître *(une rumeur)* 3. entamer, commencer *(une discussion)* ⊙ *vi* 1. commencer 2. débuter 3. partir
- **start out** *vi* 1. débuter 2. partir
- **start up** ⊙ *vt* 1. créer 2. ouvrir 3. mettre en marche ⊙ *vi* 1. commencer 2. *(machine)* se mettre en route 3. *(voiture)* démarrer

stave
- **stave off** (prétérit & pp -d ou stove) *vt* 1. éviter *(le danger)* 2. tromper *(la faim, la soif)*

steam
- **steam up** ⊙ *vt* embuer ⊙ *vi* se couvrir de buée

stem
- **stem from** *vt* provenir de

step
- **step down** *vi* démissionner
- **step in** *vi* intervenir
- **step up** *vt* intensifier

stick
- **stick out** ⊙ *vt* 1. sortir *(la tête)* 2. lever *(la main)* 3. tirer *(la langue)* 4. *fam* • to stick it out tenir le coup ⊙ *vi* 1. dépasser 2. *fam* se remarquer
- **stick to** *vt* 1. suivre 2. rester fidèle à *(ses principes)* 3. s'en tenir à *(une décision)* 4. tenir *(une promesse)*
- **stick up** *vi* dépasser
- **stick up for** *vt* défendre

stir
- **stir up** *vt* 1. soulever 2. provoquer 3. susciter 4. faire naître *(une rumeur)*

stop
- **stop off** *vi* s'arrêter, faire halte
- **stop up** *vt* boucher

store
- **store up** *vt* 1. mettre en réserve 2. emmagasiner 3. mettre en mémoire, noter

straighten
- **straighten out** *vt* résoudre

stretch
- **stretch out** ⊙ *vt* tendre *(la main, le bras, la jambe)* ⊙ *vi* s'étendre, s'allonger

strike
- **strike down** *vt* terrasser
- **strike out** ⊙ *vt* rayer, barrer ⊙ *vi* se mettre en route, partir
- **strike up** *vt* 1. commencer, engager *(une conversation)* • to strike up a friendship (with) se lier d'amitié (avec) 2. commencer à jouer

string
- **string out** (prétérit & pp strung out) *vt* échelonner
- **string together** (prétérit & pp strung together) *vt fig* aligner

stub
- **stub out** *vt* écraser

stuff
- **stuff up** *vt* boucher

stumble
- **stumble across, stumble on** *vt* tomber sur

sum
- **sum up** ⊙ *vt* résumer ⊙ *vi* récapituler

summon
- **summon up** *vt* rassembler

sweep
- **sweep away** *vt* emporter, entraîner

■ **sweep up** *vt & vi* balayer

switch
■ **switch off** *vt* éteindre
■ **switch on** *vt* allumer

take
■ **take after** *vt* tenir de, ressembler à
■ **take apart** *vt* démonter
■ **take away** *vt* 1. enlever 2. retrancher, soustraire
■ **take back** *vt* 1. rendre, rapporter 2. reprendre 3. retirer
■ **take down** *vt* 1. démonter 2. prendre 3. baisser
■ **take in** *vt* 1. rouler, tromper 2. comprendre 3. englober, couvrir 4. recueillir
■ **take off** ⊙ *vt* 1. enlever, ôter 2. • to take a week/day off prendre une semaine/un jour de congé 3. *(UK)* imiter ⊙ *vi* 1. *(avion)* décoller 2. partir
■ **take on** *vt* 1. accepter, prendre 2. embaucher, prendre 3. s'attaquer à 4. faire concurrence à 5. (SPORT) jouer contre
■ **take out** *vt* emmener, sortir avec
■ **take over** ⊙ *vt* 1. reprendre, prendre la direction de 2. • to take over sb's job remplacer qqn, prendre la suite de qqn ⊙ *vi* 1. prendre le pouvoir 2. prendre la relève
■ **take to** *vt* 1. éprouver de la sympathie pour, sympathiser avec 2. prendre goût à 3. • to take to doing sthg se mettre à faire qqch
■ **take up** *vt* 1. prendre *(un emploi)* • to take up singing se mettre au chant 2. prendre, occuper *(de la place)*
■ **take up on** *vt* • to take sb up on an offer accepter l'offre de qqn
■ **take upon** *vt* • to take sthg upon as prendre qqch sur soi

talk
■ **talk into** *vt* • to talk sb into doing sthg persuader qqn de faire qqch
■ **talk out of** *vt* • to talk sb out of doing sthg dissuader qqn de faire qqch
■ **talk over** *vt* discuter de
■ **talk up** *vt* vanter les mérites de, faire de la publicité pour

tamper
■ **tamper with** *vt* 1. trafiquer *(une machine)* 2. altérer, falsifier *(des dossiers, des fichiers)* 3. essayer de crocheter *(une serrure)*

tart
■ **tart up** *vt (UK) fam & péj* retaper, rénover • to tart o.s. up se faire beau (belle)

tear
■ **tear apart** *vt* 1. déchirer, mettre en morceaux 2. *fig* diviser 3. déchirer
■ **tear down** *vt* 1. démolir 2. arracher *(une affiche)*
■ **tear out** *vt* 1. arracher *(une page)* 2. détacher *(un chèque, un coupon)* • to tear one's hair (out) *litt & fig* s'arracher les cheveux
■ **tear up** *vt* déchirer

tell
■ **tell apart** *vt* distinguer
■ **tell off** *vt* gronder

thin
■ **thin down** *vt* 1. délayer, diluer 2. éclaircir *(une sauce)*

think
■ **think about** *vt* • to think about sb/sthg songer à ou penser à qqn/qqch • to think about doing sthg songer à faire qqch • I'll think about it je vais y réfléchir
■ **think of** *vt* 1. → **think about** 2. se rappeler 3. penser à, avoir l'idée de • to think of doing sthg avoir l'idée de faire qqch
■ **think over** *vt* réfléchir à
■ **think up** *vt* imaginer

thrash
■ **thrash about, thrash around** *vi* s'agiter
■ **thrash out** *vt* 1. débrouiller, démêler 2. débattre de, discuter de

throw
■ **throw away** *vt* 1. jeter 2. *fig* gaspiller *(de l'argent)* 3. perdre *(une occasion)*
■ **throw out** *vt* 1. jeter 2. *fig* rejeter 3. mettre à la porte 4. expulser, renvoyer
■ **throw up** *vi fam* dégobiller, vomir

thumb
▪ **thumb through** *vt* feuilleter, parcourir

tick
▪ **tick off** *vt* 1. *(UK)* cocher 2. *(UK) fam* enguirlander
▪ **tick over** *vi (UK) (moteur)* tourner au ralenti

tidy
▪ **tidy up** ⊙ *vt* ranger, mettre de l'ordre dans ⊙ *vi* ranger

tie
▪ **tie down** *vt fig* restreindre la liberté de
▪ **tie in with** *vt* concorder avec, coïncider avec
▪ **tie up** *vt* 1. attacher 2. nouer 3. *fig* immobiliser 4. *fig* • **to be tied up with** être lié(e) à

tip
▪ **tip over** ⊙ *vt* renverser ⊙ *vi* se renverser

tone
▪ **tone down** *vt* modérer
▪ **tone up** *vt* tonifier

top
▪ **top up** *(UK)*, **top off** *(US) vt* remplir

touch
▪ **touch down** *vi* (AÉRON) atterrir
▪ **touch on** *vt* effleurer

toy
▪ **toy with** *vt* 1. caresser *(une idée)* 2. jouer avec • **to toy with one's food** manger du bout des dents

track
▪ **track down** *vt* 1. dépister 2. retrouver

trade
▪ **trade in** *vt* échanger, faire reprendre

trigger
▪ **trigger off** *vt* déclencher, provoquer

trip
▪ **trip up** *vt* faire un croche-pied à

try
▪ **try on** *vt* essayer *(un vêtement)*
▪ **try out** *vt* essayer *(une machine, une méthode)*

tuck
▪ **tuck away** *vt* mettre de côté ou en lieu sûr
▪ **tuck in** ⊙ *vt* 1. border *(un enfant)* 2. rentrer *(sa chemise dans son pantalon)* ⊙ *vi fam* bouffer
▪ **tuck up** *vt* border

tumble
▪ **tumble to** *vt (UK) fam* piger

turf
▪ **turf out** *vt* 1. *(UK) fam* virer 2. balancer, bazarder

turn
▪ **turn around** *vt* → **turn round**
▪ **turn away** ⊙ *vt* refuser ⊙ *vi* se détourner
▪ **turn back** ⊙ *vt* 1. replier 2. refouler ⊙ *vi* rebrousser chemin
▪ **turn down** *vt* 1. rejeter, refuser 2. baisser
▪ **turn in** *vi fam* se pieuter
▪ **turn off** ⊙ *vt* 1. quitter *(route)* 2. éteindre 3. fermer *(robinet, appareil)* ⊙ *vi* tourner
▪ **turn on** ⊙ *vt* 1. allumer 2. ouvrir • **to turn the light on** allumer la lumière 3. *fam* exciter ⊙ *vt* attaquer
▪ **turn out** ⊙ *vt* 1. éteindre 2. retourner, vider • **to turn out to be** s'avérer • **it turns out that ...** il s'avère ou se trouve que ... ⊙ *vi* 1. finir 2. venir
▪ **turn over** ⊙ *vt* 1. retourner *(une carte à jouer, une pierre)* 2. tourner *(une page)* 3. retourner dans sa tête 4. rendre, remettre ⊙ *vi* 1. se retourner 2. *(UK)* (TV) changer de chaîne
▪ **turn round** *(UK)*, **turn around** *(US)* ⊙ *vt* 1. retourner *(une carte à jouer, une pierre)* 2. tourner *(une page)* ⊙ *vi* se retourner
▪ **turn up** ⊙ *vt* 1. mettre plus fort 2. monter ⊙ *vi* 1. arriver 2. être retrouvé 3. *(occasion)* se présenter

use
▪ **use up** *vt* 1. épuiser 2. finir 3. dépenser

verge
▪ **verge (up)on** *vt* friser, approcher de

vouch
▪ **vouch for** *vt* répondre de, se porter garant de

PHRASAL VERBS

wade
■ **wade through** *vt fig* se taper, venir à bout de

wait
■ **wait for** *vt* attendre • to wait for sb to do sthg attendre que qqn fasse qqch
■ **wait on** *vt* servir
■ **wait up** *vi* veiller, ne pas se coucher

wake
■ **wake up** ⊙ *vt* réveiller ⊙ *vi* se réveiller

walk
■ **walk out** *vi* 1. partir 2. se mettre en grève, faire grève
■ **walk out on** *vt* quitter

ward
■ **ward off** *vt* 1. écarter 2. éviter 3. éloigner

warm
■ **warm to** *vt* 1. se prendre de sympathie pour 2. se mettre à aimer
■ **warm up** ⊙ *vt* réchauffer ⊙ *vi* 1. se réchauffer 2. *(un moteur, une machine)* chauffer 3. s'échauffer

wash
■ **wash away** *vt* emporter
■ **wash up** ⊙ *vt (UK)* • to wash the dishes up faire ou laver la vaisselle ⊙ *vi* 1. *(UK)* faire ou laver la vaisselle 2. *(US)* se laver

water
■ **water down** *vt* 1. diluer 2. couper d'eau *(de l'alcool)* 3. *péj* atténuer, modérer 4. édulcorer *(un roman, un film)*

wear
■ **wear away** ⊙ *vt* 1. user 2. abîmer ⊙ *vi* 1. s'user 2. s'abîmer
■ **wear down** *vt* 1. user 2. épuiser
■ **wear off** *vi* disparaître
■ **wear out** ⊙ *vt* 1. user 2. épuiser ⊙ *vi* s'user

weigh
■ **weigh down** *vt* 1. • to be weighed down with sthg plier sous le poids de qqch 2. • to be weighed down by ou with sthg être accablé par qqch
■ **weigh up** *vt* 1. *(UK)* examiner 2. juger, évaluer

while
■ **while away** *vt* passer

win
■ **win over, win round** *(UK) vt* convaincre, gagner à sa cause

wind
■ **wind down** ⊙ *vt* 1. *(UK)* baisser *(une vitre de voiture)* 2. cesser graduellement ⊙ *vi* se détendre
■ **wind up** *vt* 1. clôturer *(un compte)*, liquider *(une entreprise)* 2. *(UK)* remonter *(une montre, une vitre de voiture)* 3. *(UK) fam* faire marcher 4. *fam* • to wind up doing sthg finir par faire qqch

winkle
■ **winkle out** *vt* extirper • to winkle sthg out of sb arracher qqch à qqn

wipe
■ **wipe out** *vt* 1. effacer 2. anéantir
■ **wipe up** *vt & vi* essuyer

work
■ **work on** *vt* 1. travailler à 2. se baser sur
■ **work out** ⊙ *vt* 1. mettre au point 2. trouver ⊙ *vi* 1. • to work out at *(UK)* ou to *(US)* s'élever 2. se dérouler 3. (bien) marcher 4. s'entraîner
■ **work up** *vt* 1. • to work o.s. up into a rage se mettre en rage 2. • to work up an appetite s'ouvrir l'appétit • to work up enthusiasm s'enthousiasmer

wrap
■ **wrap up** ⊙ *vt* envelopper, emballer ⊙ *vi* • wrap up well ou warmly! couvrez-vous bien !

write
■ **write back** *vi* répondre
■ **write down** *vt* écrire, noter
■ **write into** *vt* • to write a clause into a contract insérer une clause dans un contrat
■ **write off** *vt* 1. considérer comme fichu 2. passer aux pertes et profits 3. considérer comme fini 4. *(UK) fam* bousiller
■ **write up** *vt* mettre au propre

zip
■ **zip up** *vt* fermer la fermeture Éclair ® de

Dictionnaire des verbes anglais

ABRÉVIATIONS UTILISÉES

Variétés de l'anglais

UK	anglais britannique
US	anglais américain

Domaines du savoir

AÉRON	aéronautique
AUTO	automobile
COMM	commerce
FIN	finance
FOOTBALL	football
INFORM	informatique
MÉD	médecine
MÉTÉOR	météorologie
MIL	militaire
MUS	musique
PHOTO	photographie
RAIL	chemin de fer
RADIO	radio
SPORT	sport
TÉLÉC	télécommunications
TV	télévision

Autres abréviations

aux modal	auxiliaire modal
euphém	euphémisme
interj	interjection
fam	familier
fig	figuré
litt	sens propre
péj	péjoratif
qqch	quelque chose
qqn	quelqu'un
sout	soutenu
tfam	très familier
v aux	verbe auxiliaire
vi	verbe intransitif
vieilli	terme vieilli
vp + prép	verbe pronominal + préposition
vt	verbe transitif
vulg	vulgaire

A

abandon *vt* abandonner – déserter
abase *vt* s'humilier – s'abaisser
abate *vi* s'apaiser ; *vt* baisser
abbreviate *vt* abréger
abdicate *vt* renoncer à ; *vi* abdiquer
abduct *vt* enlever – kidnapper
abet *vt* aider – encourager
abhor *vt* détester – avoir en horreur
abide *vt* supporter ; *vi* demeurer
■ **abide by** *vt* se conformer à – supporter – respecter
abjure *vt* renier – abjurer
abnegate *vt* renoncer à
abolish *vt* abolir – supprimer
abort *vi* avorter ; *vt* interrompre
abound *vi* abonder – foisonner
about-turn *vi (UK)* faire un demi-tour – faire volte-face
about-face *vi (US)* faire un demi-tour – faire volte-face
abreact *vt* libérer par abréaction ; *vi* abréagir
abridge *vt* abréger – écourter
abrogate *vt* abroger – abolir
abscond *vi* s'enfuir – prendre la fuite
abseil *vi* descendre en rappel
absent *vt* s'absenter (de qqch)
absolve *vt* absoudre – acquitter
absorb *vt* absorber – amortir
abstain *vi* s'abstenir
abstract *vt* extraire – soustraire
abuse *vt* abuser de – injurier
abut *vi* être adjacent à qqch
accede *vi* agréer – accéder
accelerate *vt* accélérer ; *vi* s'accélérer
accent *vt* accentuer – mettre en valeur
accentuate *vt* accentuer – souligner
accept *vt* accepter – faire face à
access *vt* accéder à
accession *vt* enregistrer
accessorize *vt* accessoiriser
accessorise *vt (UK)* accessoiriser
acclaim *vt* acclamer – proclamer
acclimate *vt/vi (US)* acclimater
acclimatize *vt* acclimater ; *vi* s'accoutumer à
acclimatise *vt (UK)* acclimater ; *vi (UK)* s'accoutumer à
accommodate *vt* loger ; *vi* s'accomoder à qcch
accompany *vt* accompagner – escorter
accomplish *vt* accomplir – venir à bout de
accord *vt* accorder ; *vi* s'accorder
accost *vt* accoster – racoler
account *vt* considérer
■ **account for** *vt* expliquer – rendre compte de
accredit *vt* créditer – accréditer
accrue *vi* s'accroître ; *vt* accumuler
accumulate *vt* accumuler ; *vi* s'accumuler
accuse *vt* accuser
accustom *vt* habituer – accoutumer
ace *vt* servir un ace
ache *vi* faire mal – avoir très envie
achieve *vt* accomplir – réaliser
acknowledge *vt* reconnaître – répondre à
acquaint *vt* aviser – renseigner
acquiesce *vi* acquiescer – consentir
acquire *vt* acquérir – apprendre
acquit *vt* acquitter – s'acquitter de
act *vi* agir ; *vt* jouer
■ **act on** *vt* suivre – agir conformément à
■ **act out** *vt* vivre ; *vi* passer à l'acte
■ **act up** *vi* fam faire l'idiot – déconner
■ **act upon** *vt* suivre – agir conformément à
action *vt* mettre en action *ou* en pratique – mettre à exécution
activate *vt* activer
actuate *vt* mettre en marche – faire agir
adapt *vt* adapter ; *vi* s'adapter
add *vt* ajouter ; *vi* faire des additions
■ **add on** *vt* additionner
■ **add to** *vt* ajouter à – accroître
■ **add up** *vt* additionner ; *vi* se recouper
■ **add up to** *vt* s'élever à – signifier
address *vt* adresser – s'adresser à
adduce *vt* fournir – invoquer
adhere *vi* coller – adhérer
adjoin *vi* être contigu ; *vi* être attenant à
adjourn *vi* suspendre la séance ; *vt* suspendre
adjudge *vt* déclarer – prononcer
adjudicate *vi* se prononcer ; *vt* décider
adjust *vt* ajuster ; *vi* s'adapter
ad-lib *vi/vt* improviser
administer *vt* diriger ; *vi* subvenir aux besoins de qqn
administrate *vt* administrer
admire *vt* admirer
admit *vt* admettre – avouer
■ **admit of** *vt (UK)* admettre – permettre
■ **admit to** *vt* admettre – reconnaître
admonish *vt* réprimander – avertir
adopt *vt* adopter – prendre
adore *vt* adorer
adorn *vt* orner – embellir
adulterate *vt* frelater
adumbrate *vt* ébaucher – faire pressentir
advance *vt* faire avancer ; *vi* avancer
advantage *vt* avantager
advert *vi* se rapporter – se référer
advertise *vt* faire de la publicité pour ; *vi* faire de la publicité
advise *vt* conseiller – aviser
advocate *vt* prôner – préconiser
aerate *vt* gazéifier – retourner
affect *vt* avoir un effet sur – toucher
affiliate *vt* affilier
affirm *vt* affirmer – professer
affix *vt* apposer – coller
afflict *vt* affecter
afford *vt* avoir les moyens de payer – se permettre
affront *vt* faire un affront à – insulter
age *vi/vt* vieillir
agglomerate *vt* agglomérer ; *vi* s'agglomérer
aggravate *vt* aggraver – agacer
aggregate *vt* rassembler – s'élever à
agitate *vt* remuer ; *vi* faire campagne pour
agonize *vi* se tourmenter
agonise *vi (UK)* se tourmenter
agree *vi* être d'accord ; *vt* admettre
aid *vt* aider – contribuer à

ail *vt* affliger ; *vi* être souffrant
aim *vt* braquer ; *vi* viser
air *vt* aérer – exprimer
airbrush *vt* peindre à l'aérographe
airdrop *vt* parachuter
air-kiss *vi* envoyer un baiser à
airlift *vt* évacuer par pont aérien – transporter par pont aérien
airmail *vt* expédier par avion
alarm *vt* alarmer – alerter
alert *vt* alerter – donner l'alerte à
alibi *vt (US)* trouver des excuses à
alienate *vt* aliéner
alight *vi* se poser – descendre
▪ **alight on** *vt* se poser sur – apprendre par hasard
align *vt* aligner ; *vi* être aligné
allay *vt* apaiser – dissiper
allege *vt* alléguer – prétendre
alleviate *vt* alléger – limiter
allocate *vt* allouer – répartir
allot *vt* allouer – répartir
allow *vt* permettre – accorder
▪ **allow for** *vt* tenir compte de
▪ **allow of** *vt* admettre – souffrir
alloy *vt* allier – faire un alliage de
allude *vi* faire allusion (à qqch)
allure *vt* attirer – séduire
ally *vt* allier – unir
alphabetize *vt* classer par ordre alphabétique
alphabetise *vt (UK)* classer par ordre alphabétique
alter *vi/vt* changer
alternate *vi* alterner ; *vt* (faire) alterner
amalgamate *vt/vi* fusionner
amass *vt* amasser – accumuler
amaze *vt* stupéfier – ahurir
amble *vi* marcher *ou* aller d'un pas tranquille
ambush *vt* attirer dans une embuscade
ameliorate *vt* améliorer ; *vi* s'améliorer
amend *vt* rectifier – amender
americanize *vt* américaniser
americanise *vt (UK)* américaniser
amortize *vt* amortir
amortise *vt (UK)* amortir
amount to *vt* revenir à – s'élever à
amplify *vt* amplifier – développer
amputate *vt* amputer
amuse *vt* divertir – amuser
anaesthetize *vt* anesthésier – insensibiliser
anaesthetise *vt (UK)* anesthésier – insensibiliser
anesthetize *vt (US)* anesthésier – insensibiliser
analyse *vt (UK)* analyser – psychanalyser
analyze *vt (US)* analyser – psychanalyser
anathematize *vt* anathématiser – jeter l'anathème sur
anathematise *vt (UK)* anathématiser – jeter l'anathème sur
anatomize *vt* disséquer
anatomise *vt (UK)* disséquer
anchor *vi* jeter l'ancre ; *vt* ancrer
anger *vt* mettre en colère – énerver
angle *vt* orienter ; *vi* s'orienter
anglicize *vt* angliciser
anglicise *vt (UK)* angliciser
anguish *vt* angoisser – inquiéter énormément
animate *vt* animer – motiver
anneal *vt* recuire – tremper
annex *vt* annexer
annihilate *vt* anéantir – *fam* écraser
annotate *vt* annoter
announce *vt* annoncer ; *vi* se déclarer
annoy *vt* ennuyer – agacer
annualize *vt* annualiser
annualise *vt (UK)* annualiser
annul *vt* abroger – résilier
anoint *vt* oindre – consacrer par l'onction
answer *vt* répondre à ; *vi* répondre
▪ **answer back** *vi/vt* répondre à (avec insolence)
▪ **answer for** *vt* répondre de – garantir
▪ **answer to** *vt* répondre à – correspondre à
antagonize *vt* contrarier, mettre à dos
antagonise *vt (UK)* contrarier, mettre à dos
ante *vi* faire une mise
▪ **ante up** *tfam vt/vi (US)* casquer
antedate *vt* précéder – antidater
anticipate *vt* prévoir ; *vi* anticiper
ape *vt* singer
apologize *vi* s'excuser
apologise *vi (UK)* s'excuser
apostrophize *vt* apostropher
apostrophise *vt (UK)* apostropher
appal *vt (UK)* choquer – écœurer
appall *vt (US)* choquer – écœurer
apparel *vt* vêtir – orner
appeal *vi* faire un appel – faire appel
appear *vi* apparaître – paraître
appease *vt* apaiser – calmer
append *vt* joindre – apposer
appertain *vi* appartenir à
applaud *vi/vt* applaudir
appliqué *vt* coudre en application
apply *vt* appliquer ; *vi* s'adresser
appoint *vt* nommer – fixer
apportion *vt* répartir – partager
appraise *vt* estimer – évaluer
appreciate *vt* apprécier ; *vi* monter
apprehend *vt* arrêter – comprendre
apprentice *vt* être en apprentissage
apprise *vt* informer – prévenir
approach *vt* s'approcher de ; *vi* s'approcher
appropriate *vt* s'approprier – affecter
approve *vt* approuver – ratifier
▪ **approve of** *vt* approuver – avoir une bonne opinion de
approximate *vi* se rapprocher de qqch
aquaplane *vi* faire de l'aquaplane *(UK)* – partir en aquaplanage
arbitrate *vt* arbitrer ; *vi* décider en qualité d'arbitre
arc *vi* décrire un arc – projeter *ou* cracher des étincelles
arch *vt* arquer ; *vi* former une voûte
archive *vt* archiver
argue *vi* se disputer ; *vt* discuter
▪ **argue out** *vt* régler
arise *vi* survenir – résulter
arm *vt* armer ; *vi* s'armer
arm-wrestle *vi* faire une partie de bras de fer
arouse *vt* stimuler – réveiller
arraign *vt* traduire en justice – accuser
arrange *vt* ranger ; *vi* prendre des dispositions
array *vt* disposer – habiller
arrest *vt* arrêter – attirer
arrive *vi* arriver – *fam* réussir
▪ **arrive at** *vt* arriver *ou* parvenir à – atteindre
arrogate *vt* revendiquer à tort – attribuer injustement

arrow *vt* cocher – indiquer au moyen d'une flèche
arse about *vi (UK)* vulg déconner
arse around *vi (UK)* vulg déconner
article *vt (UK)* mettre en apprentissage – mettre en stage
articulate *vt/vi* articuler
ascend *vi/vt* monter
ascertain *vt* établir – constater
ascribe *vt* attribuer – imputer
ask *vt/vi* demander
▪ **ask after** *vt* demander des nouvelles de qqn
▪ **ask along** *vt* inviter
▪ **ask around** *vi* se renseigner
▪ **ask back** *vt* réinviter – inviter
▪ **ask for** *vt* demander
▪ **ask in** *vt* inviter à entrer
▪ **ask out** *vt* inviter à sortir
▪ **ask round** *vt (UK)* inviter (à venir)
asphalt *vt* asphalter
asphyxiate *vi* s'asphyxier ; *vt* asphyxier
aspirate *vt* aspirer
aspire *vi* aspirer – monter
assail *vt* attaquer – assaillir
assassinate *vt* assassiner
assault *vt* agresser – se livrer à des voies de fait sur
assay *vt* essayer – tenter
assemble *vt* assembler ; *vi* se rassembler
assent *vi* consentir – acquiescer
assert *vt* affirmer – défendre
assess *vt* estimer – fixer *ou* déterminer la valeur de
assign *vt* assigner – nommer
assimilate *vt* assimiler ; *vi* s'assimiler
assist *vt/vi* aider
associate *vt* associer ; *vi* fréquenter
assort *vt* classer ; *vi* s'assortir
assuage *vt* soulager – assouvir
assume *vt* supposer – assumer
assure *vt* affirmer *(UK)* – assurer
asterisk *vt* marquer d'un astérisque
astonish *vt* étonner – stupéfier
astound *vt* stupéfier – abasourdir
atomize *vt* pulvériser – atomiser
atomise *vt (UK)* pulvériser – atomiser
atone *vt/vi* expier
atrophy *vi* s'atrophier ; *vt* atrophier

attach *vt* attacher ; *vi* être attribué
attack *vt* attaquer – s'attaquer à
attain *vt* réaliser – atteindre
▪ **attain to** *vt* arriver à
attempt *vt* tenter – entreprendre
attend *vt* assister à ; *vi* être présent
▪ **attend on** *vt* servir – résulter de
▪ **attend to** *vt* faire *ou* prêter attention à – s'occuper de
▪ **attend upon** *vt* être au service de
attenuate *vt* atténuer ; *vi* s'atténuer
attest *vt* attester ; *vi* témoigner
attire *vt* vêtir – habiller
attitudinize *vi* prendre des attitudes – poser
attitudinise *vi (UK)* prendre des attitudes – poser
attract *vt* attirer ; *vi* s'attirer
attribute *vt* attribuer – imputer
attune *vt* accorder – habituer
auction *vt* vendre qqch aux enchères
audit *vt* vérifier – apurer
audition *vt/vi* auditionner
augment *vt/vi* augmenter
augur *vt* prédire ; *vi* être bon *ou* mauvais augure pour
au pair *vi* travailler au pair
authenticate *vt* établir l'authenticité de – légaliser
author *vt* être l'auteur de
authorize *vt* autoriser – sanctionner
authorise *vt (UK)* autoriser – sanctionner
autodestruct *vi* s'autodétruire
autograph *vt* dédicacer – signer
automate *vt* automatiser
automatize *vt* automatiser
automatise *vt (UK)* automatiser
avail *vt se* servir ; *vi* servir
avalanche *vi* tomber en avalanche
avenge *vt* venger
aver *vi* affirmer – déclarer
average *vt* établir *ou* faire la moyenne de – atteindre la moyenne de
▪ **average out** *vt* faire la moyenne de ; *vi* s'élever en moyenne à
avert *vt* prévenir – détourner
avoid *vt* éviter – annuler
avow *vt* affirmer – admettre

await *vt* attendre – être réservé à
awake *vi* se réveiller ; *vt* réveiller
awaken *vt* éveiller ; *vi* s'éveiller
award *vt* accorder – décerner
axe *vt (UK)* couper – licencier
ax *vt (US)* couper – licencier

B

baa *vi* bêler
babble *vi* gazouiller ; *vt* bredouiller
baby *vt* dorloter – bichonner
baby-sit *vi* garder des enfants – faire du baby-sitting
back *vt* reculer ; *vi* faire marche arrière
▪ **back away** *vi* faire marche arrière – (se) reculer
▪ **back down** *vi* céder
▪ **back off** *vi* reculer
▪ **back onto** *vt* donner sur (à l'arrière)
▪ **back out** *vi* sortir en marche arrière – se dérober
▪ **back up** *vi* faire marche arrière ; *vt* faire reculer
backcomb *vt* crêper
backdate *vt* antidater
backfill *vt* remplir
backfire *vi* pétarader – avoir un effet inattendu
backpack *vi* voyager sac au dos ; *vt* transporter dans un sac à dos
backpedal *vi* rétropédaler – faire marche arrière
backslide *vi* retomber – récidiver
backspace *vi* faire un retour arrière ; *vt* rappeler
backstitch *vi/vt* coudre en point arrière
backtrack *vi* revenir sur ses pas – faire marche arrière
badger *vt* harceler – persécuter
badmouth *vt* médire de – dénigrer
baffle *vt* déconcerter – faire échouer
bag *vt* mettre dans un sac ; *vi* goder
bail *vt* payer la caution pour – vider
▪ **bail out** *vt* tirer *ou* sortir d'affaire ; *vi* sauter en parachute

bait *vt* amorcer – harceler
bake *vt* faire cuire au four ; *vi* cuire (au four)
balance *vt* mettre en équilibre ; *vi* se maintenir en équilibre
▪ **balance out** *vi* contrebalancer
bale *vt* mettre en balles – emballer
balk *vi* refuser – hésiter ; *vt* contrecarrer
ball *vi* boulocher ; *vt* mettre en pelote
▪ **ball(s) up** *vt (UK)* vulg foutre la merde dans
ballast *vt* lester – empierrer
balloon *vi* gonfler ; *vt (UK)* projeter très haut en l'air
ballot *vt* sonder au moyen d'un vote
bamboozle *vt* avoir – déboussoler
ban *vt* interdire
▪ **band together** *vi* se grouper – former une bande
bandage *vt* bander – mettre un bandage sur
▪ **bandage up** *vt* bander
bandy *vt* échanger
▪ **bandy about** *vt (UK)* faire circuler
▪ **bandy around** *vt* faire circuler
bang *vt* frapper violemment ; *vi* claquer
▪ **bang about** *vi (UK)* faire du bruit ; *vt* cogner les uns contre les autres
▪ **bang around** *vi* fam faire du bruit ; *vt* cogner les uns contre les autres
▪ **bang away** *vi* tonner – tirer sans arrêt
▪ **bang down** *vt* jeter violemment – poser brutalement
▪ **bang into** *vt* se cogner contre – heurter
▪ **bang on** *vi* fam parler sans cesse d'un sujet
▪ **bang out** *vt* fam jouer fort et mal
▪ **bang together** *vt* cogner l'un contre l'autre
▪ **bang up** *vt* tfam boucler pour la nuit
banish *vt* exiler – bannir
bank *vt* relever (dans un virage) ; *vi* avoir un compte
▪ **bank on** *vt* compter sur
▪ **bank upon** *vt* compter sur
▪ **bank up** *vt* relever (dans un virage) ; *vi* s'amonceler
bankroll *vt (US)* financer
bankrupt *vt* mettre en faillite – ruiner
banquet *vi* faire un banquet ; *vt* offrir un banquet à
banter *vi* badiner
baptize *vt* baptiser
baptise *vt* baptiser
bar *vt* munir de barreaux – barrer
barbecue *vt* griller au charbon de bois – rôtir tout entier
bar code *vt* mettre un code-barres sur
bard *vt* barder
bare *vt* découvrir – dégainer
bargain *vi* marchander – négocier
▪ **bargain away** *vt* renoncer à – vendre
▪ **bargain for** *vt* s'attendre à
▪ **bargain on** *vt* compter sur
barge *vt* bousculer
▪ **barge in** *vi* faire irruption
▪ **barge into** *vt* rentrer dans – se cogner contre
bark *vt/vi* aboyer
▪ **bark out** *vt* aboyer
barnstorm *vi* faire une tournée à la campagne – jouer sur les tréteaux
barrack *vt* caserner *(UK)* chahuter
barrel *vt* fam mettre en tonneau ; *vi* foncer
barricade *vt* barricader
bartend *vi (US)* être barman *ou* serveur (de bar) – être barmaid *ou* serveuse (de bar)
barter *vt* échanger ; *vi* faire un échange *ou* un troc
base *vt* baser – fonder
bash *vt* frapper – entailler
▪ **bash about** fam *vt (UK)* flanquer des coups à – maltraiter
▪ **bash around** fam *vt* flanquer des coups à – maltraiter
▪ **bash in** fam *vt* enfoncer – défoncer
▪ **bash on** *vi (UK)* fam continuer (tant bien que mal)
▪ **bash up** *vt* bousiller – tabasser
bask *vi* se réjouir – se délecter
bastardize *vt* corrompre – déclarer illégitime *ou* naturel
bastardise *vt (UK)* corrompre – déclarer illégitime *ou* naturel
baste *vt* arroser – bâtir
bat *vi* manier la batte ; *vt* donner un coup à
batch *vt* grouper
bath *vt* baigner ; *vi (UK)* prendre un bain
bathe *vi (UK)* se baigner ; *vt* laver
batten *vt* latter – planchéier
▪ **batten down** *vt* fermer
▪ **batten on** *vt* s'accrocher sur qqn
batter *vt* battre ; *vi* frapper à coups redoublés
▪ **batter about** *vt* maltraiter – battre
▪ **batter down** *vt* fouler – démolir
▪ **batter in** *vt* défoncer – enfoncer
battle *vi* se battre ; *vt (US)* combattre
baulk *vi* reculer devant ; *vt* contrecarrer
bawl *vi* brailler ; *vt* brailler
▪ **bawl out** *vt* fam passer un savon à
bay *vi* aboyer – donner de la voix
bayonet *vt* passer à la baïonnette
be *vi* être ; *v aux*
beach *vt* échouer
bead *vi* perler ; *vt* décorer de perles
beagle *vi* chasser avec des beagles
beam *vi* briller ; *vt* transmettre par émission dirigée
bean *vt (US)* frapper qqn sur la tête
bear *vt* porter ; *vi* diriger
▪ **bear down** *vi* appuyer – pousser
▪ **bear on** *vt* se rapporter à – intéresser
▪ **bear out** *vt (UK)* confirmer – corroborer
▪ **bear up** *vi (UK)* tenir le coup – garder le moral
▪ **bear upon** *vt* se rapporter à
▪ **bear with** *vt* supporter patiemment
beard *vt* affronter – braver
beat *vt* frapper ; *vi* battre
▪ **beat back** *vt* repousser
▪ **beat down** *vt (UK)* faire baisser ; *vi* taper
▪ **beat in** *vt* défoncer
▪ **beat off** *vt* repousser
▪ **beat out** *vt* étouffer – étaler au marteau

- **beat up** *vt fam* tabasser – faire monter

beat up *vt* culpabiliser
beatify *vt* béatifier
beautify *vt* embellir – orner
- **beaver away** *vi fam* travailler d'arrache-pied à qqch

becalm *vt* être encalminé
beckon *vi* faire signe ; *vt* faire signe à
become *vi* devenir ; *vt* aller à
- **become of** *vt* devenir

bed *vt* fixer – repiquer
- **bed down** *vi* se coucher ; *vt* mettre au lit

bedazzle *vt* éblouir – aveugler
bedeck *vt* orner – parer
bedevil *vt* déranger – embrouiller
beef *vi fam* râler
- **beef up** *vt* renforcer – étoffer

beep *vi* klaxonner ; *vt* klaxonner
beeswax *vt* cirer (avec de la cire d'abeille)
beetle *vi (UK) fam* courir précipitamment
- **beetle off** *vi fam* filer

befall *vt* arriver à ; *vi* arriver
befit *vt* convenir à – seoir à
befriend *vt* prendre en amitié – venir en aide à
befuddle *vt* brouiller l'esprit *ou* les idées de – griser
beg *vi* mendier ; *vt* mendier
beget *vt* engendrer – causer
beggar *vt* réduire à la mendicité – appauvrir
begin *vt/vi* commencer
begrudge *vt* envier – donner *ou* accorder à regret
beguile *vt* envoûter – enjôler
behave *vi* se comporter ; *vt* se comporter
behead *vt* décapiter
behold *vt* regarder – apercevoir
behove *vt (UK)* appartenir à qqn de faire qqch
behoove *vt (US)* appartenir à qqn de faire qqch
belabour *vt (UK)* rouer de coups – injurier
belabor *vt (US)* rouer de coups – injurier
belay *vt/vi* amarrer – assurer
belch *vi* roter ; *vt* cracher
beleaguer *vt* harceler – assiéger
belie *vt* donner une fausse idée *ou* impression de – démentir
believe *vt* croire ; *vi* être croyant
- **believe in** *vt* croire à

belittle *vt* rabaisser – dénigrer
bell *vi* bramer – ballonner
bellow *vi* beugler ; *vt* brailler
belly *vt* enfler ; *vi* s'enfler
bellyache *vi fam* râler
- **belly-dance** *vi* danser *ou* faire la danse du ventre

belong *vi* appartenir – être à sa place
belt *vt* ceinturer ; *vi (UK)* filer
- **belt down** *vt (UK) fam* engloutir – avaler
- **belt out** *vt fam* chanter à pleins poumons
- **belt up** *vi fam* attacher sa ceinture *(UK)* – la fermer

bemoan *vt* pleurer – se lamenter sur
bench *vt (US)* retirer du jeu
bend *vt/vi* plier
- **bend back** *vi* se pencher en arrière ; *vt* replier
- **bend down** *vi* se courber ; *vt* faire ployer
- **bend over** *vi* se pencher ; *vt* replier

benefit *vt* faire du bien à ; *vi* profiter
bequeath *vt* transmettre – léguer
berate *vt* réprimander
bereave *vt* priver – déposséder
berry *vi* produire des baies – cueillir des baies
berth *vi* venir à quai ; *vt* amarrer
beseech *vt* solliciter – implorer
beset *vt* assaillir – encercler
besiege *vt* assiéger – assaillir
besmirch *vt* souiller
bespatter *vt* éclabousser – souiller
bespeak *vt* démontrer – témoigner de
best *vt* l'emporter sur – vaincre
bestir *vt* s'activer
bestow *vt* accorder – conférer
bestride *vt* enfourcher – enjamber
bet *vt/vi* parier
betake *vt* se rendre à
bethink *vt* songer à qqch
betide *vi* advenir
betoken *vt* être l'indice de – présager
betray *vt* trahir – tromper
better *vt* améliorer – dépasser
bevel *vt* biseauter – tailler en biseau *ou* de biais
bewail *vt* pleurer
beware *vi* prendre garde ; *vt* prendre garde
bewilder *vt* rendre perplexe – dérouter
bewitch *vt* ensorceler – enchanter
bezel *vt* biseauter – tailler en biseau
bias *vt* influencer – prévenir
bicker *vi* se chamailler
bicycle *vi* faire du vélo *ou* de la bicyclette
bid *vi* faire une offre ; *vt* faire une offre de
bide *vt* attendre son heure
biff *vt fam* flanquer un coup de poing à
bifurcate *vi* bifurquer
bike *vi* faire du vélo – faire de la moto
bilk *vt (UK)* contrecarrer – escroquer
bill *vt* facturer ; *vi* becqueter
billet *vt* loger – cantonner
billow *vi* onduler – se gonfler
- **billow out** *vi* se gonfler

bin *vt* mettre dans un coffre *(UK)* – *fam* flanquer à la poubelle
bind *vt* attacher ; *vi* engager
- **bind over** *vt* mettre en apprentissage *(UK)* – sommer
- **bind up** *vt* attacher – lier

binge *vi* faire des folies – faire des excès (de nourriture)
birch *vt* fouetter
bisect *vt* couper en deux – diviser en deux parties égales
bitch *vi fam* râler – rouspéter
bite *vt/vi* mordre
- **bite back** *vt* se retenir de dire qqch
- **bite off** *vt* arracher d'un coup de dents

bivouac *vi* bivouaquer
blab *vi fam* vendre la mèche ; *vt* laisser échapper
blabber *fam vi* jaser – babiller
black *vt* noircir *(UK)* – boycotter
- **black out** *vt* plonger dans l'obscurité ; *vi* s'évanouir

blackball *vt* blackbouler
blackberry *vi* cueillir des mûres
blacken *vt* noircir ; *vi* s'assombrir
blackleg *vi* briser la grève
blacklist *vt* mettre sur la liste noire
blackmail *vt* faire chanter

blame *vt* rejeter la responsabilité sur – critiquer
blanch *vt* décolorer ; *vi* blêmir
blank out *vt* rayer – oublier
blanket *vt* recouvrir – étouffer
blare *vi* beugler – brailler
▪ **blare out** *vi* beugler ; *vt* beugler
blarney fam *vt* baratiner – embobiner
blaspheme *vi* blasphémer ; *vt* blasphémer
blast *vt* faire sauter ; *vi* beugler
▪ **blast off** *vi* décoller
▪ **blast out** *vt/vi* beugler
blather *vi (US)* raconter des bêtises *ou* des âneries
blaze *vi* flamber ; *vt* proclamer
▪ **blaze away** *vi* continuer de flamber *(UK)* – faire feu
blazon *vt* proclamer – marquer
bleach *vt/vi* blanchir
bleat *vi* bêler ; *vt* dire d'un ton bêlant
bleed *vi* saigner ; *vt* saigner
bleep *vi* émettre un bip *ou* un bip-bip ; *vt* appeler (au moyen d'un bip ou d'un bip-bip)
blemish *vt* gâter – tacher
blench *vi* reculer – blêmir
blend *vt* mélanger ; *vi* se mélanger
bless *vt* bénir – douer
blether *vi* dire des âneries *ou* des bêtises
blight *vt* rouiller – gâcher
blind *vt* aveugler – rendre aveugle
blindfold *vt* bander les yeux à *ou* de
blink *vi* cligner *ou* clignoter des yeux ; *vt* cligner *ou* clignoter des yeux
blinker *vt* mettre des œillères à
blip *vi* faire bip *ou* bip-bip
blister *vi* se couvrir d'ampoules ; *vt* donner des ampoules à
blitz *vt* pilonner – bombarder
block *vt* boucher ; *vi* faire de l'obstruction
▪ **block in** *vt* bloquer – colorer
▪ **block off** *vt* bloquer – condamner
▪ **block out** *vt* empêcher d'entrer – empêcher
▪ **block up** *vt* boucher – condamner
blockade *vt* faire le blocus de – bloquer
blood *vt* acharner – donner le baptême du feu à
bloody *vt* ensanglanter – couvrir de sang
bloom *vi* éclore – être en pleine forme
blossom *vi* éclore – s'épanouir
blot *vt* sécher – tacher
▪ **blot out** *vt* cacher – masquer
▪ **blot up** *vt* éponger – boire
blotch *vi* se couvrir de taches *ou* de marbrures ; *vt* tacher
blouse *vt* faire blouser
blow *vi* souffler ; *vt* faire bouger
▪ **blow away** *vt* chasser – fam sidérer
▪ **blow down** *vi* être abattu par le vent ; *vt* faire tomber
▪ **blow in** *vi* fam débarquer à l'improviste ; *vt* enfoncer
▪ **blow off** *vi* s'envoler ; *vt* emporter
▪ **blow out** *vt* souffler ; *vi* sauter
▪ **blow over** *vi* se calmer ; *vt* abattre
▪ **blow up** *vt* faire exploser *ou* sauter ; *vi* exploser
blow-dry *vt* faire un brushing à
blow wave *vt* faire un brushing à
blub *vi (UK)* fam pleurer comme un veau *ou* une Madeleine
blubber *vi* fam pleurer comme un veau *ou* une Madeleine
bludgeon *vt* matraquer – contraindre
blue fam *vt (UK)* claquer – passer au bleu
blueprint *vt* tirer des bleus
bluff *vi/vt* bluffer
blunder *vi* faire une gaffe *ou* un impair – avancer à l'aveuglette
blunt *vt* émousser – épointer
blur *vt* estomper ; *vi* s'estomper
blurt *vt* lâcher – jeter
▪ **blurt out** *vt* laisser échapper
blush *vi* rougir – devenir rouge
bluster *vi* faire rage ; *vt* intimider
board *vt* monter à bord de ; *vi* être en pension
▪ **board up** *vt* couvrir de planches – boucher
boast *vi* se vanter ; *vt* se vanter de
boat *vi* voyager en bateau
bob *vi* faire une petite révérence ; *vt* faire monter et descendre
bobble *vi* avoir un faux rebond
bobsled *vi* faire du bobsleigh
bobsleigh *vi* faire du bobsleigh
bode *vi* augurer, présager
bodge *vt (UK)* fam saboter – rafistoler
bog down *vt* empêcher – embourber
boggle *vi* être abasourdi – hésiter
boil *vt* faire bouillir ; *vi* bouillir
▪ **boil down** *vt* faire réduire – réduire à l'essentiel
▪ **boil down to** *vt* revenir à
▪ **boil over** *vi* déborder – bouillir
bolster *vt* soutenir – rembourrer
bolt *vi* se précipiter ; *vt* fermer à clé
▪ **bolt down** *vt* avaler à toute vitesse
bomb *vt* bombarder ; *vi* fam filer à toute vitesse
▪ **bomb out** *vt* détruire par bombardement ; *vi (US)* fam foirer
bombard *vt* bombarder
bond *vt* lier ; *vi* former des liens affectifs
bone *vt* désosser – ôter les arêtes de
▪ **bone up on** *vt (UK)* fam bûcher
bonk tfam *vi* s'envoyer en l'air ; *vt* s'envoyer en l'air avec
boo *vt* huer ; *vi* pousser des huées
boob *vi* gaffer
▪ **booby-trap** *vt* piéger
boogie fam *vi* danser – faire la fête
boohoo fam *vi* pleurer à chaudes larmes – chialer
book *vt/vi* réserver
▪ **book in** *vi (UK)* se faire enregistrer ; *vt* inscrire
▪ **book out** *vi* quitter une chambre ; *vt (UK)* emprunter
▪ **book up** *vt/vi* réserver
boom *vi* retentir ; *vt* tonner
boomerang *vi* faire boomerang
boost *vt* faire monter – survolter
boot *vt* donner des coups de pied à – botter
▪ **boot out** *vt* fam flanquer à la porte
▪ **boot up** *vt* initialiser le système
bootleg *vi* faire de la contrebande de boissons alcoolisées ; *vt* fabriquer illicitement
booze *vi* fam picoler

bop fam *vt* cogner ; *vi* danser le bop
border *vt* border – toucher
▪ **border on** *vt* toucher – frôler
▪ **border upon** *vt* toucher – frôler
bore *vt* ennuyer ; *vi* forer
borrow *vt* emprunter
boss *vt* commander – diriger
▪ **boss about** *vt (UK)* fam mener à la baguette
▪ **boss around** *vt* fam mener à la baguette
botch fam *vt* saboter – rafistoler
bother *vi* prendre la peine ; *vt* ennuyer
bottle *vt* mettre en bouteille – mettre en bocal *ou* conserve
▪ **bottle out** tfam *vi (UK)* se dégonfler
▪ **bottle up** *vt* refouler – embouteiller
bottle-feed *vt* allaiter *ou* nourrir au biberon
bottleneck *vt (US)* ralentir – bloquer
bottom *vi* toucher le fond
▪ **bottom out** *vi* atteindre son niveau plancher – atteindre son plus bas niveau
bounce *vi* rebondir ; *vt* faire rebondir
▪ **bounce back** *vi* se remettre rapidement
bound *vi* sauter ; *vt* borner
bow *vi* incliner la tête ; *vt* incliner
▪ **bow down** *vi* s'incliner ; *vt* faire plier
▪ **bow out** *vi* tirer sa révérence
bow *vi* manier l'archet
bowl *vi* jouer aux boules ; *vt* lancer
▪ **bowl over** *vt* renverser – fam sidérer
box *vi* faire de la boxe ; *vt* boxer avec
▪ **box in** *vt* enfermer – encastrer
▪ **box up** *vt* mettre en boîte *ou* caisse – enfermer
boycott *vt* boycotter
brace *vt* renforcer – consolider
bracket *vt* mettre entre parenthèses – réunir par une accolade
brag *vi* se vanter
braid *vt* tresser – soutacher
brain *vt* fam assommer
brainstorm *vi* faire du brainstorming ; *vt* plancher sur
brainwash *vt* faire un lavage de cerveau à
braise *vt* braiser
brake *vi* freiner – mettre le frein
branch *vi* se ramifier – bifurquer
▪ **branch off** *vi* bifurquer
▪ **branch out** *vi* étendre ses activités
brand *vt* marquer (au fer rouge) – étiqueter
brandish *vt* brandir
brave *vt* braver – défier
▪ **brave out** *vt* faire face à
brawl *vi* se bagarrer
bray *vi* braire – brailler
brazen out *vt* payer d'audace
breach *vt* ouvrir une brèche dans ; *vi* sauter hors de l'eau
break *vt* casser ; *vi* se casser
▪ **break away** *vi* se détacher ; *vt* détacher
▪ **break down** *vi* tomber en panne ; *vt* démolir
▪ **break in** *vt* former ; *vi* entrer par effraction
▪ **break into** *vt* entrer par effraction dans – interrompre
▪ **break off** *vi* se détacher ; *vt* détacher
▪ **break out** *vi* éclater ; *vt* ouvrir
▪ **break through** *vt /vi* percer
▪ **break up** *vt* briser ; *vi* se désagréger
▪ **break with** *vt* rompre avec
▪ **break-dance** *vi* danser le smurf
breakfast *vi* prendre le petit déjeuner – déjeuner
breast *vt* affronter – atteindre le sommet de
breast-feed *vt/vi* allaiter
breathalyse *vt (UK)* faire passer l'Alcootest® à
breathalyze *vt (US)* faire passer l'Alcootest® à
breathe *vt/vi* respirer
▪ **breathe in** *vi/vt* inspirer
▪ **breathe out** *vi/vt* expirer
breech *vt* munir d'une culasse
breed *vt* élever ; *vi* se reproduire
breeze *vi* aller vite
▪ **breeze in** *vi* entrer d'un air désinvolte
brew *vt* préparer ; *vi* infuser
▪ **brew up** *vi* couver *(UK)* – préparer *ou* faire du thé
bribe *vt* soudoyer – suborner
brick up *vt* murer
bridge *vt* construire *ou* jeter un pont sur
bridle *vt* brider ; *vi* se rebiffer
brief *vt* mettre au courant – confier une cause à
brighten *vi* s'améliorer ; *vt* égayer
▪ **brighten up** *vi/vt* s'éclairer
brim *vi* déborder
▪ **brim over** *vi* déborder
bring *vt* amener – entraîner
▪ **bring about** *vt* provoquer – faire virer de bord
▪ **bring along** *vt* amener – apporter
▪ **bring back** *vt* ramener – restaurer
▪ **bring down** *vt* amener – faire baisser
▪ **bring forth** *vt* produire – provoquer
▪ **bring forward** *vt* faire avancer – avancer
▪ **bring in** *vt* faire entrer – introduire
▪ **bring off** fam *vt (UK)* réussir – réaliser
▪ **bring on** *vt* provoquer – encourager
▪ **bring out** *vt* faire sortir – lancer
▪ **bring over** *vt* amener – apporter
▪ **bring round** *vt* amener – ranimer
▪ **bring through** *vt* sauver, réussir à faire surmonter
▪ **bring to** *vt* ranimer – mettre en panne
▪ **bring together** *vt* réunir – mettre en contact
▪ **bring up** *vt* amener – élever
bristle *vi* se redresser – s'irriter
▪ **bristle with** *vt (UK)* grouiller de
broach *vt* aborder ; *vi* venir *ou* tomber en travers
broadcast *vt* diffuser ; *vi* émettre
broaden *vi* s'élargir ; *vt* élargir
brocade *vt* brocher
broil *vt (US)* griller ; *vi* griller
bronze *vi* se bronzer ; *vt* bronzer
brood *vi* couver – ruminer
brook *vt* supporter – admettre
browbeat *vt* intimider – brusquer
brown *vi* dorer ; *vt* faire dorer
browse *vi* regarder ; *vt* parcourir
bruise *vi* se taler ; *vt* faire un bleu à

brush *vt* brosser ; *vi* effleurer
▪ **brush aside** *vt* écarter – balayer d'un geste
▪ **brush away** *vt* essuyer – chasser
▪ **brush down** *vt* donner un coup de brosse à – brosser
▪ **brush off** *vt* enlever (à la brosse ou à la main) ; *vi* s'enlever
▪ **brush past** *vt* frôler en passant
▪ **brush up** *vt* fam revoir – ramasser à la balayette
▪ **brush up on** *vt* réviser

brutalize *vt* brutaliser – rendre brutal

brutalise *vt* brutaliser – rendre brutal

bubble *vi* bouillonner – gargouiller
▪ **bubble over** *vi* déborder
▪ **bubble up** *vi* monter en bouillonnant – monter

buck *vi* donner une ruade ; *vt* désarçonner
▪ **buck up** *vt (UK)* fam remonter le moral à ; *vi* se secouer

bucket *vt* mettre dans un seau ; *vi (UK)* fam pleuvoir à seaux
▪ **bucket down** *vi (UK)* fam pleuvoir à seaux

buckle *vi* se boucler ; *vt* boucler
▪ **buckle down** *vi* s'appliquer
▪ **buckle in** *vt* attacher
▪ **buckle on** *vt* attacher – ceindre
▪ **buckle to** fam *vi* s'y mettre – s'y atteler

bud *vi* bourgeonner ; *vt* greffer

budge *vi* bouger ; *vt* faire bouger

budget *vt* budgétiser ; *vi* dresser *ou* préparer un budget
▪ **budget for** *vt* prévoir des frais de – inscrire *ou* porter au budget, budgétiser

buff *vt* polir

buffalo *vt (US)* fam intimider

buffer *vt* tamponner – amortir (le choc)

buffet *vt* balloter

bug fam *vt* taper sur les nerfs de – poser *ou* installer des appareils d'écoute dans (clandestinement)
▪ **bug out** fam *vi (US)* ficher le camp – être globuleux *ou* exorbité

bugger tfam *vt* sodomiser *(UK)* – bousiller
▪ **bugger off** *vi (UK)* tfam foutre le camp
▪ **bugger up** *vt (UK)* tfam saloper

bugle *vi* jouer du clairon – sonner le clairon

build *vt/vi* construire – bâtir
▪ **build in** *vt* encastrer – intégrer
▪ **build into** *vt* intégrer à
▪ **build on** *vt* ajouter ; *vt* reposer sur
▪ **build up** *vt* établir ; *vi* se développer
▪ **build upon** *vt* consolider

bulge *vi* se gonfler – faire saillie

bulk *vi* occuper une place importante

bull *vt* pousser à la hausse

bulldoze *vt* démolir au bulldozer – passer au bulldozer

bulletproof *vt* blinder

bullshit *vt* vulg raconter des conneries à ; *vi* déconner

bully *vt* malmener
▪ **bully off** *vi* engager le jeu – mettre la balle en jeu

bum *vt* taper ; *vi (US)* vivre de la manche
▪ **bum about** fam *vi (UK)* vagabonder – fainéanter
▪ **bum around** fam *vi* vagabonder – fainéanter

bumble *vi* bafouiller

bump *vt* heurter ; *vi* cahoter
▪ **bump into** *vt* rentrer dedans – rencontrer par hasard
▪ **bump off** fam *vt* liquider – descendre
▪ **bump up** fam *vt* faire grimper – gonfler
▪ **bump-start** *vt* démarrer en poussant

bunch *vt* mettre en bottes – botteler
▪ **bunch together** *vi* se serrer ; *vt* mettre ensemble
▪ **bunch up** *vi* se serrer ; *vt* mettre ensemble

bundle *vt* mettre en paquet – empaqueter
▪ **bundle off** *vt* expédier
▪ **bundle up** *vt* mettre en paquet ; *vi* s'emmitoufler

bung *vt* boucher *(UK)* – fam balancer
▪ **bung up** *vt (UK)* boucher

bungle *vt* gâcher

bunk *vi* coucher – tfam se tailler
▪ **bunk down** *vi* coucher
▪ **bunk off** fam *vi (UK)* décamper – faire le mur

bunker *vt* mettre en soute – envoyer la balle dans un bunker

buoy *vt* baliser – marquer d'une bouée
▪ **buoy up** *vt* faire flotter – soutenir

bur *vt* enlever les bardanes de

burble *vi* glouglouter – jacasser

burden *vt* charger

bureaucratize *vt* bureaucratiser

bureaucratise *vt* bureaucratiser

burgeon *vi* bourgeonner – éclore

burglarize *vt (US)* cambrioler

burgle *vt* cambrioler

burlesque *vt* parodier

burn *vi* brûler ; *vt* brûler
▪ **burn away** *vi* se consumer ; *vt* brûler
▪ **burn down** *vi* brûler complètement ; *vt* détruire par le feu
▪ **burn off** *vt* brûler – décaper au chalumeau
▪ **burn out** *vt* détruire par le feu ; *vi* griller
▪ **burn up** *vt* brûler ; *vi* flamber

burp *vi/vt* roter

burr *vt* ébarber ; *vi* grasseyer

burrow *vi/vt* creuser

burst *vi* éclater ; *vt* crever
▪ **burst forth** *vi* jaillir – sortir précipitamment
▪ **burst in** *vi* faire irruption – interrompre brutalement la discussion
▪ **burst into** *vt* éclater – se mettre à
▪ **burst out** *vi* sortir précipitamment ; *vt* s'exclamer

bury *vt* enterrer – ensevelir

bus *vt* acheminer en autobus

bushwhack *vi* se frayer un passage à travers la brousse ; *vt (US)* tendre une embuscade à

busk *vi (UK)* jouer de la musique (dans la rue ou le métro)

bust *vt* fam bousiller *(US)* – découvrir
▪ **bust out** *vi* fam se tirer
▪ **bust up** *vi* rompre (après une dispute) ; *vt* déranger – arrêter

bustle *vi* s'affairer

busy *vt* s'occuper à

butcher *vt* abattre – fam massacrer

butt *vt* donner un coup de corne à – abouter
▪ **butt in** *vi* interrompre
butter *vt* beurrer
▪ **butter up** *vt* fam passer de la pommade à
button *vt/vi* boutonner
▪ **button up** *vt* boutonner ; *vi* se boutonner
buttonhole *vt* faire des boutonnières sur – retenir
buttress *vt* étayer – arc-bouter
buy *vt* acheter
▪ **buy back** *vt* racheter
▪ **buy in** *vt (UK)* stocker ; *vi* acheter
▪ **buy into** *vt* acheter une participation dans
▪ **buy off** *vt* acheter
▪ **buy out** *vt* racheter la part de – racheter
▪ **buy over** *vt* acheter
▪ **buy up** *vt* acheter en quantité – racheter
buzz *vi* bourdonner ; *vt (US)* fam passer un coup de fil à
▪ **buzz about** fam *vi* s'affairer – s'agiter
▪ **buzz off** fam *vi* décamper – dégager
bypass *vt* contourner – éviter

C

cable *vt* câbler – télégraphier à
cache *vt* mettre dans une cachette
cackle *vi* caqueter ; *vt* glousser
caddie *vi* être le caddie de
cadge *vt* fam se procurer (en quémandant) ; *vi* se faire inviter
cage *vt* mettre en cage – encager
cajole *vt* enjôler
cake *vt* durcir ; *vi* former une croûte sur
calcify *vt* calcifier ; *vi* se calcifier
calculate *vt/vi* calculer
calendar *vt* inscrire sur le calendrier *(US)* – noter (dans son agenda)
calibrate *vt* étalonner – calibrer
call *vi* appeler ; *vt* appeler
▪ **call aside** *vt* prendre à part
▪ **call away** *vt* obliger à s'absenter
▪ **call back** *vt* rappeler ; *vi* rappeler
▪ **call down** *vt (US)* fam engueuler
▪ **call for** *vt* appeler – exiger
▪ **call in** *vt* faire venir ; *vi (UK)* passer
▪ **call off** *vt* annuler – rappeler
▪ **call on** *vt (UK)* faire appel à – rendre visite à
▪ **call out** *vt/vi* appeler
▪ **call out for** *vt* exiger
▪ **call round** *vi (UK)* passer voir qqn
▪ **call up** *vt/vi* appeler
▪ **call upon** *vt* faire appel à
calm *vt* calmer – apaiser
▪ **calm down** *vi* se calmer ; *vt* calmer
calve *vi* vêler
camber *vi* bomber – être cambré
camouflage *vt* camoufler
camp *vi* camper
▪ **camp out** *vi* camper – faire du camping
▪ **camp up** *vt* fam cabotiner
campaign *vi* mener une campagne – faire campagne
can *aux modal* pouvoir – savoir
can *vt* mettre en boîte *ou* en conserve *(US)* – virer
cancel *vt* annuler – résilier
▪ **cancel out** *vt* neutraliser – éliminer
candy *vt* confire ; *vi* se candir
cane *vt* donner des coups de bâton à – fam battre à plate couture
cannibalize *vt* cannibaliser – récupérer des parties de
cannibalise *vt (UK)* cannibaliser – récupérer des parties de
cannon *vi (UK)* caramboler
canoe *vi* faire du canoë – faire du canoë *ou* du canoë-kayak
canonize *vt* canoniser
canonise *vt (UK)* canoniser
canoodle *vi (UK)* fam se faire des mamours
cant *vi* parler avec hypocrisie ; *vt* pencher
canter *vi* aller au petit galop ; *vt* faire aller au petit galop
canton *vt* diviser en cantons – cantonner
canvass *vi* faire un sondage ; *vt* sonder
cap *vt* couvrir – couronner
caper *vi* cabrioler – faire le fou
capitalize *vt* mettre en majuscules ; *vi* tirer parti de
capitalise *vt (UK)* mettre en majuscules ; *vi* tirer parti de
capitulate *vi* capituler
capsize *vi* se renverser ; *vt* renverser
captain *vt* diriger – commander
caption *vt* mettre une légende à – sous-titrer
captivate *vt* captiver – fasciner
capture *vt* capturer – conquérir
caramelize *vt* caraméliser ; *vi* se caraméliser
caramelise *vt (UK)* caraméliser ; *vi* se caraméliser
caravan *vi (UK)* faire du caravaning
carbonize *vt* carboniser
carbonise *vt (UK)* carboniser
card *vt* ficher – marquer
▪ **card-index** *vt* mettre des renseignements sur fichier
care *vi* prendre à cœur
▪ **care for** *vt* s'occuper de – aimer
career *vi* descendre à toute vitesse
caress *vt* caresser
caricature *vt* caricaturer – parodier
carjack *vt* voler la voiture de qqn en le menaçant d'une arme
carol *vi* chanter (joyeusement) ; *vt* chanter (joyeusement)
carp *vi* se plaindre – critiquer
carpet *vt* recouvrir d'un tapis *(UK)* – fam réprimander
carpet-bomb *vt* bombarder – arroser de bombes
carry *vt/vi* porter
▪ **carry away** *vt* emporter – enlever
▪ **carry forward** *vt* reporter
▪ **carry off** *vt* emporter – remporter
▪ **carry on** *vi (UK)* continuer ; *vt* continuer
▪ **carry out** *vt* emporter – effectuer
▪ **carry over** *vt* faire traverser – reporter
▪ **carry through** *vt* réaliser – soutenir (dans une épreuve)
cart *vt* charrier – transporter
▪ **cart away** *vt* emporter – emmener

▪ **cart off** *vt* emporter – emmener
cartwheel *vi* faire la roue
carve *vt* tailler – découper
▪ **carve out** *vt* découper – sculpter
▪ **carve up** *vt* découper – *fam* amocher à coups de couteau
cascade *vi* tomber en cascade – ruisseler
case *vt* mettre en boîte *ou* caisse – couvrir
cash *vt* encaisser – toucher
▪ **cash in** *vt* réaliser ; *vi* tirer profit de
▪ **cash up** *vi (UK)* faire ses comptes
cashier *vt* casser – renvoyer
casserole *vt* (faire) cuire en ragoût
cast *vt* jeter – projeter
▪ **cast about** *vi (UK)* essayer de trouver
▪ **cast aside** *vt* mettre de côté – se débarrasser de
▪ **cast away** *vt* jeter – se défaire de
▪ **cast back** *vt* se rappeler
▪ **cast down** *vt* déposer – mettre bas
▪ **cast off** *vt* défaire ; *vi* larguer les amarres
▪ **cast on** *vi* monter les mailles ; *vt* monter
▪ **cast out** *vt* renvoyer – bannir
▪ **cast up** *vt* rejeter
castigate *vt* corriger – critiquer sévèrement
castle *vi* roquer
castrate *vt* châtrer – émasculer
catalogue *vt (UK)* cataloguer – faire le catalogue de
catalog *vt (US)* cataloguer – faire le catalogue de
catalyse *vt (UK)* catalyser
catalyze *vt (US)* catalyser
catapult *vt* catapulter
catcall *vi* siffler
catch *vt* attraper ; *vi* prendre
▪ **catch at** *vt* (essayer d') attraper
▪ **catch on** *vi* devenir populaire – *fam* piger
▪ **catch out** *vt (UK)* prendre en défaut – prendre sur le fait
▪ **catch up** *vi* combler *ou* rattraper son retard ; *vt* ramasser vivement
categorize *vt* catégoriser
categorise *vt (UK)* catégoriser
cater *vi* s'occuper de la nourriture ; *vt (US)* s'occuper de la nourriture pour
▪ **cater for** *vt* s'occuper de la nourriture pour – répondre à
▪ **cater to** *vt* satisfaire, répondre à
caterwaul *vi* miauler – brailler
catnap *vi* sommeiller – faire un petit somme
caulk *vt* calfeutrer – calfater
cause *vt* causer – provoquer
cauterize *vt* cautériser
cauterise *vt (UK)* cautériser
caution *vt* avertir ; *vi* déconseiller
cave *vi* faire de la spéléologie
▪ **cave in** *vi* s'écrouler – flancher
cavil *vi* chicaner – ergoter
cavort *vi* cabrioler – gambader
caw *vi* croasser
cease *vi* cesser ; *vt* cesser
cede *vt* céder
celebrate *vt* fêter ; *vi* faire la fête
cement *vt* cimenter – obturer
censor *vt* censurer
censure *vt* blâmer – critiquer
center *vt (US)* centrer – cadrer
centralize *vt* centraliser ; *vi* se centraliser
centralise *vt (UK)* centraliser ; *vi* se centraliser
centre *vt (UK)* centrer – cadrer
▪ **centre around** *vt* tourner autour de
▪ **centre on** *vt* se concentrer sur
▪ **centre round** *vt* tourner autour de
centrifuge *vt* centrifuger
certify *vt* certifier ; *vi* attester
cha-cha(-cha) *vi* danser le cha-cha-cha
chafe *vt* frictionner ; *vi* s'user (par frottement)
chaff *vt* taquiner
chagrin *vt* contrarier – décevoir
chain *vt* enchaîner – mettre la chaîne à
▪ **chain down** *vt* enchaîner – attacher avec une chaîne
▪ **chain up** *vt* enchaîner – mettre à l'attache
chain-smoke *vi* fumer cigarette sur cigarette
chair *vt* présider *(UK)* – porter en triomphe
chalk *vt* écrire à la craie – marquer à la craie
▪ **chalk up** *vt* écrire à la craie – totaliser
challenge *vt* défier – mettre à l'épreuve
chamfer *vt* chanfreiner
chamois *vt* chamoiser – polir à la peau de chamois
champ *vt/vi* mâchonner
champion *vt* défendre – soutenir
chance *vt* hasarder ; *vi* se trouver par hasard
▪ **chance on** *vt* rencontrer par hasard – trouver par hasard
▪ **chance upon** *vt* rencontrer par hasard – trouver par hasard
change *vt/vi* changer
▪ **change down** *vi* rétrograder
▪ **change over** *vi* changer de côté
▪ **change up** *vi* passer la vitesse supérieure
channel *vt* creuser des rigoles dans – canaliser
channel hop *vi* zapper
chant *vi* chanter une mélopée ; *vt* chanter
chap *vt* gercer ; *vi* (se) gercer
chaperon(e) *vt* chaperonner
char *vt* carboniser ; *vi* brûler
characterize *vt* caractériser
characterise *vt (UK)* caractériser
charge *vt* faire payer ; *vi* demander
▪ **charge up** *vt* charger – recharger
charm *vt* charmer – séduire
chart *vt* établir la carte de, faire un levé hydrographique de ; *vi fam* être au hit-parade
charter *vt* accorder une charte à – affréter
chase *vt* poursuivre ; *vi* courir en tous sens
▪ **chase after** *vt* courir après
▪ **chase away** *vt* chasser
▪ **chase off** *vt* chasser
▪ **chase up** *vt (UK)* rechercher
chasten *vt* corriger – châtier
chastise *vt* châtier – fustiger
chat *vi* bavarder – causer
▪ **chat up** *fam vt (UK)* baratiner – draguer
chatter *vi* papoter – cliqueter
chauffeur *vi* travailler comme chauffeur ; *vt* conduire

cheapen *vt* abaisser ; *vi* devenir moins cher

cheat *vt* escroquer ; *vi* tricher

■ **cheat on** *vt* tricher sur – tromper

check *vt* contrôler ; *vi* vérifier

■ **check in** *vi* se présenter à l'enregistrement ; *vt* enregistrer

■ **check into** *vt* descendre dans un hotel

■ **check off** *vt (US)* cocher

■ **check on** *vt* vérifier

■ **check out** *vi* régler sa note ; *vt* faire tamponner

■ **check over** *vt* examiner – vérifier

■ **check up on** *vt* se renseigner sur qqn

checkmate *vt* faire échec et mat à – contrecarrer

cheek *vt (UK) fam* être insolent avec

cheep *vi* pépier

cheer *vt* remonter le moral à ; *vi* pousser des acclamations *ou* des hourras

■ **cheer on** *vt* encourager (par des acclamations)

■ **cheer up** *vt* remonter le moral à ; *vi* s'égayer

cherish *vt* chérir – caresser

cherry-pick *vt* trier sur le volet

chew *vt* mâcher – mastiquer

■ **chew on** *vt* mâcher – ruminer

■ **chew over** *vt* ruminer – retourner dans sa tête

■ **chew up** *vt* mâchonner – abîmer à force de ronger

■ **chicken out** *vi* se dégonfler

chide *vt* gronder – réprimander

chill *vt* mettre au frais ; *vi* se refroidir

■ **chill out** *vi fam* décompresser

chime *vi* carillonner ; *vt* sonner

■ **chime in** *vi* intervenir

chink *vi* tinter ; *vt* faire tinter

chip *vt* ébrécher ; *vi* s'ébrécher

■ **chip away at** *vt* décaper qqch

■ **chip in** *vi* contribuer ; *vt* contribuer

■ **chip off** *vt* enlever

chirp *vi* pépier – chanter

chirrup *vi* pépier – chanter

chisel *vt* ciseler – graver au burin

chitchat *vi* bavarder – papoter

chiv(v)y *vt* harceler – chasser

■ **chivvy up** *vt* faire activer

chlorinate *vt* javelliser – chlorurer

chloroform *vt* chloroformer

chock *vt* caler – mettre sur un chantier *ou* sur cales

choke *vi* étouffer ; *vt* étrangler

■ **choke back** *vt* refouler – retenir

■ **choke down** *vt* refouler – retenir

■ **choke off** *vt* étouffer (dans l'œuf) – empêcher

■ **choke up** *vt* boucher – émouvoir

chomp *vi* mastiquer bruyamment ; *vt* mastiquer bruyamment

choose *vt/vi* choisir

chop *vt* couper ; *vi* varier

■ **chop down** *vt* abattre

■ **chop off** *vt* trancher – couper

■ **chop up** *vt* couper en morceaux – hacher

choreograph *vt* chorégraphier, faire la chorégraphie de – organiser

chortle *vi* glousser

chorus *vt* chanter en chœur – réciter en chœur

christen *vt* appeler – étrenner

chronicle *vt* faire la chronique de – raconter

chuck *vt* jeter – laisser tomber

■ **chuck away** *vt* balancer – laisser passer

■ **chuck in** *vt* lâcher – renoncer à

■ **chuck out** *vt* balancer – vider

chuckle *vi* glousser – rire

chug *vi* s'essouffler – avancer en soufflant *ou* en haletant

chunter *vi (UK)* râler – rouspéter

church *vt (UK)* faire assister à la messe – faire assister à la messe de relevailles

churn *vt* baratter ; *vi* bouillonner

■ **churn out** *vt* produire rapidement – débiter

■ **churn up** *vt* remuer – faire bouillonner

cipher *vt* crypter – chiffrer

circle *vt* entourer (d'un cercle) ; *vi* faire *ou* décrire des cercles

circularize *vt* envoyer des circulaires à – envoyer des prospectus à

circularise *vt (UK)* envoyer des circulaires à – envoyer des prospectus à

circulate *vt* faire circuler ; *vi* circuler

circumcise *vt* circoncire

circumnavigate *vt* contourner (en bateau)

circumscribe *vt* circonscrire – limiter

circumstantiate *vt* donner des détails circonstanciés sur – confirmer en donnant des détails sur

circumvent *vt* tourner, contourner – circonvenir

cite *vt* citer

civilize *vt* civiliser

civilise *vt (UK)* civiliser

clad *vt* revêtir

claim *vt* prétendre ; *vi* faire une demande pour dommages et intérêts

clam *vi* ramasser des clams

■ **clam up** *vi fam* refuser de parler

clamber *vi* grimper (en s'aidant des mains)

clamor *vi (UK)* vociférer – crier

clamour *vi (UK)* vociférer – crier

clamp *vt* attacher – mettre un sabot à

■ **clamp down** *vi* donner un coup de frein

clang *vi* retentir *ou* résonner (d'un bruit métallique) ; *vt* faire retentir *ou* résonner

clank *vi* cliqueter ; *vt* faire cliqueter

clap *vt* taper ; *vi* applaudir

clarify *vt* clarifier ; *vi* s'éclaircir

clash *vi* s'entrechoquer ; *vt* heurter *ou* entrechoquer bruyamment

clasp *vt* serrer ; *vi* s'attacher

class *vt* classer – classifier

classify *vt* ranger

clatter *vt* heurter *ou* entrechoquer bruyamment ; *vi* cliqueter

claw *vt* griffer – agripper *ou* serrer (avec ses griffes)

■ **claw back** *vt* récupérer

clean *vt/vi* nettoyer

■ **clean off** *vt* enlever – débarrasser

■ **clean out** *vt* nettoyer à fond – *fam* nettoyer

■ **clean up** *vt* nettoyer à fond ; *vi* nettoyer

cleanse *vt* nettoyer – purifier

clear *vt* débarrasser ; *vi* s'éclaircir

▪ **clear away** *vt* enlever, ôter ; *vi* débarrasser
▪ **clear off** *vi* fam filer ; *vt* s'acquitter de
▪ **clear out** *vt* nettoyer ; *vi* filer
▪ **clear up** *vt* résoudre ; *vi* s'éclaircir
cleave *vt* fendre – diviser
▪ **cleave through** *vt* fendre
▪ **cleave to** *vt* se cramponner à – s'accrocher à
clench *vt* serrer – empoigner
clerk *vi (US)* être assistant de qqn
click *vt* faire claquer ; *vi* faire un bruit sec
click *vt* cliquer sur
climax *vi* atteindre le *ou* son point culminant – atteindre l'orgasme
climb *vi* monter ; *vt* monter
▪ **climb down** *vi* descendre – en rabattre
clinch *vt* conclure ; *vi* combattre corps à corps
cling *vi* s'accrocher – adhérer
clink *vt* faire tinter *ou* résonner ; *vi* tinter
clip *vt* couper (avec des ciseaux) *(UK)* – poinçonner
▪ **clip on** *vt* attacher (avec un trombone) ; *vi* s'attacher *ou* se fixer avec une pince
clip-clop *vi* faire clip-clop
cloak *vt* revêtir d'un manteau – masquer
clobber fam *vt* tabasser – battre à plate couture
clock *vt* enregistrer *(UK)* – tfam flanquer un marron à
▪ **clock in** *vi* pointer (à l'arrivée)
▪ **clock off** *vi* pointer (à la sortie) – dépointer
▪ **clock on** *vt* pointer (à l'arrivée)
▪ **clock out** *vt* pointer (à la sortie)
▪ **clock up** *vt* effectuer – remporter
clog *vt* boucher ; *vi* se boucher
▪ **clog up** *vt* boucher
cloister *vt* cloîtrer – éloigner *ou* isoler (du monde)
clone *vt* cloner
clonk *vi* faire un bruit sourd ; *vt* fam cogner
close *vt/vi* fermer
▪ **close down** *vi* fermer ; *vt* fermer
▪ **close in** *vi* approcher – se rapprocher
▪ **close off** *vt* isoler – fermer
▪ **close on** *vt* se rapprocher de
▪ **close out** *vt (US)* liquider (avant fermeture)
▪ **close up** *vt* fermer ; *vi* se refermer
▪ **close with** *vt* conclure un marché avec – engager la lutte *ou* le combat avec
closet *vt* enfermer (pour discuter)
clot *vt* cailler ; *vi* (se) cailler
clothe *vt* habiller – revêtir
cloud *vt* embuer ; *vi* se couvrir (de nuages)
▪ **cloud over** *vi* se couvrir de nuages
clout *vt* frapper – donner un coup de poing à
clown *vi* faire le clown – faire le pitre *ou* l'imbécile
▪ **clown about** *vi* faire le pitre
▪ **clown around** *vi* faire le pitre
cloy *vt* écœurer
club *vt* matraquer – frapper avec une massue
▪ **club together** *vi* se cotiser
cluck *vi* glousser
clump *vi* marcher d'un pas lourd ; *vt* grouper
clunk *vi* faire un bruit sourd
cluster *vi* se grouper – former un groupe
clutch *vt* serrer fortement ; *vi* se cramponner à qcch
clutter *vt* mettre en désordre
coach *vt* donner des leçons particulières à ; *vi* donner des leçons particulières
coagulate *vi* (se) coaguler ; *vt* coaguler
coal *vt* fournir *ou* ravitailler en charbon ; *vi* charbonner
coalesce *vi* s'unir (en un groupe) – se fondre (ensemble)
coarsen *vi* devenir rude *ou* grossier ; *vt* rendre rude *ou* grossier
coast *vi* avancer en roue libre – caboter
coat *vt* couvrir – revêtir
coax *vt* cajoler – enjôler
cobble *vt* paver
▪ **cobble together** *vt* bricoler – concocter
cock *vt* armer – pencher
▪ **cock up** vulg *vt (UK)* saloper ; *vi (UK)* faire foirer
cockle *vt* froisser ; *vi* se froisser
cocoon *vt* envelopper avec soin – couver
coddle *vt* dorloter – (faire) cuire à feu doux
code *vt* coder – chiffrer
codify *vt* codifier
coerce *vt* contraindre – forcer
coexist *vi* coexister
cogitate *vi* méditer – réfléchir
cohabit *vi* cohabiter
cohere *vi* adhérer – être cohérent
coil *vt* enrouler ; *vi* onduler
▪ **coil up** *vt* enrouler
coin *vt* fabriquer – inventer
coincide *vi* coïncider – s'accorder
▪ **cold-shoulder** *vt* snober
collaborate *vi* collaborer
collapse *vi* s'écrouler ; *vt* plier
collar *vt* fam prendre *ou* saisir au collet – baguer
collate *vt* collationner – nommer (à un bénéfice ecclésiastique)
collect *vt* ramasser ; *vi* se rassembler
▪ **collect up** *vt* ramasser
collectivize *vt* collectiviser
coollectivise *vt (UK)* collectiviser
collide *vi* entrer en collision – entrer en conflit
collocate *vi* être coocurrent
collude *vi* être de connivence *ou* de mèche
colonize *vt* coloniser
colonise *vt (UK)* coloniser
colour *vt (UK)* colorer ; *vi* rougir
color *vt (US)* colorer ; *vi* rougir
▪ **colour in** *vt* colorier
▪ **colour up** *vi* rougir
▪ **colour-code** *vt* coder avec des couleurs
colourize *vt (UK)* coloriser
colorize *vt (US)* coloriser
comb *vt* peigner – étriller
▪ **comb out** *vt* démêler – éliminer
combat *vt/vi* combattre
combine *vt* combiner ; *vi* s'unir
come *vi* venir – arriver
▪ **come about** *vi* arriver – se produire
▪ **come across** *vi* traverser ; *vt* rencontrer par hasard
▪ **come across with** *vt* donner – fournir
▪ **come after** *vt* poursuivre
▪ **come along** *vi* venir – arriver

- **come apart** *vi* se démonter – échouer
- **come around** *vi* passer – faire un détour
- **come at** *vt* attaquer – se jeter sur
- **come away** *vi* partir – s'en aller
- **come back** *vi* revenir – répondre
- **come before** *vt* comparaître devant – être entendu par
- **come between** *vt* brouiller – éloigner
- **come by** *vi* passer ; *vt* obtenir
- **come down** *vt /vi* descendre
- **come down on** *vt* s'en prendre à
- **come down to** *vt* se réduire à – se résumer à
- **come down with** *vt* attraper
- **come forward** *vi* se présenter
- **come forward with** *vt* offrir – présenter
- **come from** *vt* venir de
- **come in** *vi* entrer – arriver
- **come in for** *vt* être l'objet de – subir
- **come into** *vt* hériter de – jouer un rôle
- **come of** *vt* résulter de
- **come off** *vt* tomber de ; *vi* tomber
- **come on** *vi* suivre ; *vt* tomber sur
- **come on to** vulg *vt* aborder *(US)* – draguer
- **come out** *vi* sortir – paraître
- **come out at** *vt* s'élever à
- **come out in** *vt* avoir une éruption de qqch
- **come out with** *vt* dire – sortir
- **come over** *vi* venir ; *vt* affecter
- **come round** *vi* faire le détour – passer
- **come through** *vi* se réaliser ; *vt* traverser
- **come to** *vi* reprendre connaissance ; *vt* s'élever à
- **come together** *vi* se réunir – se rassembler
- **come under** *vt* dépendre de – être classé sous
- **come up** *vi* monter – s'approcher
- **come up against** *vt* rencontrer
- **come up to** *vt* arriver à
- **come up with** *vt* fournir – suggérer
- **come upon** *vt* rencontrer par hasard – tomber sur

comfort *vt* consoler – réconforter
command *vt* ordonner ; *vi* commander
commandeer *vt* réquisitionner – accaparer
commemorate *vt* commémorer
commence *vi* commencer ; *vt* commencer
commend *vt* recommander – louer
comment *vi* faire une remarque *ou* des remarques
commentate *vt* commenter ; *vi* faire un reportage
commercialize *vt* commercialiser
commercialise *vt (UK)* commercialiser
commiserate *vi* éprouver de la compassion
commission *vt* commander – donner pouvoir *ou* mission à
commit *vt* commettre – confier
commune *vi* communier
communicate *vi* communiquer ; *vt* communiquer
commute *vi* faire un trajet régulier ; *vt* substituer
compact *vt* compacter – tasser
compare *vt* comparer ; *vi* être comparable à
compartmentalize *vt* compartimenter
compartmentalise *vt (UK)* compartimenter
compass *vt* faire le tour de – encercler
compel *vt* contraindre – imposer
compensate *vt* dédommager ; *vi* être une *ou* servir de compensation
compere *vi (UK)* animer – présenter ; *vt (UK)* animer – présenter
compete *vi* rivaliser – faire concurrence
compile *vt* compiler – dresser
complain *vi* se plaindre ; *vt* se plaindre
complement *vt* compléter – être le complément de
complete *vt* compléter – achever
complicate *vt* compliquer – embrouiller
compliment *vt* faire des compliments à – complimenter
comply *vi* être conforme
compose *vt/vi* composer
compost *vt* composter (une terre)
compound *vt* combiner ; *vi* composer
comprehend *vt/vi* comprendre
compress *vt* comprimer ; *vi* se comprimer
comprise *vt* comprendre – constituer
compromise *vi* transiger ; *vt* compromettre
compute *vt/vi* calculer
computerize *vt* saisir sur ordinateur – informatiser
computerise *vt (UK)* saisir sur ordinateur – informatiser
con *vt* fam arnaquer – gouverner
conceal *vt* cacher – dissimuler
concede *vt* concéder ; *vi* céder
conceive *vt/vi* concevoir
concentrate *vi* se concentrer ; *vt* concentrer
conceptualize *vt* conceptualiser
conceptualise *vt (UK)* conceptualiser
concern *vt* inquiéter – concerner
concert *vt* concerter – arranger
concertina *vi* télescoper
conclude *vt/vi* conclure
concoct *vt* composer – combiner
concrete *vt* bétonner
concur *vi* être d'accord – coïncider
concuss *vt* commotionner – ébranler
condemn *vt* condamner *(US)* – exproprier pour cause d'utilité publique
condense *vt* condenser ; *vi* se condenser
condescend *vi* condescendre à
condition *vt* conditionner – mettre en forme
condole *vi* exprimer ses condoléances *ou* sa sympathie
condone *vt* fermer les yeux sur – pardonner
conduct *vt* diriger – conduire
- **cone off** *vt (UK)* mettre des cônes de signalisation sur

confab *vi (UK)* causer – bavarder
confederate *vt* confédérer ; *vi* se confédérer
confer *vi* conférer ; *vt* conférer
confess *vt* avouer ; *vi* faire des aveux
confide *vt* avouer en confidence – confier

confide in *vt* se confier à – avoir confiance en
configure *vt* configurer
confine *vt* limiter – confiner
confirm *vt* confirmer – assurer
confiscate *vt* confisquer
conflate *vt* colliger
conflict *vi* s'opposer – être en conflit *ou* en lutte
conform *vi* se conformer – être en conformité
confound *vt* déconcerter – confondre
confront *vt* affronter – confronter
confuse *vt* embrouiller – déconcerter
conga *vi* danser la conga
congeal *vi* prendre ; *vt* faire prendre
congest *vt* encombrer ; *vi* s'encombrer
conglomerate *vt* agglomérer ; *vi* s'agglomérer
congratulate *vt* féliciter – complimenter
congregate *vi* se rassembler – se réunir
conjecture *vt/vi* conjecturer
conjugate *vt* conjuguer ; *vi* se conjuguer
conjure *vt* faire apparaître ; *vi* faire des tours de passe-passe
conjure away *vt* faire disparaître
conjure up *vt* faire apparaître – évoquer
conk *vt fam* cogner *ou* frapper (sur la caboche)
conk out *vi fam* tomber en panne
connect *vt* raccorder ; *vi* assurer la correspondance
connive *vi* être de connivence
connive at *vt* fermer les yeux sur – être complice de
connote *vt* évoquer – connoter
conquer *vt* vaincre – conquérir
conscript *vt* enrôler – recruter
consecrate *vt* consacrer – sacrer
consent *vi* consentir
conserve *vt* économiser – protéger
consider *vt* considérer ; *vi* réfléchir
consign *vt* envoyer – reléguer
consist of *vt* consister en, se composer de
consist in *vt* consister à
console *vt* consoler
consolidate *vt* consolider – réunir
consort *vi* fréquenter
conspire *vi* conspirer – concourir
constitute *vt* constituer – désigner
constrain *vt* contraindre – forcer
constrict *vt* resserrer – gêner
construct *vt* construire – bâtir
construe *vt* interpréter – analyser
consult *vt/vi* consulter
consume *vt* consommer – consumer
consummate *vt* consommer
contact *vt* prendre contact avec – contacter
contain *vt* contenir – circonscrire
containerize *vt* conteneuriser – convertir à la conteneurisation
containerise *vt (UK)* conteneuriser – convertir à la conteneurisation
contaminate *vt* contaminer – souiller
contemplate *vt* considérer ; *vi* méditer
contend *vi* combattre ; *vt* soutenir
content *vt* se contenter à faire qqch – satisfaire
contest *vt* contester – disputer
contextualize *vt* contextualiser – remettre dans son contexte
contextualise *vt (UK)* contextualiser – remettre dans son contexte
continue *vi* continuer ; *vt* poursuivre
contort *vt* tordre
contour *vt* tracer les courbes de niveaux sur – tracer les contours de
contract *vt* contracter ; *vi* se contracter
contract in *vi (UK)* s'engager (par contrat préalable)
contract out *vt* sous-traiter ; *vi (UK)* cesser de cotiser à qqch
contradict *vt* contredire
contrast *vt/vi* contraster
contravene *vt* transgresser – enfreindre
contribute *vt* donner ; *vi* contribuer
contrive *vt* combiner ; *vi* trouver le moyen de faire qqch
control *vt* diriger – régler
convalesce *vi* se remettre (d'une maladie)
convene *vt* convoquer ; *vi* se réunir
converge *vi* converger – se rassembler
converse *vi* converser
convert *vt* aménager ; *vi* se convertir
convey *vt* transporter – transmettre
convict *vt* déclarer *ou* reconnaître coupable ; *vi* rendre un verdict de culpabilité
convince *vt* convaincre – persuader
convoke *vt* convoquer
convoy *vt* convoyer – escorter
convulse *vi* se convulser – se contracter
coo *vi* roucouler – babiller
cook *vt/vi* cuisiner
cook up *vt* mijoter – inventer
cool *vt* rafraîchir ; *vi* (se) refroidir
cool down *vi* se refroidir ; *vt* calmer
cool off *vi* se calmer
coop up *vt* enfermer
cooperate *vi* collaborer – se montrer coopératif
co-opt *vt* coopter – admettre
coordinate *vt* coordonner
cop *vt* attraper – empoigner
cop out *vi fam* se défiler
cope *vi* se débrouiller ; *vt* chaperonner
coproduce *vt* coproduire
copulate *vi* copuler
copy *vt/vi* copier
copy-edit *vt* rédiger
copyright *vt* obtenir les droits exclusifs *ou* le copyright
cord *vt* corder
cordon *vt* barrer – interdire l'accès à
cordon off *vt* barrer – interdire l'accès à
core *vt* enlever le trognon de
cork *vt* boucher
corkscrew *vi* tourner en vrille – vriller
corner *vt* coincer ; *vi* prendre un virage
corral *vt (US)* enfermer dans un corral – encercler
correct *vt* corriger – rectifier

correlate *vi* être en corrélation *ou* en rapport ; *vt* mettre en corrélation *ou* en rapport
correspond *vi* correspondre – équivaloir
corroborate *vt* confirmer – corroborer
corrode *vt* corroder ; *vi* se corroder
corrupt *vt* corrompre – dépraver
coruscate *vi* briller – scintiller
cosh *vt* assommer – matraquer
cosset *vt* dorloter – choyer
cost *vt* coûter – évaluer le coût de
■ **cost out** *vt* évaluer le coût de
co-star *vi* être l'une des vedettes principales ; *vt* être l'une des vedettes principales
costume *vt* réaliser les costumes pour
cosy up to *vt fam* se mettre dans les petits papiers de
cotton on *vi fam* piger
cotton to *vt* être attiré par – approuver
couch *vt* formuler
cough *vi* tousser ; *vt* cracher
■ **cough out** *vt* cracher (en toussant) – dire en toussant
■ **cough up** *vt* cracher (en toussant) ; *vi fam* banquer
could *aux modal* pouvoir – savoir
counsel
vt conseiller
count *vt/vi* compter
■ **count down** *vi* faire le compte à rebours
■ **count in** *vt* compter – inclure
■ **count on** *vt* compter sur – compter
■ **count out** *vt* compter
■ **count up** *vt/vi* compter
countenance *vt* approuver – accepter
counter *vt* contrecarrer ; *vi* contrer
counteract *vt* contrebalancer l'influence de – contrebalancer
counterattack *vi* contre-attaquer – riposter
counterbalance *vt* contrebalancer – faire contrepoids à
counterfeit *vt* contrefaire – feindre
countermand *vt* annuler
counterpoise *vt* faire contrepoids à
countersign *vt* contresigner
couple *vi* s'accoupler ; *vt* atteler
course *vi* chasser le lièvre
court *vt* faire la cour à ; *vi* fréquenter
court-martial *vt* faire comparaître devant un tribunal militaire
covenant *vt* s'engager (par contrat) à payer ; *vi* s'engager à payer
cover *vt* couvrir ; *vi* remplacer
■ **cover up** *vt* cacher ; *vi* couvrir qqn
covet *vt* convoiter – avoir très envie de
cow *vt* effrayer – intimider
cower *vi* se recroqueviller – se tapir
cox *vt/vi* barrer
crab *vi* maugréer – rouspéter
crack *vt* fêler ; *vi* se fissurer
■ **crack down** *vi* sévir
■ **crack open** *vt* casser – ouvrir
■ **crack up** *vi* se fissurer ; *vt fam* faire se tordre de rire
crackle *vi* craquer ; *vt* craqueler
cradle *vt* tenir tendrement (dans ses bras) – tenir précieusement *ou* délicatement (dans ses bras)
craft *vt* travailler
cram *vt* fourrer ; *vi fam* bachoter
cramp *vt* gêner – maintenir à l'aide d'un serre-joint
crane *vt/vi* tendre
crank *vt* démarrer à la manivelle – remonter à la manivelle
■ **crank out** *vt (US)* produire en quantités industrielles
■ **crank up** *vt* augmenter
crap *vi vulg* chier
crash *vi* avoir un accident ; *vt* planter
■ **crash out** *tfam vi* s'endormir – roupiller
crash-dive *vi* plonger – faire un plongeon
crash-land *vi* faire un atterrissage forcé ; *vt* poser *ou* faire atterrir en catastrophe
crate *vt* mettre dans une caisse *ou* en caisses – mettre dans un cageot *ou* en cageots
crave *vt* avoir terriblement envie de – implorer
■ **crave for** *vt* avoir terriblement envie de
crawl *vi* ramper – avancer au ralenti *ou* au pas
crayon *vt* dessiner avec des crayons de couleurs – colorier (avec des crayons)
craze *vt* rendre fou ; *vi* se craqueler
creak *vi* craquer – grincer
cream *vt* écrémer – écraser
■ **cream off** *vt* sélectionner les meilleurs
crease *vt* faire les plis de ; *vi* se froisser
■ **crease up** *fam vi* se tordre de rire ; *vt* faire mourir *ou* se tordre de rire
create *vt/vi* créer
credit *vt* créditer – croire
creep *vi* se glisser – ramper
■ **creep in** *vi* entrer sans bruit – se glisser
■ **creep out** *vi* sortir sans bruit
■ **creep up** *vi* s'approcher sans bruit – monter lentement
■ **creep up on** *vt* s'approcher discrètement de – rattraper peu à peu
cremate *vt* incinérer
creosote *vt* traiter à la créosote
crescendo *vi* augmenter – faire un crescendo
crew *vt* armer (d'un équipage) ; *vi* être l'équipier de qqn
crib *vt* plagier ; *vi* copier
crick *vt* avoir un torticolis
criminalize *vt* criminaliser
criminalise *vt (UK)* criminaliser
crimp *vt* crêper – *fam* pincer
cringe *vi* avoir un mouvement de recul – ramper
crinkle *vt* froisser ; *vi* se froisser
cripple *vt* estropier – paralyser
crisp *vt* faire chauffer pour rendre croustillant
crisscross *vt* entrecroiser ; *vi* s'entrecroiser
criticize *vt* critiquer – réprouver
criticise *vt (UK)* critiquer – réprouver
critique *vt* faire une critique de
croak *vi* coasser ; *vt* dire d'une voix rauque *ou* éraillée
crochet *vt* faire au crochet ; *vi* faire du crochet
crook *vt* courber – plier
croon *vi* fredonner – susurrer ; *vt* fredonner – susurrer
crop *vt* tailler ; *vi* donner *ou* fournir une récolte

crop up *vi* survenir – se présenter
cross *vt/vi* traverser
cross off *vt* barrer – radier
cross out *vt* barrer – rayer
crossbreed *vt* croiser
cross-check *vt* contrôler (par contre-épreuve *ou* par recoupement) ; *vi* vérifier par recoupement
cross-examine *vt* soumettre à un interrogatoire serré – faire subir un contre-interrogatoire à
cross-fertilize *vt* croiser
cross-fertilise *vt (UK)* croiser
cross-index *vi* renvoyer à ; *vt* établir les renvois de
cross-refer *vt* renvoyer ; *vi* renvoyer à qqch
cross-stitch *vt* coudre au point de croix
crouch *vi* s'accroupir
crow *vi* chanter – gazouiller
crowd *vi* se presser ; *vt* serrer
crowd in *vi* entrer en foule – affluer
crowd out *vi* sortir en foule ; *vt* étouffer
crown *vt* couronner, sacrer – couronner
crucify *vt* crucifier – mettre au pilori
cruise *vi* croiser ; *vt* croiser dans
crumble *vt* émietter ; *vi* s'émietter
crumple *vt* froisser ; *vi* se froisser
crunch *vi* craquer ; *vt* croquer
crunch up *vt* broyer
crusade *vi* partir en croisade – faire une croisade
crush *vt* écraser ; *vi* se serrer
crust *vt* couvrir d'une croûte ; *vi* former une croûte
cry *vi* pleurer ; *vt* pleurer
cry down *vt* décrier
cry off *vi* se décommander – se rétracter
cry out *vi* pousser un cri ; *vt* s'écrier
crystallize *vi* se cristalliser ; *vt* cristalliser
crystallise *vi (UK)* se cristalliser ; *vt* cristalliser
cube *vt* couper en cubes *ou* en dés – cuber
cuckold *vt* faire cocu – cocufier
cuddle *vi* se faire un câlin ; *vt* câliner
cuddle up *vi* se blottir – se pelotonner
cudgel *vt* battre à coups de gourdin
cue *vi* queuter ; *vt* donner le signal à
cue in *vt* donner le signal à – donner la réplique à
cuff *vt* gifler – fam mettre *ou* passer les menottes à
cull *vt* sélectionner – éliminer
culminate *vi* culminer
culminate in *vt* terminer en
cultivate *vt* cultiver – exploiter
culture *vt* cultiver – élever
cup *vt* mettre en coupe
curb *vt* refréner – mettre un mors à
curdle *vi* cailler ; *vt* cailler
cure *vt* guérir – traiter
curl *vi* friser ; *vt* friser
curl up *vi* s'enrouler ; *vt* enrouler
curry *vt* accommoder au curry – étriller
curse *vt* maudire ; *vi* jurer
curtail *vt* écourter – réduire
curtain *vt* garnir de rideaux
curtain off *vt* séparer par un rideau
curtsey *vi* faire une révérence
curtsy *vi* faire une révérence
curve *vi* se courber ; *vt* courber
cushion *vt* mettre des coussins à – amortir
cuss *vi* fam jurer ; *vt* injurier
cuss out *vt* fam traiter qqn de tous les noms
customize *vt* faire *ou* fabriquer *ou* construire sur commande – personnaliser
customise *vt (UK)* faire *ou* fabriquer *ou* construire sur commande – personnaliser
cut *vt/vi* couper
cut across *vt* traverser – surpasser
cut along *vi (UK)* fam filer
cut away *vt* enlever *ou* ôter (en coupant) – élaguer
cut back *vi* rebrousser chemin ; *vt* réduire
cut back on *vt* réduire
cut down *vt* couper – réduire
cut down on *vt* réduire
cut in *vi* interrompre ; *vt* inclure
cut off *vt* couper – interrompre
cut out *vt* couper ; *vi* caler
cut up *vt* couper ; *vi (US)* faire le pitre
cut-and-paste *vt/vi* couper-coller
cycle *vi* faire de la bicyclette *ou* du vélo
cyclostyle *vt* polycopier

D

dab *vt* tamponner
dab on *vt* appliquer par petites touches
dabble *vt* mouiller ; *vi* faire en amateur
dally *vi* lanterner – badiner
dam *vt* construire un barrage sur
dam up *vt* construire un barrage sur – refouler
damage *vt* endommager – causer des dégâts à
damn *vt* damner – condamner
damp *vt* humecter – amortir
damp down *vt* couvrir – refroidir
dampen *vt* humecter – refroidir
dance *vi* danser ; *vt* danser
dangle *vt* laisser pendre ; *vi* pendre
dapple *vt* tacheter
dare *aux modal* oser ; *vt* défier
darken *vt* assombrir ; *vi* s'assombrir
darn *vt* repriser – raccommoder
dart *vt* lancer ; *vi* partir en flèche
dash *vt* jeter (avec violence) ; *vi* se précipiter
dash off *vi* partir en flèche ; *vt* écrire en vitesse
database *vt* mettre sous forme de base de données
date *vt* dater ; *vi* se démoder
date back to *vt* dater de
date from *vt* dater de
datestamp *vt* tamponner – oblitérer
daub *vt* enduire ; *vi* peinturlurer
daunt *vt* intimider
dawdle *vi* traîner – lambiner
dawn *vi* se lever – naître
daydream *vi* rêver – rêvasser
daze *vt* étourdir – abasourdir
dazzle *vt* éblouir

deactivate *vt* désamorcer
deaden *vt* assourdir – calmer
deadhead *vt* enlever les fleurs fanées de ; *vi (US)* circuler à vide
deafen *vt* rendre sourd – casser les oreilles à
deal *vt* donner ; *vi* distribuer les cartes
▪ **deal in** *vt* donner *ou* distribuer des cartes à – servir
▪ **deal out** *vt* donner – rendre
▪ **deal with** *vt* traiter – traiter *ou* négocier avec
debar *vt* interdire à
debase *vt* avilir – dévaloriser
debate *vt* se demander ; *vi* discuter
debauch *vt* débaucher – séduire
debilitate *vt* débiliter
debit *vt* débiter – porter au débit de qqn
debrief *vt* faire faire un compte rendu verbal de mission à – débriefer
debug *vt* déboguer – débarrasser des micros (cachés)
debunk *vt* tourner en ridicule – discréditer
debut *vi* débuter
ecalcify *vt* décalcifier
decamp *vi* lever le camp – *fam* décamper
decant *vt* décanter
ecapitate *vt* décapiter
ecay *vi* pourrir ; *vt* pourrir
ecease *vi* décéder
eceive *vt* tromper
ecelerate *vi* ralentir ; *vt* ralentir
ecentralize *vt* décentraliser
ecide *vt/vi* décider
▪ **decide on** *vt* décider de – se décider pour
ecimate *vt* décimer
ecipher *vt* déchiffrer
eck *vt* parer – orner
▪ **deck out** *vt* parer – orner
eclaim *vi* déclamer ; *vt* déclamer
eclare *vt* déclarer ; *vi* faire l'annonce
eclassify *vt* déclasser
ecline *vt/vi* décliner
eclutch *vi* débrayer
ecode *vt* décoder – déchiffrer
ecoke *vt (UK)* décalaminer
ecommission *vt* déclasser – mettre hors service
ecompose *vi* se décomposer ; *vt* décomposer
decompress *vt* décomprimer – faire passer en chambre de décompression
deconstruct *vt* déconstruire
decontaminate *vt* décontaminer
decontrol *vt* lever le contrôle gouvernemental sur
decorate *vt/vi* peindre
decoy *vt* attirer à l'appeau *ou* à la chanterelle – appâter
decrease *vi* décroître ; *vt* réduire
decree *vt* décréter – ordonner (par jugement)
decriminalize *vt* dépénaliser
decry *vt* décrier – dénigrer
decrypt *vt* décrypter
dedicate *vt* consacrer – dédier
deduce *vt* déduire
deduct *vt* déduire – prélever
deed *vt (US)* transférer par acte notarié
deem *vt* juger – considérer
de-emphasize *vt* moins insister sur – se montrer moins insistant sur
deepen *vt* approfondir ; *vi* devenir plus profond
▪ **deep-freeze** *vt* congeler – surgeler
deep-fry *vt* faire frire
de-escalate *vt* désamorcer ; *vi* se désamorcer
deface *vt* barbouiller – abîmer *ou* endommager par des gribouillages *ou* des inscriptions
defame *vt* diffamer – calomnier
default *vi* manquer à comparaître – manquer *ou* faillir à ses engagements
defeat *vt* vaincre – battre
defecate *vi* déféquer
defect *vi* passer à l'étranger – quitter son parti pour un autre
defend *vt* défendre – justifier
defer *vt* remettre ; *vi* s'en remettre à
defile *vt* profaner ; *vi* défiler
define *vt* définir – délimiter
deflate *vt* dégonfler ; *vi* se dégonfler
deflect *vt* faire dévier ; *vi* dévier
deflower *vt* déflorer – défleurir
defog *vt (US)* désembuer
defoliate *vt* défolier
deforest *vt* déboiser
deform *vt* déformer – défigurer
defragment *vt* défragmenter
defraud *vt* frauder – escroquer
defray *vt* rembourser – prendre en charge
defrock *vt* défroquer
defrost *vt* décongeler ; *vi* se décongeler
defuse *vt* désamorcer
defy *vt* s'opposer à – défier
degenerate *vi* dégénérer
degrade *vt* dégrader – avilir
dehumanize *vt* déshumaniser
dehumanise *vt (UK)* déshumaniser
dehumidify *vt* déshumidifier
dehydrate *vt* déshydrater
de-ice *vt* dégivrer
deify *vt* déifier
deign *vt* daigner
delay *vt* retarder ; *vi* tarder
delegate *vt/vi* déléguer
delete *vt* supprimer – effacer
deliberate *vi* délibérer ; *vt* délibérer sur
delight *vt* ravir ; *vi* prendre plaisir à faire qqch
delimit *vt* délimiter
delineate *vt* tracer – définir
deliver *vt* remettre ; *vi* livrer
▪ **deliver over** *vt* remettre
▪ **deliver up** *vt* livrer
delouse *vt* épouiller – enlever les poux de
delude *vt* tromper – duper
deluge *vt* inonder
delve *vi* fouiller – creuser
demagnetize *vt* démagnétiser
demagnetise *vt (UK)* démagnétiser
demand *vt* exiger – réclamer
demarcate *vt* délimiter
dematerialize *vi* se volatiliser
dematerialise *vi (UK)* se volatiliser
demean *vt* avilir – rabaisser
demilitarize *vt* démilitariser
demilitarise *vt (UK)* démilitariser
demise *vt* louer à bail – transmettre
demist *vt (UK)* désembuer
demob *vt (UK)* démobiliser
demobilize *vt* démobiliser
demobilise *vt (UK)* démobiliser
democratize *vt* démocratiser ; *vi* se démocratiser
democratise *vt (UK)* démocratiser ; *vi* se démocratiser
demodulate *vt* démoduler
demolish *vt* démolir – *fam* dévorer

demonstrate *vt* démontrer ; *vi* manifester
demoralize *vt* démoraliser
demoralise *vt (UK)* démoraliser
demote *vt* rétrograder
demotivate *vt* démotiver
demount *vt* démonter
demur *vi* soulever une objection – opposer une exception
demystify *vt* démystifier
demythologize *vt* démythifier
demythologise *vt (UK)* démythifier
denationalize *vt* dénationaliser
denationalise *vt (UK)* dénationaliser
denature *vt* dénaturer
denigrate *vt* dénigrer
denominate *vt* dénommer
denote *vt* dénoter – signifier
denounce *vt* dénoncer
dent *vt* cabosser – froisser
denuclearize *vt* dénucléariser
denuclearise *vt (UK)* dénucléariser
denude *vt* dénuder
deny *vt* nier – refuser
deodorize *vt* désodoriser
deodorise *vt (UK)* désodoriser
deoxidize *vt* désoxyder
deoxidise *vt (UK)* désoxyder
depart *vi* partir ; *vt* quitter
▪ **depend on** *vt* dépendre de – compter sur
▪ **depend upon** *vt* dépendre de – compter sur
depersonalize *vt* dépersonnaliser
depersonalise *vt (UK)* dépersonnaliser
depict *vt* dépeindre – représenter
deplane *vi* descendre d'avion
deplete *vt* diminuer – épuiser
deplore *vt* déplorer – désapprouver
deploy *vt* déployer ; *vi* se déployer
depoliticize *vt* dépolitiser
depoliticise *vt (UK)* dépolitiser
depopulate *vt* dépeupler
deport *vt* expulser – déporter
depose *vt* destituer ; *vi* faire une déposition
deposit *vt* déposer ; *vi* se déposer
deprave *vt* dépraver
deprecate *vt* désapprouver – dénigrer
depreciate *vt* déprécier ; *vi* se déprécier
depress *vt* déprimer – (faire) baisser
depressurize *vt* dépressuriser
depressurise *vt (UK)* dépressuriser
deprive *vt* priver
deputize *vt* députer
deputise *vt (UK)* députer ; *vi* remplacer qqn
derail *vt* faire dérailler ; *vi* dérailler
derange *vt* déranger – rendre fou
deregulate *vt* libérer – assouplir les règlements de
derestrict *vt* supprimer une limitation de vitesse sur une route
deride *vt* tourner en dérision – railler
derive *vt* dériver de ; *vi* provenir de
derogate *vt* dénigrer ; *vi* porter atteinte à
desalinate *vt* dessaler
descale *vt* détartrer
descant *vi* déchanter – discourir
descend *vi* descendre – tomber
describe *vt* décrire – définir
descry *vt* apercevoir – distinguer
desecrate *vt* profaner
desegregate *vt* abolir la ségrégation raciale dans
deselect *vt (UK)* ne pas réinvestir (un candidat)
desensitize *vt* désensibiliser
desensitise *vt (UK)* désensibiliser
desert *vt* abandonner ; *vi* déserter
deserve *vt/vi* mériter
design *vt* concevoir – dessiner
designate *vt* désigner – indiquer
desire *vt* désirer
desist *vi* cesser
deskill *vt* déqualifier
desolate *vt* dévaster – désoler
despair *vi* désespérer
despise *vt* mépriser
despoil *vt* spolier – piller
destabilize *vt* déstabiliser
destabilise *vt (UK)* déstabiliser
destroy *vt* détruire – anéantir
destruct *vt* détruire ; *vi* se détruire
detach *vt* détacher – envoyer en détachement
detail *vt* raconter en détail – détacher
detain *vt* retenir – garder à vue
detect *vt* déceler – détecter
deter *vt* dissuader – prévenir
deteriorate *vi* se détériorer
determine *vt* déterminer – décider de
detest *vt* détester
dethrone *vt* détrôner – déposer
detonate *vt* faire détoner *ou* exploser ; *vi* détoner
detour *vi* faire un détour ; *vt* (faire) dévier
detoxicate *vt* désintoxiquer – détoxiquer
detoxify *vt* désintoxiquer
detract *vi* porter atteinte à
devalue *vt* dévaluer
devastate *vt* dévaster – foudroyer
develop *vi* se développer ; *vt* développer
deviate *vi* dévier – s'écarter
devil *vt* accommoder à la moutarde et au poivre ; *vi (UK)* être avocat stagiaire auprès de qn
devise *vt* imaginer – léguer
devitalize *vt* affaiblir
devitalise *vt (UK)* affaiblir
devocalize *vt* assourdir
devocalise *vt (UK)* assourdir
devolve *vi* incomber ; *vt* déléguer
devote *vt* consacrer
devour *vt* dévorer – engloutir
diagnose *vt* diagnostiquer – déceler
diagram *vt* donner une représentation graphique de
dial *vt* faire – composer
dib *vi* pêcher à la ligne flottante
dibble *vt* repiquer au plantoir
dice *vt* couper en dés *ou* en cubes *vi* jouer aux dés
dictate *vt/vi* dicter
▪ **dictate to** *vt* donner des ordres à
diddle fam *vt (UK)* duper – rouler
die *vi* mourir ; *vt* mourir
▪ **die away** *vi* s'affaiblir – s'éteindre
▪ **die back** *vi* dépérir
▪ **die down** *vi* tomber – se flétrir
▪ **die off** *vi* mourir les uns après les autres
▪ **die out** *vi* disparaître – s'éteindre
die-cast *vt* mouler sous pression *ou* en matrice
diet *vi* suivre un régime
differ *vi* différer – être en désaccord

differentiate *vt* différencier ; *vi* faire la différence *ou* distinction
diffract *vt* diffracter
diffuse *vt* diffuser ; *vi* se diffuser
dig *vt/vi* creuser
▪ **dig in** *vi* se retrancher ; *vt* enterrer
▪ **dig into** *vt* fouiller dans
▪ **dig out** *vt* extraire – fam dénicher
▪ **dig up** *vt* retourner – arracher
digest *vt/vi* digérer
digitize *vt* numériser
digitise *vt (UK)* numériser
dignify *vt* donner de la dignité à
digress *vi* s'éloigner – s'écarter
dilate *vi* se dilater ; *vt* dilater
dilly-dally *vi* fam lanterner – hésiter
dilute *vt* diluer – étendre
dim *vt/vi* baisser
▪ **dim out** *vt (US)* plonger dans un black-out partiel
diminish *vt/vi* diminuer
dimple *vi* former *ou* creuser des fossettes – onduler
din *vt* faire bien comprendre qqch à qqn
dine *vi* dîner ; *vt* offrir à dîner à
▪ **dine out** *vi* dîner dehors *ou* en ville
ding *vi* tinter ; *vt* faire bien comprendre qqch à qqn
dip *vi* descendre ; *vt* tremper
▪ **dip into** *vt* puiser dans
direct *vt/vi* diriger
dirty *vt* salir – encrasser
disable *vt* rendre infirme – mettre hors service
disabuse *vt* détromper – ôter ses illusions à
disadvantage *vt* désavantager – défavoriser
disagree *vi* ne pas être d'accord – ne pas concorder
disallow *vt* rejeter – refuser
disappear *vi* disparaître – s'égarer
disappoint *vt* décevoir – désappointer
disapprove *vi* désapprouver ; *vt* désapprouver
disarm *vt/vi* désarmer
disarrange *vt* déranger – défaire
disassemble *vt* démonter – désassembler
disavow *vt* désavouer – renier
disband *vt* disperser ; *vi* se disperser
disbar *vt* rayer du barreau *ou* du tableau de l'ordre (des avocats)
disbelieve *vt/vi* ne pas croire
disburse *vt* débourser
discard *vt* se débarrasser de ; *vi* se défausser
discern *vt* discerner – distinguer
discharge *vt* laisser sortir ; *vi* décharger
discipline *vt* discipliner – punir
disclaim *vt* rejeter – se désister de
disclose *vt* divulguer – exposer
discolour *vt (UK)* décolorer ; *vi* se décolorer
discolor *vt (US)* décolorer ; *vi* se décolorer
discomfit *vt* déconcerter – contrecarrer
discomfort *vt* incommoder – gêner
disconcert *vt* déconcerter – troubler
disconnect *vt* détacher – couper
discontent *vt* mécontenter
discontinue *vt* cesser – abandonner
discount *vt* ne pas tenir compte de – faire une remise *ou* un rabais sur
discourage *vt* décourager – dissuader
discourse *vi* s'entretenir
discover *vt* découvrir – se rendre compte
discredit *vt* discréditer – mettre en doute
discriminate *vi* établir *ou* faire une distinction ; *vt* distinguer
discuss *vt* discuter de – examiner
disdain *vt* dédaigner
disembark *vi* débarquer ; *vt* débarquer
disembowel *vt* éviscérer – éventrer
disenfranchise *vt* priver du droit de vote
disengage *vt* désenclencher ; *vi* cesser le combat
disentangle *vt* démêler
disfigure *vt* défigurer
disgorge *vt* régurgiter ; *vi* se jeter
disgrace *vt* faire honte à – disgracier
disguise *vt* déguiser – dissimuler
disgust *vt* dégoûter – écœurer
dish *vt (UK)* fam ruiner
▪ **dish out** *vt* servir ; *vi* faire le service
▪ **dish up** *vt* servir *ou* verser *ou* mettre dans un plat ; *vi* servir
dishearten *vt* décourager – abattre
dishonour *vt (UK)* déshonorer – refuser d'honorer
dishonor *vt (US)* déshonorer – refuser d'honorer
disillusion *vt* faire perdre ses illusions à – désillusionner
disinfect *vt* désinfecter
disinherit *vt* déshériter
disintegrate *vi* se désagréger – se désintégrer
disinter *vt* déterrer – exhumer
disinvest *vi* désinvestir
dislike *vt* ne pas aimer
dislocate *vt* se démettre – désorganiser
dislodge *vt* dégager – déplacer
dismantle *vt* démonter ; *vi* se démonter
dismay *vt* consterner – emplir de désarroi
dismember *vt* démembrer
dismiss *vt* licencier ; *vi* rompre les rangs
dismount *vi* descendre ; *vt* désarçonner
disobey *vt* désobéir à
disorder *vt* mettre en désordre
disorient *vt* désorienter
disorientate *vt (UK)* désorienter
disown *vt* renier – désavouer
disparage *vt* dénigrer – décrier
dispatch *vt* envoyer – expédier
dispel *vt* dissiper – chasser
dispense *vt* distribuer – exercer
▪ **dispense with** *vt* se passer de – se débarrasser de
disperse *vt* disperser ; *vi* se disperser
displace *vt* déplacer – supplanter
display *vt* exposer ; *vi* faire la parade
displease *vt* mécontenter
disport *vt* frolâtrer
dispose *vt* disposer – arranger
▪ **dispose of** *vt* se débarrasser de – résoudre
dispossess *vt* déposséder – exproprier
disprove *vt* prouver la fausseté de
dispute *vt* contester ; *vi* se disputer

disqualify *vt* exclure – disqualifier
disquiet *vt* inquiéter – troubler
disregard *vt* ne tenir aucun compte de – négliger
disrobe *vi* enlever sa robe ; *vt* aider à enlever sa robe
disrupt *vt* perturber – interrompre
diss *vt* tfam se foutre de qqn
dissect *vt* disséquer – éplucher
dissemble *vi* dissimuler ; *vt* dissimuler
disseminate *vt* disséminer – diffuser
dissent *vi* différer – être dissident *ou* en dissidence
dissimulate *vt/vi* dissimuler
dissipate *vt* dissiper ; *vi* se disperser
dissociate *vt* dissocier ; *vi* opérer une dissociation
dissolve *vt* dissoudre ; *vi* se dissoudre
dissuade *vt* dissuader
distance *vt* distancer
distemper *vt* peindre à la *ou* en détrempe
distend *vt* gonfler ; *vi* se ballonner
distil *vt (UK)* distiller ; *vi* se distiller
distill *vt (US)* distiller ; *vi* se distiller
distinguish *vt* distinguer ; *vi* faire *ou* établir une distinction
distort *vt* déformer ; *vi* se déformer
distract *vt* distraire – déranger
distress *vt* faire de la peine à – vieillir
distribute *vt* distribuer – répartir
distrust *vt* se méfier de
disturb *vt* déranger – troubler
ditch *vt* abandonner ; *vi* faire un amerrissage forcé
dither fam *vi* hésiter, se tâter
dive *vi* plonger – faire de la plongée
■ **dive in** *vi* plonger
dive-bomb *vt* bombarder *ou* attaquer en piqué – attaquer en piqué
diverge *vi* se séparer – diverger
diversify *vi* se diversifier ; *vt* diversifier
divert *vt* dévier – transférer
divest *vt* priver
divide *vt* diviser ; *vi* se diviser
■ **divide off** *vt* séparer
■ **divide out** *vt* partager – répartir
■ **divide up** *vi* se diviser ; *vt* diviser
divine *vt* présager ; *vi* détecter par radiesthésie
divorce *vt* divorcer d'avec ; *vi* divorcer
divulge *vt* divulguer – révéler
do *vt* faire ; *vi* s'en tirer
■ **do away with** *vt* abolir – se débarrasser de
■ **do down** *vt (UK)* fam rabaisser – avoir
■ **do for** tfam *vt (UK)* zigouiller – bousiller
■ **do in** tfam *vt* zigouiller – buter
■ **do out** *vt (UK)* fam nettoyer à fond – refaire
■ **do out of** *vt* fam faire perdre
■ **do over** *vt* refaire – fam casser la gueule *ou* la tête à
■ **do up** *vt* fermer ; *vi* se fermer
■ **do with** fam *vt (UK)* avoir besoin de – *(UK)* supporter
■ **do without** *vi* faire sans ; *vt* se passer de
dock *vi* se mettre à quai ; *vt* mettre à quai
docket *vt* mettre une fiche (indiquant le contenu) sur – résumer
doctor *vt* falsifier – mettre de la drogue dans
document *vt* décrire (de façon détaillée) – fournir des preuves à l'appui de
dodge *vi* s'écarter vivement ; *vt* esquiver
doff *vt* ôter
dog *vt* suivre de près
doggy paddle *vi* faire la nage du petit chien
dogleg *vi* faire un coude
■ **dole out** *vt* distribuer – distribuer au compte-gouttes
■ **doll up** *vt* se faire beau
dollop *vt* servir des plâtrées de
dolly *vt* faire un travelling
domesticate *vt* domestiquer – habituer aux tâches ménagères
domicile *vt* domicilier
dominate *vt/vi* dominer
domineer *vi* se montrer autoritaire
don *vt* mettre
donate *vt* faire un don de ; *vi* faire un don
doodle *vi* gribouiller – griffonner ; *vt* gribouiller – griffonner
doom *vt* condamner
dope *vt* doper – mettre une drogue *ou* un dopant dans
dose *vt* doser – administrer un médicament à
doss tfam *vi (UK)* coucher – roupiller
■ **doss around** *vi* tfam glander
■ **doss down** tfam *vi* coucher – crécher
dot *vt* marquer avec des points – parsemer
dote *vi* adorer qqn
double *vt/vi* doubler
■ **double back** *vi* tourner brusquement ; *vt* mettre en double
■ **double for** *vt* doubler
■ **double up** *vi* se plier ; *vt* plier en deux
double-check *vi* revérifier ; *vt* revérifier
double click *vi* faire un double-clic ; *vt* double-cliquer
double-cross *vt* trahir – doubler
double-date *vi (US)* sortir à quatre (deux couples)
double-declutch *vi (UK)* faire un double débrayage
double-glaze *vt (UK)* isoler (par système de double vitrage)
double-lock *vt* fermer à double tour
double-park *vi* stationner en double file ; *vt* garer en double file
double-tongue *vi* faire des doubles coups de langue (sur un instrument à vent)
doubt *vt* douter de ; *vi* douter
douche *vt* doucher
douse *vt* éteindre – tremper
dovetail *vt* assembler à queue d'aronde ; *vi* se raccorder
down *vt* mettre à terre – descendre
downgrade *vt* dévaloriser – rabaisser
download *vt* télécharger
downplay *vt* minimiser l'importance de – dédramatiser
downshift *vi (US)* rétrograder
downsize *vt* réduire les effectifs de – réduire l'échelle de
dowse *vi* faire de la radiesthésie ; *vt* tremper
doze *vi* sommeiller

- **doze off** *vi* s'assoupir

draft *vt* faire le brouillon de – détacher

drag *vt* traîner ; *vi* traîner (par terre)

- **drag along** *vt* tirer – traîner
- **drag apart** *vt* séparer de force
- **drag away** *vt* emmener de force
- **drag down** *vt* entraîner (en bas) – affaiblir
- **drag in** *vt* apporter (de force)
- **drag on** *vi* se prolonger ; *vt* tirer sur
- **drag out** *vt* faire traîner
- **drag up** *vt* remettre sur le tapis *(UK)* – fam élever à la diable *ou* tant bien que mal

dragoon *vt* contraindre – forcer

drain *vt* égoutter ; *vi* disparaître

- **drain away** *vi* s'écouler ; *vt* faire écouler
- **drain off** *vt* faire écouler ; *vi* s'écouler

dramatize *vt* adapter pour la scène ; *vi* dramatiser

dramatise *vt (UK)* adapter pour la scène ; *vi* dramatiser

drape *vt* draper – étendre

draught-proof *vt* calfeutrer

draw *vt/vi* tirer

- **draw apart** *vi* se séparer ; *vt* prendre à l'écart
- **draw aside** *vi* s'écarter ; *vt* prendre *ou* tirer à l'écart
- **draw away** *vi* s'éloigner – prendre de l'avance
- **draw back** *vi* reculer ; *vt* faire reculer
- **draw down** *vt* baisser – attirer
- **draw in** *vi* diminuer ; *vt* rentrer
- **draw off** *vt* enlever – tirer
- **draw on** *vt (UK)* enfiler ; *vt* faire appel à
- **draw out** *vt/vi* sortir
- **draw up** *vt (UK)* tirer ; *vi (UK)* se diriger
- **draw upon** *vt* tirer sur – faire appel à

drawl *vi* parler d'une voix traînante ; *vt* dire d'une voix traînante

dread *vt* craindre – redouter

dream *vi* rêver ; *vt* rêver

- **dream up** *vt* imaginer – inventer

dredge *vt* draguer – saupoudrer

- **dredge up** *vt* draguer – déterrer

drench *vt* tremper – donner *ou* faire avaler un médicament à

dress *vt* habiller ; *vi* s'habiller

- **dress down** *vi (UK)* s'habiller simplement ; *vt* fam passer un savon à
- **dress up** *vi* s'habiller ; *vt* habiller

dribble *vi* couler lentement ; *vt* laisser couler *ou* tomber lentement

drift *vi* aller à la dérive ; *vt* entraîner

- **drift off** *vi* s'assoupir

drill *vt/vi* forer

- **drill into** *vt* faire comprendre – enfoncer dans la tête

drink *vt/vi* boire

- **drink away** *vt* noyer – boire
- **drink down** *vt* avaler *ou* boire d'un trait
- **drink in** *vt* boire – s'imprégner de
- **drink to** *vt* boire à – porter un toast à
- **drink up** *vt* boire (jusqu'à la dernière goutte) ; *vi* vider son verre

drip *vi* tomber goutte à goutte ; *vt* laisser tomber goutte à goutte

drip-dry *vi* s'égoutter ; *vt* (faire) égoutter

drip-feed *vt* alimenter par perfusion

drive *vt/vi* conduire

- **drive along** *vi* rouler ; *vt* pousser
- **drive at** *vt* vouloir dire
- **drive away** *vi* s'en aller *ou* partir (en voiture) ; *vt* démarrer
- **drive back** *vi* rentrer en voiture ; *vt* ramener *ou* reconduire en voiture
- **drive in** *vi* entrer (en voiture) ; *vt* enfoncer
- **drive off** *vi* s'en aller *ou* s'éloigner en voiture ; *vt* éloigner
- **drive on** *vi* poursuivre sa route ; *vt* pousser
- **drive out** *vi* sortir (en voiture) ; *vt* chasser
- **drive over** *vi* venir *ou* aller en voiture ; *vt* écraser
- **drive up** *vi* arriver (en voiture) – arriver

drivel *vi* dire des bêtises – baver

drizzle *vi* bruiner – crachiner

drone *vi* bourdonner – ronronner

drool *vi* baver

droop *vi* pencher – s'abaisser

drop *vt* laisser tomber ; *vi* tomber

- **drop away** *vi* diminuer – s'abaisser
- **drop back** *vi* retourner en arrière – se laisser devancer *ou* distancer
- **drop by** *vi* passer
- **drop down** *vi* tomber (par terre) – se rabattre
- **drop in** *vi* passer ; *vt* déposer
- **drop off** *vt* déposer ; *vi* s'endormir
- **drop out** *vi* tomber – renoncer
- **drop round** *vt (UK)* déposer ; *vt (UK)* passer voir qqn

drove *vt* chasser – boucharder

drown *vt* noyer ; *vi* se noyer

- **drown out** *vt* noyer – couvrir

drowse *vi* somnoler

- **drowse off** *vi* s'assoupir

drudge *vi* besogner – peiner

drug *vt* droguer – doper

drum *vi* jouer de la batterie ; *vt* tambouriner

- **drum in** *vt* insister lourdement sur
- **drum into** *vt* enfoncer qqch dans la tête de qqn
- **drum out** *vt* expulser
- **drum up** *vt* attirer – battre le rappel de

dry *vt* (faire) sécher ; *vi* sécher

- **dry off** *vt* sécher ; *vt*
- **dry out** *vi* sécher ; *vt* désintoxiquer
- **dry up** *vi* s'assécher – essuyer la vaisselle

dry-clean *vt* nettoyer à sec

dub *vt* surnommer – sonoriser

duck *vt* esquiver ; *vi* se baisser vivement

duel *vi* se battre en duel

- **duff up** fam *vt (UK)* tabasser – démolir

dull *vt* assourdir ; *vi* se ternir

- **dumb down** *vt* niveler par le bas

dumbfound *vt* abasourdir – interloquer

dummy *vi* feinter ; *vt* feinter

dump *vt* déverser ; *vi* vulg chier

dun *vt* presser – harceler

dunk *vt* tremper

dupe *vt* duper – leurrer

duplicate *vt* dupliquer – refaire
dust *vt* épousseter – saupoudrer
▪ **dust down** *vt* brosser – épousseter
▪ **dust off** *vt* nettoyer – se remettre à
dwarf *vt* écraser – rabougrir
dwell *vi* résider – demeurer
▪ **dwell on** *vt* penser sans cesse à – s'attarder sur
▪ **dwell upon** *vt* penser sans cesse à – s'attarder sur
dwindle *vi* se réduire – diminuer
dye *vt* teindre ; *vi* se teindre
dynamite *vt* dynamiter

E

earmark *vt* réserver – affecter
earn *vt* gagner ; *vi* gagner de l'argent
earth *vt (UK)* mettre à la terre
ease *vt* calmer ; *vi* se calmer
▪ **ease back** *vt* tirer doucement
▪ **ease off** *vt* enlever délicatement ; *vi* se calmer
▪ **ease up** *vi* ralentir – se calmer
eat *vt/vi* manger
▪ **eat away** *vt* ronger ; *vi* manger
▪ **eat away at** *vt* ronger
▪ **eat in** *vi* manger chez soi *ou* à la maison
▪ **eat into** *vt* attaquer – entamer
▪ **eat out** *vi* sortir déjeuner *ou* dîner ; *vt* se morfondre
▪ **eat up** *vi* manger ; *vt* terminer
eavesdrop *vi* écouter de manière indiscrète – espionner
ebb *vi* baisser – descendre
▪ **ebb away** *vi* baisser peu à peu – disparaître
echo *vt* répéter ; *vi* résonner
eclipse *vt* éclipser
economize *vi* économiser – faire des économies
eddy *vi* tourbillonner
edge *vt* border ; *vi* avancer *ou* progresser lentement
▪ **edge out** *vt* pousse qqn vers la sortie en douceur ; *vi* sortir lentement
▪ **edge up** *vt* faire monter doucement ; *vi* monter doucement
edify *vt* édifier
edit *vt* corriger – diriger la rédaction de
▪ **edit down** *vt* raccourcir
▪ **edit out** *vt* couper – supprimer
educate *vt* instruire – éduquer
eff *vi tfam* jurer
▪ **eff off** *vi tfam* aller se faire voir
efface *vt* effacer
effect *vt* effectuer – réaliser
effectuate *vt* effectuer – réaliser
effervesce *vi* être en effervescence – pétiller
egg on *vt* encourager – inciter
ego-trip *vi* faire qqch par vanité
ejaculate *vi* éjaculer ; *vt* éjaculer
eject *vt* expulser ; *vi* s'éjecter
eke out *vt* faire durer – augmenter
elaborate *vt* élaborer ; *vi* donner des détails
▪ **elaborate on** *vt* développer
elapse *vi* s'écouler – passer
elbow *vt* donner un coup de coude à – pousser du coude
▪ **elbow out** *vt* se débarrasser de
elect *vt* élire – choisir
electioneer *vi* participer à la campagne électorale – faire de la propagande électorale
electrify *vt* électrifier – électriser
electrocute *vt* électrocuter
electroplate *vt* plaquer par galvanoplastie – dorer par galvanoplastie
elevate *vt* élever
elicit *vt* obtenir – découvrir
elide *vt* élider
eliminate *vt* éliminer – enlever
elongate *vt* allonger ; *vi* s'allonger
elope *vi* s'enfuir pour se marier
elucidate *vt* élucider ; *vi* expliquer
elude *vt* échapper à – éluder
E-mail *vt* envoyer par courrier électronique *ou* e-mail – envoyer un courrier électronique *ou* e-mail à
e-mail *vt* envoyer par courrier électronique *ou* e-mail – envoyer un courrier électronique *ou* e-mail à
emanate *vt* exsuder ; *vi* émaner de
emancipate *vt* émanciper – affranchir
emasculate *vt* émasculer – affaiblir
embalm *vt* embaumer
embargo *vt* mettre l'embargo sur – interdire
embark *vt* embarquer ; *vi* embarquer
▪ **embark on** *vt* commencer – se lancer dans
▪ **embark upon** *vt* commencer – se lancer dans
embarrass *vt* embarrasser – gêner
embed *vt* enfoncer – sceller
embellish *vt* embellir – enjoliver
embezzle *vt/vi* détourner
embitter *vt* remplir d'amertume – altérer
emblazon *vt* blasonner
embody *vt* incarner – inclure
embolden *vt* enhardir
emboss *vt* repousser – estamper
embrace *vt* étreindre ; *vi* s'étreindre
embroider *vt/vi* broder
embroil *vt* mêler – impliquer
emcee *vt* animer
emend *vt* corriger
emerge *vi* sortir – émerger
emigrate *vi* émigrer
emit *vt* émettre – dégager
emote *vi* faire dans le genre tragique – avoir un comportement théâtral
empanel *vt* constituer – inscrire sur la liste *ou* le tableau du jury
empathize *vi* s'identifier à
emphasize *vt* insister sur – accentuer
employ *vt* employer – utiliser
empower *vt* habiliter – autoriser
empty *vt* vider ; *vi* se vider
▪ **empty out** *vt* vider ; *vi* se vider
emulate *vt* imiter – émuler
emulsify *vt* émulsionner – émulsifier
emulsion *vt* appliquer de la peinture émulsion sur
enable *vt* permettre
enact *vt* promulguer – jouer
enamel *vt* émailler
encamp *vi* camper ; *vt* faire camper
encapsulate *vt* mettre en capsule – résumer

encase *vt* recouvrir – entourer
encash *vt (UK)* encaisser
enchant *vt* enchanter – ravir
encircle *vt* entourer – encercler
enclose *vt* entourer – joindre
encode *vt* coder – encoder
encompass *vt* englober – entourer
encore *vt* rappeler – bisser
encounter *vt* rencontrer – se heurter à
encourage *vt* encourager – inciter
encroach on *vi* empiéter sur
encroach upon *vi* empiéter sur
encrust *vt* incruster – couvrir
encrypt *vt* coder – crypter
encumber *vt* encombrer – embarrasser
end *vt* terminer ; *vi* finir
▪ **end off** *vt* terminer
▪ **end up** *vi* finir
endanger *vt* mettre en danger – compromettre
endear *vt* faire aimer
endeavour *vi (UK)* s'évertuer à
endeavor *vi (US)* s'évertuer à
endorse *vt* endosser – approuver
endow *vt* doter – fonder
endure *vt* endurer ; *vi* durer
energize *vt* donner de l'énergie à – exciter
enervate *vt* amollir – débiliter
enfeeble *vt* affaiblir
enfold *vt* étreindre
enforce *vt* mettre en œuvre – mettre en vigueur
enfranchise *vt* accorder le droit de vote à – affranchir
engage *vt* engager ; *vi* s'engager
engender *vt* engendrer – créer
engineer *vt* concevoir – manigancer
engrave *vt* graver
engross *vt* absorber
engulf *vt* engloutir
enhance *vt* améliorer – augmenter
enjoin *vt (US)* interdire à
enjoy *vt* aimer ; *vi* s'amuser
enlarge *vt* agrandir ; *vi* s'agrandir
▪ **enlarge on** *vt* s'étendre sur – donner des détails sur
▪ **enlarge upon** *vt* s'étendre sur – donner des détails sur
enlighten *vt* éclairer
enlist *vt* enrôler – mobiliser
enliven *vt* animer
enmesh *vt* prendre dans un filet – mêler
ennoble *vt* anoblir – ennoblir
enrage *vt* rendre furieux – mettre en rage
enrapture *vt* enchanter – ravir
enrich *vt* enrichir – fertiliser
enrol *vt (UK)* inscrire ; *vi* s'inscrire
enroll *vt (US)* inscrire ; *vi* s'inscrire
ensconce *vt* installer
enshrine *vt* enchâsser – conserver pieusement *ou* religieusement
enslave *vt* réduire en esclavage – asservir
ensnare *vt* prendre au piège
ensue *vi* s'ensuivre – résulter
ensure *vt* assurer – protéger
entail *vt* entraîner – comporter
entangle *vt* empêtrer – emmêler
enter *vt* entrer dans ; *vi* entrer
▪ **enter into** *vt* se lancer dans – entrer dans
▪ **enter up** *vt* inscrire – porter
▪ **enter upon** *vt* débuter *ou* entrer dans – prendre possession de
entertain *vt* amuser ; *vi* recevoir
enthral *vt (UK)* captiver – passionner
enthrall *vt (US)* captiver – passionner
enthrone *vt* mettre sur le trône – introniser
enthuse *vi* s'enthousiasmer ; *vt* enthousiasmer
entice *vt* attirer – séduire
entitle *vt* autoriser – intituler
entomb *vt* mettre au tombeau – ensevelir
entrain *vi* monter dans un train ; *vt* embarquer dans un train
entrance *vt* hypnotiser – ravir
entrap *vt* prendre au piège
entreat *vt* implorer – supplier
entrench *vt* retrancher
entrust *vt* confier
entwine *vt* entrelacer
enumerate *vt* énumérer – dénombrer
enunciate *vt/vi* articuler
envelop *vt* envelopper
envisage *vt* envisager – prévoir
envy *vt* envier
epitomize *vt* personnifier – abréger
epitomise *vt (UK)* personnifier – abréger
equal *vt* égaler
equalize *vt/vi* égaliser
equalise *vt (UK)* égaliser ; *vi* égaliser
equate *vt* assimiler – égaler
equip *vt* équiper – outiller
equivocate *vi* user d'équivoques *ou* de faux-fuyants – équivoquer
eradicate *vt* éradiquer – faire disparaître, supprimer
erase *vt* effacer ; *vi* s'effacer
erect *vt* bâtir – édifier
erode *vt* éroder ; *vi* s'éroder
err *vi* se tromper – pécher
erupt *vi* entrer en éruption – sortir
escalate *vi* s'intensifier ; *vt* intensifier
escape *vi* échapper ; *vt* échapper à
eschew *vt* éviter – s'abstenir de
escort *vt* accompagner – escorter
espouse *vt* épouser – adopter
espy *vt* apercevoir – distinguer
essay *vt* essayer – mettre à l'épreuve
establish *vt* fonder – affermir
esteem *vt* avoir de l'estime pour – estimer
estimate *vt* estimer – évaluer
estrange *vt* aliéner – éloigner
etch *vi* graver – graver à l'eau-forte ; *vt* graver – graver à l'eau-forte
eulogize *vt* faire l'éloge *ou* le panégyrique de
eulogise *vt (UK)* faire l'éloge *ou* le panégyrique de
Europeanize *vt* européaniser
Europeanise *vt (UK)* européaniser
evacuate *vt* évacuer
evade *vt* échapper à – éviter
evaluate *vt* évaluer – déterminer le montant de
evangelize *vt* évangéliser ; *vi* prêcher l'Évangile
evangelise *vt (UK)* évangéliser ; *vi* prêcher l'Évangile
evaporate *vi* s'évaporer ; *vt* faire évaporer
even *vt* égaliser ; *vi* s'égaliser
▪ **even out** *vt* égaliser ; *vi* s'égaliser
▪ **even up** *vt* égaliser
evict *vt* expulser – récupérer par moyens juridiques

evidence *vt* manifester – montrer
evince *vt* manifester – montrer
eviscerate *vt* éventrer – éviscérer
evoke *vt* évoquer – susciter
evolve *vi* évoluer ; *vt* développer
exacerbate *vt* exacerber – énerver
exact *vt* extorquer – exiger
exaggerate *vi* exagérer ; *vt* exagérer
exalt *vt* exalter – élever (à un rang plus important)
examine *vt* examiner – faire passer un examen à
exasperate *vt* exaspérer
excavate *vt* creuser – mettre au jour
exceed *vt* dépasser – excéder
excel *vi* exceller ; *vt* surpasser
except *vt* excepter – exclure
exchange *vt* échanger
excise *vt* retrancher – exciser
excite *vt* exciter – enthousiasmer
exclaim *vi* s'exclamer ; *vt* exclamer
exclude *vt* exclure
excommunicate *vt* excommunier
excoriate *vt* condamner
excrete *vt* excréter
exculpate *vt* disculper
excuse *vt* excuser – dispenser
execrate *vt* exécrer – condamner
execute *vt* exécuter
exemplify *vt* illustrer – exemplifier
exempt *vt* exempter – exonérer
exercise *vt* exercer ; *vi* faire de l'exercice
exert *vt* exercer
exfoliate *vi* s'exfolier ; *vt* exfolier
exhale *vt/vi* expirer
exhaust *vt* épuiser – exténuer
exhibit *vt/vi* exposer
exhilarate *vt* exalter – griser
exhort *vt* exhorter
exhume *vt* exhumer
exile *vt* exiler – expatrier
exist *vi* exister
exit *vi* sortir ; *vt* sortir de
exonerate *vt* disculper – innocenter
exorcize *vt* exorciser
exorcise *vt (UK)* exorciser
expand *vt* agrandir ; *vi* s'agrandir
▪ **expand on** *vt* développer
expatiate *vi* s'étendre – discourir
expatriate *vt* expatrier – exiler
expect *vt* s'attendre à ; *vi* être enceinte
expedite *vt* hâter – activer
expel *vt* renvoyer – expulser
expend *vt* consacrer – épuiser
experience *vt* connaître – sentir
experiment *vi* faire une expérience *ou* des expériences
expiate *vt* expier
expire *vi* expirer – arriver à terme
explain *vt/vi* expliquer
▪ **explain away** *vt* justifier
explicate *vt* éclaircir – clarifier
explode *vt* faire exploser *ou* sauter ; *vi* exploser
exploit *vt* exploiter
explore *vt* explorer ; *vi* faire une exploration
export *vt/vi* exporter
expose *vt* découvrir – exposer
expostulate *vi* récriminer
expound *vt* exposer
express *vt* exprimer – extraire
expropriate *vt* exproprier
expunge *vt* supprimer – effacer
expurgate *vt* expurger
extemporize *vt/vi* improviser
extend *vt* étendre ; *vi* avancer
exteriorize *vt* extérioriser
exterminate *vt* exterminer – anéantir
externalize *vt* extérioriser
externalise *vt (UK)* extérioriser
extinguish *vt* éteindre – effacer
extirpate *vt* extirper
extol *vt* chanter les louanges de – vanter
extoll *vt (US)* chanter les louanges de – vanter
extort *vt* extorquer – soutirer
extract *vt* extraire – soutirer
extradite *vt* extrader – obtenir l'extradition de
extrapolate *vt* déduire par extrapolation ; *vi* extrapoler
extricate *vt* extirper – dégager
extrude *vt* extruder ; *vi* déborder
exude *vi* exsuder ; *vt* exsuder
exult *vi* exulter – jubiler
eye *vt* regarder – mesurer du regard
▪ **eye up** *vt* tfam reluquer
eyeball *vt* regarder fixement – fam reluquer

F

fabricate *vt* fabriquer – inventer
face *vt* faire face à ; *vi* se tourner
▪ **face down** *vt* tenir tête (à)
▪ **face out** *vt (UK)* surmonter
▪ **face up to** *vt* faire face à – affronter
facilitate *vt* faciliter
▪ **factor in** *vt* inclure
factorize *vt* mettre en facteurs
factorise *vt (UK)* mettre en facteurs
fade *vi* pâlir ; *vt* décolorer
▪ **fade away** *vi* disparaître – baisser
▪ **fade in** *vt* faire apparaître en fondu ; *vi* apparaître en fondu
▪ **fade out** *vi* disparaître ; *vt* faire disparaître en fondu
faff *vi (UK)* fam faire la mouche du coche
fag *vi* être au service d'un grand élève
fail *vi* échouer ; *vt* échouer à
faint *vi* s'évanouir
fake *vt* faire un faux de ; *vi* faire semblant
fall *vi* tomber – se laisser tomber
▪ **fall about** *vi (UK)* fam se tordre de rire
▪ **fall apart** *vi* tomber en morceaux – s'effondrer (qqn)
▪ **fall away** *vi* s'écailler – diminuer
▪ **fall back** *vi* reculer – se laisser distancer
▪ **fall back on** *vt* avoir recours à qqch
▪ **fall behind** *vi* se laisser distancer ; *vt* prendre du retard sur
▪ **fall down** *vi* tomber (par terre) – s'effondrer
▪ **fall down on** *vt* échouer à qqch
▪ **fall for** *vt* tomber amoureux de – se laisser prendre par
▪ **fall in** *vi* tomber – s'effondrer
▪ **fall in with** *vt* se mettre à fréquenter qqn
▪ **fall into** *vt* tomber dans
▪ **fall off** *vi* tomber – diminuer
▪ **fall on** *vt* tomber sur – attaquer
▪ **fall out** *vi* tomber – se brouiller

■ **fall over** *vi* tomber (par terre)
■ **fall through** *vi* échouer
■ **fall to** *vt (UK)* se mettre à ; *vi (UK)* se jeter sur qqch
■ **fall upon** *vt* attaquer – tomber sur
falsify *vt* falsifier – déformer
falter *vi* vaciller ; *vt* balbutier
familiarize *vt* familiariser – répandre
familiarise *vt (UK)* familiariser – répandre
fan *vt* éventer ; *vi* s'étaler (en éventail)
■ **fan out** *vi* s'étaler (en éventail) ; *vt* étaler (en éventail)
fancy *vt (UK)* avoir envie de – imaginer
fantasize *vi* fantasmer – se livrer à des fantasmes
fantasise *vi (UK)* fantasmer – se livrer à des fantasmes
fare *vi* se porter
farm *vt* cultiver ; *vi* être fermier
■ **farm out** *vt* mettre en gérance – donner *ou* confier à un sous-traitant
farrow *vi* mettre bas ; *vt* mettre bas
fart *vi* tfam péter
■ **fart about** tfam *vi (UK)* gaspiller *ou* perdre son temps – glander
■ **fart around** *vi* gaspiller *ou* perdre son temps – glander
fascinate *vt* fasciner – captiver
fashion *vt* fabriquer – façonner
fast *vi* jeûner – rester à jeun
fasten *vt* attacher ; *vi* s'attacher
■ **fasten down** *vt* fermer – coller
■ **fasten on** *vt* fixer
■ **fasten onto** *vt* saisir – se cramponner à
■ **fasten up** *vt* fermer – attacher
■ **fasten upon** *vt* fixer – saisir
fast-forward *vi* se dérouler en avance rapide ; *vt* avancer
fat *vt* engraisser
father *vt* engendrer – attribuer
fathom *vt* sonder – pénétrer
fatigue *vt* fatiguer – épuiser
fatten *vt/vi* engraisser
■ **fatten up** *vt* engraisser – mettre à l'engrais
fault *vt* critiquer ; *vi* commettre une faute

favour *vt (UK)* préférer – être partisan de
favor *vt (US)* préférer – être partisan de
fawn *vi* passer de la pommade à qqn
fax *vt* faxer – envoyer par télécopie *ou* par télécopieur
faze fam *vt* déconcerter – dérouter
fear *vt/vi* craindre
feast *vi* festoyer ; *vt* donner un banquet en l'honneur de
feather *vt* empenner ; *vi* plumer
featherbed *vt* protéger (excessivement)
feature *vt* avoir pour vedette ; *vi* figurer
federalize *vt* fédéraliser ; *vi* se fédéraliser
federate *vt* fédérer ; *vi* se fédérer
feed *vt* nourrir ; *vi* manger
■ **feed back** *vt* renvoyer
■ **feed in** *vt* introduire – entrer
■ **feed on** *vt* se nourrir de – se repaître de
■ **feed up** *vt* engraisser – gaver
feel *vi* sentir ; *vt* toucher
■ **feel about** *vi* fouiller
■ **feel for** *vt* chercher
■ **feel up to** *vt* se sentir le courage de faire qqch
feign *vt* feindre – simuler
feint *vi* faire une feinte
fell *vt* abattre – couper
fence *vt* clôturer ; *vi* faire de l'escrime
■ **fence in** *vt* clôturer – enfermer
■ **fence off** *vt* séparer à l'aide d'une clôture
fend *vi* se débrouiller
■ **fend off** *vt* parer – repousser
ferment *vt* faire fermenter ; *vi* fermenter
ferret *vi* chasser au furet
■ **ferret about** *vi (UK)* fouiller – fureter
■ **ferret around** *vi* fouiller – fureter
■ **ferret out** *vt* dénicher
ferry *vt* transporter en ferry – transporter
fertilize *vt* féconder – fertiliser
fertilise *vt (UK)* féconder – fertiliser
fess up *vi* fam cracher le morceau
fester *vi* suppurer *(UK)* fam buller

festoon *vt* orner de festons – festonner
fetch *vt/vi* aller chercher
■ **fetch up** fam *vi* se retrouver ; *vt* rendre
fête *vt* fêter
fetter *vt* enchaîner – entraver
feud *vi* se quereller – se disputer
fib *vi* raconter des histoires
fiddle *vi* bricoler ; *vt* fam truquer
■ **fiddle about** *vi (UK)* jouer – fam bricoler
■ **fiddle around** *vi* jouer – fam bricoler
fidget *vi* fam avoir la bougeotte – gigoter
field *vt* présenter ; *vi* être en défense
■ **field-test** *vt* soumettre à des essais sur le terrain
fight *vi* se battre ; *vt* se battre contre
■ **fight back** *vi* se défendre ; *vt* refouler
■ **fight off** *vt* repousser – combattre
■ **fight on** *vi* continuer le combat
■ **fight out** *vt* se battre pour régler une affaire
figure *vi* figurer ; *vt* penser
■ **figure in** *vt* inclure
■ **figure on** *vt* compter
■ **figure out** *vt* arriver à comprendre – calculer
filch *vt* fam piquer
file *vt* classer ; *vi* faire du classement
■ **file away** *vt* classer – polir à la lime
■ **file down** *vt* polir à la lime
■ **file for** *vt* déposer une demande
filibuster *vi* faire de l'obstruction ; *vt* faire obstruction à
fill *vt* remplir ; *vi* se remplir
■ **fill in** *vi* faire un remplacement ; *vt* boucher
■ **fill out** *vi* se remplir ; *vt* remplir
■ **fill up** *vi* se remplir ; *vt* remplir
fillet *vt* préparer – faire des filets dans
film *vt/vi* filmer
■ **film over** *vi* s'embuer – se voiler
filmset *vt (UK)* photocomposer

filter *vt/vi* filtrer
▪ **filter in** *vi* filtrer – entrer petit à petit
▪ **filter out** *vt* éliminer par filtrage *ou* filtration ; *vi* sortir petit à petit
▪ **filter through** *vi* filtrer
finalize *vt* mettre au point – mener à bonne fin
finalise *vt (UK)* mettre au point – mener à bonne fin
finance *vt* financer – trouver les fonds pour
find *vt* trouver ; *vi* prononcer en faveur de
▪ **find out** *vi* se renseigner ; *vt* découvrir
fine *vt* condamner à une amende – donner une contravention à
finesse *vi* faire l'impasse à ; *vt* faire l'impasse à
fine-tune *vt* régler avec précision – peaufiner
finger *vt* tâter du doigt – MUS doigter
fingerprint *vt* prendre les empreintes digitales de – relever les empreintes digitales sur
finish *vt* finir ; *vi* (se) finir
▪ **finish off** *vi/vt* finir
▪ **finish up** *vi/vt* finir
▪ **finish with** *vt* ne plus avoir besoin de – en finir avec
▪ **fink out** fam *vi* laisser tomber – se dégonfler
fire *vt/vi* tirer
▪ **fire away** *vi* se lancer
▪ **fire off** *vt* tirer – balancer
firebomb *vt* attaquer à la bombe incendiaire
fireproof *vt* ignifuger – rendre ininflammable
firm *vt* tasser ; *vi* se raffermir
▪ **firm up** *vt* raffermir ; *vi* se raffermir
first-foot *vt* aller rendre visite à quelqu'un après minuit la nuit de Saint-Sylvestre
fish *vi* pêcher ; *vt* pêcher dans
▪ **fish out** *vt* repêcher
▪ **fish up** *vt* repêcher
fissure *vi* se fissurer – se fendre
fit *vt* correspondre à ; *vi* correspondre
▪ **fit in** *vi* tenir ; *vt* installer
▪ **fit into** *vt* entrer dans ; *vt* faire entrer
▪ **fit on** *vt* mettre
▪ **fit out** *vt* armer – équiper
▪ **fit up** *vt* équiper *(UK)* – tfam monter un coup contre
fix *vt* fixer – s'occuper de
▪ **fix on** *vt* fixer ; *vt* choisir
▪ **fix up** *vt* mettre en place ; *vi* s'arranger pour que
fizz *vi* pétiller – crépiter
fizzle *vi* pétiller – crépiter
▪ **fizzle out** *vi* tomber – tomber à l'eau
flack *vi* être l'attaché de presse de qqn
flag *vt* marquer ; *vi* faiblir
▪ **flag down** *vt* faire signe de s'arrêter à
▪ **flag up** *vt* marquer
flagellate *vt* flageller – fustiger
flail *vt* battre au fléau ; *vi* s'agiter violemment
▪ **flail about** *vi* s'agiter dans tous les sens ; *vt* battre
flake *vi* s'effriter ; *vt* émietter
▪ **flake off** *vi* s'effriter
▪ **flake out** *vi* fam s'écrouler – s'endormir
flambé *vt* flamber
flame *vi* s'empourprer ; *vt* flamber
▪ **flame up** *vi* s'embraser – s'enflammer
flank *vt* encadrer – flanquer
flannel fam *vi (UK)* faire du baratin *ou* du blabla *ou* du blablabla
flap *vi* battre ; *vt* battre
flare *vi* flamboyer ; *vt* évaser
▪ **flare up** *vi* s'embraser – éclater
flash *vi* clignoter ; *vt* faire clignoter
▪ **flash back** *vi* revenir en arrière sur
flat-hunt *vi (UK)* chercher un appartement
flatten *vt* aplanir ; *vi* s'aplanir
▪ **flatten out** *vi* s'aplanir ; *vt* étaler à plat
flatter *vt/vi* flatter
flaunt *vt* étaler – faire parade de
flavour *vt (UK)* assaisonner – parfumer
flavor *vt (US)* assaisonner – parfumer
flaw *vt* endommager – altérer
flay *vt* dépouiller – fouetter
fleck *vt* moucheter – tacheter
flee *vi* s'enfuir ; *vt* fuir
fleece fam *vt* escroquer – tondre
▪ **flesh out** *vt* étoffer ; *vi* s'étoffer
flex *vt* fléchir
flick *vt* appuyer sur
▪ **flick over** *vt* tourner rapidement
▪ **flick through** *vt* feuilleter
flicker *vi* vaciller – trembler
flinch *vi* tressaillir
fling *vt* lancer – jeter
▪ **fling about** *vt* lancer
▪ **fling away** *vt* jeter (de côté)
▪ **fling back** *vt* renvoyer – ouvrir brusquement
▪ **fling off** *vt* jeter
▪ **fling out** *vt* jeter – mettre à la porte
▪ **fling up** *vt* jeter en l'air – lancer
flip *vt* donner un petit coup sec à ; *vi* fam être emballé
▪ **flip out** fam *vi* exploser – piquer une crise
▪ **flip over** *vt* retourner ; *vi* se retourner
▪ **flip through** *vt* feuilleter
flip-flop fam *vi (US)* faire volte-face – retourner sa veste
flirt *vi* flirter
flit *vi* voleter *(UK)* – déménager
float *vi* flotter ; *vt* mettre à flot
▪ **float about** fam *vi (UK)* courir – traîner
▪ **float around** fam *vi* courir – traîner
▪ **float off** *vt* remettre à flot ; *vi* partir *ou* être emporté au fil de l'eau
flock *vi* aller *ou* venir en foule *ou* en masse – affluer
▪ **flock together** *vi* se regrouper – s'attrouper
flog *vt* fouetter *(UK)* – vendre
▪ **flog off** *vt (UK)* fam bazarder
flood *vt* inonder ; *vi* être en crue
▪ **flood back** *vi* revenir en foule *ou* en masse – revenir à flots
▪ **flood in** *vi* entrer en foule *ou* en masse – affluer
▪ **flood out** *vt* inonder ; *vi* sortir en foule *ou* en masse
floodlight *vt* éclairer (aux projecteurs) – illuminer
floor *vt* faire le sol de – fam terrasser
flop *vi* tomber – fam louper
floss *vt* nettoyer au fil *ou* à la soie dentaire

flounce *vi* faire qqch de manière théâtrale
flounder *vi* patauger péniblement – perdre pied
flour *vt* saupoudrer de farine – fariner
flourish *vi* prospérer ; *vt* brandir
flout *vt* passer outre à – se moquer de
flow *vi* couler – circuler
▪ **flow in** *vi* entrer – affluer
▪ **flow out** *vi* sortir – s'écouler
flower *vi* fleurir – s'épanouir
flub fam *vt* rater – louper
fluctuate *vi* fluctuer – être fluctuant *ou* variable
fluff fam *vt (UK)* rater – louper
▪ **fluff up** *vt* hérisser – secouer
flummox *vt* déconcerter – dérouter
flunk fam *vi (US)* se planter ; *vt* se planter en
▪ **flunk out** *vi (US)* fam se faire virer (à cause de la médiocrité de ses résultats)
flurry *vt* agiter – troubler
flush *vi* rougir ; *vt* empourprer
▪ **flush away** *vt* jeter dans les toilettes – jeter dans l'évier
▪ **flush out** *vt* nettoyer à grande eau – faire sortir
fluster *vt* troubler – rendre nerveux
flutter *vi* battre ; *vt* agiter
fly *vi* voler ; *vt* piloter
▪ **fly about** *vi* voleter – voler dans les parages
▪ **fly away** *vi* s'envoler
▪ **fly back** *vi* revenir ; *vt* emmener en avion
▪ **fly by** *vi* passer à toute vitesse
▪ **fly in** *vi* arriver en avion ; *vt* envoyer en avion
▪ **fly off** *vi* s'envoler ; *vt* évacuer en avion *ou* hélicoptère
▪ **fly out** *vi* partir (en avion) ; *vt* envoyer par avion
▪ **fly past** *vi* passer – passer à toute vitesse
foal *vi* mettre bas – pouliner
foam *vi* mousser – écumer
fob off *vt* se débarrasser de
focus *vt/vi* mettre au point
fog *vt* embuer ; *vi* s'embuer
foil *vt* déjouer – contrecarrer
▪ **foist on** *vt* imposer sur
fold *vt* plier ; *vi* se plier
▪ **fold away** *vt* plier et ranger ; *vi* se plier
▪ **fold down** *vt* replier ; *vi* se rabattre
▪ **fold in** *vt* incorporer
▪ **fold over** *vt* plier ; *vi* se rabattre
▪ **fold up** *vt* plier ; *vi* se plier
follow *vt/vi* suivre
▪ **follow on** *vi* suivre
▪ **follow through** *vt* poursuivre jusqu'au bout *ou* jusqu'à sa conclusion ; *vi* accompagner son coup *ou* sa balle
▪ **follow up** *vt* exploiter ; *vi* exploiter un avantage
foment *vt* fomenter
fondle *vt* caresser
fool *vt* duper ; *vi* faire l'imbécile *ou* le pitre
▪ **fool about** *vi (UK)* faire l'imbécile *ou* le pitre – perdre du temps
▪ **fool around** *vi* faire l'imbécile *ou* le pitre – perdre du temps
foot *vt* payer
▪ **footle about** fam *vi (UK)* passer son temps à des futilités – dire des bêtises
▪ **footle around** fam *vi* passer son temps à des futilités – dire des bêtises
footnote *vt* annoter – mettre des notes de bas de page
footslog *vi* fam marcher (d'un pas lourd)
forage *vi* fourrager ; *vt* trouver en fourrageant
foray *vi* faire un raid *ou* une incursion
forbear *vi* s'abstenir ; *vt* renoncer à
forbid *vt* interdire – empêcher
force *vt* forcer – arracher
▪ **force back** *vt* repousser – réprimer
▪ **force down** *vt* faire descendre (de force) – forcer à atterrir
▪ **force out** *vt* faire sortir (de force)
▪ **force up** *vt* faire monter (de force)
force-feed *vt* nourrir de force – gaver
ford *vt* passer *ou* traverser à gué
forearm *vt* prémunir
forebode *vt* augurer
forecast *vt* prévoir – pronostiquer
foreclose *vt* saisir ; *vi* saisir le bien hypothéqué
foreground *vt* privilégier
foresee *vt* prévoir – présager
foreshadow *vt* présager – annoncer
foreshorten *vt* faire un raccourci de – réduire
forestall *vt* empêcher – anticiper
foretell *vt* prédire
forewarn *vt* prévenir – avertir
forfeit *vt* perdre – perdre (par confiscation)
forgather *vi* se réunir – s'assembler
forge *vt* forger ; *vi* avancer
▪ **forge ahead** *vi* prendre de l'avance – faire son chemin
forget *vt/vi* oublier
forgive *vt* pardonner
forgo *vt* renoncer à – se priver de
fork *vt* fourcher ; *vi* bifurquer
▪ **fork out** *vt* allonger ; *vi* tfam casquer
form *vt* former ; *vi* se former
▪ **form up** *vi (UK)* se mettre en ligne – s'aligner
formalize *vt* formaliser
formalise *vt (UK)* formaliser
format *vt* composer la présentation de – formater
formulate *vt* formuler – élaborer
fornicate *vi* forniquer
forsake *vt* abandonner – renoncer à
forswear *vt* abjurer ; *vi* se parjurer
fortify *vt* fortifier – augmenter la teneur en alcool
forward *vt* faire suivre – avancer
foster *vt (UK)* accueillir – nourrir
foul *vt* salir ; *vi* s'emmêler
▪ **foul up** *vt* polluer – fam ficher en l'air
found *vt* fonder – fondre
founder *vi* sombrer – s'effondrer
four-wheel *vi (US)* faire du quatre-quatre
fox *vt* duper – souffler
foxtrot *vi* danser le fox-trot
fracture *vt* fracturer ; *vi* se fracturer
fragment *vt* fragmenter ; *vi* se fragmenter
frame *vt* encadrer – élaborer
franchise *vt* accorder une franchise à
frank *vt (UK)* affranchir

fraternize *vi* fraterniser
fraternise *vi (UK)* fraterniser
fray *vt* effilocher ; *vi* s'effilocher
frazzle fam *vt* tuer – crever
freak *vi* tfam flipper
▪ **freak out** tfam *vi* flipper ; *vt* faire flipper
freckle *vt* marquer de taches de rousseur ; *vi* se couvrir de taches de rousseur
free *vt* libérer – dégager
freelance *vi* travailler en free-lance *ou* indépendant
freeload *vi* fam vivre aux crochets des autres
freewheel *vi* être en roue libre – rouler au point mort
freeze *vi* geler ; *vt* geler
▪ **freeze out** *vt* fam exclure
▪ **freeze over** *vi* geler
▪ **freeze up** *vi* se bloquer ; *vi* geler
freeze-dry *vt* lyophiliser
freight *vt* transporter
French-kiss *vt* embrasser sur la bouche (avec la langue) ; *vi* s'embrasser sur la bouche (avec la langue)
French-polish *vt (UK)* vernir (à l'alcool)
frequent *vt* fréquenter
freshen *vt* rafraîchir ; *vi* fraîchir
▪ **freshen up** *vi* faire un brin de toilette ; *vt* faire un brin de toilette à
fret *vi* tracasser ; *vt* ronger
fricassee *vt* fricasser
frighten *vt* effrayer – faire peur à
▪ **frighten away** *vt* faire fuir (par la peur) – effaroucher
▪ **frighten off** *vt* faire fuir – chasser
fringe *vt* franger
frisk *vi* gambader ; *vt* fouiller
fritter *vt* gaspiller
▪ **fritter away** *vt* gaspiller
frizz *vt* faire friser ; *vi* friser
frogmarch *vt (UK)* conduire qqn de force
frolic *vi* s'ébattre – gambader
front *vt* être à la tête de *ou* devant ; *vi* être face à
frost *vt/vi* geler
▪ **frost over** *vi* se givrer ; *vt* givrer
▪ **frost up** *vi* se givrer ; *vt* givrer
froth *vi* écumer ; *vt* faire mousser
frown *vi* froncer les sourcils – se renfrogner
▪ **frown on** *vt* désapprouver
▪ **frown upon** *vt* désapprouver
fructify *vi* fructifier ; *vt* faire fructifier
fruit *vi* donner
frustrate *vt* frustrer – contrecarrer
fry *vt* faire frire ; *vi* frire
▪ **fry up** *vt* faire frire – frire
fuck *vt/vi* vulg baiser
▪ **fuck about** *vi (UK)* vulg déconner ; *vt* vulg faire chier
▪ **fuck around** *vi* vulg déconner ; *vt* vulg faire chier
▪ **fuck off** *vi* vulg foutre le camp
▪ **fuck up** *vt* vulg foutre la merde dans ; *vi* vulg merder
fudge *vi* esquiver le problème ; *vt* inventer
fuel *vt* alimenter (en combustible) – aviver
fulfil *vt (UK)* réaliser – remplir
fulfill *vt (US)* réaliser – remplir
fulminate *vi* fulminer – pester
fumble *vi* tâtonner ; *vt* manier gauchement *ou* maladroitement
fume *vi* émettre *ou* exhaler des vapeurs ; *vt* fumer
fumigate *vi* désinfecter par fumigation – fumiger ; *vt* désinfecter par fumigation – fumiger
function *vi* fonctionner – marcher
fund *vt* financer – consolider
funk *vt* ne pas avoir le courage de – ficher la frousse à
funnel *vt* (faire) passer dans un entonnoir ; *vi* s'écouler par
fur *vt* habiller de fourrures ; *vi* s'entartrer
furbish *vt* fourbir – remettre à neuf
furlough *vt* accorder une permission à *(US)* – mettre à pied provisoirement
furnish *vt* fournir – meubler
furrow *vt* sillonner ; *vi* se plisser
further *vt* avancer – servir
fuse *vi* fondre ; *vt* fondre
fuze *vi* fondre ; *vt* fondre
fuss *vi* s'agiter ; *vt (surtout US)* – agacer
▪ **fuss about** *vi (UK)* s'affairer
▪ **fuss around** *vi* s'affairer
fuzz *vt/vi* frisotter

G

gab *vi* papoter
gabble *vi* faire la parlote ; *vt* bredouiller
gad *vt* casser au coin *ou* au picot ; *vi* vadrouiller
gaff *vt* gaffer
gag *vt* bâillonner ; *vi* avoir un haut-le-cœur
gage *vt* gager
gaggle *vi* cacarder
gain *vt* gagner ; *vi* profiter
▪ **gain on** *vt* rattraper
gainsay *vt* nier – contredire
gall *vt* énerver – excorier
gallicize *vt* franciser
gallicise *vt (UK)* franciser
gallivant *vi* se balader
gallop *vi* galoper ; *vt* faire galoper
▪ **gallop through** *vt* faire à toute vitesse
galumph *vi* fam courir lourdement *ou* comme un pachyderme
galvanize *vt* galvaniser
galvanise *vt (UK)* galvaniser
gamble *vi* jouer ; *vt* parier
▪ **gamble away** *vt* perdre au jeu
▪ **gamble on** *vt* miser *ou* tabler *ou* compter sur
gambol *vi* gambader – cabrioler
game *vi* jouer (de l'argent)
gang *vt* coupler
▪ **gang up** *vi* se mettre à plusieurs
gangrene *vi* se gangrener
gape *vi* regarder bouche bée – ouvrir la bouche toute grande
garage *vt* mettre au garage
garb *vt* vêtir
garble *vt* embrouiller – dénaturer
garden *vi* jardiner – faire du jardinage
gargle *vi* se gargariser – faire des gargarismes
garland *vt* décorer avec des guirlandes – couronner de fleurs
garner *vt* rentrer – glaner
▪ **garner in** *vt* engranger
▪ **garner up** *vt* engranger
garnish *vt* garnir – embellir
garrison *vt* mettre en garnison – placer une garnison dans
garrot(t)e *vt* garrotter
gas *vt* asphyxier *ou* intoxiquer au gaz ; *vi* fam bavarder

▪ **gas up** *vt (US)* faire le plein d'essence ; *vi (US)* faire le plein d'essence
gash *vt* entailler – déchirer
gasp *vi* haleter ; *vt* dire qqch en haletant
gate *vt (UK)* consigner – mettre en retenue
gatecrash fam *vi* s'inviter ; *vt* aller à une fête sans invitation
gather *vt* ramasser ; *vi* se regrouper
▪ **gather in** *vt* rentrer – récolter
▪ **gather round** *vi* se regrouper – se rassembler
▪ **gather together** *vi* se regrouper ; *vt* rassembler
▪ **gather up** *vt* ramasser – retrousser
gauge *vt (UK)* mesurer – prévoir
gage *vt (US)* mesurer – prévoir
gawk *vi* fam être *ou* rester bouche bée
gawp *vi (UK)* fam rester bouche bée
gaze *vi* regarder qqch fixement – contempler
▪ **gaze about** *vi (UK)* regarder autour de soi
▪ **gaze around** *vi* regarder autour de soi
gazette *vt (UK)* publier *ou* faire paraître au journal officiel
gazump *vt* fam augmenter le prix d'une maison après une promesse de vente orale ; *vi* rompre une promesse de vente
gear *vt* adapter – engrener
▪ **gear up** *vt* parer – préparer
gee up *vt (UK)* fam faire avancer
gel *vi* prendre forme *ou* tournure – se gélifier
geld *vt* châtrer – hongrer
gem *vt* orner – parer
▪ **gen up** fam *vi (UK)* se rencarder ; *vt* rencarder
generalize *vt/vi* généraliser
generalise *vt (UK)* généraliser ; *vi* généraliser
generate *vt* produire – générer
gentle *vt* apaiser – calmer
gentrify *vt* embourgeoiser – rendre chic *ou* élégant
genuflect *vi* faire une génuflexion
germinate *vi* germer ; *vt* faire germer
gestate *vi* être en gestation ; *vt* porter
gesticulate *vi* gesticuler ; *vt* mimer
gesture *vt* mimer ; *vi* faire un signe
get *vt* recevoir ; *vi* devenir
▪ **get about** *vi* se déplacer – voyager
▪ **get across** *vi* pénétrer ; *vt* communiquer
▪ **get after** *vt* poursuivre
▪ **get ahead** *vi* réussir – arriver
▪ **get along** *vi* aller – avancer
▪ **get around** *vt* contourner ; *vi* se déplacer
▪ **get around to** *vt* trouver le temps de faire qqch
▪ **get at** *vt* atteindre – trouver
▪ **get away** *vi* s'en aller – s'éloigner
▪ **get away with** *vt* s'échapper sans sanction
▪ **get back** *vi* reculer ; *vt* récupérer
▪ **get back at** *vt* se venger de
▪ **get behind** *vi* rester à l'arrière – se laisser distancer
▪ **get by** *vi* passer – se débrouiller
▪ **get down** *vi* descendre ; *vt* noter
▪ **get down to** *vt* se mettre à
▪ **get in** *vi* entrer ; *vt* rentrer
▪ **get in on** *vt* faire participer à ; *vt* prendre part à un marché
▪ **get into** *vt* arriver à ; *vt* faire entrer à
▪ **get in with** *vt* s'insinuer dans les bonnes grâces de – se faire bien voir de
▪ **get off** *vi* descendre ; *vt* descendre de
▪ **get off on** *vt* fam prendre son pied en faisant qqch
▪ **get off with** *vt (UK)* fam draguer
▪ **get on** *vi* monter ; *vt* monter dans
▪ **get on for** *vt* être près de
▪ **get onto** *vt* prendre contact avec ; *vt* faire parler de
▪ **get out** *vi* sortir ; *vt* sortir
▪ **get out of** *vt* éviter ; *vt* sortir de
▪ **get over** *vt* traverser ; *vt* faire traverser
▪ **get over with** *vt* en finir avec
▪ **get round** *vt* trouver le temps de faire qqch
▪ **get through** *vi* parvenir ; *vt* passer par
▪ **get through with** *vt* terminer – finir
▪ **get together** *vi* se réunir ; *vt* réunir
▪ **get to** *vt* arriver à – s'occuper de
▪ **get up** *vi* se lever ; *vt* monter
▪ **get up to** *vt* faire
ghost *vt* servir de nègre à un auteur
ghostwrite *vt* écrire *ou* rédiger (comme nègre) ; *vi* servir de nègre à qqn
gibber *vi* bredouiller – bafouiller
gibbet *vt* pendre
gibe *vt* railler ; *vi* se moquer de qqn
gift *vt (US)* donner – faire don de
gift-wrap *vt* faire un paquet cadeau de
giggle *vi* rire bêtement – rire nerveusement
gild *vt* dorer
gin *vt* attraper – piéger
▪ **ginger up** *vt* animer – relever
gird *vt* ceindre
▪ **gird on** *vt* ceindre
girdle *vt* baguer
girth *vt* sangler
give *vt/vi* donner
▪ **give away** *vt* donner – conduire à l'autel
▪ **give back** *vt* rendre – refléter
▪ **give in** *vi* céder ; *vt* rendre
▪ **give off** *vt* émettre – former
▪ **give onto** *vt* donner sur
▪ **give out** *vt* distribuer ; *vi* tomber en panne
▪ **give over** *vt* donner ; *vt (UK)* fam cesser de
▪ **give up** *vt* renoncer à ; *vi* renoncer
▪ **give up on** *vt* renoncer – abandonner
▪ **give up to** *vt* se livrer à qqch
gladden *vt* rendre heureux – réjouir
glad-hand *vt* fam accueillir avec de grandes démonstrations d'amitié
▪ **glam up** *vt* retaper – embellir
glamorize *vt* idéaliser – montrer *ou* présenter sous un jour séduisant

glamorise *vt* idéaliser – montrer *ou* présenter sous un jour séduisant
glance *vi* étinceler
▪ **glance away** *vi* détourner les yeux
▪ **glance off** *vi* ricocher ; *vt* ricocher sur qqch
▪ **glance up** *vi* regarder en l'air *ou* vers le haut – lever les yeux
glare *vi* briller d'un éclat éblouissant
glass *vt* vitrer – mettre sous verre
glasspaper *vt* poncer au papier de verre
glaze *vt* vitrifier – glacer
▪ **glaze over** *vi* devenir vitreux
gleam *vi* luire – reluire
glean *vt* glaner – grappiller
glide *vi* glisser ; *vt* (faire) glisser
glimmer *vi* jeter une faible lueur – luire faiblement
glimpse *vt* entrevoir – entrapercevoir
glint *vi* étinceler – miroiter
glissade *vi* glisser – faire une glissade
glisten *vi* luire – miroiter
glitter *vi* étinceler – briller
gloat *vi* exulter – se délecter
globalize *vt* rendre mondial – globaliser
globalise *vt (UK)* rendre mondial – globaliser
gloom *vi* être mélancolique – broyer du noir
glorify *vt* glorifier – exalter
▪ **glory in** *vt* se glorifier de
gloss *vt* satiner – gloser
▪ **gloss over** *vt* glisser sur – dissimuler
glow *vi* rougeoyer – rayonner
glower *vi* avoir l'air furieux, lancer des regards furieux
glue *vt* coller
glut *vt* saturer – inonder
gnash *vt* grincer
gnaw *vt/vi* ronger
▪ **gnaw away** *vt* ronger – miner
▪ **gnaw off** *vt* ronger qqch jusqu'à ce qu'il se détache
go *vi/vt* aller
▪ **go about** *vt* s'occuper de – se mettre à
▪ **go about with** *vt* fréquenter
▪ **go across** *vt* traverser ; *vi* traverser
▪ **go after** *vt* suivre – poursuivre
▪ **go against** *vt* aller contre – contredire
▪ **go ahead** *vi* passer devant – aller de l'avant
▪ **go along** *vi* aller – se dérouler
▪ **go along with** *vt* accepter – observer
▪ **go around** *vi* passer son temps à – circuler
▪ **go at** *vt* fam attaquer – se jeter sur
▪ **go away** *vi* partir – s'en aller
▪ **go back** *vi* revenir – reculer
▪ **go back on** *vt* rompre – violer (serment)
▪ **go before** *vi* passer devant ; *vt* précéder
▪ **go below** *vi* descendre dans l'entrepont
▪ **go by** *vi* passer ; *vt* suivre
▪ **go down** *vi* descendre ; *vt* descendre de
▪ **go down on** *vt* vulg sucer
▪ **go down with** *vt* tomber malade de
▪ **go for** *vt* aller chercher – essayer d'obtenir
▪ **go forth** *vi* sortir
▪ **go in** *vi* entrer – se cacher
▪ **go in for** *vt* pratiquer – s'intéresser à
▪ **go into** *vt* entrer dans – commencer à
▪ **go off** *vi* partir ; *vt (UK)* perdre le goût de
▪ **go off with** *vt* partir avec
▪ **go on** *vi* aller ; *vt* se laisser guider par
▪ **go on at** *vt* critiquer – s'en prendre à
▪ **go out** *vi* sortir – partir
▪ **go over** *vi* passer ; *vt* passer par-dessus
▪ **go past** *vt* passer devant – dépasser
▪ **go round** *vi* aller – tourner
▪ **go through** *vt* traverser ; *vi* être accepté
▪ **go through with** *vt* aller jusqu'au bout de qqch
▪ **go together** *vi* aller bien ensemble *(US)* – sortir ensemble
▪ **go towards** *vt* aller vers – être consacré à
▪ **go under** *vi* couler ; *vt* passer par-dessous
▪ **go up** *vi* monter ; *vt* monter
▪ **go with** *vt* accompagner – aller avec
▪ **go without** *vt* se passer de ; *vi* s'en passer
goad *vt* aiguillonner – harceler
▪ **goad on** *vt* aiguillonner
gob *vi* fam mollarder
gobble *vi* glouglouter ; *vt* fam enfourner
goggle *vi* ouvrir de grands yeux *ou* des yeux ronds
golf *vi* jouer au golf
goof *vi* faire une gaffe
▪ **goof off** *vi (US)* fam flemmarder – tirer au flanc
▪ **goof up** *vt* fam bousiller – saloper
goose *vt* fam pincer les fesses de qqn
goosestep *vi* faire le pas de l'oie
gore *vt* blesser à coups de cornes – mettre une pointe à
gorge *vt* se gorger *ou* se bourrer (de qqch)
gossip *vi* bavarder – faire des commérages
gouge *vt* gouger
▪ **gouge out** *vt* gouger – évider
govern *vt/vi* gouverner
grab *vt* saisir ; *vi* se jeter sur
grace *vt* honorer – orner
gradate *vt* graduer ; *vi* être gradué
grade *vt* classer – noter
graduate *vi* être promu ; *vt* graduer
graft *vt* greffer ; *vi* donner *ou* recevoir des pots-de-vin
grain *vt* cristalliser ; *vi* se cristalliser
grandstand *vi (US)* faire l'intéressant
grant *vt* accorder – accéder à
granulate *vt* granuler – grener
graph *vt* mettre en graphique – tracer
grapple *vt* saisir avec un grappin ; *vi* lutter avec
grasp *vt* saisir – se saisir de
▪ **grasp at** *vt* chercher à saisir – saisir
grass *vt (US)* mettre au vert ; *vi (UK)* fam cafarder
grate *vt* râper ; *vi* grincer
gratify *vt* faire plaisir à – satisfaire
gravel *vt* gravillonner – répandre du gravier sur

gravitate *vi* graviter
graze *vi* brouter ; *vt* frôler
grease *vt* graisser – lubrifier
greet *vt* saluer – accueillir
grey *vi (UK)* grisonner – devenir gris
gray *vi (US)* grisonner – devenir gris
griddle *vt* cuire sur une plaque (à galette)
grieve *vt* peiner ; *vi* avoir de la peine *ou* du chagrin
grill *vt* (faire) griller ; *vi* griller
grimace *vi* grimacer – faire des grimaces
grin *vi* sourire
grind *vt* moudre ; *vi* grincer
▪ **grind away** *vi* bûcher sur qqch
▪ **grind down** *vt* pulvériser – opprimer
▪ **grind out** *vt* écraser
▪ **grind up** *vt* pulvériser
grip *vt* empoigner ; *vi* adhérer
gripe fam *vi* ronchonner – rouspéter
grit *vt* gravillonner – répandre du gravillon sur
grizzle fam *vi (UK)* pleurnicher – geindre
groan *vi* gémir – grogner
groom *vt* panser – préparer
groove *vt* canneler ; *vi (US)* fam s'éclater
grope *vi* tâtonner ; *vt* fam tripoter
gross *vt* faire *ou* obtenir une recette brute de
▪ **gross out** tfam *vt (US)* dégoûter – débecter
grouch fam *vi* rouspéter – ronchonner
ground *vt* fonder ; *vi* échouer
group *vt* grouper ; *vi* se grouper
grouse fam *vi* rouspéter – râler
grout *vt* jointoyer
grovel *vi* ramper – se vautrer par terre
grow *vi* croître ; *vt* cultiver
▪ **grow apart** *vi* s'éloigner l'un de l'autre
▪ **grow away** *vi* s'éloigner
▪ **grow back** *vi* repousser
▪ **grow into** *vt* devenir (en grandissant)
▪ **grow on** *vt* plaire de plus en plus à
▪ **grow out of** *vt* perdre (avec le temps)
▪ **grow up** *vi* grandir – naître
growl *vi* grogner ; *vt* grommeler
grub *vi* fouir – fouiller
▪ **grub up** *vt* déterrer – extirper
grudge *vt* en vouloir à qqn
grumble *vi* grogner – gronder
grunt *vi* grogner ; *vt* grommeler
guarantee *vt* garantir – certifier
guard *vt* garder – protéger
▪ **guard against** *vt* se protéger contre *ou* de – se prémunir contre
guess *vt/vi* deviner
guffaw *vi* rire bruyamment ; *vt* s'esclaffer
guide *vt* guider – diriger
guillotine *vt* guillotiner – massicoter
gulp *vt* engloutir ; *vi* avoir un serrement de gorge
▪ **gulp back** *vt* avaler
gum *vt* gommer ; *vi* exsuder de la gomme
▪ **gum up** fam *vt* bousiller – ficher en l'air
gumshoe *vi (US)* aller à pas feutrés
gun *vt* accélérer
▪ **gun down** *vt* abattre
▪ **gun for** *vt* chercher – faire des pieds et des mains pour obtenir
gurgle *vi* glouglouter – murmurer
gush *vi* jaillir – parler avec animation
gust *vi* souffler en bourrasques – faire des bourrasques
gut *vt* étriper – ne laisser que les quatre murs de
gutter *vi* vaciller – trembler
guzzle fam *vt* bouffer ; *vi* s'empiffrer
gyrate *vi* tournoyer

H

habituate *vt* habituer – s'habituer
hack *vt* taillader ; *vi* donner des coups de couteau (de hache, etc.)
▪ **hack down** *vt* abattre à coups de hache – massacrer à coups de couteau (de hache, etc.)
▪ **hack into** *vt* taillader – massacrer
▪ **hack off** *vt* couper
▪ **hack up** *vt* tailler *ou* couper en menus morceaux – mettre en pièces, découper en morceaux
haemorrhage *vi (UK)* faire une hémorragie
hemorrhage *vi (US)* faire une hémorragie
haggle *vi* marchander – chicaner
hail *vi* grêler ; *vt* héler
▪ **hail down** *vi* pleuvoir ; *vt* déverser
▪ **hail from** *vt* être en provenance de – venir de
half-fill *vt* remplir à moitié *ou* à demi
half-open *vt* entrouvrir
half-volley *vt* faire une demie volée
hallmark *vt* poinçonner
halloo *vi* crier taïaut *ou* tayaut
hallow *vt* sanctifier – consacrer
hallucinate *vi* avoir des hallucinations
halt *vi* s'arrêter ; *vt* arrêter
halve *vt* couper *ou* diviser *ou* partager en deux – réduire *ou* diminuer de moitié
ham *vi* en faire trop – jouer de façon exagérée
▪ **ham up** *vt* en faire trop – jouer de façon exagérée
hammer *vt* enfoncer au marteau ; *vi* frapper *ou* taper au marteau
▪ **hammer away** *vi* donner des coups de marteau
▪ **hammer down** *vt* enfoncer (au marteau) – défoncer
▪ **hammer in** *vt* enfoncer (au marteau)
▪ **hammer out** *vt* aplatir au marteau – mettre au point
hamper *vt* gêner – gêner la réalisation de, entraver
hamstring *vt* couper les tendons à – handicaper
hand *vt* passer – donner
▪ **hand back** *vt* rapporter – rendre
▪ **hand down** *vt* passer – transmettre
▪ **hand in** *vt* rendre – déposer
▪ **hand on** *vt* passer
▪ **hand out** *vt* distribuer
▪ **hand over** *vt* passer ; *vi* passer *ou* donner le combiné à
▪ **hand round** *vt* distribuer

handcuff *vt* passer les menottes à
handfeed *vt* nourrir à la main
handicap *vt* handicaper – désavantager
handle *vt* toucher à ; *vi* répondre
handpick *vt* cueillir à la main – sélectionner avec soin
handwash *vt* laver à la main
hang *vt* accrocher ; *vi* être accroché
hang about *vi (UK)* attendre ; *vt (UK)* fam traîner
hang around *vi* attendre ; *vt* fam traîner
hang about with *vt (UK)* fam traîner avec
hang back *vi* rester un peu plus longtemps – se tenir *ou* rester en arrière
hang down *vi* pendre – descendre
hang in *vi* tenir
hang on *vi* se tenir ; *vt* dépendre de
hang onto *vt* s'accrocher à – garder
hang out *vi* pendre ; *vt* étendre
hang out with *vt* fréquenter
hang over *vt* être suspendu au-dessus de – planer sur
hang together *vi* se serrer les coudes – (se) tenir
hang up *vt* accrocher ; *vi* raccrocher
hang with *vt (US)* fam trainer avec
hang-glide *vi* faire du deltaplane
hanker *vi* rêver de qqch
happen *vi* arriver – se passer
happen along *vi* passer par hasard
happen by *vi* passer par hasard
happen on *vt* tomber sur
happen upon *vt* tomber sur
harangue *vt* haranguer
harass *vt* tourmenter – harceler
harbour *vt (UK)* abriter – nourrir
harbor *vt (US)* abriter – nourrir
harden *vt* endurcir ; *vi* durcir
hare *vi (UK)* fam filer à toutes jambes
hark *vi* prêter l'oreille – ouïr
hark back to *vt* revenir à
harken *vi* prêter l'oreille
harm *vt* faire du mal à – abîmer
harmonize *vt* harmoniser ; *vi* chanter en harmonie
harmonise *vt (UK)* harmoniser ; *vi* chanter en harmonie
harness *vt* harnacher – exploiter
harp *vi* jouer de la harpe
harp on *vi* fam chanter (toujours) le même refrain *ou* la même rengaine ; *vt* revenir sans cesse sur qqch
harpoon *vt* harponner
harrow *vt* labourer à la herse – torturer
harrumph *vi* se racler la gorge
harry *vt* harceler – dévaster
harvest *vt/vi* moissonner
hash *vt* hacher
hasp *vt* fermer au loquet – fermer
hassle *vt* embêter ; *vi* se quereller
hasten *vt* précipiter ; *vi* partir à la hâte
hatch *vt* faire éclore ; *vi* éclore
hate *vt* détester – haïr
haul *vt/vi* tirer
haul in *vt* tirer – amener
haul off *vt* conduire ; *vi (US)* fam lever le bras *ou* le poing
haul up *vt* tirer – hisser
haunt *vt* hanter – tourmenter
have *v aux* avoir ; *vt* avoir
have away *vt* tfam coucher avec qqn
have in *vt* faire entrer – faire venir
have off *vt* tfam coucher avec qqn
have on *vt* porter *(UK)* – faire marcher
have out *vt* se faire arracher
have over *vt* inviter
have up *vt* faire comparaître
hawk *vi* chasser au faucon ; *vt* colporter
hazard *vt* risquer – hasarder
haze *vt (US)* harceler – faire subir des brimades à
head *vt* être à la tête de ; *vi* aller
head for *vt* se diriger vers – mettre le cap sur
head off *vt* détourner de son chemin ; *vi* partir
head up *vt* diriger
headbutt *vt* donner un coup de tête *ou* de boule à
headhunt *vi* recruter des cadres (pour une entreprise) ; *vt* être recruté par un chasseur de têtes
headline *vt* mettre en manchette ; *vi (US)* avoir le rôle principal
headquarter *vt* avoir son siège à
heal *vt/vi* guérir
heal up *vi* se cicatriser – guérir
heap *vt* entasser – empiler
heap up *vt* entasser – empiler
hear *vt/vi* entendre
hear about *vt* entendre – avoir *ou* recevoir des nouvelles de
hear from *vt* avoir *ou* recevoir des nouvelles de – écouter
hear of *vt* entendre parler de – connaître
hear out *vt* écouter jusqu'au bout
hearken *vi* prêter l'oreille à
hearten *vt* encourager – donner du courage à
heat *vi* chauffer ; *vt* chauffer
heat up *vt* réchauffer ; *vi* chauffer
heave *vt* lever *ou* soulever avec effort ; *vi* se soulever
heave to *vi* se mettre en panne ; *vt* mettre en panne
heckle *vt* interrompre bruyamment ; *vi* crier (pour gêner un orateur)
hector *vt* harceler ; *vi* être tyrannique
hedge *vt* entourer d'une haie ; *vi* planter une haie
hedge about *vt (UK)* entourer
hedge around *vt* entourer
hedge in *vt* entourer d'une haie – enclore
hedgehop *vi* voler en rase-mottes – faire du rase-mottes
heed *vt* faire bien attention à – bien écouter
hee-haw *vi* braire – faire hi-han
heel *vt* refaire le talon de ; *vi* gîter
heel over *vi* gîter – s'incliner
heighten *vt* relever ; *vi* augmenter
heist *vt (US)* voler – braquer
helicopter *vt* transporter en hélicoptère
helm *vt* gouverner – barrer
help *vt* aider ; *vi* être utile
help along *vt* aider à marcher *ou* avancer – faire avancer
help out *vt/vi* aider
hem *vt* ourler ; *vi* faire hem
hem in *vt* entourer – cerner
hemstitch *vt* ourler à jour

henna *vt* teindre au henné
herald *vt* annoncer – acclamer
herd *vt* rassembler (en troupeau) – mener
▪ **herd together** *vi* s'assembler en troupeau ; *vt* rassembler en troupeau
hero-worship *vt* aduler – idolâtrer
hesitate *vi* hésiter
hew *vt* couper – tailler
hex *vt (US)* jeter un sort à
hibernate *vi* hiberner
hiccough *vi* hoqueter
hiccup *vi* hoqueter
hide *vt* cacher ; *vi* se cacher
▪ **hide away** *vi* se cacher ; *vt* cacher
▪ **hide out** *vi* se tenir caché
highlight *vt* souligner – surligner
high-pressure *vt (US)* fam forcer la main à
hightail *vt (surtout US)* fam filer
hijack *vt* détourner – voler
hike *vi* faire de la marche à pied ; *vt* faire à pied
▪ **hike up** *vt* relever – augmenter (brusquement)
hinder *vt* gêner – entraver
hinge *vt* munir de gonds *ou* charnières – munir de charnières
▪ **hinge on** *vt* dépendre de
▪ **hinge upon** *vt* dépendre de
hint *vt* insinuer ; *vi* faire allusion à qqch
hire *vt (UK)* louer ; *vi* engager du personnel
▪ **hire out** *vt (UK)* louer
hiss *vt* souffler ; *vi* siffler
hit *vt/vi* frapper
▪ **hit back** *vi* riposter ; *vt*
▪ **hit off** *vt* décrire *ou* dépeindre à la perfection – représenter de manière très ressemblante
▪ **hit on** *vt* trouver *(US)* – fam draguer
▪ **hit out** *vi* envoyer un coup – envoyer des coups
▪ **hit upon** *vt* trouver
hitch *vt* attacher ; *vi* faire du stop *ou* de l'auto-stop
▪ **hitch up** *vt* remonter – atteler
hitchhike *vi* faire du stop *ou* de l'auto-stop ; *vt* faire un trajet en auto-stop
hive *vt* mettre en ruche ; *vi* entrer dans une ruche
▪ **hive off** *vt* transférer ; *vi* fam se tirer
hoard *vt* faire provision *ou* des réserves de ; *vi* faire des réserves
hoax *vt* jouer un tour à – monter un canular à
hobble *vi* boitiller ; *vt* entraver
hobnob *vi* frayer avec qqn
hock *vt* mettre au clou
hoe *vt* biner – sarcler
hog *vt* monopoliser
hogtie *vt* lier pieds et poings
hoick *vt* soulever
hoist *vt* hisser – lever
hold *vt* tenir ; *vi* se tenir
▪ **hold against** *vt* en vouloir à qqn
▪ **hold back** *vt* retenir ; *vi* rester en arrière
▪ **hold down** *vt* maintenir en place – restreindre
▪ **hold forth** *vi* pérorer – disserter
▪ **hold in** *vt* rentrer – retenir
▪ **hold off** *vt* tenir à distance *ou* éloigné ; *vi* s'abstenir
▪ **hold on** *vi* tenir bien ; *vt* tenir *ou* maintenir en place
▪ **hold out** *vi* durer ; *vt* tendre
▪ **hold out for** *vt* exiger
▪ **hold out on** *vt* cacher qqch de qqn
▪ **hold over** *vt* tenir au-dessus de – remettre
▪ **hold to** *vt* s'en tenir à ; *vt* faire tenir
▪ **hold together** *vt* maintenir – maintenir l'union de
▪ **hold up** *vt* lever ; *vi* tenir
▪ **hold with** *vt (UK)* être d'accord avec – approuver
hole *vt* trouer ; *vi* se trouer
▪ **hole up** *vi* se terrer ; *vt* se planquer
holiday *vi (UK)* passer les vacances
holler *vi/vt* fam brailler
▪ **holler out** *vi/vt* fam brailler
hollow *vt* creuser
▪ **hollow out** *vt* creuser
home *vi* revenir *ou* rentrer chez soi – revenir au colombier
▪ **home in on** *vt* se diriger (automatiquement) sur *ou* vers – mettre l'accent sur
homestead *vt (US)* acquérir – s'installer à
homogenize *vt* homogénéiser – homogénéifier
homogenise *vt (UK)* homogénéiser – homogénéifier
hone *vt* aiguiser – affiner
▪ **hone down** *vt* tailler – faire maigrir
honeycomb *vt* cribler – miner
honeymoon *vi* passer sa lune de miel
honk *vi* klaxonner ; *vt* klaxonner
honour *vt (UK)* honorer – saluer
honor *vt (US)* honorer – saluer
hood *vt* mettre le capuchon – chaperonner
hoodoo *vt* porter la poisse *ou* la guigne à
hoodwink *vt* tromper – avoir
hoof *vt* fam aller à pinces
hook *vt* accrocher ; *vi* s'agrafer
▪ **hook on** *vi* s'accrocher ; *vt* accrocher
▪ **hook up** *vt* accrocher ; *vi* s'agrafer
hoot *vi* hululer – klaxonner
▪ **hoot down** *vt* fam huer – conspuer
▪ **hoover** *vt* passer l'aspirateur
hop *vt* sauter dans ; *vi* sauter
▪ **hop off** *vi* fam décamper
hope *vi* espérer ; *vt* espérer
horn in fam *vi* mettre son grain de sel – s'immiscer
horrify *vt* horrifier – scandaliser
▪ **horse about** *vi (UK)* fam chahuter
▪ **horse around** *vi* fam chahuter
horsewhip *vt* cravacher
hose *vt* arroser au jet – arroser à la lance
▪ **hose down** *vt* laver au jet – arroser à la lance
hospitalize *vt* hospitaliser
hospitalise *vt (UK)* hospitaliser
host *vt* animer – héberger
hot up *vt (UK)* fam échauffer ; *vi* s'échauffer
hot dog *vi* faire du ski acrobatique *(US)* – fam crâner
hotfoot *vt* galoper à toute vitesse
hound *vt* traquer – s'acharner sur
▪ **hound down** *vt* prendre dans des rets – forcer
▪ **hound out** *vt* chasser de
house *vt* héberger – loger
house-hunt *vi* chercher un *ou* être à la recherche d'un logement

house-sit *vi* s'occuper de la maison de qqn pendant son absence
house-train *vt* dresser à la propreté
hover *vi* stagner – rôder
howl *vi* hurler ; *vt* crier
▪ **howl down** *vt* huer
huddle *vi* se blottir – se recroqueviller
▪ **huddle together** *vi* se serrer *ou* se blottir les uns contre les autres – se mettre en petit groupe *ou* cercle serré
▪ **huddle up** *vi* se blottir
huff *vi* souffler – protester
hug *vt* serrer dans ses bras – tenir à
hull *vt* écosser – percer la coque de
hum *vi* bourdonner ; *vt* fredonner
humanize *vt* humaniser
humanise *vt (UK)* humaniser
humble *vt* humilier – mortifier
humbug *vt* tromper
humidify *vt* humidifier
humiliate *vt* humilier
humour *vt (UK)* faire plaisir à – se prêter à
humor *vt (US)* faire plaisir à – se prêter à
hump *vt* arrondir ; *vi* tfam baiser
hunch *vt* arrondir – voûter
hunger *vi* avoir faim *ou* soif de qqch
hunker *vi* s'accroupir
hunt *vt/vi* chasser
▪ **hunt down** *vt* forcer – traquer
▪ **hunt out** *vt (UK)* dénicher – découvrir
▪ **hunt up** *vt (UK)* rechercher
hurdle *vt* sauter ; *vi* faire de la course de haies
hurl *vt* lancer – jeter (avec violence)
hurry *vi* se dépêcher ; *vt* faire se dépêcher
▪ **hurry along** *vi* marcher d'un pas pressé ; *vt* faire presser le pas à
▪ **hurry on** *vi* se dépêcher – continuer à la hâte *ou* en hâte
▪ **hurry up** *vi* se dépêcher ; *vt* faire se dépêcher
hurt *vt* faire mal à ; *vi* faire mal
hurtle *vi* avancer à toute allure
husband *vt* ménager – économiser
hush *vt* faire taire ; *vi* se taire
▪ **hush up** *vt* étouffer – faire taire
husk *vt* monder – éplucher
hustle *vt* presser ; *vi (UK)* bousculer
▪ **hustle up** *vt (US)* préparer en cinq sec ; *vi (US)* se dépêcher
hydrate *vt* hydrater ; *vi* s'hydrater
hydroplane *vi* se dresser comme un hydroglisseur
hymn *vt* chanter un hymne à la gloire de
hype fam *vt* baratiner – monter un gros coup de pub autour de
hyperventilate *vi* faire de l'hyperventilation *ou* de l'hyperpnée
hyphen *vt* mettre un trait d'union à
hyphenate *vt* mettre un trait d'union à
hypnotize *vt* hypnotiser
hypnotise *vt (UK)* hypnotiser
hypothesize *vt* supposer ; *vi* faire des hypothèses *ou* des suppositions
hypothesise *vt (UK)* supposer ; *vi* faire des hypothèses *ou* des suppositions

I

ice *vt* rafraîchir ; *vi* (se) givrer
▪ **ice over** *vi* geler ; *vt* geler
▪ **ice up** *vi* (se) givrer ; *vt* givrer
▪ **ice-skate** *vi* patiner – faire du patinage (sur glace)
idealize *vt* idéaliser
idealise *vt (UK)* idéaliser
identify *vt* identifier ; *vi* s'identifier à
idiot-proof *vt* fam rendre infaillible
idle *vi* tourner au ralenti ; *vt* mettre au chômage
▪ **idle away** *vt* tuer le temps
idolize *vt* idolâtrer
idolise *vt (UK)* idolâtrer
ignite *vt* mettre le feu à ; *vi* prendre feu
ignore *vt* ne pas prêter attention à – ne pas tenir compte de
ill-treat *vt* maltraiter
illuminate *vt* illuminer ; *vi* s'illuminer
ill-use *vt* maltraiter
illustrate *vt* illustrer
imagine *vt* imaginer – supposer
imbalance *vt* déséquilibrer
imbibe *vt* absorber – assimiler
imbue *vt* inculquer
imitate *vt* imiter
immerse *vt* immerger – baptiser par immersion
immigrate *vi* immigrer
immobilize *vt* immobiliser
immobilise *vt (UK)* immobiliser
immolate *vt* immoler
immortalize *vt* immortaliser
immortalise *vt (UK)* immortaliser
immunize *vt* immuniser – vacciner
immunise *vt (UK)* immuniser – vacciner
immure *vt* emmurer
impact *vt* entrer en collision avec ; *vi* frapper
impair *vt* diminuer – détériorer
impale *vt* empaler
impart *vt* apprendre – transmettre
impeach *vt* accuser – entamer une procédure d'impeachment contre
impede *vt* gêner – ralentir
impel *vt* inciter – pousser
imperil *vt* mettre en péril
impersonate *vt* imiter – se faire passer pour
impinge *vi* empiéter sur
implant *vt* inculquer – greffer
implement *vt* exécuter – mettre en œuvre
implicate *vt* impliquer
implode *vi* s'imploser ; *vt* imploser
implore *vt* supplier
imply *vt* insinuer – impliquer
import *vt* importer – signifier
importune *vt* importuner – harceler
impose *vt* imposer ; *vi* s'imposer
impound *vt* saisir – mettre en fourrière
impoverish *vt* appauvrir
impregnate *vt* imprégner
impress *vt* faire impression sur – imprimer
imprint *vt* imprimer – implanter
imprison *vt* mettre en prison – condamner

improve *vt* améliorer ; *vi* s'améliorer
▪ **improve on** *vt* améliorer
▪ **improve upon** *vt* améliorer
improvise *vt/vi* improviser
impugn *vt* contester
impute *vt* imputer – attribuer
inactivate *vt* rendre inactif – désactiver
inaugurate *vt* inaugurer – installer (dans ses fonctions)
incapacitate *vt* rendre infirme *ou* invalide – frapper d'incapacité légale
incarcerate *vt* incarcérer
incarnate *vt* incarner
incense *vt* rendre furieux, excéder – encenser
incentivize *vt* motiver
inch *vt* se déplacer petit à petit ; *vi* avancer petit à petit
incinerate *vt* incinérer
incite v inciter
incline *vt* disposer ; *vi* tendre
include *vt* comprendre – inclure
incommode *vt* incommoder – indisposer
inconvenience *vt* déranger – incommoder
incorporate *vt* incorporer ; *vi* se constituer en société commerciale
increase *vi* augmenter ; *vt* augmenter
increment *vt* incrémenter
incriminate *vt* incriminer – mettre en cause
incubate *vt* couver ; *vi* être en incubation
inculcate *vt* inculquer
incur *vt* s'exposer à – contracter
indemnify *vt* indemniser – assurer
indent *vt* mettre en retrait ; *vi* faire un alinéa
indenture *vt* engager par contrat – mettre *ou* placer comme apprenti
index *vt* indexer
indicate *vt* indiquer ; *vi (UK)* mettre son clignotant
indict *vt* inculper – mettre en examen
individualize *vt* individualiser
individualise *vt (UK)* individualiser
individuate *vt* différencier
indoctrinate *vt* endoctriner
induce *vt* entraîner – persuader
induct *vt* installer – initier
indulge *vt* gâter ; *vi* se gâter
inebriate *vt* enivrer – griser
infatuate *vt* enticher
infect *vt* infecter – contaminer
infer *vt* conclure – suggérer
infest *vt* infester
infill *vt* remplir – combler
infiltrate *vt* infiltrer ; *vi* s'infiltrer
infix *vt* instiller – insérer (comme infixe)
inflame *vt* exciter ; *vi* s'enflammer
inflate *vt* gonfler ; *vi* se gonfler
inflect *vt* conjuguer ; *vi* se conjuguer
inflict *vt* infliger
influence *vt* influencer – influer sur
inform *vt* informer ; *vi* dénoncer
infringe *vt* violer ; *vi* empiéter sur
infuriate *vt* rendre furieux – exaspérer
infuse *vt* inspirer ; *vi* infuser
ingest *vt* ingérer
ingratiate *vt* s'insinuer dans les bonnes grâces de qqn
inhabit *vt* habiter
inhale *vt* inhaler ; *vi* avaler la fumée
inherit *vt* hériter (de) ; *vi* hériter
inhibit *vt* gêner – freiner
inhume *vt* inhumer
initial *vt* parapher – parafer
initialize *vt* initialiser
initialise *vt (UK)* initialiser
initiate *vt* amorcer – initier
inject *vt* faire une piqûre de – injecter
injure *vt* blesser – nuire à
ink *vt* encrer
▪ **ink in** *vt* repasser à l'encre
inlay *vt* incruster
innovate *vi* innover ; *vt* innover
inoculate *vt* vacciner
input *vt* (faire) entrer – saisir
inquire *vt* demander ; *vi* se renseigner
▪ **inquire after** *vt (UK)* demander des nouvelles de
▪ **inquire into** *vt* se renseigner sur – faire des recherches sur
inscribe *vt* inscrire – dédicacer
inseminate *vt* inséminer
insert *vt* introduire – insérer
inset *vt* insérer en encadré – rapporter
insinuate *vt* insinuer – laisser entendre
insist *vi* insister ; *vt* insister
inspect *vt* examiner ; *vi* faire une inspection
inspire *vt* inspirer
install *vt* installer – nommer
instance *vt* donner *ou* citer en exemple
instigate *vt* être à l'origine de – inciter
instil *vt (UK)* inculquer – insuffler
instill *vt (US)* inculquer – insuffler
institute *vt* instituer – engager
institutionalize *vt* institutionnaliser – placer dans un établissement (médical ou médico-social)
institutionalise *vt (UK)* institutionnaliser – placer dans un établissement (médical ou médico-social)
instruct *vt* charger – former
instrument *vt* orchestrer – munir *ou* équiper d'instruments
insulate *vt* isoler – protéger
insult *vt* insulter – faire (un) affront à
insure *vt* assurer
integrate *vt* intégrer ; *vi* s'intégrer
intellectualize *vt* intellectualiser ; *vi* tenir des discours intellectuels
intellectualise *vt (UK)* intellectualiser ; *vi* tenir des discours intellectuels
intend *vt* destiner
intensify *vt* renforcer ; *vi* s'intensifier
inter *vt* enterrer – inhumer
interact *vi* interagir – dialoguer
interbreed *vt* croiser ; *vi* se croiser
intercalate *vt* intercaler
intercede *vi* intercéder
intercept *vt* intercepter
interchange *vt* échanger – intervertir
intercommunicate *vi* communiquer
interconnect *vt* connecter ; *vi* communiquer
interdict *vt* interdire – jeter l'interdit sur
interest *vt* intéresser

interface *vt* connecter ; *vi* faire interface
interfere *vi* s'immiscer – interférer
interiorize *vt* intérioriser
interiorise *vt* intérioriser
interject *vt* placer
interlace *vt* entrelacer ; *vi* s'entrelacer
interleave *vt* interfolier – intercaler
interlock *vt* enclencher ; *vi* s'enclencher
intermarry *vi* pratiquer l'endogamie
intermingle *vi* se mêler
intern *vt* interner ; *vi (US)* faire son internat
internalize *vt* intérioriser – internaliser
internalise *vt (UK)* intérioriser – internaliser
internationalize *vt* internationaliser
internationalise *vt (UK)* internationaliser
interpenetrate *vt* imprégner – pénétrer
interpolate *vt* interpoler – interrompre
interpose *vt* interposer ; *vi* intervenir
interpret *vt* interpréter ; *vi* servir d'interprète
interrelate *vt* mettre en corrélation ; *vi* être interdépendant
interrogate *vt* interroger
interrupt *vt/vi* interrompre
intersect *vi* se couper ; *vt* couper
intersperse *vt* parsemer – semer
intertwine *vt* entrelacer ; *vi* s'entrelacer
intervene *vi* intervenir – survenir
interview *vt* avoir une entrevue *ou* un entretien avec ; *vi* faire passer un entretien
interweave *vt* entrelacer ; *vi* s'entrelacer
intimate *vt* laisser entendre – insinuer
intimidate *vt* intimider
intone *vt* entonner
intoxicate *vt* enivrer – intoxiquer
intrigue *vt/vi* intriguer
introduce *vt* présenter – introduire
introvert *vt* introvertir
intrude *vi* déranger – s'imposer
intuit *vt* savoir *ou* connaître intuitivement
inundate *vt* inonder
inure *vt* aguerrir ; *vi* entrer en vigueur
invade *vt* envahir
invalid *vt* rendre infirme
▪ **invalid out** *vt* réformer pour des raisons médicales
invalidate *vt* invalider – infirmer
inveigh *vi* fulminer contre qqn *ou* qqch
inveigle *vt* manipuler
invent *vt* inventer
inventory *vt* inventorier
invert *vt* inverser – renverser
invest *vi* investir ; *vt* investir
investigate *vt* enquêter sur ; *vi* enquêter
invigilate *vt (UK)* surveiller (pendant un examen) ; *vi (UK)* surveiller (pendant un examen)
invigorate *vt* revigorer – vivifier
invite *vt* inviter – demander
▪ **invite out** *vt* inviter (à sortir)
invoice *vt* facturer
invoke *vt* invoquer – en appeler à
involve *vt* impliquer – concerner
irk *vt* irriter – agacer
iron *vt* repasser ; *vi* se repasser
▪ **iron out** *vt* repasser – aplanir
irradiate *vt* irradier – illuminer
irrigate *vt* irriguer
irritate *vt* irriter – contrarier
island *vt* isoler
isolate *vt* isoler
issue *vt* publier ; *vi* sortir
italicize *vt* mettre en italique
italicise *vt (UK)* mettre en italique
itch *vi* avoir des démangeaisons
itemize *vt* détailler
itemise *vt (UK)* détailler

J

jab *vt* piquer ; *vi* s'enfoncer
jabber *vi fam* jacasser ; *vt* bredouiller
jack *vt* soulever avec un vérin – mettre sur cric
▪ **jack in** *vt (UK) fam* plaquer
▪ **jack up** *vt* lever avec un cric – augmenter
jackknife *vi* se mettre en portefeuille
jag *vt* déchiqueter – taillader
jail *vt* emprisonner – mettre en prison
jam *vt* entasser ; *vi* se tasser
▪ **jam on** *vt fam* piler
jangle *vi* retentir (avec un bruit métallique ou avec fracas) ; *vt* faire retentir
japan *vt* laquer
jar *vi* grincer ; *vt* secouer
jaunt *vi* balader
jaw *fam vi* papoter ; *vt* sermonner
jazz up *vt fam* égayer
jeer *vi* railler ; *vt* huer
jell *vi* prendre forme
jelly *vt* gélifier
jemmy *vt* forcer avec une pince-monseigneur
jeopardize *vt* compromettre – mettre en péril
jeopardise *vt (UK)* compromettre – mettre en péril
jerk *vt* tirer d'un coup sec ; *vi* cahoter
▪ **jerk off** *vi vulg* se branler
jest *vi* plaisanter
jet *vi* voyager en avion (à réaction) ; *vt* transporter par avion (à réaction)
jettison *vt* jeter à la mer – se débarrasser de
jib *vi (UK)* regimber
jibe *fam vi (US)* s'accorder – *(US)* coller
jig *vi* danser allègrement ; *vt* secouer (légèrement)
jiggle *vt* secouer (légèrement) ; *vi* se trémousser
jilt *vt* quitter
jingle *vi* tinter ; *vt* faire tinter
jink *vi* zigzaguer – se faufiler
jinx *vt* porter malheur à – jeter un sort à
jitterbug *vi* danser le jitterbug
jive *vt (US) tfam* baratiner ; *vi* danser le swing
job *vi* travailler à la pièce ; *vt (UK)* négocier
jockey *vt* monter ; *vi* jouer des coudes
jog *vi* courir à petites foulées ; *vt* donner un léger coup à
▪ **jog along** *vi* trottiner – suivre son cours
joggle *vt* secouer (légèrement) ; *vi* cahoter

jog-trot *vi* trottiner – aller au petit trot
oin *vt* adhérer à ; *vi* devenir membre
join in *vt* participer à ; *vi* participer
join on *vi* s'attacher ; *vt* attacher
join up *vi* s'engager ; *vt*
oint *vt* assembler *(UK)* – découper
oke *vi* plaisanter
olly *vt (UK)* enjôler – entortiller
jolly up *vt (UK)* égayer
olt *vt* secouer ; *vi* cahoter
osh *vi* fam blaguer ; *vt* charrier
ostle *vi* se bousculer ; *vt* bousculer
ot down *vt* noter, prendre note de
ourney *vi* voyager
oust *vi* jouter
oyride *vi* voler une voiture pour faire un tour
udder *vi (UK)* vibrer – brouter
udge *vt/vi* juger
ug *vt* cuire à l'étouffée *ou* à l'étuvée
uggle *vi* jongler ; *vt* jongler avec
uice *vt* presser
umble *vt* mélanger – embrouiller
ump *vi* sauter ; *vt* sauter
jump about *vi (UK)* sautiller
jump around *vi* sautiller
jump at *vt* sauter sur – saisir
jump in *vi* monter – intervenir
jump on *vt* sauter sur – repérer
ump-start *vt* faire démarrer une voiture avec des câbles
unk fam *vt* jeter (à la poubelle) – balancer
unket *vi* fam voyager aux frais de la princesse
ustify *vt* justifier
ut *vi* saillir
uxtapose *vt* juxtaposer

K

art *vi* faire du karting
eel *vi* chavirer ; *vt* faire chavirer
keel over *vi* chavirer ; *vt* faire chavirer
keelhaul *vt* faire passer sous la quille
keen *vt/vi (Irlande)* pleurer
keep *vt* garder ; *vi* continuer
keep at *vt* harceler ; *vt* harceler
keep away *vt* tenir éloigné ; *vi* ne pas s'approcher
keep back *vt* tenir éloigné ; *vi* rester en arrière
keep behind *vt* retenir
keep down *vt* ne pas lever ; *vi* ne pas se lever
keep from *vt* s'empêcher de – se retenir de
keep in *vt* empêcher de sortir – donner une consigne à
keep in with *vt* rester en bons termes avec qqn
keep off *vt* éloigner ; *vt* éviter
keep on *vt* garder ; *vi* continuer
keep on at *vt* harceler
keep out *vt* empêcher d'entrer ; *vi* ne pas entrer
keep to *vt* respecter – ne pas s'écarter de
keep together *vt* ne pas séparer ; *vi* rester ensemble
keep up *vt* maintenir ; *vi* continuer
keep up with *vt* rester en contact avec
ken *vt (Écosse)* connaître – savoir ; *vi (Écosse)* connaître – savoir
kennel *vt* mettre dans un chenil
key *vt* saisir – adapter
key in *vt* entrer – saisir
keyboard *vt* saisir
keynote *vt* insister sur – mettre en relief
kick *vt* donner un coup de pied à *ou* dans ; *vi* donner *ou* lancer un coup de pied
kick about *vi (UK)* fam traîner *(UK)* ; *vt* jouer au ballon
kick against *vt* fam regimber contre
kick around fam *vt* débattre ; *vi* traîner
kick around with *vt* fam traîner avec
kick at *vt* regimber contre
kick back *vt* renvoyer du pied *(US)* – fam verser
kick down *vt* abattre *ou* faire tomber à coups de pied – défoncer à coups de pied
kick in *vt* défoncer à coups de pied ; *vi* fam entrer en action
kick off *vt* enlever d'un coup de pied ; *vi* donner le coup d'envoi
kick out *vt* fam chasser à coups de pied ; *vi* lancer des coups de pieds
kick over *vt* renverser du pied *ou* d'un coup de pied
kick up *vt* faire voler (du pied)
kick-start *vt* démarrer (au kick)
kid fam *vi* blaguer ; *vt* taquiner
kid around fam *vi* raconter des blagues – rigoler
kidnap *vt* enlever – kidnapper
kill *vt/vi* tuer
kill off *vt* tuer – exterminer
kindle *vt* allumer ; *vi* s'enflammer
kink *vt* entortiller ; *vi* s'entortiller
kip *vi (UK)* roupiller
kip down *vi* fam se pieuter
kipper *vt* fumer
kiss *vt* embrasser ; *vi* s'embrasser
kiss away *vt* sécher *ou* faire disparaître par un baiser
kit out *vt (UK)* fam équiper
kit up *vt (UK)* fam équiper
knacker *vt (UK)* tfam crever
knead *vt* pétrir – malaxer
knee *vt* donner un coup de genou à
kneecap *vt* briser les totules à qqn
kneel *vi* s'agenouiller – se mettre à genoux
kneel down *vi* se mettre à genoux – s'agenouiller
knife *vt* donner un coup de couteau à
knight *vt* faire chevalier
knit *vt/vi* tricoter
knit together *vi* se souder ; *vt* unir
knit up *vt* tricoter ; *vi* se tricoter
knock *vt* heurter ; *vi* frapper
knock about *vi (UK)* fam traîner ; *vt* traîner dans
knock around *vi* fam traîner ; *vt* traîner dans
knock about with *vt (UK)* fam fréquenter
knock around with *vt* fam fréquenter
knock back *vt* descendre – coûter
knock down *vt* renverser – faire tomber

knock off *vt* faire tomber ; *vi* fam cesser le travail
knock on *vi* faire un en-avant ; *vt (UK)* s'approcher de
knock out *vt* faire sortir – fam assommer
knock over *vt* renverser – faire tomber
knock together *vt* cogner l'un contre l'autre ; *vi* s'entrechoquer
knock up *vt (UK)* fam faire à la hâte ; *vi (UK)* faire des balles
knot *vt* nouer ; *vi* se nouer
know *vt* connaître ; *vi* savoir
knuckle down *vi (UK)* s'y mettre
knuckle under *vi* céder – se soumettre
knurl *vt* moleter
KO *vt* mettre K-O – battre par K-O
kowtow *vi* faire des courbettes à qqn

L

label *vt* étiqueter – cataloguer
labour *vi (UK)* travailler dur ; *vt* insister sur
labor *vi (US)* travailler dur ; *vt* insister sur
lace *vt* lacer – mettre des lacets à
lace up *vt (UK)* lacer
lacerate *vt* lacérer
lack *vt* manquer de
lack for *vt* manquer de
lacquer *vt* laquer – mettre de la laque sur
lactate *vi* sécréter du lait
ladder *vi (UK)* filer ; *vt (UK)* filer
ladle *vt* servir (à la louche)
ladle out *vt (UK)* servir (à la louche) – fam distribuer à droite et à gauche
lag *vi* rester en arrière ; *vt* calorifuger
lag behind *vi* traîner ; *vt* traîner derrière
lam *vt* tfam rosser
lam into fam *vt (UK)* rentrer dans – enguirlander
lamb *vi* agneler – mettre bas
lambast *vt* réprimander – battre
lambaste *vt* réprimander – battre
lame *vt* estropier
lament *vt* regretter ; *vi* se lamenter
laminate *vt* laminer – plaquer
lampoon *vt* ridiculiser – tourner en dérision
lance *vt* percer – inciser
land fam *vi* atterrir ; *vt* poser
land up fam *vi* atterrir – finir
landscape *vt* dessiner – aménager
languish *vi* languir – dépérir
lap *vt* dépasser ; *vi* tourner
lap over *vt* chevaucher sur ; *vi* se chevaucher
lap up *vt* laper – fam boire
lap dance *vi* danser (pour les clients d'un bar)
lapse *vi* baisser – tomber
lard *vt* larder
lariat *vt (US)* prendre au lasso
lark about *vi (UK)* fam faire le fou
lark around *vi (UK)* fam faire le fou
lash *vt* fouetter ; *vi* s'abbatre
lash down *vt* arrimer ; *vi* s'abattre
lash out *vi* donner des coups de poing – donner des coups de pied
lasso *vt* prendre au lasso
lassoo *vt* prendre au lasso
last *vi* durer ; *vt* tenir
last out *vi* tenir ; *vt* tenir
latch *vt* fermer au loquet ; *vi* se fermer
latch on *vi* fam piger
latch onto fam *vt* s'accrocher à *(UK)* – piger
lathe *vt* tourner
lather *vt* savonner ; *vi* mousser
laud *vt* louer – chanter les louanges de
laugh *vi* rire ; *vt* rire
laugh at *vt* se moquer de – rire de
laugh off *vt* rire de – désamorcer
launch *vt* mettre à la mer – lancer
launch into *vt* se lancer dans
launch out *vi* se lancer
launder *vt* laver – blanchir
lavish *vt* prodiguer
lay *vt* poser ; *vi* pondre
lay about *vt* attaquer – taper sur
lay aside *vt* mettre de côté
lay down *vt* poser – renoncer à
lay in *vt* faire provision de
lay into *vt* tomber (à bras raccourcis) sur – prendre à partie
lay off *vt* licencier ; *vt* fam laisser tomber
lay on *vt* fournir *(UK)* – installer
lay out *vt* étaler – exposer
lay over *vi (US)* faire une halte – faire escale
lay up *vt (UK)* mettre de côté – fam aliter
layer *vt* couper en dégradé – marcotter
laze *vi* se reposer – paresser
laze about *vi (UK)* paresser – fainéanter
laze around *vi* paresser – fainéanter
leach *vt* lessiver – lixivier
lead *vt/vi* mener
lead away *vt* emmener
lead back *vt* ramener ; *vi*
lead off *vi/vt* commencer
lead on *vi* aller *ou* marcher devant ; *vt* faire entrer
lead to *vt* mener *ou* aboutir à
lead up to *vt* conduire à – mener à
lead *vt* plomber – interligner
leaf through *vt* feuilleter – parcourir
leaflet *vt* distribuer des prospectus *ou* des tracts à
leak *vi* fuir ; *vt* répandre
leak in *vi* s'infiltrer
leak out *vi* fuir – filtrer
lean *vi* pencher ; *vt* appuyer
lean back *vi* se pencher en arrière ; *vt* pencher en arrière
lean forward *vi* se pencher en avant ; *vt* pencher en avant
lean on *vt* s'appuyer sur *(UK)* – fam faire pression sur
lean upon *vt* s'appuyer sur *(UK)* – fam faire pression sur
lean out *vi* se pencher au dehors ; *vt* pencher au dehors
lean over *vi* se pencher en avant – pencher
lean towards *vt* pencher pou
leap *vi* bondir ; *vt* sauter (par-dessus)
leap about *vt (UK)* gambader dans ; *vi* gambader

■ **leap around** *vt* gambader dans ; *vi* gambader
■ **leap at** *vt* sauter sur
■ **leap out** *vi* bondir
■ **leap up** *vi* sauter (en l'air) – se lever d'un bond
leapfrog *vt (UK)* dépasser *(UK) vi* sauter par dessus qqn
learn *vt/vi* apprendre
■ **learn up** fam *vt (UK)* bûcher – potasser
lease *vt* louer à bail – louer
leather *vt* fam tanner le cuir à
leave *vi* partir ; *vt* quitter
■ **leave about** *vt (UK)* laisser traîner
■ **leave around** *vt* laisser traîner
■ **leave aside** *vt* laisser de côté
■ **leave behind** *vt* laisser – distancer
■ **leave in** *vt* garder – laisser
■ **leave off** *vi* s'arrêter ; *vt* ne pas remettre
■ **leave on** *vt* garder – laisser ouvert
■ **leave out** *vt* omettre – exclure
■ **leave over** *vt* laisser
leave *vi* feuiller
leaven *vt* faire lever – égayer
lech *vi* courir après qqn
lecture *vi* faire *ou* donner une conférence ; *vt* réprimander
leech *vt* saigner (avec des sangsues)
leer *vi* jeter des regards libidineux *ou* sournois
leg fam *vt* courir – se tirer
legalize *vt* légaliser – rendre légal
legalise *vt* légaliser – rendre légal
legislate *vi* légiférer
legitimate *vt* légitimer
legitimize *vt* légitimer
legitimise *vt* légitimer
lend *vt* prêter – apporter
lengthen *vi* s'allonger ; *vt* allonger
lessen *vt* diminuer ; *vi* s'atténuer
let *vt* louer
■ **let out** *vt* louer
let *vt* laisser – permettre
■ **let down** *vt* décevoir – baisser
■ **let in** *vt* laisser entrer – laisser passer
■ **let in for** *vt* s'engager
■ **let in on** *vt* mettre au courant de
■ **let into** *vt* laisser entrer – encastrer
■ **let off** *vt* dispenser ; *vi* fam péter
■ **let on** *vt* laisser monter
■ **let out** *vt* laisser sortir – laisser échapper
■ **let up** *vi* arrêter – diminuer
■ **let up on** *vt* fam lâcher la bride à qqn
letter *vt* inscrire des lettres sur – graver (des lettres sur)
level *vt* aplanir ; *vi* fam être franc avec qqn
■ **level down** *vt* aplanir – niveler par le bas
■ **level off** *vi* s'équilibrer ; *vt* aplatir
■ **level out** *vi* s'aplanir ; *vt* niveler
■ **level up** *vt* niveler (par le haut)
lever *vt* manœuvrer à l'aide d'un levier
■ **lever out** *vt* extraire *ou* extirper (à l'aide d'un levier)
■ **lever up** *vt* soulever (au moyen d'un levier)
levitate *vi* léviter ; *vt* faire léviter
levy *vt* prélever – lever
lexicalize *vt* lexicaliser
lexicalise *vt* lexicaliser
liaise *vi* travailler en liaison avec
libel *vt* diffamer – calomnier
liberalize *vt* libéraliser
liberalise *vt* libéraliser
liberate *vt* libérer – dégager
license *vt* accorder une licence *ou* une autorisation à
lick *vt* lécher – fam battre à plate couture
lie *vi* mentir – se coucher
■ **lie about** *vi (UK)* traîner
■ **lie around** *vi* traîner
■ **lie back** *vi* se reposer
■ **lie behind** *vt* se cacher derrière
■ **lie down** fam *vi* se coucher – s'allonger
■ **lie in** *vi* fam faire la grasse matinée – être en couches
■ **lie off** *vi* rester au large
■ **lie to** *vi* se tenir *ou* (se) mettre à la cape
■ **lie up** *vi* rester au lit – ne pas tourner
lift *vt* soulever ; *vi* se lever
■ **lift off** *vi* décoller ; *vt* enlever
■ **lift up** *vt* soulever – lever
ligature *vt* ligaturer
light *vt* éclairer ; *vi* s'allumer
■ **light into** *vt* fam agresser qqn (verbalement)
■ **light on** *vt* tomber (par hasard) sur – trouver par hasard
■ **light upon** *vt* tomber (par hasard) sur – trouver par hasard
■ **light out** *vi (US)* fam se tirer
■ **light up** *vt* éclairer ; *vi* s'allumer
lighten *vt* éclairer ; *vi* s'éclairer
■ **lighten up** *vi* fam se remettre
like *vt* aimer (bien)
liken *vt* comparer
lime *vt* chauler – engluer
limit *vt* limiter
limp *vi* boiter – clopiner
line *vt* border – régler
■ **line up** *vt* aligner ; *vi* s'aligner
linger *vi* persister – s'attarder
link *vt* lier ; *vt* relier
■ **link up** *vi* se rejoindre – s'associer
lionize *vt* porter aux nues
lionise *vt* porter aux nues
lip-read *vi* lire sur les lèvres ; *vt* lire sur les lèvres de
lip-synch *vi* chanter en play-back ; *vt* chanter en play-back
liquefy *vt* liquéfier ; *vi* se liquéfier
liquidate *vt* liquider ; *vi* entrer en liquidation
liquidize *vt* passer au mixeur – liquéfier
liquidise *vt* passer au mixeur – liquéfier
lisp *vi* parler avec un cheveu sur la langue ; *vt* dire en zézayant
list *vt* dresser la liste de ; *vi* pencher
listen *vi* écouter
■ **listen (out) for** *vt* guetter – être à l'affût de
■ **listen in** *vi* écouter – être à l'écoute
lithograph *vt* lithographier
litigate *vt* contester (en justice) ; *vi* plaider
litter *vt* laisser des détritus dans ; *vi* mettre bas
live *vi/vt* vivre
■ **live down** *vt* faire oublier son tort
■ **live in** *vi* être logé et nourri – être interne

▪ **live off** *vt* vivre aux crochets de – vivre de
▪ **live on** *vi* continuer à vivre ; *vt* vivre de
▪ **live out** *vt* passer ; *vi* habiter à l'extérieur de
▪ **live through** *vt* connaître
▪ **live together** *vi* vivre ensemble – cohabiter
▪ **live up to** *vt* se montrer à la hauteur de – être *ou* se montrer à la hauteur de
▪ **live with** *vt* vivre avec
load *vt/vi* charger
▪ **load down** *vt* charger (lourdement)
▪ **load up** *vt/vi* charger
loaf *vi* fam fainéanter – traîner
loan *vt* prêter
loathe *vt* détester
lob *vt* lancer ; *vi* faire un lob
lobby *vt* exercer une pression sur ; *vi* faire pression
localize *vt* localiser – concentrer
localise *vt* localiser – concentrer
locate *vt* repérer ; *vi* s'établir
lock *vt* fermer à clef ; *vi* (se) fermer à clef
▪ **lock away** *vt* mettre sous clef – incarcérer
▪ **lock in** *vt* enfermer
▪ **lock onto** *vt* capter – se caler sur
▪ **lock out** *vt* enfermer dehors – lock-outer
▪ **lock up** *vt/vi* fermer à clef
lodge *vt* héberger ; *vi* loger
loft *vt* lancer très haut
log *vt* consigner ; *vi* exploiter une forêt
▪ **log in** *vi* entrer dans le système ; *vt* entrer
▪ **log out** *vi* sortir du système – fermer une session
▪ **log up** *vt (UK)* avoir à son actif
loiter *vi* traîner – rôder
loll *vi* se prélasser
▪ **loll about** *vi (UK)* se prélasser
▪ **loll around** *vi* se prélasser
▪ **loll out** *vi* pendre (mollement)
lollop *vi* marcher lourdement – galoper
long *vi* soupirer après
look *vi* regarder ; *vt* regarder
▪ **look after** *vt* s'occuper de – garder
▪ **look ahead** *vi* regarder vers l'avenir
▪ **look at** *vt* regarder – considérer
▪ **look away** *vi* détourner les yeux
▪ **look back** *vi* regarder derrière soi – regarder en arrière
▪ **look down** *vi* regarder en bas – baisser les yeux
▪ **look down on** *vt* mépriser
▪ **look for** *vt* chercher – attendre
▪ **look forward to** *vt* attendre avec impatience
▪ **look in** *vi* regarder à l'intérieur – passer
▪ **look into** *vt* examiner – étudier
▪ **look on** *vi* regarder ; *vt* considérer
▪ **look out** *vi* regarder dehors ; *vt (UK)* vérifier – chercher
▪ **look out for** *vt* guetter
▪ **look over** *vt* jeter un coup d'œil sur – examiner
▪ **look round** *vi* regarder (autour de soi) ; *vt* visiter
▪ **look through** *vt* regarder à travers – jeter un coup d'œil sur *ou* à
▪ **look to** *vt* se tourner vers – veiller à
▪ **look up** *vi* lever les yeux ; *vt* chercher
▪ **look up to** *vt* respecter – avoir du respect pour
loom *vi* surgir – être imminent
▪ **loom up** *vi* apparaître indistinctement – surgir
loop *vt* faire une boucle à ; *vi* zigzaguer
loose *vt* lâcher – défaire
▪ **loose off** *vt/vi* tirer
loosen *vt* desserrer ; *vi* se desserrer
▪ **loosen up** *vi* se montrer moins sévère ; *vt* échauffer
loot *vt/vi* piller
lop *vt* élaguer – tailler
▪ **lop off** *vt* couper – réduire
lope *vi* courir à grandes foulées – courir en bondissant
▪ **lord** *vt* prendre des airs supérieurs avec qqn
lose *vt/vi* perdre
▪ **lose out** *vi* perdre – être perdant
lounge *vi* s'allonger – paresser
louse *vt* épouiller
▪ **louse up** *vt* tfam foutre en l'air
love *vt* aimer – aimer beaucoup *ou* bien
low *vi* meugler – beugler
lower *vt* baisser ; *vi* diminuer
lower *vi* se couvrir – regarder d'un air menaçant
lubricate *vt* lubrifier – graisser
▪ **luck out** fam *vi (US)* avoir de la veine – avoir la poisse
lug *vt* fam trimbaler
▪ **lug about** *vt (UK)* fam trimbaler
▪ **lug around** *vt* fam trimbaler
lull *vt* calmer – apaiser
lumber *vt (US)* débiter ; *vi* marcher pesamment
▪ **lumber with** *vt* fam refiler qqch à qqn
lump *vt* regrouper
▪ **lump together** *vt* réunir – mettre dans la même catégorie
lunch *vi* déjeuner
lunge *vi* faire un mouvement brusque en avant ; *vt* mener à la longe
lurch *vi* tituber – faire une embardée
lure *vt* attirer (sous un faux prétexte)
▪ **lure away** *vt* éloigner par la ruse
lurk *vi* se tapir – se cacher
lust after *vt* désirer – convoiter
lust for *vt* convoiter – avoir soif de
luv *vt (UK)* aimer
luxuriate *vi* proliférer
lynch *vt* lyncher

M

mace *vt (US)* fam bombarder au gaz lacrymogène
machine *vt* coudre à la machine – fabriquer à la machine
▪ **machine-gun** *vt* mitrailler
machine-stitch *vt* piquer (à la machine)
madden *vt* rendre fou – exaspérer
magic away *vt* faire disparaître (comme par enchantement)

magnetize *vt* aimanter – magnétiser
magnetise *vt* aimanter – magnétiser
magnify *vt* grossir – exagérer
mail *vt (US)* envoyer *ou* expédier par la poste – poster
maim *vt* mutiler – blesser
mainline *vi* tfam se piquer ; *vt* piquer
maintain *vt* conserver – soutenir ; *vi (US)* survivre – subsister
major *vi (US)* se spécialiser
make *vt* faire ; *vi* faire mine – faire semblant
■ **make for** *vt* se diriger vers – mener à
■ **make of** *vt* comprendre à ; *vt* penser de
■ **make off** *vi* partir
■ **make off with** *vt* partir avec
■ **make out** *vt* distinguer ; *vi* fam se débrouiller
■ **make over** *vt* transférer – réaménager
■ **make up** *vi* se maquiller ; *vt* maquiller
■ **make up for** *vt* compenser
■ **make up to** *vt* essayer de se faire bien voir par qqn
■ **make with** *vt* fam se dépêcher de faire qqch
malfunction *vi* mal fonctionner – tomber en panne
malign *vt* calomnier – critiquer
malinger *vi* simuler la maladie – faire semblant d'être malade
malt *vt* malter
maltreat *vt* maltraiter
man *vt* armer – faire tourner
manacle *vt* enchaîner – mettre *ou* passer les menottes à
manage *vt* gérer ; *vi* se débrouiller
mandate *vt* mandater – mettre sous mandat
mangle *vt* mutiler – essorer
manhandle *vt* maltraiter – porter *ou* transporter (à bras d'homme)
manicure *vt* faire les mains à – manucurer
manifest *vt* manifester ; *vi* se manifester
manipulate *vt* manœuvrer – manipuler
manoeuvre *vt (UK)* manœuvrer ; *vi* manœuvrer
maneuver *vt (US)* manœuvrer ; *vi* manœuvrer
manufacture *vt* fabriquer – inventer
manure *vt* fumer – répandre de l'engrais sur
map *vt* faire *ou* dresser la carte de – faire *ou* dresser le plan de
■ **map out** *vt* tracer – faire le plan de
mar *vt* gâter – gâcher
marble *vt* marbrer
march *vi* marcher (au pas) ; *vt* faire marcher au pas
marginalize *vt* marginaliser
marginalise *vt* marginaliser
marinade *vt* mariner
marinate *vt/vi* mariner
mark *vt* marquer ; *vi* être salissant
■ **mark down** *vt* noter – baisser
■ **mark off** *vt* délimiter – mesurer
■ **mark out** *vt* tracer les lignes de – désigner
■ **mark up** *vt* marquer – augmenter
market *vt* vendre ; *vi (US)* faire le marché
maroon *vt* abandonner (sur une île ou une côte déserte)
marry *vt* épouser ; *vi* se marier
■ **marry off** *vt* marier
■ **marry up** *vt* marier ; *vi* s'associer
marshal *vt* masser – rassembler
martyr *vt* martyriser
marvel *vi* s'émerveiller de qqch ; *vt* s'étonner de ce que
mash *vt* écraser – faire une purée de
mask *vt* masquer – cacher
■ **mask out** *vt* masquer – cacher
masquerade *vi* se faire passer pour
mass *vi* se masser ; *vt* masser
massacre *vt* massacrer – fam écraser
massage *vt* masser – manipuler
mass-produce *vt* fabriquer en série
master *vt* maîtriser – dompter
mastermind *vt* diriger – organiser
masticate *vi* mastiquer – mâcher ; *vt* mastiquer – mâcher
masturbate *vi* se masturber ; *vt* masturber
mat *vi* s'emmêler – (se) feutrer
match *vt* être l'égal de ; *vi* aller (bien) ensemble, être bien assorti
■ **match up** *vt* assortir ; *vi* correspondre
■ **match up to** *vt* valoir
mate *vt* accoupler ; *vi* s'accoupler
materialize *vi* se matérialiser ; *vt* matérialiser
materialise *vi* se matérialiser ; *vt* matérialiser
matriculate *vi* s'inscrire – se faire immatriculer
matter *vi* importer – avoir de l'importance
mature *vi* mûrir ; *vt* faire mûrir
maul *vt* mutiler ; *vi* faire un maul
maximize *vt* maximiser – maximaliser
maximise *vt* maximiser – maximaliser
may *aux modal* (exprime la possibilité ou la permission, cf. tableau, ne se conjugue pas)
mean *vt* vouloir dire – signifier
meander *vi* serpenter – errer (sans but)
means-test *vt* soumettre qqn à un examen de ressources
measure *vt/vi* mesurer
■ **measure off** *vt* mesurer
■ **measure out** *vt* mesurer
■ **measure up** *vt* mesurer ; *vi* être *ou* se montrer à la hauteur
mechanize *vt* mécaniser – motoriser
mechanise *vt* mécaniser – motoriser
meddle *vi* se mêler de qqch
mediate *vi* servir de médiateur ; *vt* obtenir par médiation
meditate *vi* méditer – réfléchir
meet *vt* rencontrer ; *vi* se rencontrer
■ **meet up** *vi* se rencontrer – se retrouver
■ **meet with** *vt* rencontrer
meld *vt (US)* fusionner – amalgamer
mellow *vt* adoucir ; *vi* mûrir
■ **mellow out** fam *vi* se calmer – se détendre
melt *vi* fondre ; *vt* (faire) fondre
■ **melt down** *vt/vi* fondre
memorize *vt* mémoriser
memorise *vt* mémoriser
menace *vt* menacer
mend *vt* réparer ; *vi* se remettre, être en voie de guérison
menstruate *vi* avoir ses règles
mention *vt* mentionner – signaler

merchandise *vt* commercialiser
merge *vi* se rejoindre ; *vt* joindre
merit *vt* mériter
mesh *vi* s'harmoniser – cadrer
mesmerize *vt* hypnotiser – ensorceler
mesmerise *vt* hypnotiser – ensorceler
mess *vt* salir ; *vi* manger *ou* prendre ses repas au mess
▪ **mess about** fam *vi (UK)* perdre son temps ; *vt* embêter
▪ **mess around** fam *vi (UK)* perdre son temps ; *vt* embêter
▪ **mess up** *vt* mettre en désordre – fam ficher en l'air
metabolize *vt* métaboliser
metabolise *vt* métaboliser
metal *vt* couvrir de métal – empierrer
metamorphose *vi* se métamorphoser ; *vt* métamorphoser
mete out *vt* infliger – rendre
meter *vt* mesurer à l'aide d'un compteur – affranchir (avec une machine)
mew *vi* miauler – crier
miaow *vi (UK)* miauler
microfilm *vt* microfilmer – mettre sur microfilm
micrograph *vt* micrographier
microwave *vt* faire cuire au micro-ondes
micturate *vi* uriner
middle *vt* plier en deux – centrer
might *aux modal* (exprime la possibilité, cf. tableau, ne se conjugue pas)
migrate *vi* migrer – se déplacer
mildew *vi* se rouiller – moisir
militarize *vt* militariser
militarise *vt* militariser
▪ **militate against** *vt* militer contre
milk *vt* traire ; *vi* donner du lait
mill *vt* moudre – créneler
▪ **mill about** *vi (UK)* grouiller
▪ **mill around** *vi* grouiller
mime *vi* faire du mime ; *vt* mimer
mimic *vt* mimer – imiter (par mimétisme)
mince *vt* hacher ; *vi* parler avec affectation
mind *vt* garder ; *vi (UK)* faire attention
▪ **mind out** *vi (UK)* faire attention
mine *vt* extraire ; *vi* exploiter une mine
mingle *vt* mélanger ; *vi* se mêler (aux autres)
minimalize *vt* minimaliser
minimalise *vt* minimaliser
minimize *vt* réduire au minimum – minimiser
minimise *vt* réduire au minimum – minimiser
minister *vi* donner des soins à – pourvoir aux besoins de qqn
minor *vi (US)* prendre qqch en matière secondaire
mint *vt* fabriquer – inventer
minute *vt* inscrire au procès-verbal – minuter
mire *vt* empêtrer – embourber
mirror *vt* réfléchir – imiter
misapply *vt* mal utiliser – mal appliquer
misapprehend *vt* se méprendre sur
misappropriate *vt* détourner – voler
misbehave *vi* se tenir *ou* se conduire mal
miscalculate *vt* mal calculer ; *vi* se tromper dans ses calculs
miscarry *vi* faire une fausse couche – échouer
miscast *vt* se tromper dans la distribution de – mal choisir le rôle de
misconduct *vt* mal gérer – mal conduire
misconstrue *vt* mal interpréter
miscount *vt* mal compter ; *vi* se tromper dans le compte
misdate *vt* mal dater
misdeal *vi* faire (une) maldonne
misdirect *vt* mal orienter – mal employer
misfire *vi* faire long feu – avoir des problèmes d'allumage *ou* des ratés
misgovern *vi* mal gouverner ; *vt* mal gouverner
mishandle *vt* mal utiliser – malmener
mishear *vt* mal entendre – mal comprendre
mishit *vt* mal frapper ; *vi* mal frapper la balle
misinform *vt* mal renseigner – donner de faux renseignements à
misinterpret *vt* mal comprendre – mal interpréter
misjudge *vt* mal juger – mal évaluer
miskick *vt* rater son coup de pied ; *vi* rater le ballon
mislay *vt* égarer
mislead *vt* tromper – induire en erreur
mismanage *vt* mal gérer
mismatch *vt* mal assortir
misname *vt* mal nommer
misplace *vt* mal placer – égarer
misprint *vt* faire une coquille *ou* une faute typographique
mispronounce *vt* mal prononcer – estropier
misquote *vt* citer inexactement – déformer les propos de
misread *vt* mal lire – mal interpréter
misrepresent *vt* déformer – donner une image fausse de
misrule *vt* mal gouverner
miss *vt* manquer ; *vi* manquer *ou* rater son coup
▪ **miss out** *vt* omettre ; *vi* être désavantagé
▪ **miss out on** *vt* manquer – rater
misspell *vt* mal écrire – mal épeler
misspend *vt* gaspiller – gâcher
misstate *vt* rapporter *ou* exposer incorrectement – déformer
mist *vt* embuer ; *vi* s'embuer
mistake *vt* mal comprendre – se tromper sur
mistime *vt* mal calculer (le moment de)
mistranslate *vt* mal traduire ; *vi* faire des contresens
mistreat *vt* maltraiter
mistrust *vt* se méfier de – douter de
mistype *vt* faire une faute de frappe dans
misunderstand *vt* mal comprendre – méconnaître
misuse *vt* abuser de – détourner
mitigate *vt* adoucir – atténuer
mitre *vt (UK)* tailler en onglet – assembler en onglet
miter *vt (US)* tailler en onglet – assembler en onglet
mix *vt* mélanger ; *vi* se mélanger
▪ **mix in** *vt* mélanger ; *vi* être sociable
▪ **mix up** *vt* confondre – impliquer

moan *vi* gémir ; *vt* maugréer
mob *vt* attaquer – assiéger
mobilize *vi* mobiliser ; *vt* mobiliser
mobilise *vi* mobiliser ; *vt* mobiliser
mock *vt* se moquer de ; *vi* se moquer
▪ **mock up** *vt (UK)* faire une maquette de
model *vt* modeler ; *vi* poser
moderate *vt* modérer ; *vi* se modérer
modernize *vt* moderniser ; *vi* se moderniser
modernise *vt* moderniser ; *vi* se moderniser
modify *vt* modifier – modérer
modulate *vt* moduler – adapter
moisten *vt* humecter ; *vi* se mouiller
moisturize *vt* hydrater – humidifier
moisturise *vt* hydrater – humidifier
molest *vt* importuner – molester
mollify *vt* apaiser – amadouer
mollycoddle fam *vt (UK)* dorloter – materner
monitor *vt* suivre – écouter
▪ **monkey about** *vi (UK)* fam faire l'imbécile
▪ **monkey around** *vi* fam faire l'imbécile
monogram *vt* marquer d'un monogramme
monologue *vi (UK)* monologuer
monolog *vi (US)* monologuer
monopolize *vt* monopoliser
monopolise *vt* monopoliser
moo *vi* meugler – beugler
mooch fam *vi (UK)* traîner ; *vt (US)* taper
▪ **mooch about** *vi (UK)* fam traîner
▪ **mooch around** *vi (UK)* fam traîner
moon *vi* fam montrer son derrière *ou* ses fesses
▪ **moon about** fam *vi (UK)* paresser – rêvasser
▪ **moon around** fam *vi* paresser – rêvasser
▪ **moon over** *vt* fam soupirer après
moonlight fam *vi* avoir un deuxième emploi – travailler au noir
moor *vt* amarrer ; *vi* mouiller
moot *vt* soulever
mop *vt* laver – essuyer
▪ **mop up** *vt* essuyer – fam rafler
mope *vi* broyer du noir
moralize *vi* moraliser ; *vt* moraliser
moralise *vi* moraliser ; *vt* moraliser
mortar *vt* cimenter
mortgage *vt* hypothéquer – prendre une hypothèque sur
mortify *vt* mortifier ; *vi* se gangrener
mortise *vt* mortaiser
mosey *vi (US)* fam marcher d'un pas tranquille
mosh *vi (US)* fam danser de façon agressive
MOT *vt (US)* soumettre sa voiture au contrôle technique
mothball *vt* mettre en suspens
mother *vt* donner naissance à – servir de mère à
mothproof *vt* traiter à l'antimite
motion *vi* faire signe à qqn de faire qqch ; *vt* faire signe à qqn de faire qqch
motivate *vt* motiver
motor *vi (UK)* aller en voiture
motorcycle *vi* aller en moto
motorize *vt* motoriser
motorise *vt* motoriser
mould *vt (UK)* façonner ; *vi* moisir
mold *vt (US)* façonner ; *vi* moisir
moulder *vi (UK)* se décomposer – moisir
molder *vi (US)* se décomposer – moisir
moult *vi (UK)* muer ; *vt* perdre
molt *vi (US)* muer ; *vt* perdre
mount *vt* monter ; *vi* monter (à cheval), se mettre en selle
▪ **mount up** *vi* monter – s'accumuler
mourn *vi* pleurer ; *vt* pleurer
mouse *vi* chasser les souris
mouth *vt* dire à voix basse – déclamer
▪ **mouth off** *vi* la ramener – se montrer insolent
move *vt* déplacer ; *vi* bouger
▪ **move about** *vi (UK)* se déplacer ; *vt* déplacer
▪ **move along** *vi* avancer ; *vt* faire circuler
▪ **move away** *vi* s'éloigner ; *vt* éloigner
▪ **move back** *vi* reculer ; *vt* repousser
▪ **move down** *vi* descendre ; *vt* descendre
▪ **move forward** *vi* avancer ; *vt* avancer
▪ **move in** *vi* emménager ; *vt* installer
▪ **move off** *vi* s'éloigner – partir
▪ **move on** *vi* poursuivre son chemin ; *vt* faire circuler
▪ **move out** *vi* déménager ; *vt* retirer
▪ **move over** *vi* se pousser – se désister
▪ **move up** *vi* se pousser ; *vt* pousser
mow *vt* tondre – faucher
▪ **mow down** *vt* faucher – abattre
muck *vt* fumer
▪ **muck about** fam *vi* traîner ; *vt* faire perdre son temps à
▪ **muck around** fam *vi (UK)* traîner ; *vt* faire perdre son temps à
▪ **muck in** *vi (UK)* mettre la main à la pâte – participer aux frais
▪ **muck out** *vt (UK)* nettoyer – curer
▪ **muck up** fam *vt* cochonner – bousiller
muddle *vt* confondre – embrouiller (l'esprit *ou* les idées de)
▪ **muddle along** *vi* se débrouiller
▪ **muddle through** *vi* se tirer d'affaire
▪ **muddle up** *vt* confondre
muddy *vt* salir – compliquer
muff *vt* rater – manquer
muffle *vt* étouffer – assourdir
mug *vt* agresser
mulch *vt* pailler
mull *vt* chauffer et épicer
▪ **mull over** *vt* réfléchir (longuement) à
multiplex *vt* multiplexer
multiply *vt* multiplier ; *vi* faire des multiplications
mumble *vi* marmonner ; *vt* marmonner
mummify *vt* momifier ; *vi* se momifier
munch *vt* croquer ; *vi* mâchonner
murder *vt* tuer – massacrer

murmur *vi* murmurer ; *vt* murmurer
muscle *vt* muscler
▪ **muscle in** *vi* fam intervenir
muse *vi* rêvasser ; *vt* songer
mushroom *vi* pousser comme des champignons – s'étendre
muss fam *vt* friper – salir
must *aux modal* devoir
muster *vt* rassembler ; *vi* se rassembler
▪ **muster up** *vt* rassembler
mutate *vi* muter ; *vt* muter
mute *vt* amortir, atténuer – atténuer
mutilate *vt* mutiler – défigurer
mutiny *vi* se mutiner – se rebeller
mutter *vt/vi* marmonner
muzzle *vt* museler – mettre une muselière à
mystify *vt* déconcerter – mystifier

N

nab fam *vt* pincer – coincer
▪ **naff off** *vi* fam se tirer
nag *vt* houspiller ; *vi* trouver à redire
nail *vt* clouer – pincer
▪ **nail down** *vt* clouer – fixer (définitivement)
▪ **nail up** *vt* condamner (en fixant avec des clous) – fixer (avec un clou)
name *vt* nommer – désigner
nap *vi* faire un (petit) somme ; *vt* lainer
napalm *vt* bombarder au napalm
nark *vt* fam mettre en boule *ou* en rogne
narrate *vt* raconter – narrer
narrow *vt* rétrécir ; *vi* se rétrécir
▪ **narrow down** *vt* limiter ; *vi* se limiter
narrowcast *vt* diffuser localement ; *vi* diffuser localement des émissions de télévision
nasalize *vt* nasaliser
nasalise *vt* nasaliser
nationalize *vt* nationaliser
nationalise *vt* nationaliser
natter *vi (UK)* fam papoter
naturalize *vt* naturaliser ; *vi* s'acclimater
naturalise *vt* naturaliser ; *vi* s'acclimater
nauseate *vt* donner la nausée à – écœurer
navigate *vt* calculer le parcours de ; *vi* naviguer
near *vt* approcher de ; *vi* approcher
neaten *vt* remettre en ordre – ranger
necessitate *vt* nécessiter – rendre nécessaire
neck fam *vi* se bécoter – se peloter
need *vt/aux modal* avoir besoin de
needle *vt* fam asticoter *(US)* – corser
negate *vt* abroger – réfuter
negative *vt* annuler – rejeter
neglect *vt* négliger – manquer à
negotiate *vt/vi* négocier
neigh *vi* hennir
▪ **neighbour on** *vt* avoisiner – être contigu à
nerve *vt* inciter *ou* encourager qqn à faire qqch
nest *vi* (se) nicher ; *vt* servir de nid à
nestle *vi* se blottir ; *vt* blottir
net *vt* prendre *ou* attraper (avec un filet) – ramasser
nettle *vt (UK)* agacer – énerver
network *vt* diffuser sur l'ensemble du réseau *ou* sur tout le territoire ; *vi* tenter d'établir un réseau de contacts professionnels
neuter *vt* châtrer
neutralize *vt* neutraliser
neutralise *vt* neutraliser
nibble *vt* grignoter ; *vi* mordiller – grignoter
nick *vt* faire une entaille *ou* une encoche sur *(UK)* – tfam épingler
nickel *vt* nickeler
nickname *vt* surnommer
niff *vi* tfam schlinguer
niggle *vi* ergoter ; *vt* harceler
▪ **niggle at** *vt* travailler qqn
nip *vt* pincer ; *vi (UK)* fam faire un saut
▪ **nip off** *vt* couper ; *vi (UK)* filer
nitpick fam *vi* couper les cheveux en quatre – chercher la petite bête
nix *vt (US)* rejeter – opposer un veto à
nobble fam *vt (UK)* graisser la patte à – mettre hors d'état de courir
nod *vi* faire un signe de (la) tête ; *vi* faire un signe de (la) tête affirmatif
▪ **nod off** fam *vi* s'endormir – s'assoupir
noise *vt* ébruiter qqch
nominate *vt* proposer (la candidature de) – nommer
noose *vt* faire un nœud coulant à – prendre au collet
normalize *vt* normaliser
normalise *vt* normaliser
nose *vt* flairer ; *vi* avancer précautionneusement
▪ **nose about** fam *vi (UK)* fureter – fouiner
▪ **nose around** fam *vi* fureter – fouiner
▪ **nose out** *vt* flairer – fam battre d'une courte tête
nosedive *vi* piquer – être en chute libre
nosh *vi* fam bouffer
notarize *vt* certifier – authentifier
notarise *vt* certifier – authentifier
notch *vt* entailler – encocher
▪ **notch up** *vt* accomplir
note *vt* remarquer – noter
▪ **note down** *vt* noter – écrire
notice *vt* remarquer – faire attention à
notify *vt* notifier – avertir
nourish *vt* nourrir – entretenir
nudge *vt* pousser du coude – pousser
nuke *vt* fam lâcher une bombe atomique sur
nullify *vt* annuler – neutraliser
numb *vt* engourdir – atténuer
number *vt* numéroter ; *vi* compter parmi
▪ **number off** *vi* se numéroter
nurse *vt* soigner ; *vi* être infirmier (infirmière)
nurture *vt* élever – entretenir
nut *vt* tfam donner un coup de boule à
nuzzle *vt* pousser du nez ; *vi* se blottir

O

oar *vi* ramer ; *vt* ramer
obey *vt* obéir à ; *vi* obéir
obfuscate *vt* obscurcir – embrouiller
object *vi* élever une objection ; *vt* objecter
obligate *vt (UK* et *US)* obliger – *(US)* affecter
oblige *vt* obliger ; *vi* rendre service
obliterate *vt* effacer – oblitérer
obscure *vt* cacher – obscurcir
observe *vt* observer – (faire) remarquer
obsess *vt* obséder
obstruct *vt* bloquer – faire obstruction *ou* obstacle à
obtain *vt* obtenir ; *vi* avoir cours
obviate *vt* obvier à
occasion *vt* occasionner – provoquer
occlude *vt* occlure
occupy *vt* occuper
occur *vi* arriver – se trouver
ochre *vt* ocrer
ocher *vt (US)* ocrer
OD *vi* fam être victime d'une overdose
off *vt (US)* tfam buter
offend *vt* offenser ; *vi* violer la loi
▪ **offend against** *vt* enfreindre – aller à l'encontre de
offer *vt* offrir – proposer
▪ **offer up** *vt* offrir
officer *vt* encadrer
officiate *vi* officier
offload *vt* débarquer – décharger
offprint *vt* faire un tiré à part
offset *vt* contrebalancer – imprimer en offset
ogle *vt* lorgner
oil *vt* lubrifier – huiler
OK fam *vt* approuver – parafer
omit *vt* omettre
one-up *vt (US)* fam marquer un point sur
ooh *vi* pousser un cri d'admiration
ooze *vi* suinter ; *vt* suinter
open *vt* ouvrir ; *vi* (s')ouvrir
▪ **open out** *vi* s'ouvrir ; *vt* ouvrir
▪ **open up** *vi/vt* ouvrir
operate *vt* faire fonctionner ; *vi* marcher
opine *vt* (faire) remarquer
oppose *vt* s'opposer à – opposer
oppress *vt* opprimer – accabler
opt *vi* opter pour qqch
▪ **opt out** *vi* se désengager – retirer sa participation
optimize *vt* optimiser – optimaliser
optimise *vt* optimiser – optimaliser
orate *vi* prononcer un discours – pérorer
orbit *vt* graviter *ou* tourner autour de ; *vi* décrire une orbite
orchestrate *vt* orchestrer
ordain *vt* ordonner – décréter
order *vt* ordonner ; *vi* commander
▪ **order about** *vt (UK)* commander
▪ **order around** *vt* commander
organize *vt* organiser ; *vi* se syndiquer
organise *vt* organiser ; *vi* se syndiquer
orient *vt* orienter
orientate *vt (UK)* orienter
originate *vi* provenir ; *vt* être à l'origine de
ornament *vt* orner
orphan *vt* rendre orphelin
oscillate *vi* osciller ; *vt* faire osciller
osculate *vt (UK)* donner un baiser à ; *vi* s'embrasser
osmose *vi* subir une osmose
ossify *vt* ossifier ; *vi* s'ossifier
ostracize *vt* frapper d'ostracisme – ostraciser
ostracise *vt* frapper d'ostracisme – ostraciser
ought to *aux modal* devoir (au conditionnel)
oust *vt* évincer – déloger
out *vi* se révéler ; vt révéler
outbalance *vt* peser plus lourd que – dépasser
outbid *vt* enchérir sur
outclass *vt* surclasser – surpasser
outcrop *vi* affleurer
outdistance *vt* laisser derrière soi
outdo *vt* surpasser – faire mieux que
outfit *vt* équiper
outflank *vt* déborder – déjouer les manœuvres de
outfox *vt* se montrer plus rusé que
outgrow *vt* grandir plus (vite) que – devenir trop grand pour
outgun *vt* avoir une puissance de feu supérieure à – vaincre
outlast *vt* survivre à – durer plus longtemps que
outlaw *vt* mettre hors la loi – proscrire
outlay *vt* dépenser – investir
outline *vt* expliquer dans les grandes lignes – esquisser (les traits de)
outlive *vt* survivre à
outmanoeuvre *vt (UK)* se montrer meilleur tacticien que – déjouer les manœuvres de
outmaneuver *vt (US)* se montrer meilleur tacticien que – déjouer les manœuvres de
outnumber *vt* être plus nombreux que
outpace *vt* courir plus vite que – dépasser
outperform *vt* avoir de meilleures performances que – être plus performant que
outplay *vt* jouer mieux que – dominer (au jeu)
output *vt* sortir ; *vi* sortir des données
outrage *vt* outrager – faire outrage à
outrank *vt* avoir un rang plus élevé que – avoir un grade supérieur à
outreach *vt* dépasser – avoir le bras plus long que
outrun *vt* courir plus vite que – excéder
outsell *vt* se vendre mieux que – vendre davantage que
outshine *vt* briller plus que – éclipser
outsmart *vt* se montrer plus malin que
outsource *vt* sous-traiter – externaliser
outstay *vt* rester plus longtemps que *(UK)* – tenir plus longtemps que
outstrip *vt (UK)* dépasser – surpasser
outvote *vt* rejeter (à la majorité des voix) – mettre en minorité
outweigh *vt* l'emporter sur
outwit *vt* se montrer plus malin que
overachieve *vi* réussir brillamment

overact *vi* forcer la note – avoir un jeu outré
overawe *vt* intimider – impressionner
overbalance *vi* perdre l'équilibre ; *vt* faire perdre l'équilibre à
overbid *vt* enchérir sur ; *vi* surenchérir
overbook *vt/vi* surréserver
overburden *vt* surcharger – accabler
overcast *vt* surfiler
overcharge *vt/vi* faire payer trop cher
overcloud *vi* se couvrir ; *vi* couvrir
overcome *vt/vi* vaincre
overcompensate *vt* surcompenser
overcook *vt* faire trop cuire ; *vi* trop cuire
overdevelop *vt* surdévelopper
overdo *vt* exagérer – trop cuire
overdose fam *vi* prendre une overdose ; *vt* administrer une dose excessive à
overdraw *vt* mettre à découvert ; *vi* mettre son compte à découvert
overdress *vi* s'habiller avec trop de recherche – porter des toilettes trop recherchées
overeat *vi* trop manger – se suralimenter
overemphasize *vt* trop mettre l'accent sur – trop insister sur
overemphasise *vt* trop mettre l'accent sur – trop insister sur
overestimate *vt* surestimer
overexaggerate *vt* exagérer – attacher trop d'importance à
overexcite *vt* surexciter
overexert *vt* surmener
overexpose *vt* surexposer
overfeed *vt* suralimenter ; *vi* se suralimenter
overfill *vt* trop remplir
overflow *vi* déborder ; *vt* déborder de
overfly *vt* survoler
overhang *vt* surplomber ; *vi* être en surplomb
overhaul *vt* réviser – rattraper
overhear *vt* entendre par hasard – surprendre
overheat *vt* surchauffer ; *vi* chauffer
overimpress *vt* impressionner (beaucoup)
overindulge *vt* céder à ; *vi* trop manger
overlap *vi* (se) chevaucher ; *vt* faire se chevaucher
overlay *vt* recouvrir
overload *vt* surcharger – surmener
overlook *vt* avoir vue sur – laisser échapper
overnight *vi* passer la *ou* une nuit
overpay *vt* surpayer – trop payer
overplay *vt* exagérer ; *vi* exagérer son rôle
overpower *vt* maîtriser – suffoquer
overprice *vt* vendre trop cher
overprint *vt* imprimer en surcharge
overproduce *vt* surproduire
overpublicize *vt* faire trop de publicité pour – donner trop de publicité à
overpublicise *vt* faire trop de publicité pour – donner trop de publicité à
overrate *vt* surestimer – surfaire
overreach *vt* viser trop haut
overreact *vi* réagir de façon excessive – s'affoler
override *vt* passer outre à – l'emporter sur
overrule *vt* annuler – rejeter
overrun *vt* envahir ; *vi* dépasser le temps alloué *ou* imparti
oversee *vt* surveiller – superviser
oversell *vt* mettre trop en valeur – faire trop valoir
overshadow *vt* éclipser – ombrager
overshoot *vt* dépasser ; *vi* dépasser la piste
oversimplify *vt* simplifier à l'excès
oversleep *vi* se réveiller en retard – ne pas se réveiller à temps
overspend *vi* trop dépenser ; *vt* dépasser
overspill *vi* déborder – se répandre
overstate *vt* exagérer
overstay *vt* abuser de l'hospitalité de ses hôtes
oversteer *vi* survirer
overstep *vt* dépasser – outrepasser
overstrike *vt* superposer un caractère à
oversubscribe *vt* s'inscrire en trop grand nombre à
overtake *vt* dépasser – surprendre
overtax *vt* surimposer – abuser de
overthrow *vt* renverser – envoyer trop loin
overturn *vt* renverser ; *vi* se renverser
overuse *vt* abuser de
overvalue *vt* surévaluer – surestimer
overweight *vt* surcharger – accorder trop d'importance à
overwhelm *vt* accabler – submerger
overwind *vt* trop remonter
overwork *vt* surmener ; *vi* se surmener
overwrite *vt* écrire sur ; *vi* écrire dans un style ampoulé
ovulate *vi* ovuler
owe *vt* devoir ; *vi* être endetté
own *vt* posséder – admettre
■ **own to** *vt* avouer
■ **own up** *vi* avouer – faire des aveux
oxidize *vt* oxyder ; *vi* s'oxyder
oxidise *vt* oxyder ; *vi* s'oxyder

P

pace *vi* marcher (à pas mesurés) ; *vt* arpenter
pacify *vt* apaiser – pacifier
pack *vt* faire ; *vi* faire sa valise *ou* ses bagages
■ **pack away** *vt* ranger
■ **pack in** *vt (UK)* entasser ; *vi* s'entasser (à l'intérieur)
■ **pack off** *vt* fam expédier
■ **pack up** *vi* faire sa valise *ou* ses bagages ; *vt* faire
package *vt* emballer – fabriquer l'image (de marque) de
pad *vt* matelasser ; *vi* avancer à pas feutrés
■ **pad out** *vt* délayer
paddle *vi* pagayer ; *vt (US)* fam donner une fessée à
padlock *vt* cadenasser – mettre un antivol à
page *vt* paginer – appeler (par haut-parleur)
paginate *vt* paginer
pain *vt* peiner – faire souffrir
paint *vt/vi* peindre

■ **paint out** *vt* recouvrir (d'une couche) de peinture
■ **paint over** *vt* recouvrir (d'une couche) de peinture
pair *vt* assortir ; *vi* s'apparier
■ **pair off** *vt* répartir en couples ; *vi* former des couples
■ **pair up** *vt* assortir ; *vi* se mettre par deux
pal up *vi (UK)* fam devenir copain avec
palaver *vi (UK)* palabrer
pale *vi* pâlir – blêmir
pall *vi (UK)* perdre son charme
palm *vt* cacher dans le creux de la main
■ **palm off** fam *vt* refiler – fourguer
palpate *vt* palper
palpitate *vi* palpiter
pamper *vt* choyer – dorloter
pan *vi* faire un panoramique ; *vt* fam descendre
■ **pan out** fam *vi (UK)* se dérouler – réussir
pancake *vi* atterrir sur le ventre
pander *vi* flatter
panel *vt* lambrisser – revêtir de panneaux
pan-fry *vt* (faire) sauter
panic *vi* s'affoler ; *vt* affoler
pant *vi* haleter ; *vt* dire en haletant *ou* d'une voix haletante
■ **pant for** *vt* mourir d'envie de
paper *vt* tapisser
■ **paper over** *vt* recouvrir de papier peint – dissimuler
par *vt* faire le par à
parachute *vt* parachuter ; *vi* sauter en parachute
parade *vi* défiler ; *vt* faire défiler
paragraph *vt* diviser en paragraphes *ou* en alinéas
parallel *vt* être parallèle à – égaler
paralyse *vt (UK)* paralyser – immobiliser
paralyze *vt (US)* paralyser – immobiliser
paraphrase *vt* paraphraser
parboil *vt* blanchir
parcel *vt* emballer – diviser en parcelles
■ **parcel out** *vt* distribuer – diviser en parcelles
parch *vt* dessécher – assoiffer
pardon *vt* pardonner – gracier
pare *vt* peler – réduire
■ **pare down** *vt* réduire – raccourcir
park *vt* garer ; *vi* se garer
parlay *vt (US)* remettre en jeu – mener à bien
parley *vi* parlementer
parody *vt* parodier
parole *vt* mettre en liberté conditionnelle – libérer sur parole
parquet *vt* parqueter
parry *vt/vi* parer
parse *vt* faire l'analyse grammaticale de
part *vi* s'ouvrir ; *vt* ouvrir
■ **part with** *vt* se séparer de
partake *vi* participer
participate *vi* participer – prendre part
partition *vt* diviser – cloisonner
■ **partition off** *vt* cloisonner
partner *vt* être partenaire de – danser avec
party *vi* faire la fête
pass *vi* passer ; *vt* passer devant
■ **pass around** *vt* (faire) passer – (faire) circuler
■ **pass away** *vi* s'éteindre ; *vt* passer
■ **pass back** *vt* rendre – repasser
■ **pass by** *vi* passer ; *vt* ignorer
■ **pass down** *vt* descendre – transmettre
■ **pass off** *vi* se passer ; *vt* faire passer
■ **pass on** *vi* trépasser ; *vt* passer
■ **pass out** *vi* s'évanouir ; *vt* distribuer
■ **pass over** *vt* négliger ; *vt* passer sur
■ **pass through** *vi* passer ; *vt* traverser
■ **pass up** *vt* passer – manquer
passivize *vt* passiver
passivise *vt (UK)* passiver
paste *vt* coller – recouvrir
■ **paste up** *vt* coller – afficher
pasteurize *vt* pasteuriser
pasteurise *vt (UK)* pasteuriser
pasture *vt* faire paître
pat *vt* tapoter
patch *vt* rapiécer – modifier
■ **patch together** *vt* bricoler
■ **patch up** *vt* rapiécer – réparer
patent *vt* faire breveter
patrol *vi* patrouiller ; *vt* patrouiller dans
patronize *vt* donner sa clientèle à – traiter avec condescendance
patronise *vt (UK)* donner sa clientèle à – traiter avec condescendance
patter *vi* tambouriner – trottiner
pattern *vt* décorer d'un motif – modeler
pause *vi* faire *ou* marquer une pause
pave *vt* paver – revêtir
paw *vt* donner un coup de patte à ; *vi* gratter
pawn *vt* mettre *ou* laisser en gage
pay *vt/vi* payer
■ **pay back** *vt* rembourser – rendre la monnaie de sa pièce à
■ **pay for** *vt* payer
■ **pay in** *vt (UK)* déposer sur un compte
■ **pay into** *vt* cotiser à
■ **pay off** *vt/vi* payer
■ **pay out** *vt* payer – laisser filer
■ **pay up** *vi* payer
peak *vi* atteindre un maximum
peal *vt* sonner à toute volée ; *vi* carillonner
pearl *vi* perler – pêcher des perles
pebble *vt* caillouter – greneler
pebbledash *vt (UK)* crépir
peck *vt* picorer – faire une bise à
■ **peck at** *vt* donner un coup de bec à
peculate *vi* détourner les fonds *ou* deniers publics
pedal *vi* pédaler ; *vt* faire avancer en pédalant
peddle *vt* colporter ; *vi* faire du colportage
pedestrianize *vt* transformer en zone piétonne *ou* piétonnière
pedestrianise *vt (UK)* transformer en zone piétonne *ou* piétonnière
pee *vi* faire pipi
peek *vi* jeter un coup d'œil – regarder furtivement
peel *vt* peler ; *vi* se peler
■ **peel away** *vt* détacher ; *vi* s'écailler
■ **peel back** *vt* détacher – décoller
■ **peel off** *vi* se détacher ; *vt* enlever
peep *vi* jeter un coup d'œil – se montrer
peer *vi* regarder attentivement – s'efforcer de voir
peeve *vt* fam mettre en rogne

peg *vt* attacher – fixer
▪ **peg away** *vi (UK)* fam travailler sans relâche
▪ **peg down** *vt* fixer *ou* attacher (avec des piquets)
▪ **peg out** *vt* étendre ; *vi* fam crever
pelt *vt* bombarder ; *vi* courir à fond de train *ou* à toute allure
pen *vt* écrire
penalize *vt* pénaliser – sanctionner
penalise *vt* pénaliser – sanctionner
pencil *vt* écrire au crayon – crayonner
▪ **pencil in** *vt* noter *ou* inscrire au crayon – fixer provisoirement
penetrate *vt* pénétrer dans ; *vi* pénétrer
pension *vt* verser une pension de retraite à – pensionner
▪ **pension off** *vt (UK)* mettre à la retraite – fam mettre au rancart
people *vt* peupler
pep up fam *vt* remonter le moral à – faire repartir
pepper *vt* poivrer – émailler
perceive *vt* distinguer – s'apercevoir de
perch *vi* se percher ; *vt* percher
percolate *vi* filtrer ; *vt* préparer (avec une cafetière à pression)
perfect *vt* perfectionner – mettre au point
perforate *vt* perforer – percer
perform *vt* exécuter ; *vi* jouer
perfume *vt* parfumer
perish *vi* s'abîmer ; *vt* abîmer
perjure *vt* faire un faux témoinage
perk *vi/vt* passer
▪ **perk up** *vt* remonter ; *vi* se ragaillardir
perm *vt* permanenter
permeate *vt* se répandre dans ; *vi* se répandre
permit *vt/vi* permettre
permute *vt* permuter
perorate *vi* discourir – pérorer
peroxide *vt* décolorer – oxygéner
perpetrate *vt* commettre – perpétrer
perpetuate *vt* perpétuer
perplex *vt* rendre *ou* laisser perplexe – compliquer
persecute *vt* persécuter – harceler
persevere *vi* persévérer
persist *vi* persister
personalize *vt* personnaliser – donner un tour personnel à
personalise *vt (UK)* personnaliser – donner un tour personnel à
personify *vt* personnifier
perspire *vi* transpirer
persuade *vt* persuader – convaincre
pertain *vi* s'appliquer
perturb *vt* inquiéter – perturber
peruse *vt* lire attentivement – parcourir
pervade *vt* se répandre dans – se propager à travers
pervert *vt* pervertir – déformer
pester *vt* importuner – harceler
pet *vt* chouchouter ; *vi* fam se caresser
peter out *vi* s'épuiser – s'éteindre
petition *vt* adresser une pétition à ; *vi* faire signer une pétition
petrify *vt* pétrifier – paralyser *ou* pétrifier de peur
▪ **petrol-bomb** *vt* attaquer au cocktail Molotov – lancer un cocktail Molotov contre *ou* sur
phase *vt* synchroniser – planifier
▪ **phase in** *vt* introduire progressivement *ou* par étapes
▪ **phase out** *vt* cesser progressivement d'utiliser – abandonner progressivement la production de
philander *vi* courir le jupon
philosophize *vi* philosopher
philosophise *vi (UK)* philosopher
phonate *vi* produire des sons
phone *vi (UK)* téléphoner ; *vt (UK)* téléphoner à
▪ **phone up** *vi* téléphoner ; *vt* téléphoner à
phosphoresce *vi* être phosphorescent
photocompose *vt* photocomposer
photocopy *vt* photocopier
photograph *vt* photographier ; *vi* être bien en photo
photomap *vt* faire une photocarte de
photosensitize *vt* rendre photosensible
photosensitise *vt (UK)* rendre photosensible
photoset *vt* photocomposer
photostat *vt* photocopier
photosynthesize *vt* fabriquer pa photosynthèse
photosynthesise *vt (UK)* fabriquer par photosynthèse
phototype *vt* faire un phototype de
phrase *vt* rédiger – phraser
pick *vt/vi* choisir
▪ **pick at** *vt* tirer sur – manger du bout des dents
▪ **pick on** *vt* harceler – choisir
▪ **pick over** *vt* trier
▪ **pick through** *vt* trier
▪ **pick up** *vi* se rétablir – s'arranger
picket *vt* palissader ; *vi* mettre e place un piquet de grève
pickle *vt* conserver dans le vinaigre – nettoyer à l'acide *ou* dans un bain d'acide
picnic *vi* pique-niquer
picture *vt* s'imaginer – dépeindr
piddle *vi* fam faire pipi
pierce *vt* percer – transpercer
piffle *vi (UK)* dire des bêtises
pig *vt* fam se goinfrer ; *vi* mettre bas
▪ **pig out** fam *vi* se goinfrer – s'empiffrer
pigeonhole *vt* classer – différer
pigment *vt* pigmenter
pile *vt* empiler ; *vi* monter *ou* des cendre en bousculant
▪ **pile in** *vi* fam entrer en se bousculant
▪ **pile into** fam *vt* rentrer dans – rentrer dans
▪ **pile off** *vi* fam descendre en se bousculant
▪ **pile on** fam *vi* s'entasser – monter en s'entassant
▪ **pile out** fam *vi* descendre en se bousculant – sortir en se bousculant
▪ **pile up** *vi* s'écraser – s'accumuler
pilfer *vi* voler (des objets sans valeur) ; *vt* voler (des objets san valeur)
pillage *vt* mettre à sac ; *vi* se livrer au pillage
pillory *vt* mettre *ou* clouer au pilori
pillow *vt* reposer
pilot *vt* piloter – tester
pimp *vi* fam faire le maquereau
pin *vt* épingler – immobiliser
pinch *vt* pincer ; *vi* serrer

pinch-hit *vi (US)* remplacer un joueur – effectuer un remplacement
pine *vi* languir
▪ **pine away** *vi* dépérir
ping *vi* faire ding *(US)* – cliqueter
pinion *vt* retenir de force – rogner les ailes à
pink *vt* blesser (légèrement) ; *vi (UK)* cliqueter
pinpoint *vt* localiser – mettre le doigt sur
pioneer *vt* être à l'avant garde de qqch
pip *vi* pépier ; *vt (UK)* battre
pipe *vt* acheminer par tuyau ; *vi* jouer de la cornemuse
▪ **pipe down** *vi fam* la mettre en sourdine
▪ **pipe up** *vi* se faire entendre – se mettre à jouer
pique *vt* dépiter – piquer
pirate *vt* pirater – s'approprier
pirouette *vi* pirouetter
piss *tfam vi* pisser ; *vt* pisser
▪ **piss about** *tfam vi (UK)* déconner ; *vt* emmerder
▪ **piss around** *tfam vi* déconner ; *vt* emmerder
▪ **piss down** *tfam vi* pleuvoir comme vache qui pisse
▪ **piss off** *tfam vi* foutre le camp ; *vt* faire chier
pistol-whip *vt* frapper (au visage) avec un pistolet
pit *vt* marquer – opposer
pitch *vt* lancer ; *vi* tomber
▪ **pitch in** *vi* s'attaquer au travail – donner un coup de main
▪ **pitch into** *vt* tomber sur qqn *ou* qqch
▪ **pitch out** *vt* jeter – expulser
pitchfork *vt* fourcher – propulser
pity *vt* avoir pitié de – s'apitoyer sur
pivot *vi* pivoter ; *vt* faire pivoter
▪ **pivot on** *vt* dépendre de
placard *vt* placarder – afficher
placate *vt* apaiser – calmer
place *vt* placer ; *vi (US)* être placé
plagiarize *vt* plagier
plagiarise *vt (UK)* plagier
plague *vt* tourmenter – harceler
plait *vt* natter – tresser
plan *vt* élaborer ; *vi* faire des projets
▪ **plan for** *vt* prévoir
▪ **plan on** *vt* projeter – compter sur
plane *vt* raboter ; *vi* planer
plank *vt* planchéier
plant *vt* planter – *fam* envoyer
▪ **plant out** *vt* repiquer
plash *vi* clapoter – frapper l'eau avec un bruit sourd
plaster *vt* plâtrer – enduire
▪ **plaster over** *vt* boucher (avec du plâtre)
▪ **plaster up** *vt* boucher (avec du plâtre)
plasticize *vt* plastifier
plasticise *vt (UK)* plastifier
plate *vt* plaquer – garnir de plaques
play *vt* jouer à ; *vi* jouer
▪ **play about** *vi* jouer – s'ébattre
▪ **play about with** *vt* jouer avec – envisager
▪ **play along** *vi* coopérer ; *vt* faire marcher
▪ **play around** *vi fam* coucher à droite et à gauche
▪ **play at** *vt* jouer à – faire en dilettante
▪ **play back** *vt* repasser
▪ **play by** *vt fam* raconter
▪ **play down** *vt* minimiser
▪ **play in** *vt* remettre en jeu
▪ **play off** *vi* jouer les barrages
▪ **play off against** *vt* monter contre qqn
▪ **play on** *vt* jouer sur ; *vi* continuer à jouer
▪ **play out** *vt* jouer – *fam* crever
▪ **play through** *vi* dépasser d'autres joueurs
▪ **play up** *vt* exagérer ; *vi fam* jouer des tours
▪ **play up to** *vt fam* faire de la lèche à qqn
▪ **play with** *vt* jouer avec – jouer sur
play-act *vi* jouer la comédie – faire du théâtre
plead *vi* supplier ; *vt* implorer
please *vt* plaire à ; *vi* plaire
pleasure *vt* plaire à – faire plaisir à
pleat *vt* plisser
pledge *vt* promettre – engager
plight *vt* promettre – engager
plod *vi* marcher lourdement
plonk *vt fam* poser bruyamment ; *vi* jouer du piano (mal et fort)
plop *vi* faire plouf *ou* floc ; *vt* poser
plot *vt/vi* comploter
plough *vt (UK)* labourer ; *vi* labourer
plow *vt (US)* labourer ; *vi* labourer
plough back *vt* réinvestir
plough in *vt* enfouir (en labourant)
plough through *vt* éplucher
plough up *vt* labourer
pluck *vt* cueillir ; *vi* tirer – pincer
▪ **pluck up** *vt* arracher – extirper
plug *vt* boucher – enficher
▪ **plug away** *vi* travailler dur
▪ **plug in** *vt* brancher ; *vi (US)* être à l'écoute de
plumb *vt* sonder
▪ **plumb in** *vt* effectuer le raccordement de – raccorder
plume *vt* lisser
plummet *vi* tomber – chuter
plump *vt* retaper – engraisser
▪ **plump down** *vt* s'affaler – laisser tomber
▪ **plump for** *fam vt* arrêter son choix sur – opter en faveur de
▪ **plump out** *vi* s'arrondir – engraisser
▪ **plump up** *vt* retaper
plunder *vt* piller
plunge *vi* plonger ; *vt* plonger
plunk down *fam vt* laisser tomber (lourdement) ; *vi* se laisser tomber (lourdement)
pluralize *vi* prendre le pluriel
pluralise *vi (UK)* prendre le pluriel
ply *vt* exercer ; *vi* prendre des clients
poach *vt* prendre en braconnant ; *vi* braconner
pocket *vt* mettre dans sa poche – mettre dans le trou *ou* la blouse
pod *vt (UK)* écosser ; *vi* produire des cosses
poeticize *vt* poétiser
poeticise *vt (UK)* poétiser
point *vi* tendre le doigt ; *vt* diriger
▪ **point out** *vt* indiquer – signaler
▪ **point to** *vt* signifier – attirer l'attention sur
▪ **point up** *vt* souligner – faire ressortir

poise *vt* mettre en équilibre – tenir suspendu
poison *vt* empoisonner – envenimer
poke *vt* donner un coup à – enfoncer
▪ **poke about** *vi* fouiller – fourrager
▪ **poke around** *vi* fouiller – fourrager
▪ **poke along** *vi (US)* avancer lentement
▪ **poke out** *vi* dépasser ; *vt* déloger
polarize *vt* polariser ; *vi* se polariser
polarise *vt (UK)* polariser ; *vi* se polariser
pole *vt* faire avancer (avec une perche) – ramer
poleaxe *vt (UK)* abattre – terrasser
poleax *vt (US)* abattre – terrasser
pole-vault *vi* faire du saut à la perche – faire un saut à la perche
police *vt* surveiller – contrôler
polish *vt* cirer – polir
▪ **polish off** fam *vt* finir – expédier
▪ **polish up** *vt* faire briller ; *vi* briller
politicize *vt* politiser ; *vi* faire de la politique
politicise *vt (UK)* politiser ; *vi* faire de la politique
polka *vi* danser la polka
poll *vt* recueillir ; *vi* voter
pollard *vt* étêter – décorner
pollinate *vt* polliniser
pollute *vt* polluer
pomade *vt* pommader
pommel *vt (UK)* marteler
ponce fam *vi (UK)* faire le maquereau – faire des simagrées
▪ **ponce about** *vi* fam traîner
▪ **ponce around** *vi* fam traîner
ponder *vi* réfléchir ; *vt* réfléchir à *ou* sur
pong *vi* cocoter
pontificate *vi* pontifier
poo *vi (UK)* fam faire caca
pooh *vi (UK)* fam faire caca
pooh-pooh *vt (UK)* rire de – ricaner de
pool *vt* mettre en commun – unir
poop out *vi (US)* déclarer forfait
pop *vi* sauter ; *vt* crever
▪ **pop in** *vi (UK)* fam faire une petite visite
▪ **pop off** fam *vi* s'en aller – casser sa pipe
▪ **pop out** *vi* fam sortir un instant
▪ **pop over** fam *vi (UK)* passer – faire une petite visite
▪ **pop up** fam *vi* faire un saut en haut *ou* à l'étage – surgir
popularize *vt* populariser – vulgariser
popularise *vt (UK)* populariser – vulgariser
populate *vt* peupler – habiter
pore *vi* étudier de près
port *vt* transférer
portend *vt* (laisser) présager – annoncer
portion out *vt* distribuer – répartir
portray *vt* représenter – jouer le rôle de
pose *vi* poser ; *vt* poser
posit *vt* avancer – postuler
position *vt* mettre en place – situer
possess *vt* posséder – obséder
post *vt* poster – muter
▪ **post on** *vt* faire suivre
▪ **post up** *vt* afficher – mettre à jour (les écritures)
postdate *vt* postdater – assigner une date postérieure à
postmark *vt* oblitérer
postpone *vt* remettre à plus tard – reporter
postulate *vt* poser comme hypothèse – postuler
posture *vi* se donner des airs – poser
pot *vt* mettre en pot *ou* pots ; *vi* faire de la poterie
potroast *vt* rôtir à la cocotte
potter fam *vi (UK)* s'occuper de choses et d'autres – bricoler
▪ **potter about** fam *vi (UK)* s'occuper ; *vt (UK)* bricoler
▪ **potter along** *vi (UK)* fam aller son petit bonhomme de chemin
potty-train *vt* apprend à un enfant à aller sur son pot
poultice *vt* mettre un cataplasme à
pounce *vi* sauter – bondir
▪ **pounce on** *vt* se jeter sur – bondir sur
▪ **pounce upon** *vt* se jeter sur – bondir sur
pound *vt* broyer ; *vi* cogner
▪ **pound away** *vi* travailler avec acharnement – taper
▪ **pound down** *vt* piler – pilonner
▪ **pound out** *vt (UK)* marteler – taper (avec fougue)
pour *vt* verser ; *vi* se déverser
▪ **pour away** *vt* vider – jeter
▪ **pour down** *vi* pleuvoir à verse
▪ **pour in** *vi* entrer à flots – arriver en masse
▪ **pour off** *vt* vider
▪ **pour out** *vt* verser ; *vi* jaillir
pout *vi* faire la moue ; *vt* dire en faisant la moue
powder *vt* pulvériser – poudrer
power *vt* faire fonctionner *ou* marcher ; *vi* avancer à toute vitesse
powwow *vi* fam discuter
practice *vt (US)* s'exercer à – pratiquer ; *vi (US)* s'entraîner
practise *vt (UK)* s'exercer à – pratiquer ; *vi (UK)* s'entraîner
praise *vt* louer – faire l'éloge de
prance *vi* caracoler – se pavaner
prang fam *vt (UK)* esquinter – bousiller
prate *vi* jacasser – bavarder
prattle fam *vi (UK)* babiller – papoter
pray *vi* prier ; *vt* prier
preach *vi* prêcher ; *vt* prêcher
prearrange *vt* fixer *ou* régler à l'avance
precede *vt* précéder – avoir la préséance sur
precipitate *vt* précipiter ; *vi* se précipiter
précis *vt* faire un résumé de
preclude *vt* exclure – prévenir
precondition *vt* conditionner
precool *vt* préréfrigérer
predate *vt* antidater – être antérieur à
predecease *vt* mourir avant
predestine *vt* prédestiner
predetermine *vt* prédéterminer
predicate *vt* affirmer
predict *vt* prédire
predispose *vt* prédisposer
predominate *vi* prédominer – prévaloir
pre-empt *vt* anticiper ; *vi* faire une enchère de barrage
preen *vt* lisser
preexist *vt* préexister à

prefabricate *vt* préfabriquer
preface *vt* préfacer – faire précéder
prefer *vt* préférer – présenter
prefigure *vt* préfigurer – se figurer *ou* s'imaginer (d'avance)
prefix *vt* préfixer
preheat *vt* préchauffer
prejudge *vt* préjuger (de) – porter un jugement prématuré sur
prejudice *vt* influencer – compromettre
prelude *vt* préluder à
premeditate *vt* préméditer
premiere *vt* donner la première de
premise *vt* poser comme hypothèse que
preoccupy *vt* préoccuper
preordain *vt* prédestiner
prep *vi (US)* faire ses études dans un établissement privé
prepack *vt* préemballer – conditionner
prepackage *vt* préemballer – conditionner
prepare *vt* préparer ; *vi* se préparer à qqch
prepay *vt* payer d'avance
preponderate *vi* être prépondérant – prédominer
prerecord *vt* préenregistrer
prerelease *vt* faire sortir en avant-première
presage *vt* présager – annoncer
prescribe *vt* prescrire – préconiser
preselect *vt* prérégler
present *vt* donner ; *vi* présenter
preserve *vt* conserver – préserver
preset *vt* prérégler – régler à l'avance
preside *vi* présider
▪ **preside over** *vt* présider – dominer
press *vt* appuyer sur ; *vi* appuyer
▪ **press for** *vt* exiger – réclamer
▪ **press in** *vt* enfoncer
▪ **press on** *vi* poursuivre *ou* continuer son chemin – poursuivre
▪ **press on with** *vt* continuer – poursuivre
press-gang *vt* racoler – recruter de force
pressure *vt* faire pression sur
pressure-cook *vt* faire cuire à la cocotte-minute *ou* à l'autocuiseur
pressurize *vt* faire pression sur – pressuriser
pressurise *vt (UK)* faire pression sur – pressuriser
presume *vt* présumer ; *vi* s'imposer
presuppose *vt* présupposer
pretend *vt* prétendre ; *vi* faire semblant
prettify *vt* enjoliver
prevail *vi* l'emporter – régner
▪ **prevail on** *vt* persuader
▪ **prevail upon** *vt* persuader
prevaricate *vi* tergiverser – user de faux-fuyants
prevent *vt* éviter – prévenir
preview *vt* donner en avant-première
prewash *vt* faire un prélavage de
▪ **prey on** *vt* faire sa proie de – ronger
▪ **prey upon** *vt* faire sa proie de – ronger
price *vt* fixer *ou* établir *ou* déterminer le prix de – marquer le prix de
▪ **price down** *vt (UK)* baisser le prix de – démarquer
▪ **price out** *vt* faire perdre des clients à un concurrent en proposant des prix moins chers
▪ **price up** *vt (UK)* augmenter *ou* majorer le prix de – indiquer un prix plus élevé sur
prick *vt/vi* piquer
▪ **prick up** *vi* se dresser ; *vt* dresser
prickle *vt* piquer ; *vi* picoter
pride *vt* s'enorgueillir de qqch
prime *vt* amorcer – mettre au courant
primp *vi/vt* se faire beau
print *vt/vi* imprimer
▪ **print off** *vt* imprimer – tirer
▪ **print out** *vt* imprimer
prioritize *vt* donner *ou* accorder la priorité à
prioritise *vt (UK)* donner *ou* accorder la priorité à
prise *vt (UK)* ouvrir à l'aide d'un levier
privatize *vt* privatiser
privatise *vt (UK)* privatiser
privilege *vt* privilégier
prize *vt* chérir – attacher une grande valeur à
probate *vt (US)* homologuer – faire authentifier
probe *vt* enquêter sur ; *vi* enquêter
proceed *vi* continuer – se passer
▪ **proceed against** *vt* engager des poursuites contre
process *vt* traiter ; *vi* défiler
proclaim *vt* proclamer – révéler
procrastinate *vi* tergiverser – atermoyer
procreate *vi* procréer ; *vt* engendrer
proctor *vi (US)* surveiller ; *vt (US)* surveiller
procure *vt* procurer ; *vi* faire du proxénétisme
prod *vt* donner un coup avec le doigt à – pousser
produce *vt/vi* produire
profane *vt* profaner
profess *vt* professer ; *vi* prononcer ses vœux
proffer *vt* offrir – émettre
profile *vt* profiler – établir le profil de
profit *vt* profiter à ; *vi* profiter
profiteer *vi* faire des bénéfices exorbitants
prognosticate *vt* pronostiquer – annoncer
program *vt/vi* programmer
programme *vt (UK)* programmer
program *vt (US)* programmer
progress *vi* progresser – avancer
prohibit *vt* interdire – défendre
project *vt* prévoir ; *vi* faire saillie
prolapse *vi* descendre – tomber
proliferate *vi* proliférer
prolong *vt* prolonger
promenade *vi* se promener ; *vt* promener
promise *vt/vi* promettre
promote *vt* promouvoir – favoriser
prompt *vt* pousser – souffler
promulgate *vt* promulguer – répandre
pronounce *vt/vi* prononcer
proof *vt* imperméabiliser – corriger les épreuves de
proofread *vt* corriger (les épreuves de)
prop *vt* appuyer
▪ **prop up** *vt* soutenir

propagate *vt* propager ; *vi* se propager
propel *vt* propulser – faire avancer
prophesy *vt* prophétiser ; *vi* faire des prophéties
proportion *vt* proportionner
proportionate *vt* proportionner
propose *vt* proposer ; *vi* faire une demande en mariage
proposition *vt* faire des propositions (malhonnêtes) *ou* des avances à
propound *vt* avancer – poser
prorogue *vt* proroger
proscribe *vt* proscrire
prosecute *vt* poursuivre (en justice) ; *vi* représenter la partie civile
proselyte *vi (US)* faire du prosélytisme ; *vt (US)* faire un prosélyte de
proselytize *vi* faire du prosélytisme ; *vt* faire un prosélyte de
proselytise *vi (UK)* faire du prosélytisme ; *vt (UK)* faire un prosélyte de
prospect *vi* prospecter ; *vt* prospecter
prosper *vt* prospérer
prostitute *vt* prostituer
prostrate *vt* accabler – abattre
protect *vt* protéger
protest *vt* protester de ; *vi* protester
protract *vt* prolonger – faire durer
protrude *vi* faire saillie ; *vt* avancer
prove *vt* prouver ; *vi* s'avérer
provide *vt* pourvoir ; *vi* se prémunir contre qqch
■ **provide for** *vt* prévoir – subvenir à
provision *vt* approvisionner – ravitailler
provoke *vt* provoquer – enrager
prowl *vi* rôder ; *vt* rôder dans
■ **prowl about** *vi (UK)* rôder ; *vt (UK)* rôder dans
■ **prowl around** *vi* rôder ; *vt* rôder dans
prune *vt* tailler – élaguer
pry *vi* fouiller ; *vt (US)* ouvrir qqch à l'aide d'un levier
psych *vt fam* psychanalyser
■ **psych out** *fam vt* deviner – comprendre
■ **psych up** *vt fam* se préparer psychologiquement
psychoanalyse *vt (UK)* psychanalyser
psychoanalyze *vt (US)* psychanalyser
publicize *vt* faire de la publicité pour
publicise *vt (UK)* faire de la publicité pour
publish *vt* publier ; *vi* paraître
pucker *vi* se plisser ; *vt* plisser
■ **pucker up** *vi fam* avancer les lèvres ; *vt* plisser
puddle *vt* malaxer
puff *vt* tirer des bouffées de ; *vi* souffler
■ **puff out** *vt* souffler ; *vi* se gonfler
■ **puff up** *vt/vi* enfler
puke *vt/vi tfam* dégueuler
■ **puke up** *vt/vi tfam* dégueuler
pull *vt/vi* tirer
■ **pull about** *vt* malmener – tirer sur
■ **pull ahead** *vi* prendre de l'avance
■ **pull along** *vt* tirer – entraîner
■ **pull apart** *vt* démonter ; *vi* se démonter
■ **pull around** *vt* tirer derrière soi – tourner
■ **pull at** *vt* tirer sur
■ **pull away** *vi* s'écarter ; *vt* retirer
■ **pull back** *vi* se retirer ; *vt* retirer
■ **pull down** *vt* tirer (vers le bas) ; *vi* descendre
■ **pull in** *vi* s'arrêter ; *vt* ramener
■ **pull off** *vi* démarrer ; *vt* enlever
■ **pull on** *vt* mettre, enfiler ; *vt* tirer sur
■ **pull out** *vi* se retirer ; *vt* arracher
■ **pull over** *vt* tirer ; *vi* s'arrêter
■ **pull round** *vt (UK)* ranimer ; *vi* revenir à soi
■ **pull through** *vi* s'en sortir ; *vt* faire passer
■ **pull to** *vt* fermer
■ **pull together** *vi* tirer ensemble ; *vt* joindre
■ **pull up** *vi* s'arrêter ; *vt fam* remonter
pullulate *vi* pulluler – germer
pulp *vt* réduire en pâte – ôter la pulpe de
pulsate *vi* battre fort – subir des pulsations
pulse *vi* battre – vibrer
pulverize *vt* pulvériser
pulverise *vt (UK)* pulvériser
pumice *vt* poncer – passer à la pierre ponce
pummel *vt* donner des coups de poing à – masser
pump *vt/vi* pomper
■ **pump in** *vt* refouler – *fam* investir
■ **pump out** *vt* pomper ; *vi* couler à flots
■ **pump up** *vt* pomper – gonfler
pun *vi* faire des calembours
punch *vt* donner un coup de poing à ; *vi* frapper
■ **punch in** *vt* taper ; *vi (US)* pointer (en arrivant)
■ **punch out** *vt* taper ; *vi (US)* pointer (en partant)
punctuate *vt* ponctuer
puncture *vt* perforer ; *vi* crever
punish *vt fam* punir – malmener
punt *vt* faire avancer à la perche *vi (UK)* jouer
pup *vi* mettre bas
purchase *vt* acheter
puree *vt* réduire en purée
purée *vt* réduire en purée
purge *vt* purger – débarrasser
purify *vt* épurer – purifier
purl *vt* tricoter à l'envers
purloin *vt* dérober – voler
purport *vt* prétendre – se vouloir
purpose *vt* avoir l'intention de
purr *vi* ronronner ; *vt* susurrer
purse *vt* pincer
pursue *vt* poursuivre – exécuter
purvey *vt* vendre – communiquer
push *vt/vi* pousser
■ **push about** *vt (UK)* malmener – donner des ordres à
■ **push ahead** *vi* poursuivre
■ **push along** *vt* pousser (devant soi) ; *vi fam* filer
■ **push aside** *vt* pousser – écarter
■ **push away** *vt* repousser
■ **push back** *vt* repousser (en arrière)
■ **push down** *vt* abaisser ; *vi* appuyer sur la pédale/manette etc

- **push for** *vt* demander – faire campagne pour
- **push forward** *vt* pousser (en avant) ; *vi* se frayer un chemin
- **push in** *vt* pousser ; *vi* se faufiler
- **push off** *vi* fam filer ; *vt* faire tomber
- **push on** *vi* reprendre la route ; *vt* inciter qqn à faire qqch
- **push out** *vt* tendre ; *vi* pousser
- **push over** *vt* pousser – faire tomber
- **push through** *vt* faire accepter ; *vi* se frayer un chemin
- **push to** *vt* fermer
- **push up** *vt* remonter – augmenter

push-start *vt* faire démarrer en poussant

pussyfoot fam *vi* atermoyer – tergiverser

put *vt* mettre ; *vi* appareiller
- **put about** *vt* faire courir ; *vi* virer de bord
- **put across** *vt* faire comprendre
- **put aside** *vt* mettre de côté – écarter
- **put at** *vt* estimer
- **put away** *vt* ranger – mettre sous les verrous
- **put back** *vt* remettre – rentrer au port
- **put by** *vt* mettre de côté
- **put down** *vt* poser ; *vi* atterrir
- **put down as** *vt* classer parmi
- **put down for** *vt* inscrire pour
- **put down to** *vt* mettre sur le compte de
- **put forth** *vt* produire – avancer
- **put forward** *vt* avancer – proposer
- **put in** *vt* mettre dans ; *vi* faire escale
- **put in for** *vt* faire une demande de qqch
- **put off** *vt* déposer – repousser
- **put on** *vt* mettre – monter
- **put onto** *vt* indiquer à
- **put out** *vt* mettre dehors ; *vi* prendre le large
- **put over on** *vt* rouler qqn
- **put round** *vt* faire courir
- **put through** *vt* passer la communication à – conclure
- **put together** *vt* mettre ensemble – monter
- **put under** *vt* endormir
- **put up** *vt* lever ; *vi* descendre
- **put upon** *vt* abuser de
- **put up with** *vt* supporter – tolérer

putrefy *vi* se putréfier ; *vt* putréfier

putt *vi/vt* putter

putter *vi* avancer en faisant teuf-teuf

putty *vt* mastiquer

puzzle *vt* laisser perplexe ; *vi* se poser des questions
- **puzzle out** *vt (UK)* trouver – déchiffrer
- **puzzle over** *vt* essayer de trouver – essayer de comprendre

pyramid *vt* ériger en forme de pyramide – structurer en holdings

Q

quack *vi* cancaner – faire coin-coin

quadruple *vi* quadrupler ; *vt* quadrupler

quaff *vt* boire

quail *vi* trembler – perdre courage

quake *vi* trembler – frémir

qualify *vi* obtenir son diplôme ; *vt* qualifier

quantify *vt* quantifier – évaluer quantitativement

quarantine *vt* mettre en quarantaine

quarrel *vi* se disputer – se quereller

quarry *vt* extraire ; *vi* exploiter

quarter *vt* diviser en quatre – diviser par quatre

quarterback *vt (US)* jouer quarterback dans – être le stratège de

quash *vt (UK)* casser – étouffer

quaver *vi* trembloter – parler d'une voix tremblotante *ou* chevrotante

queen *vt* aller à dame

queer fam *vt* gâter – gâcher

quell *vt* réprimer – dompter

quench *vt* éteindre – tremper

query *vt* mettre en doute – demander

quest *vi* se mettre en quête de qqch

question *vt* interroger – mettre en doute

queue *vi (UK)* faire la queue
- **queue up** *vi (UK)* faire la queue

queue-jump *vi (UK)* essayer de passer avant son tour – resquiller

quibble *vi* chicaner

quicken *vt* accélérer ; *vi* s'accélérer

quick-freeze *vt* surgeler

quiet *vt* calmer – faire taire
- **quiet down** *vi (US)* se calmer

quieten *vt (UK)* calmer ; *vi* se calmer
- **quieten down** *vi* se calmer ; *vt* calmer

quintuple *vi* quintupler ; *vt* quintupler

quip *vt* faire un bon mot

quit *vt* quitter ; *vi* renoncer

quiver *vi* frémir – trembler

quiz *vt* interroger – questionner

quote *vt* citer ; *vi* faire des citations

quoth *vt* dire

R

rabbet *vt* feuiller

rabbit *vi* jacasser
- **rabbit on** *vi* fam jacasser

race *vi* faire la course ; *vt* faire la course avec

rack *vt* faire subir le supplice du chevalet à – soutirer
- **rack up** *vt (US)* marquer

racket *vi* faire du boucan

racketeer *vi* racketter

radiate *vi* émettre de l'énergie ; *vt* émettre

radio *vt* appeler *ou* contacter par radio ; *vi* envoyer un message radio

raffle *vt* mettre en tombola

raft *vi* voyager en radeau ; *vi* transporter en radeau

rag *vt* taquiner

rage *vi* être furieux – se déchaîner

raid *vt* faire un raid *ou* une incursion dans – faire une descente *ou* une rafle dans

rail *vt* clôturer ; *vi* pester contre qqch
▪ **rail in** *vt* clôturer
▪ **rail off** *vt* fermer (au moyen d'une barrière)
railroad *vt* forcer qqn *ou* qqch
rain *vi* pleuvoir ; *vt* faire pleuvoir
▪ **rain down** *vi* pleuvoir ; *vt* faire pleuvoir
▪ **rain off** *vt (UK)* annuler à cause de la pluie
▪ **rain out** *vt (US)* annuler à cause de la pluie
rainproof *vt* imperméabiliser
raise *vt* lever ; *vi* monter
▪ **raise up** *vt* se soulever
rake *vt* ratisser ; *vi* être en pente
▪ **rake in** *vt* fam ramasser
▪ **rake off** fam *vt* empocher – ramasser
▪ **rake out** *vt* enlever les cendres de – dénicher
▪ **rake over** *vt* ratisser – remuer
▪ **rake up** *vt* ratisser – déterrer
rally *vi* se rassembler ; *vt* rallier
▪ **rally round** *vi* rallier – soutenir
ram *vt/vi* percuter
ramble *vi* faire une randonnée – se balader
ramify *vt/vi* se ramifier
rampage *vi* se déchaîner
rampart *vt* fortifier (d'un rempart)
ranch *vi* exploiter un ranch ; *vt* élever
range *vi* aller ; *vt* parcourir
rank *vt* classer ; *vi* figurer
rankle *vi* rester en travers de la gorge
ransack *vt* saccager – mettre sens dessus dessous
ransom *vt* rançonner
rant *vi* fulminer
rap *vt* frapper sur ; *vi* frapper
▪ **rap out** *vt* lancer – taper
rape *vt* violer
rarefy *vt* raréfier ; *vi* se raréfier
rasp *vt* râper ; *vi* grincer
rat *vi* fam retourner sa veste
▪ **rat on** fam *vt* vendre – revenir sur
rate *vt* considérer ; *vi* se classer
ratify *vt* ratifier
ration *vt* rationner – limiter
▪ **ration out** *vt* rationner
rationalize *vt* rationaliser – rendre rationnel
rationalise *vt (UK)* rationaliser – rendre rationnel
rattle *vi* faire du bruit ; *vt* agiter (en faisant du bruit)
▪ **rattle around** *vi* être perdu (dans un grand espace)
▪ **rattle off** *vt* débiter – expédier
▪ **rattle on** *vi* jacasser
▪ **rattle through** *vt* expédier
ravage *vt* ravager – dévaster
rave *vi* délirer – divaguer
▪ **rave up** *vt* fam faire la bringue
ravel *vt* emmêler ; *vi* s'emmêler
ravish *vt* ravir – violer
raze *vt* raser
razor *vt* raser
▪ **razor-cut** *vt* couper au rasoir
reach *vt* arriver à ; *vi* tendre la main
▪ **reach back** *vi* remonter
▪ **reach down** *vt* descendre ; *vi* se baisser
▪ **reach out** *vt* tendre ; *vi* tendre *ou* étendre le bras
▪ **reach up** *vi* lever le bras
react *vi* réagir
reactivate *vt* réactiver
read *vt/vi* lire
▪ **read back** *vt* relire
▪ **read into** *vt* interpréter
▪ **read off** *vt* lire d'un trait – relever
▪ **read on** *vi* lire la suite
▪ **read out** *vt* lire (à haute voix)
▪ **read over** *vt* relire
▪ **read through** *vt* lire (du début à la fin)
▪ **read up** *vt* étudier
▪ **read up on** *vt* étudier
readdress *vt* faire suivre
readjust *vt* rajuster ; *vi* se réadapter
readmit *vt* réadmettre
readvertise *vt* repasser une annonce de ; *vi* repasser une annonce
ready *vt* préparer
reaffirm *vt* réaffirmer
reafforest *vt* reboiser
realign *vt* aligner (de nouveau) ; *vi* s'aligner (de nouveau)
realize *vt* se rendre compte de – réaliser
realise *vt (UK)* se rendre compte de – réaliser
reallocate *vt* réaffecter – redistribuer
ream *vt* fraiser *(US)* – fam rouler
reanimate *vt* réanimer
reap *vt/vi* moissonner
reappear *vi* réapparaître – refaire surface
reapply *vi* poser à nouveau sa candidature
reappoint *vt* réengager – rengager
reappraise *vt* réexaminer
rear *vt* élever ; *vi* se cabrer
rearm *vt/vi* réarmer
rearrange *vt* réarranger – changer la date/l'heure de
reason *vi* raisonner ; *vt* maintenir
▪ **reason out** *vt* résoudre (par la raison)
reassemble *vt* rassembler ; *vi* se rassembler
reassert *vt* réaffirmer
reassess *vt* réexaminer – réévaluer
reassign *vt* réaffecter
reassure *vt* rassurer – réassurer
reawake *vi* se réveiller de nouveau
reawaken *vt* réveiller ; *vi* se réveiller de nouveau
rebel *vi* se rebeller
reboot *vt* réinitialiser – relancer
rebound *vi* rebondir – reprendre
re-brand *vt* effectuer le re-branding de qqch
rebroadcast *vt* retransmettre
rebuff *vt* rabrouer – repousser
rebuild *vt* rebâtir – reconstruire
rebuke *vt* réprimander
rebut *vt* réfuter
recall *vt* se rappeler – rappeler
recant *vt/vi* abjurer
recap *vt* récapituler
recapitulate *vt* récapituler
recapture *vt* reprendre *(US)* – saisir
recast *vt* réorganiser – changer la distribution de
recce *vt* fam reconnaître ; *vi* faire une reconnaissance
recede *vi* s'éloigner ; *vt* rétrocéder
receipt *vt (UK)* acquitter
receive *vt/vi* recevoir
recess *vi (US)* suspendre l'audience ; *vt* encastrer
recharge *vt* recharger
reciprocate *vt* rendre ; *vi* retourner le compliment
recite *vt/vi* réciter

eckon *vt* considérer ; *vi* calculer
▪ **reckon in** *vt (UK)* compter – inclure
▪ **reckon on** *vt* compter sur – s'attendre à
▪ **reckon up** *vt* calculer ; *vi* faire ses comptes
▪ **reckon with** *vt* tenir compte de – compter avec
▪ **reckon without** *vt (UK)* se passer de – se débrouiller sans
eclaim *vt* mettre en valeur – récupérer
eclassify *vt* reclasser
ecline *vt* appuyer ; *vi* être allongé
ecognize *vt* reconnaître – reconnaître les talents de
ecognise *vt (UK)* reconnaître – reconnaître les talents de
ecoil *vi* reculer – se détendre
ecollect *vt* se souvenir de – se rappeler
ecommence *vi* recommencer ; *vt* recommencer
ecommend *vt* recommander – conseiller
ecompense *vt* récompenser
ecompose *vt* réécrire – recomposer
econcile *vt* réconcilier – régler
econdition *vt* remettre en état *ou* à neuf
econfirm *vt* confirmer – réaffirmer
econnect *vt* rebrancher – reconnecter
econnoitre *vt (UK)* reconnaître ; *vi* effectuer une reconnaissance
econnoiter *vt (US)* reconnaître ; *vi* effectuer une reconnaissance
econquer *vt* reconquérir
econsider *vt* réexaminer ; *vi* reconsidérer la question
econstitute *vt* reconstituer
econstruct *vt* reconstruire – reconstituer
econvene *vt* reconvoquer ; *vi* reprendre
ecord *vt* noter ; *vi* enregistrer
ecount *vt* raconter
e-count *vt* recompter – compter de nouveau
ecoup *vt* récupérer – rembourser
ecover *vt* récupérer ; *vi* se remettre
e-cover *vt* recouvrir
re-create *vt* reconstituer – recréer
recriminate *vt* récriminer
recruit *vt* recruter – embaucher
rectify *vt* rectifier – corriger
recuperate *vi* se remettre ; *vt* récupérer
recur *vi* se reproduire – revenir à la mémoire
recycle *vt* recycler – réinvestir
redden *vt/vi* rougir
redecorate *vt* refaire ; *vi* refaire les peintures
redeem *vt* dégager – encaisser
redefine *vt* redéfinir – modifier
redeploy *vt* redéployer – reconvertir
redesign *vt* redessiner – réagencer
redevelop *vt* réexploiter – réexposer
redial *vt* refaire un numéro
redirect *vt* faire suivre – réorienter
rediscover *vt* redécouvrir
redistribute *vt* redistribuer – réassigner
redo *vt* refaire ; *vi* répéter
redouble *vt* redoubler ; *vi* surcontrer
redound *vi* retomber *ou* rejaillir sur qqn
redraft *vt* rédiger de nouveau – reformuler
redraw *vt* redessiner
redress *vt* réparer – rattraper
reduce *vt/vi* réduire
re-echo *vt* renvoyer en écho ; *vi* retentir
re-edit *vt* rééditer
re-educate *vt* rééduquer
reef *vt* rentrer
reek *vi* puer *(Écosse)* – fumer
reel *vi* tituber ; *vt* bobiner
▪ **reel in** *vt* enrouler – remonter
▪ **reel off** *vt* débiter
re-elect *vt* réélire
re-embark *vt/vi* rembarquer
re-emerge *vi* ressortir – réapparaître
re-emphasize *vt* insister une fois de plus sur – souligner une nouvelle fois
reemphasise *vt (UK)* insister une fois de plus sur – souligner une nouvelle fois
re-employ *vt* réemployer – réembaucher
re-enact *vt* reconstituer – remettre en vigueur
re-engage *vt* rengager – rengréner
re-enter *vi* rentrer ; *vt* rentrer dans
re-equip *vt* ré-équiper
re-establish *vt* rétablir – réhabiliter
re-evaluate *vt* réévaluer
re-examine *vt* réexaminer – réinterroger
re-export *vt* réexporter
refashion *vt* refaçonner – reconstruire
refer *vt* soumettre – refuser
▪ **refer back** *vt* ajourner – renvoyer
▪ **refer to** *vt* correspondre à – consulter
referee *vt* arbitrer ; *vi* être arbitre
reference *vt* faire référence à – établir la liste des citations dans
refill *vt* remplir (à nouveau) – recharger
refine *vt* raffiner – améliorer
refit *vt* remettre en état ; *vi* être remis en état
reflate *vt* regonfler – relancer
reflect *vt* refléter ; *vi* réfléchir
▪ **reflect on** *vt* porter atteinte à – rejaillir sur
▪ **reflect upon** *vt* porter atteinte à – rejaillir sur
refloat *vt* renflouer ; *vi* être renfloué
reform *vt* réformer ; *vi* se corriger
re-form *vt* remettre en rang ; *vi* se remettre en rang
reformat *vt* reformater
refract *vt* réfracter ; *vi* se réfracter
refrain *vi* s'absentir de (faire) qqch
refreeze *vt* remettre au congélateur – recongeler
refresh *vt* rafraîchir – revigorer
refrigerate *vt* frigorifier – congeler
refuel *vt* ravitailler (en carburant) ; *vi* se ravitailler en carburant
refund *vt* rembourser – restituer
refurbish *vt* réaménager
refurnish *vt* remeubler
refuse *vt/vi* refuser
refute *vt* réfuter – nier
regain *vt* reconquérir – regagner
regale *vt* régaler qqn de qqch

regard *vt* considérer – regarder
regenerate *vt* régénérer ; *vi* se régénérer
regiment *vt* enrégimenter – soumettre à une discipline trop stricte
regionalize *vt* régionaliser
regionalise *vt (UK)* régionaliser
register *vt* (faire) enregistrer ; *vi* s'inscrire
regress *vi* régresser – reculer
regret *vt* regretter
regroup *vt* regrouper ; *vi* se regrouper
regularize *vt* régulariser
regularise *vt (UK)* régulariser
regulate *vt* régler – réguler
regurgitate *vt* régurgiter ; *vi* dégorger
rehabilitate *vt* réhabiliter – réinsérer
rehash fam *vt (UK)* remanier – ressasser
rehear *vt* entendre de nouveau – réviser
rehearse *vt/vi* répéter
reheat *vt* réchauffer
rehouse *vt* reloger
reify *vt* réifier
reign *vi* régner
reimburse *vt* rembourser
reimport *vt* réimporter
▪ **rein back** *vi* tirer sur les rênes ; *vt* faire ralentir
▪ **rein in** *vi* ralentir ; *vt* serrer la bride à
reincarnate *vt* réincarner
reinfect *vt* réinfecter
reinforce *vt* renforcer – appuyer
re-install *vt* réinstaller
reinstate *vt* réintégrer – rétablir
reinsure *vt* réassurer
reintegrate *vt* réintégrer
reinterpret *vt* réinterpréter
reintroduce *vt* réintroduire
reinvest *vt* réinvestir
reinvigorate *vt* revigorer
reissue *vt* rééditer – réémettre
reiterate *vt* répéter – réaffirmer
reject *vt* rejeter – repousser
rejig *vt (UK)* rééquiper – réarranger
rejoice *vi* se réjouir ; *vt* réjouir
rejoin *vt* rejoindre – se réinscrire à
rejoin *vt/vi* répliquer
rejuvenate *vt* rajeunir
rekindle *vt* rallumer ; *vi* se rallumer
relabel *vt* réétiqueter
relapse *vi* rechuter – retomber
relate *vt* relater ; *vi* se rapporter
relativize *vt* relativiser
relativise *vt (UK)* relativiser
relax *vi* se détendre ; *vt* détendre
relay *vt* transmettre – relayer
relearn *vt* réapprendre – rapprendre
release *vt* libérer – lâcher
relegate *vt* reléguer – renvoyer
relent *vi* se laisser fléchir *ou* toucher – s'apaiser
relieve *vt* soulager – dissiper
reline *vt* mettre une nouvelle doublure à – rentoiler
relinquish *vt* abandonner – renoncer à
relish *vt* savourer – se délecter de
relive *vt* revivre
reload *vt* recharger
relocate *vt* installer ailleurs ; *vi* s'installer ailleurs
▪ **rely on** *vt* compter sur – invoquer
▪ **rely upon** *vt* compter sur – invoquer
remain *vi* rester – demeurer
remainder *vt* solder
remake *vt* refaire
remand *vt (UK)* renvoyer – déférer
remark *vt* (faire) remarquer – remarquer
▪ **remark on** *vt* faire un commentaire *ou* observation sur qqch
▪ **remark upon** *vt* faire un commentaire *ou* observation sur qqch
remarry *vi* se remarier
rematch *vt* opposer de nouveau
remedy *vt* remédier à – rattraper
remember *vt* se souvenir de ; *vi* se souvenir
remind *vt* rappeler à
reminisce *vi* raconter ses souvenirs
remit *vt* remettre ; *vi* diminuer
remodel *vt* remodeler
remonstrate *vi* protester
remortgage *vt* hypothéquer de nouveau – prendre une nouvelle hypothèque sur
remold *vt (US)* remouler – rechaper
remould *vt (UK)* remouler – rechaper
remount *vt* remonter sur ; *vi* remonter
remove *vt* enlever ; *vi* déménag
remunerate *vt* rémunérer
rename *vt* rebaptiser
renationalize *vt* renationaliser
renationalise *vt (UK)* renationaliser
rend *vt* déchirer – arracher
render *vt* rendre – interpréter
▪ **render up** *vt* rendre – libérer
rendezvous *vi* se retrouver – se réunir
renege *vi* faire une renonce
▪ **renege on** *vt* manquer à – revenir sur
renegotiate *vi* renégocier ; *vt* renégocier
renew *vt* renouveler – recondui
renounce *vt* abandonner ; *vi* renoncer
renovate *vt* remettre à neuf – rénover
rent *vt* louer – prendre en location
reoccupy *vt* réoccuper
reopen *vt* rouvrir ; *vi* se rouvrir
reorder *vt* commander de nouveau – reclasser
reorganize *vt* réorganiser ; *vi* se réorganiser
reorganise *vt (UK)* réorganiser ; *v* se réorganiser
repack *vt* remballer – refaire
repackage *vt* remballer *(US)* – redorer
repaint *vt* repeindre
repair *vt* réparer ; *vi* aller
repaper *vt* retapisser
repatriate *vt* rapatrier
repay *vt* rembourser – rendre
repeal *vt* abroger – annuler
repeat *vt/vi* répéter
repel *vt* repousser ; *vi* se repousser
repent *vi* se repentir ; *vt* se repentir de
rephrase *vt* reformuler
replace *vt* replacer – remplacer
replant *vt* replanter
replay *vt* rejouer – repasser
replenish *vt* réapprovisionner – remplir de nouveau
replicate *vt* reproduire ; *vi* se reproduire par mitose
reply *vt/vi* répondre

repoint *vt* rejointoyer
report *vt* annoncer ; *vi* faire son rapport
▪ **report back** *vi* regagner ses quartiers ; *vt* rapporter
▪ **report out** *vt (US)* renvoyer après examen
repose *vt* mettre ; *vi* se reposer
repossess *vt* reprendre possession de – saisir
repot *vt* rempoter
reprehend *vt* réprimander – condamner
represent *vt* représenter – présenter
repress *vt* réprimer – refouler
reprieve *vt* gracier – accorder un répit *ou* un sursis à
reprimand *vt* réprimander
reprint *vt* réimprimer
reproach *vt* faire des reproches à
reprocess *vt* retraiter
reproduce *vt* reproduire ; *vi* se reproduire
reprove *vt* réprimander – réprouver
repudiate *vt* renier – refuser d'honorer
repulse *vt* repousser
repurchase *vt* racheter
repute *vt* passer pour
request *vt* demander
require *vt* exiger – nécessiter
requisition *vt* réquisitionner
requite *vt* récompenser – satisfaire
reread *vt* relire
rerecord *vt* réenregistrer
rerelease *vt* ressortir
reroute *vt* dérouter – changer l'itinéraire de
rerun *vt* passer de nouveau – courir de nouveau
reschedule *vt* modifier l'heure *ou* la date de – rééchelonner
rescind *vt* casser – annuler
rescue *vt* sauver – délivrer
reseal *vt* recacheter – refermer hermétiquement
research *vt* faire des recherches sur ; *vi* faire des recherches *ou* de la recherche
reseat *vt* faire rasseoir – refaire le fond de
resell *vt* revendre
resemble *vt* ressembler à
resent *vt* en vouloir à – ne pas apprécier
reserve *vt* réserver – mettre de côté
reset *vt* remonter – remettre à l'heure
resettle *vt* établir *ou* implanter (dans une nouvelle région) ; *vi* se réinstaller
reshape *vt* refaçonner – réorganiser
reshuffle *vt* remanier – rebattre
reside *vi* résider
resign *vi* démissionner ; *vt* renoncer à
resist *vt* résister à ; *vi* résister
resit *vt (UK)* repasser
resole *vt* ressemeler
resolve *vt* résoudre ; *vi* se résoudre
resonate *vi* résonner – retentir
▪ **resort to** *vt* avoir recours à – recourir à
resound *vi* retentir – se propager
respect *vt* respecter
respire *vi* respirer ; *vt* respirer
respite *vt* accorder un sursis à
respond *vi* répondre ; *vt* répondre
respray *vt* repeindre
rest *vi* se reposer ; *vt* laisser reposer
▪ **rest up** fam *vi* se reposer (un peu), prendre un peu de repos
restart *vt/vi* reprendre
restate *vt* répéter – reformuler
restock *vt* réapprovisionner – empoissonner
restore *vt* rendre – restaurer
restrain *vt* retenir – maîtriser
restrict *vt* restreindre – limiter
restring *vt* remplacer la corde de – remplacer les cordes de
restructure *vt* restructurer
restyle *vt* changer le design de – changer de style de
result *vi* résulter
resume *vt/vi* reprendre
resurface *vi* refaire surface ; *vt* refaire
resurrect *vt* ressusciter
resuscitate *vt* ranimer – réanimer
retail *vt* vendre au détail ; *vi* se vendre (au détail)
retain *vt* garder – retenir
retake *vt* reprendre – repasser
retaliate *vi* se venger – riposter
retard *vt* retarder
retch *vi* avoir un *ou* des haut-le-cœur
retell *vt* raconter de nouveau
rethink *vt* repenser
retire *vi* prendre sa retraite ; *vt* mettre à la retraite
retool *vt* rééquiper ; *vi* se rééquiper
retort *vi/vt* rétorquer – riposter
retouch *vt* retoucher
retrace *vt* refaire – reconstituer
retract *vt* retirer ; *vi* se rétracter
retrain *vt* recycler ; *vi* se recycler
retread *vt* rechaper
retreat *vi* battre en retraite – se retirer
retrench *vt* réduire ; *vi* faire des économies
retrieve *vt* récupérer ; *vi* rapporter le gibier
retrograde *vi* rétrograder *(US)* – battre en retraite
retrogress *vi* régresser – rétrograder
retry *vt* refaire le procès de – juger à nouveau
retune *vt* réaccorder ; *vi* régler
return *vi* retourner ; *vt* rendre
reunify *vt* réunifier
reunite *vt* réunir ; *vi* se réunir
reupholster *vt* rembourrer (de nouveau)
re-use *vt* réutiliser – remployer
rev fam *vt/vi* emballer
▪ **rev up** *vt* fam emballer ; *vi* appuyer sur l'accélérateur
revalue *vt* réévaluer – estimer à nouveau la valeur de
revamp fam *vt* rafistoler – retaper
reveal *vt* révéler – découvrir
revel *vi* se délecter – s'amuser
revenge *vt* venger
reverberate *vi* résonner ; *vt* renvoyer
revere *vt* révérer – vénérer
reverence *vt* révérer – vénérer
reverse *vt* renverser ; *vi* faire marche arrière
revert *vi* retourner – revenir
review *vt* faire la critique de – examiner
revile *vt* vilipender – injurier
revise *vt* réviser ; *vi (UK)* réviser
revisit *vt* revisiter – retourner voir
revitalize *vt* revitaliser
revitalise *vt (UK)* revitaliser
revive *vi* reprendre connaissance ; *vt* ranimer
revivify *vt* revivifier
revoke *vt* annuler – abroger

revolt *vi* se révolter ; *vt* dégoûter
revolutionize *vt* révolutionner – faire une révolution dans
revolutionise *vt (UK)* révolutionner – faire une révolution dans
revolve *vi* tourner ; *vt* faire tourner
reward *vt* récompenser
rewind *vt* rembobiner ; *vi* se rembobiner
rewire *vt* refaire l'électricité dans – refaire les circuits électriques de
reword *vt* reformuler
rework *vt* retravailler – retraiter
rewrite *vt* récrire – réécrire
rhapsodize *vi* s'extasier
rhapsodise *vi (UK)* s'extasier
rhyme *vi* rimer ; *vt* faire rimer
rib fam *vt* taquiner – mettre en boîte
ribbon *vt* enrubanner – sillonner
rick *vt* mettre en meules *(UK)* – se faire une entorse à
ricochet *vi* ricocher
rid *vt* débarrasser
riddle *vt* cribler – passer au crible
ride *vt* monter à ; *vi* monter (à cheval), faire du cheval
▪ **ride about** *vi (UK)* se balader en véhicule
▪ **ride around** *vi* se balader en véhicule
▪ **ride down** *vt* renverser – rattraper
▪ **ride in** *vt* préparer (pour un concours)
▪ **ride out** *vt* surmonter ; *vi* sortir (à cheval, à bicyclette etc)
▪ **ride up** *vi* remonter
ridge *vt* sillonner – rider
ridicule *vt* ridiculiser – tourner en ridicule
riffle *vt* feuilleter – battre
rifle *vt* fouiller ; *vi* fouiller (dans)
rift *vt* scinder ; *vi* se scinder
rig *vt* truquer – gréer
▪ **rig out** *vt* fam habiller – équiper
▪ **rig up** *vt* monter – installer
right *vt* redresser ; *vi* se redresser
righten *vt* redresser
rile *vt* agacer – énerver
rim *vt* border
ring *vt/vi* sonner
▪ **ring back** *vi/vt (UK)* rappeler
▪ **ring down** *vt* mettre un terme à qqch
▪ **ring in** *vi (UK)* téléphoner *(UK)* *vt* sonner les cloches pour annoncer la nouvelle année
▪ **ring off** *vi (UK)* raccrocher
▪ **ring out** *vi* retentir ; *vt* se débarasser de (l'ancien)
▪ **ring round** *vt (UK)* téléphoner à, appeler
▪ **ring up** *vt (UK)* téléphoner à – enregistrer
ring-fence *vt* allouer (à des fins pré-établies par le gouvernement)
rinse *vt* rincer
▪ **rinse out** *vt* rincer
riot *vi* participer à *ou* faire une émeute
rip *vt* déchirer (violemment) ; *vi* se déchirer
▪ **rip off** *vt* arracher – fam arnaquer
▪ **rip out** *vt* arracher
▪ **rip through** *vt* déchirer
▪ **rip up** *vt* déchirer (violemment) – éventrer
ripen *vi* mûrir ; *vt* mûrir
riposte *vi* riposter
ripple *vi* se rider ; *vt* rider
rise *vi* se lever – augmenter
▪ **rise above** *vt* surmonter – dépasser
▪ **rise up** *vi* se lever – se soulever
risk *vt* risquer – hasarder
rival *vt* rivaliser avec – être en concurrence avec
rivet *vt* riveter – fasciner
▪ **road-test** *vt* essayer sur route
roam *vt* parcourir ; *vi* errer
▪ **roam about** *vi (UK)* vagabonder – errer
▪ **roam around** *vi* vagabonder – errer
roar *vi* rugir ; *vt* hurler
roast *vt/vi* rôtir
rob *vt* voler – priver
robe *vt* habiller ; *vi* revêtir sa robe
rock *vt* bercer ; *vi* se balancer
rocket *vt* lancer (dans l'espace) ; *vi* monter en flèche
roll *vt* (faire) rouler ; *vi* rouler
▪ **roll about** *vi (UK)* rouler çà et là
▪ **roll along** *vi* couler ; *vt* faire rouler
▪ **roll away** *vi* s'éloigner ; *vt* emmener
▪ **roll back** *vt* rouler ; *vi* se retirer
▪ **roll by** *vi* s'écouler, passer – passer
▪ **roll down** *vi* rouler en bas ; *vt* baisser
▪ **roll in** *vi* arriver ; *vt* faire entrer
▪ **roll off** *vi* tomber en roulant ; *vt* imprimer
▪ **roll on** *vi* continuer à rouler ; *vt* appliquer au rouleau
▪ **roll out** *vi* sortir ; *vt* rouler (dehors)
▪ **roll over** *vi* se retourner ; *vt* retourner
▪ **roll past** *vt* passer devant ; *vi* passer
▪ **roll up** *vt* rouler ; *vi* se rouler
rollerblade *vi* faire du roller
▪ **roller-skate** *vi* faire du patin à roulettes
romance *vi* laisser vagabonder son imagination – fabuler
romanticize *vt* idéaliser
romanticise *vt* idéaliser
romp *vi* s'ébattre (bruyamment)
▪ **romp through** *vt* réussir sans difficulté
roof *vt* couvrir d'un toit
rook fam *vt* rouler – escroquer
room *vi (US)* loger
roost *vi* se percher – (se) jucher
root *vt* enraciner ; *vi* s'enraciner
▪ **root about** *vi (UK)* fouiller (avec le museau) – fouiller
▪ **root around** *vi* fouiller (avec le museau) – fouiller
▪ **root for** *vt* encourager – soutenir
▪ **root out** *vt* déterrer – supprimer
▪ **root up** *vt* déraciner – déterrer
rope *vt* attacher avec une corde *(US)* – prendre au lasso
▪ **rope in** *vt* entourer de cordes – mettre dans un enclos
▪ **rope off** *vt* délimiter par une corde – interdire l'accès de
▪ **rope up** *vi* s'encorder ; *vt* attacher avec une corde
rosin *vt* traiter à la colophane – enduire de colophane
roster *vt* inscrire au tableau de service *ou* au planning
rot *vi* pourrir ; *vt* (faire) pourrir
▪ **rot away** *vi* tomber en pourriture

rotate *vt* faire tourner ; *vi* tourner
rotovate *vt* labourer avec un motoculteur
rouge *vt* mettre du rouge aux joues
rough *vt (UK)* vivre à la dure
▪ **rough out** *vt (UK)* ébaucher – esquisser
▪ **rough up** *vt* ébouriffer – fam tabasser
roughcast *vt* crépir
rough-dry *vt* sécher sans repasser *ou* repassage
roughen *vt* rendre rugueux ; *vi* devenir rugueux
roughhouse fam *vt* bousculer ; *vi* faire du chahut
round *vt* arrondir – tourner
▪ **round down** *vt* arrondir au chiffre inférieur
▪ **round off** *vt* terminer – arrondir au chiffre inférieur
▪ **round on** *vt* attaquer – s'en prendre à
▪ **round up** *vt* rassembler – arrondir au chiffre supérieur
rouse *vt* réveiller – éveiller
roust *vt* faire sortir qqn du lit
rout *vt* mettre en déroute *ou* en fuite ; *vi* fouiller
▪ **rout about** *vi* fouiller
▪ **rout out** *vt* dénicher – déloger
route *vt* fixer l'itinéraire de – expédier
rove *vi* errer ; *vt* parcourir
row *vi* ramer ; *vt* faire avancer à la rame *ou* à l'aviron
row *vi* se disputer
rub *vt/vi* frotter
▪ **rub along** fam *vi (UK)* se débrouiller – s'entendre
▪ **rub away** *vt* faire disparaître en frottant ; *vi* disparaître en frottant
▪ **rub down** *vt* bouchonner – frotter
▪ **rub in** *vt* faire pénétrer (en frottant)
▪ **rub off** *vt* effacer ; *vi* s'en aller
▪ **rub on** *vt* étaler (en frottant) – appliquer (en frottant)
▪ **rub out** *vt* effacer ; *vi* partir
▪ **rub together** *vt* frotter l'un contre l'autre
▪ **rub up** *vi* se frotter ; *vt* frotter
rubberneck *vi* faire le badaud
rubber-stamp *vt* tamponner – approuver sans discussion
rubbish *vt* fam débiner
ruck *vi* former une mêlée ouverte ; *vt* froisser
▪ **ruck up** *vi* se froisser
rue *vt* regretter
ruff *vt* couper
ruffle *vt* ébouriffer – agiter
▪ **rugby-tackle** *vt* plaquer
ruin *vt* ruiner – détruire
rule *vt* gouverner ; *vi* régner
▪ **rule off** *vt* tirer une ligne sous
▪ **rule out** *vt* exclure – écarter
rumba *vi* danser la rumba
rumble *vi* gronder ; *vt* fam découvrir
▪ **rumble on** *vi* palabrer – ne pas en finir
ruminate *vi* ruminer ; *vt* ruminer
rummage *vi* fouiller
rumour *vt (UK)* faire courir une rumeur
rumor *vt (US)* faire courir une rumeur
rumple *vt* friper – froisser
run *vi* courir ; *vt* diriger
▪ **run about** *vi (UK)* courir (çà et là)
▪ **run across** *vi* traverser en courant ; *vt* rencontrer par hasard
▪ **run after** *vt* courir après
▪ **run along** *vi* s'en aller – partir
▪ **run around** *vi* courir après les femmes – courir après les hommes
▪ **run away** *vi* se sauver – partir
▪ **run away with** *vt* partir avec – emporter haut la main
▪ **run back** *vi* retourner *ou* revenir en courant ; *vt* raccompagner (en voiture)
▪ **run by** *vt* soumettre qqch à qqn
▪ **run down** *vi* descendre en courant ; *vt* réduire
▪ **run in** *vi* entrer en courant ; *vt (UK)* roder
▪ **run into** *vt* rencontrer – rencontrer (par hasard)
▪ **run off** *vi* s'écouler ; *vt* tirer
▪ **run on** *vi* continuer ; *vt* ne pas découper en paragraphes
▪ **run out** *vi* sortir en courant ; *vt* laisser filer
▪ **run out of** *vt* manquer de
▪ **run out on** *vt* laisser tomber – abandonner
▪ **run over** *vt* écraser ; *vt* revoir
▪ **run past** *vi* passer en courant ; *vt* soumettre qqch à qqn
▪ **run through** *vt* traverser en courant ; *vt* transpercer qqn
▪ **run to** *vt* se chiffrer à
▪ **run up** *vi* monter en courant ; *vt* laisser s'accumuler
▪ **run up against** *vt* se heurter à
rupture *vt* rompre
rush *vi* se précipiter ; *vt* expédier
▪ **rush about** *vi (UK)* courir çà et là
▪ **rush around** *vi* courir çà et là
▪ **rush in** *vi* entrer précipitamment *ou* à toute allure
▪ **rush out** *vi* sortir précipitamment *ou* à toute allure ; *vt* sortir rapidement
▪ **rush through** *vt* expédier – envoyer d'urgence
▪ **rush up** *vi* accourir ; *vt* envoyer d'urgence
rust *vi* rouiller ; *vt* rouiller
▪ **rust up** *vi* rouiller – se rouiller
rustle *vi* produire un froissement *ou* bruissement ; *vt* faire bruire
▪ **rustle up** *vt* fam faire en vitesse
rustproof *vt* traiter contre la rouille
rut *vt* sillonner ; *vi* être en rut

S

sabotage *vt* saboter
sack *vt* fam mettre à la porte – mettre à sac
▪ **sack out** *vi (US)* fam s'endormir
sacrifice *vt* sacrifier
sadden *vt* rendre triste – affliger
saddle *vt* seller
▪ **saddle up** *vi* seller sa monture
safeguard *vt* sauvegarder
sag *vi* être détendu – fléchir
sail *vi* naviguer ; *vt* commander
▪ **sail into** *vt* fam tomber à bras raccourcis sur
▪ **sail through** *vt /vi* réussir haut la main
salivate *vi* saliver
sally forth *vi* sortir

sally out *vi* sortir
salt *vt* saler – répandre du sel sur
salt away *vt* fam mettre de côté
salt down *vt* saler – conserver dans du sel
salute *vt* saluer ; *vi* faire un salut
salvage *vt* sauver – rattraper
salve *vt* calmer – sauver
samba *vi* danser la samba
sample *vt* goûter (à) – échantillonner
sanctify *vt* sanctifier
sanction *vt* sanctionner – approuver
sand *vt* poncer – sabler
sand down *vt* poncer au papier de verre – décaper
sandbag *vt* renforcer avec des sacs de sable – fam assommer
sandblast *vt* décaper à la sableuse – sabler
sandpaper *vt* poncer (au papier de verre)
sandwich fam *vt* intercaler – prendre en sandwich
sanitize *vt* désinfecter – expurger
sanitise *vt* désinfecter – expurger
sap *vt* saper *(US)* – fam assommer (d'un coup de gourdin)
sashay fam *vi (US)* flâner – parader
sass *vt (US)* répondre à (avec impertinence)
sate *vt* rassasier – assouvir
satiate *vt* assouvir – rassasier
satirize *vt* faire la satire de
satirise *vt* faire la satire de
satisfy *vt* satisfaire ; *vi* donner satisfaction
saturate *vt* saturer – tremper
saunter *vi* se promener d'un pas nonchalant – flâner
sauté *vt* faire sauter
savage *vt* attaquer – attaquer violemment
save *vt* sauver ; *vi* faire des économies
save up *vt* économiser ; *vi* faire des économies
savour *vt (UK)* goûter (à) ; *vi (UK)* sentir qqch
savor *vt (US)* goûter (à) ; *vi (US)* sentir qqch
saw *vt/vi* scier
saw down *vt* abattre
saw off *vt* scier – enlever à la scie
saw up *vt* scier en morceaux – débiter à la scie
say *vt/vi* dire
scab *vi* former une croûte *(UK)* – fam briser une grève
scald *vt* ébouillanter ; *vi* brûler
scale *vt* escalader ; *vi* s'écailler
scale down *vt* réduire l'échelle de – réduire
scale off *vi* s'écailler ; *vt* écailler
scale up *vt* augmenter l'échelle de – réviser à la hausse
scallop *vt* gratiner – festonner
scalp *vt* scalper – fam vendre en réalisant un bénéfice substantiel
scamper *vi* trottiner – gambader
scamper about *vi* courir *ou* trottiner çà et là – gambader
scamper away *vi* détaler – se sauver
scamper off *vi* détaler – se sauver
scan *vt* scruter ; *vi* se scander
scan in *vt* insérer par scanneur
scandalize *vt* scandaliser – choquer
scandalise *vt* scandaliser – choquer
scant *vt* lésiner sur – traiter de manière superficielle
scar *vt* laisser une cicatrice sur ; *vi* se cicatriser
scar over *vi* former une cicatrice – se cicatriser
scare *vt* effrayer ; *vi* s'effrayer
scare away *vt* faire fuir
scare off *vt* faire fuir
scare up *vt (US)* fam dénicher
scarper fam *vi (UK)* déguerpir – se barrer
scatter *vt* éparpiller ; *vi* se disperser
scatter about *vt (UK)* éparpiller
scatter around *vt* éparpiller
scavenge *vi* fouiller – chercher ; *vt* récupérer
scent *vt* flairer – parfumer
schedule *vt* fixer la date *ou* l'heure de – organiser
scheme *vi* intriguer ; *vt* combiner
schlep(p) *vt (surtout US)* trimbaler
school *vt* envoyer à l'école – entraîner
schuss *vi* descendre tout schuss
scintillate *vi* scintiller – briller
scissor *vt* couper avec des ciseaux
scoff *vi* se moquer ; *vt (UK)* fam bouffer
scold *vt* gronder ; *vi* rouspéter
scoop *vt* prendre (avec une mesure) – s'emparer de
scoop out *vt* prendre (avec une cuillère) – creuser
scoop up *vt* prendre *ou* ramasser à l'aide d'une pelle *ou* d'un récipient – entasser
scoot *vi* fam filer
scorch *vt/vi* roussir
score *vt* marquer ; *vi* marquer un point *ou* des points
score off *vt* prendre l'avantage sur ; *vt* rayer
score over *vt* avoir l'avantage sur
score out *vt* biffer – barrer
score through *vt* biffer – barrer
scorn *vt* mépriser – rejeter
scotch *vt* mettre fin à – entraver
scotch-tape *vt* scotcher
scour *vt* récurer – rayer
scourge *vt* ravager – fouetter
scout *vt* explorer ; *vi* partir en reconnaissance
scout about *vi (UK)* explorer les lieux – partir en reconnaissance
scout around *vi* explorer les lieux – partir en reconnaissance
scowl *vi* se renfrogner – prendre un air menaçant
scrabble *vi* gratter
scrabble about *vi (UK)* fouiller – tâtonner
scrabble around *vi* fouiller – tâtonner
scrag *vt* fam tordre le cou à
scram *vi* déguerpir ; *vt* arrêter d'urgence
scramble *vi* décoller sur-le-champ ; *vt* brouiller
scrap *vt* jeter ; *vi* fam se bagarrer
scrape *vt* gratter ; *vi* frotter
scrape along *vi* se débrouiller – vivre tant bien que mal
scrape away *vt* enlever en grattant ; *vi* gratter
scrape by *vi* se débrouiller
scrape in *vi* être élu de justesse
scrape into *vt* entrer de justesse

■ **scrape off** *vt* enlever au grattoir *ou* en grattant ; *vi* s'enlever au grattoir
■ **scrape out** *vt* récurer – creuser
■ **scrape through** *vt* réussir de justesse ; *vi* réussir de justesse
■ **scrape together** *vt* frotter l'un contre l'autre – mettre en tas
cratch *vt* gratter ; *vi* se gratter
■ **scratch off** *vt* enlever en grattant
■ **scratch out** *vt* raturer
■ **scratch together** *vt (UK)* réunir (difficilement) – réunir *ou* rassembler (en raclant les fonds de tiroir)
■ **scratch up** *vt* déterrer *(UK)* – réunir (en raclant les fonds de tiroir)
crawl *vt* griffonner ; *vi* gribouiller
cream *vi* crier ; *vt* hurler
■ **scream out** *vi* pousser de grands cris ; *vt* hurler
creech *vi* ululer ; *vt* hurler
creen *vt* projeter – protéger
■ **screen off** *vt* abriter derrière un paravent – séparer par une cloison
■ **screen out** *vt* filtrer – éliminer
■ **screen-test** *vt* faire faire un bout d'essai à
crew *vt* visser ; *vi* se visser
■ **screw around** *vi (US)* glander – vulg baiser avec n'importe qui
■ **screw down** *vt* visser ; *vi* se visser
■ **screw off** *vt* dévisser ; *vi* se dévisser
■ **screw on** *vt* visser ; *vi* se visser
■ **screw up** *vt* visser – chiffonner
cribble *vt/vi* gribouiller
■ **scribble down** *vt* griffonner – noter (rapidement)
■ **scribble out** *vt* biffer – griffonner
cribe *vt* graver
crimmage *vi* faire une mêlée ; *vt* mettre dans la mêlée
crimp *vi* lésiner ; *vt* se montrer pingre avec
cript *vt* écrire le script de
croll *vt* faire défiler ; *vi* défiler
■ **scroll through** *vt* faire défiler d'un bout à l'autre
scrounge *vt* quémander ; *vi* fam vivre sur le dos des autres
scrub *vt* brosser (avec de l'eau et du savon) ; *vi* partir à la brosse
■ **scrub away** *vt* faire partir en brossant ; *vi* partir à la brosse
■ **scrub down** *vt* lessiver – bouchonner
■ **scrub out** *vt* faire partir à la brosse ; *vi* partir à la brosse
■ **scrub up** *vi* se laver les mains
scrum *vi* former une mêlée
■ **scrum down** *vi* former une mêlée
scrummage *vi* former une mêlée
scrump fam *vt (UK)* chaparder ; *vi (UK)* aller chaparder
scrunch *vt* croquer ; *vi* craquer
■ **scrunch up** *vt* froisser
scruple *vi* avoir des scrupules
scrutinize *vt* scruter – examiner attentivement
scrutinise *vt* scruter – examiner attentivement
scuba dive *vi* faire de la plongée sous-marine
scud *vi* glisser – filer
scuff *vt* érafler ; *vi* marcher en traînant les pieds
scuffle *vi* se bagarrer ; *vt* piétiner
scull *vt* godiller ; *vi* ramer en couple
sculpt *vt* sculpter ; *vi* faire de la sculpture
sculpture *vt/vi* sculpter
scupper *vt (UK)* saborder – faire capoter
scurry *vi* se précipiter – courir
■ **scurry away** *vi* détaler – décamper
■ **scurry off** *vi* détaler – décamper
■ **scurry out** *vi* détaler – sortir à toute vitesse
scuttle *vi* courir à pas précipités ; *vt* saborder
■ **scuttle away** *vi* détaler – déguerpir
■ **scuttle off** *vi* détaler – déguerpir
■ **scuttle out** *vi* sortir précipitamment
scythe *vt* faucher
seal *vt* apposer son sceau à ; *vi* chasser le phoque
■ **seal in** *vt* enfermer hermétiquement
■ **seal off** *vt* interdire l'accès de – condamner
■ **seal up** *vt* cacheter – isoler
seam *vt* faire une couture dans – faire un joint à
sear *vt* brûler – dessécher
■ **sear through** *vt* traverser – percer
search *vt* chercher dans; *vi* chercher
■ **search out** *vt* rechercher – trouver
■ **search through** *vt* fouiller dans – fouiller
season *vt* assaisonner – (faire) sécher
seat *vt* faire asseoir ; *vi* se déformer (à l'arrière)
secede *vi* faire sécession – se séparer
seclude *vt* éloigner du monde – isoler
second *vt* appuyer – appuyer la motion de
second *vt (UK)* affecter (provisoirement) – détacher
second-guess fam *vt* comprendre après coup – essayer de prévoir *ou* d'anticiper
secrete *vt* sécréter – cacher
section *vt* sectionner *(UK)* – interner
■ **section off** *vt* séparer
sector *vt* diviser en secteurs – sectoriser
secularize *vt* séculariser – laïciser
secularise *vt* séculariser – laïciser
secure *vt* se procurer – attacher
sedate *vt* donner des sédatifs à
sediment *vt* déposer ; *vi* se déposer
seduce *vt* séduire – attirer
see *vt/vi* voir
■ **see about** *vt* s'occuper de
■ **see in** *vt* faire entrer ; *vi* voir à l'intérieur
■ **see off** *vt* dire au revoir à – chasser
■ **see out** *vt* reconduire *ou* raccompagner à la porte
■ **see over** *vt* visiter
■ **see round** *vt (UK)* visiter
■ **see through** *vt* voir à travers ; *vt* mener à bonne fin
■ **see to** *vt* s'occuper de – réparer
seed *vt* ensemencer ; *vi* monter en graine

seek *vt/vi* chercher
▪ **seek after** *vt* rechercher
▪ **seek out** *vt* aller voir – chercher
seem *vi* sembler – paraître
seep *vi* filtrer – s'infiltrer
▪ **seep away** *vi* s'écouler goutte à goutte
▪ **seep in** *vi* s'infiltrer – faire son effet
▪ **seep out** *vi* suinter – filtrer
seesaw *vi* osciller
seethe *vi* bouillir – grouiller
segment *vt* segmenter ; *vi* se segmenter
segregate *vt* séparer ; *vi* se diviser
seize *vt* attraper ; *vi* se gripper
▪ **seize on** *vt* saisir – sauter sur
▪ **seize up** *vi* se gripper – se bloquer
select *vt* choisir – sélectionner
self-destruct *vi* s'autodétruire
sell *vt* vendre ; *vi* se vendre
▪ **sell back** *vt* revendre
▪ **sell off** *vt* solder – liquider
▪ **sell on** *vt* revendre (en faisant du bénéfice)
▪ **sell out** *vt* trahir ; *vi* vendre son commerce
▪ **sell up** *vt* opérer la vente forcée de ; *vi* vendre son fonds de commerce *ou* son affaire
▪ **sellotape** *vt (UK)* scotcher – coller avec du ruban adhésif
semaphore *vt* transmettre par signaux à bras
send *vt* envoyer ; *vi* faire savoir
▪ **send away** *vt* expédier ; *vi* se faire envoyer qqch
▪ **send back** *vt* renvoyer
▪ **send down** *vt* faire descendre ; *vi* faire monter qqch
▪ **send for** *vt* faire venir – se faire envoyer
▪ **send forth** *vt* envoyer – produire
▪ **send in** *vt* faire entrer – envoyer
▪ **send off** *vt* expédier ; *vi* commander qqch par catalogue
▪ **send on** *vt* faire suivre – faire entrer (sur le terrain)
▪ **send out** *vt* expédier ; *vi* envoyer chercher qqch
▪ **send round** *vt* faire circuler – envoyer
▪ **send up** *vt* faire monter – *fam* mettre en boîte
sense *vt* sentir – détecter
sensitize *vt* sensibiliser – rendre sensible
sensitise *vt* sensibiliser – rendre sensible
sentence *vt* condamner
sentimentalize *vt* présenter de façon sentimentale ; *vi* faire du sentiment
sentimentalise *vt* présenter de façon sentimentale ; *vi* faire du sentiment
separate *vt* séparer ; *vi* se quitter
▪ **separate out** *vt/vi* se séparer
▪ **separate up** *vt* séparer – diviser
sequence *vt* classer – faire le séquençage de
sequester *vt* isoler – séquestrer
sequestrate *vt* séquestrer – saisir
serenade *vt* chanter une sérénade à – jouer une sérénade à
serialize *vt* publier en feuilleton – adapter en feuilleton
serialise *vt* publier en feuilleton – adapter en feuilleton
serve *vt/vi* servir
▪ **serve out** *vt* servir ; *vi* sortir son service
▪ **serve up** *vt* servir – débiter
service *vt* réviser – assurer le service de
set *vt* mettre ; *vi* se coucher
▪ **set about** *vt* se mettre à – attaquer
▪ **set against** *vt* monter contre
▪ **set ahead** *vt* avancer l'horloge
▪ **set apart** *vt* mettre à part *ou* de côté – distinguer
▪ **set aside** *vt* poser – réserver
▪ **set back** *vt* retarder – *fam* coûter
▪ **set down** *vt* poser *(UK)* – déposer
▪ **set forth** *vt* exposer
▪ **set in** *vi* survenir ; *vt* rapporter
▪ **set off** *vi* partir ; *vt* déclencher
▪ **set out** *vi* entreprendre ; *vt* disposer
▪ **set to** *vi* commencer – s'y mettre
▪ **set up** *vt* installer ; *vi* s'installer
▪ **set upon** *vt* attaquer – s'en prendre à
settle *vt* régler ; *vi* s'installer
▪ **settle down** *vi* s'installer ; *vt* installer
▪ **settle for** *vt* accepter – se contenter de
▪ **settle in** *vi* s'installer – s'habituer
▪ **settle into** *vt* s'habituer à ; *vt* installer dans
▪ **settle up** *vi* régler (la note) ; *vt* régler
sever *vt* couper ; *vi* se rompre
sew *vt/vi* coudre
▪ **sew up** *vt* coudre – *fam* régler
sex *vt* déterminer le sexe de
▪ **shack up** *vi fam* s'installer avec qqn
shackle *vt* enchaîner – entraver
shade *vt* abriter ; *vi* se dégrader
▪ **shade in** *vt* hachurer – colorer
shadow *vt* filer – ombrager
shaft *vt vulg* baiser
shag *vt* crever ; *vi vulg* baiser
shake *vt* secouer ; *vi* trembler
▪ **shake down** *vi fam* coucher ; *vt* faire tomber en secouant
▪ **shake off** *vt* secouer – se débarrasser de
▪ **shake out** *vt* (bien) secouer ; *vi* se disperser
▪ **shake up** *vt* secouer – *fam* remanier
shall *aux modal* (exprime le futur ou la suggestion, cf. tableau, ne se conjugue pas)
sham *vt* feindre ; *vi* faire semblant
shamble *vi* marcher en traîner les pieds
shame *vt* être la honte de – faire honte à
shampoo *vt* faire un shampooing à – shampouiner
shanghai *vt* embarquer de force (comme matelot)
shape *vt* façonner ; *vi* prendre forme *ou* tournure
▪ **shape up** *vi* se secouer *(US)* – retrouver la forme
share *vt/vi* partager
▪ **share out** *vt* partager – répartir
sharp *vt (US)* diéser
sharpen *vt* affiler ; *vi* devenir plus vif *ou* âpre
shatter *vt* briser ; *vi* voler en éclats
shave *vt* raser ; *vi* se raser
▪ **shave off** *vt* raser
sheaf *vt* gerber – engerber
shear *vt* tondre ; *vi* céder

▪ **shear off** *vt* tondre ; *vi* se détacher
sheathe *vt* rengainer – gainer
sheave *vt* gerber – engerber
shed *vt* perdre – se débarrasser de
sheer *vi* faire une embardée
▪ **sheer away** *vi* larguer les amarres – filer
▪ **sheer off** *vi* faire une embardée – changer de chemin *ou* de direction
sheet *vt* draper – couvrir de housses
▪ **sheet down** *vi* tomber à torrents
shell *vt* écosser – bombarder (d'obus)
▪ **shell out** *vi* fam casquer ; *vt* payer
shellac *vt* laquer
shelter *vt* abriter ; *vi* s'abriter
shelve *vt* laisser en suspens ; *vi* être en pente douce
shepherd *vt* guider – garder
shield *vt* protéger
shift *vt* déplacer ; *vi* se déplacer
▪ **shift over** fam *vi* se pousser – se déplacer
▪ **shift up** fam *vi* se pousser – se déplacer
shilly-shally *vi* fam hésiter
shimmer *vi* chatoyer – miroiter
shin *vi* grimper
shine *vi* briller ; *vt* braquer
▪ **shine down** *vi* briller
▪ **shine out** *vi* jaillir – rayonner
▪ **shine through** *vi* jaillir – rayonner
▪ **shine up to** *vt (US)* fam faire de la lèche à
shingle *vt* couvrir de bardeaux *ou* d'aisseaux
ship *vt* expédier (par bateau ou par mer) ; *vi* embarquer
▪ **ship off** *vt* fam expédier
shipwreck *vt* ruiner
shirk *vt* éviter de faire ; *vi* tirer au flanc
shit *vi* vulg chier ; *vt* vulg chier
shiver *vi* grelotter – faseyer
shoal *vi* se mettre *ou* se rassembler en bancs
shock *vt* stupéfier – choquer
shoe *vt* ferrer – chausser
shoo *vt* chasser
shoot *vi* tirer ; *vt* atteindre
▪ **shoot down** *vt* abattre
▪ **shoot off** *vi* s'enfuir à toutes jambes ; *vt* tirer
▪ **shoot up** *vi* jaillir ; *vt* fam terroriser en tirant des coups de feu
shop *vi* faire les *ou* ses courses ; *vt (UK)* fam donner
▪ **shop around** *vi* comparer les prix
shoplift *vt* voler à l'étalage
shore *vt* étayer – étançonner
▪ **shore up** *vt* étayer – étançonner
short *vt* court-circuiter ; *vi* se mettre en court-circuit
short-change fam *vt* rouler – escroquer
▪ **short-circuit** *vt* court-circuiter ; *vi* se mettre en court-circuit
shorten *vt* raccourcir ; *vi* (se) raccourcir
▪ **short-list** *vt* faire une présélection
should *aux modal* devoir (au conditionnel)
shoulder *vt* charger sur son épaule – assumer
shout *vi* crier ; *vt* crier
▪ **shout down** *vt* empêcher de parler en criant – couvrir par des cris
shove *vt/vi* pousser
▪ **shove about** *vt (UK)* bousculer – malmener
▪ **shove around** *vt* bousculer – malmener
▪ **shove off** fam *vi* se casser ; *vt* pousser au large
shovel *vt* pelleter – déblayer (à la pelle)
show *vt* montrer ; *vi* se voir
▪ **show around** *vt* faire visiter
▪ **show in** *vt* faire entrer
▪ **show off** *vi* crâner ; *vt* faire étalage de
▪ **show out** *vt* reconduire *ou* raccompagner (à la porte)
▪ **show through** *vi* se voir (à travers) – transparaître
▪ **show up** fam *vi* arriver ; *vt (UK)* démasquer
showcase *vt* servir de vitrine à
shower *vi* prendre une douche ; *vt* doucher – faire pleuvoir sur qqn
shred *vt* déchiqueter – râper
shriek *vi* hurler ; *vt* hurler
shrill *vi* retentir ; *vt* crier d'une voix perçante
shrimp *vi* aller aux crevettes
shrink *vi* rétrécir ; *vt* (faire) rétrécir
shrink-wrap *vt* emballer sous film plastique
shrivel *vi* se dessécher ; *vt* dessécher
▪ **shrivel up** *vi/vt* se dessécher
shroud *vt* envelopper dans un linceul *ou* suaire – voiler
shrug *vt* hausser ; *vi* hausser les épaules
▪ **shrug off** *vt* dédaigner
shuck *vt (US)* écosser – fam se débarrasser de
shudder *vi* frissonner – vibrer
shuffle *vi* traîner les pieds ; *vt* remuer
▪ **shuffle off** *vi* partir en traînant les pieds ; *vt* se dérober à
shun *vt* fuir – éviter
shunt *vt* déplacer ; *vi* manœuvrer
shush *vt* faire chut à qqn
shut *vt* fermer ; *vi* (se) fermer
▪ **shut away** *vt* enfermer – mettre sous clé
▪ **shut down** *vt/vi* fermer
▪ **shut in** *vt* enfermer
▪ **shut off** *vt* couper ; *vi* se couper
▪ **shut out** *vt* exclure – chasser (de son esprit)
▪ **shut up** *vi* fam se taire ; *vt* fermer
shuttle *vi* faire la navette ; *vt* transporter
shy *vi* broncher ; *vt* lancer
▪ **shy away from** *vt* éviter de
sibilate *vt* prononcer en sifflant ; *vi* siffler
▪ **sick up** fam *vt (UK)* vomir – rendre
sicken *vt* écœurer ; *vi* tomber malade
side *vi* prendre parti pour qqn
sideline *vt* mettre sur la touche
sideslip *vi* glisser sur l'aile
sidestep *vt* crocheter ; *vi* esquiver
sideswipe *vt (US)* faucher
sidetrack *vt* faire dévier de son sujet – détourner
sidle *vi* se faufiler
sieve *vt* tamiser – passer
sift *vt* tamiser ; *vi* fouiller
▪ **sift out** *vt* enlever (à l'aide) d'un tamis *ou* d'un crible – dégager
sigh *vi* soupirer ; *vt* soupirer
sight *vt* voir – pointer

sight-read *vi* déchiffrer ; *vt* déchiffrer
sign *vt/vi* signer
▪ **sign away** *vt* se désister de – renoncer à
▪ **sign in** *vi* remplir sa fiche (d'hôtel) ; *vt* faire signer en arrivant
▪ **sign for** *vt* signer – signer (un contrat d'engagement)
▪ **sign off** *vi* terminer l'émission
▪ **sign on** *vi (UK)* s'inscrire au chômage ; *vt* s'engager dans
▪ **sign out** *vi* signer le registre (en partant) ; *vt* retirer (contre décharge)
▪ **sign over** *vt* transférer
▪ **sign up** *vi* se faire embaucher ; *vt* embaucher
signal *vt* envoyer un signal à ; *vi* faire des signes
signalize *vt* marquer
signalise *vt* marquer
signify *vt* signifier ; *vi fam* être important
signpost *vt* indiquer – signaliser
silence *vt* réduire au silence – faire taire
silhouette *vt* se découper contre qqch
▪ **silk-screen** *vt* sérigraphier – imprimer en sérigraphie
▪ **silt up** *vi* s'envaser ; *vt* envaser
silver *vt* argenter
▪ **silver-plate** *vt* argenter
simmer *vi* frémir ; *vt* laisser frémir
▪ **simmer down** *vi fam* se calmer
simper *vi* minauder ; *vt* minauder
simplify *vt* simplifier
simulate *vt* simuler – imiter
simulcast *vt* diffuser simultanément à la télévision et à la radio
sin *vi* pécher
sing *vi* chanter ; *vt* chanter
▪ **sing along** *vi* chanter (tous) ensemble
▪ **sing out** *vi* chanter fort – *fam* crier
▪ **sing up** *vi* chanter plus fort
singe *vt* brûler légèrement ; *vi* roussir
▪ **single out** *vt* sélectionner – distinguer
single-click *vi* cliquer une fois (sur)
single-space *vt* taper avec un interligne simple – imprimer avec un interligne simple
sink *vi* couler ; *vt* couler
▪ **sink in** *vi* s'enfoncer – pénétrer
sip *vt* boire à petites gorgées *ou* à petits coups ; *vi* siroter
siphon *vt* siphonner – transférer
▪ **siphon off** *vt* siphonner – absorber
sire *vt* engendrer
sit *vi* s'asseoir ; *vt* asseoir
▪ **sit about** *vi (UK)* rester à ne rien faire – traîner
▪ **sit around** *vi* rester à ne rien faire – traîner
▪ **sit back** *vi* s'installer confortablement
▪ **sit by** *vi* rester sans rien faire
▪ **sit down** *vi* s'asseoir ; *vt* asseoir
▪ **sit in** *vi* faire un sit-in
▪ **sit on** *fam vt* garder le silence sur – ne pas s'occuper de
▪ **sit out** *vi* s'asseoir *ou* se mettre dehors ; *vt* attendre la fin de
▪ **sit through** *vt* attendre la fin de
▪ **sit up** *vi* s'asseoir ; *vt* asseoir
site *vt* placer – situer
situate *vt* situer – resituer
size *vt* trier selon la taille – fabriquer aux dimensions voulues
▪ **size up** *vt* jauger – mesurer
sizzle *vt* grésiller
skate *vi* patiner – glisser
▪ **skate around** *vt* esquiver – éviter
▪ **skate over** *vt* esquiver – éviter
skateboard *vi* faire du skateboard *ou* de la planche à roulettes
skedaddle *fam vi* mettre les voiles – se tirer
sketch *vt* faire un croquis *ou* une esquisse de – ébaucher
▪ **sketch in** *vt* indiquer – ajouter
▪ **sketch out** *vt* ébaucher – esquisser
skew *vt* fausser ; *vi* obliquer
skewer *vt* embrocher – mettre en brochette
ski *vi* faire du ski ; *vt* descendre en ski
skid *vi* déraper – glisser
ski jump *vi* faire du saut à skis
skim *vt* écrémer ; *vi* raser
▪ **skim off** *vt* enlever (avec une écumoire)
▪ **skim over** *vt* parcourir – lire superficiellement
▪ **skim through** *vt* parcourir – feuilleter
skimp *vi* lésiner ; *vt* économiser sur
skin *vt* dépouiller – écorcher
▪ **skin up** *vi fam* rouler un joint
skip *vi* sauter à la corde ; *vt* sauter
▪ **skip off** *fam vi* décamper – faire un saut
▪ **skip over** *vt* sauter – passer
skipper *vt* commander – être le capitaine de
skirmish *vi* s'engager dans une escarmouche
skirt *vt* contourner – éluder
▪ **skirt round** *vt* contourner
skitter *vi* trottiner – faire des ricochets
skive *fam vi (UK)* tirer au flanc – sécher les cours
▪ **skive off** *fam vi (UK)* se défiler ; *vt* sécher
skivvy *vi (UK) fam* faire la boniche
skulk *vi* rôder
skunk *fam vt (US)* battre à plate couture – flanquer une déculottée à
sky *vt* envoyer au ciel
skyjack *vt* détourner
skylark *fam vi* faire le fou – chahuter
slab *vt* tailler en blocs – débiter
slack *vi* se laisser aller
slacken *vt* détendre ; *vi* se relâcher
▪ **slacken off** *vt* relâcher ; *vi* se relâcher
▪ **slacken up** *vi* diminuer – se relâcher
▪ **slag off** *fam vt (UK)* dénigrer – débiner
slake *vt* étancher – assouvir
slalom *vi* slalomer – faire du slalom
slam *vt/vi* claquer
▪ **slam down** *vt* refermer en claquant – poser bruyamment
▪ **slam on** *vt* appuyer sur qqch brutalement
▪ **slam to** *vt* refermer en claquant
slam dunk *vt/vi (US)* smasher
slander *vt* calomnier – diffamer

slang *vt (UK)* fam traiter de tous les noms
slant *vt* présenter avec parti pris *ou* de manière peu objective ; *vi* pencher
slap *vt* donner une claque à ; *vi* se battre contre
▪ **slap down** *vt* poser avec violence – fam rejeter
▪ **slap on** *vt* appliquer n'importe comment *ou* à la va-vite – étaler généreusement
slash *vt* taillader ; *vi* donner des coups en direction de qqn *ou* qqch
slate *vt* couvrir d'ardoises *(US)* – proposer (un candidat)
slaughter *vt* abattre – fam massacrer
slave *vi* travailler comme un esclave *ou* un forçat – trimer
slaver *vi* baver
slay *vt* tuer *(UK)* – fam impressionner
sled *vi (US)* faire de la luge ; *vt (US)* transporter en luge
sledge *vi (UK)* faire de la luge ; *vt (US)* transporter en traîneau
sleep *vi* dormir ; *vt* dormir
▪ **sleep around** *vi* fam coucher à droite et à gauche
▪ **sleep in** *vi* faire la grasse matinée – coucher à la maison
▪ **sleep off** *vt* dormir pour faire passer
▪ **sleep on** *vi* continuer à dormir
▪ **sleep out** *vi* découcher – coucher à la belle étoile
▪ **sleep over** *vi* rester dormir chez qqn
▪ **sleep through** *vi* dormir sans interruption ; *vt* dormir pendant
▪ **sleep together** *vi* coucher ensemble
▪ **sleep with** *vt* coucher avec
sleepwalk *vi* marcher en dormant
sleet *vi* tomber de la neige fondue
sleuth *vi* enquêter
slew *vi* pivoter ; *vt* faire tourner *ou* pivoter
slice *vt* couper (en tranches) ; *vi* couper
▪ **slice off** *vt* couper
▪ **slice through** *vt* couper (net) – traverser (rapidement)
▪ **slice up** *vt* couper (en tranches) – couper (en rondelles)
▪ **slick back** *vt* se lisser les cheveux
▪ **slick down** *vt* se lisser les cheveux
slide *vi* glisser ; *vt* faire glisser
▪ **slide off** *vi* s'enlever en glissant – glisser
slight *vt* manquer d'égards envers – insulter
slim *vi* maigrir ; *vt* faire maigrir
▪ **slim down** *vt* faire maigrir ; *vi* maigrir
sling *vt* jeter – hisser
▪ **sling out** fam *vt (UK)* flanquer *ou* ficher à la porte – bazarder
▪ **sling over** fam *vt (UK)* lancer – envoyer
slink *vi* se déplacer furtivement
slip *vi* glisser ; *vt* glisser
▪ **slip along** *vi* faire un saut – aller en cachette
▪ **slip away** *vi* s'éclipser – passer
▪ **slip back** *vi* glisser (en arrière) – revenir discrètement
▪ **slip by** *vi* passer – se faufiler
▪ **slip down** *vi* glisser
▪ **slip in** *vi* entrer discrètement *ou* sans se faire remarquer ; *vt* faire glisser à sa place
▪ **slip off** *vi* s'éclipser ; *vt* enlever
▪ **slip on** *vt* mettre – mettre *ou* remettre (en faisant glisser)
▪ **slip out** *vi* sortir discrètement ; *vt* sortir
▪ **slip over** *vi* aller ; *vt* fam rouler qqn
▪ **slip past** *vi* passer – se faufiler
▪ **slip round** *vi (UK)* passer – se retourner
▪ **slip through** *vi* passer sans se faire remarquer – passer inaperçu
▪ **slip up** *vi* fam faire une gaffe
slipper *vt (UK)*-donner une fessée à qqn (avec une pantoufle)
slipstream *vt* rester dans le sillage de
slit *vt* fendre – ouvrir (avec un couteau *ou* un coupe-papier)
slither *vi* ramper – glisser
slob about *vi (UK)* traînasser ; *vt* traînasser
slob around *vi* traînasser ; *vt* traînasser
slobber *vi* baver
slog *vi* trimer ; *vt* donner un grand coup dans
slop *vi* renverser ; *vt* renverser
▪ **slop about** *vi (UK)* clapoter ; *vt* éclabousser
▪ **slop around** *vi* clapoter ; *vt* éclabousser
▪ **slop out** *vi* vider les seaux hygiéniques
slope *vi* être en pente *ou* incliné ; *vt* porter
▪ **slope off** *vi* fam filer
slosh *vt* renverser ; *vi* se répandre
▪ **slosh about** *vi (UK)* clapoter – patauger
▪ **slosh around** *vi* clapoter – patauger
slot *vt* emboîter ; *vi* rentrer
▪ **slot in** *vt* faire rentrer ; *vi* s'emboîter
▪ **slot together** *vt* emboîter ; *vi* s'emboîter
slouch *vi* être avachi ; *vt* rentrer
▪ **slouch about** *vi (UK)* se traîner
▪ **slouch around** *vi* se traîner
slough *vt* muer
▪ **slough off** *vt* se dépouiller de – se débarrasser de
slow *vt* ralentir
▪ **slow down** *vt/vi* ralentir
slug fam *vt* frapper (fort) – cogner
sluice *vt* drainer – laver à grande eau
slum *vt/vi* fam s'encanailler
slumber *vi* dormir
slump *vi* s'écrouler ; *vt* s'affaisser
slur *vt* mal articuler ; *vi* devenir indistinct
slurp *vt/vi* fam boire bruyamment
smack *vt* donner une grande tape à ; *vi* sentir qqch
smarm fam *vt (UK)* faire du plat *ou* lécher les bottes à ; *vi (UK)* lécher les bottes à qqn
smart *vi* picoter – être piqué au vif
smarten *vt* se faire beau
▪ **smarten up** *vi* se faire beau ; *vt* pomponner
smash *vt* fracasser ; *vi* se briser
▪ **smash down** *vt* fracasser – écraser
▪ **smash in** *vt* enfoncer
▪ **smash up** *vt* casser – tout casser *ou* démolir dans
smear *vt* étaler ; *vi* se salir
smell *vt/vi* sentir

smell out *vt* dénicher en flairant – découvrir
smelt *vt* fondre – extraire par fusion
smile *vi/vt* sourire
smirk *vi* sourire d'un air suffisant *ou* avec suffisance – sourire bêtement
smite *vt* frapper – châtier
smock *vt* faire des smocks à
smoke *vi/vt* fumer
smoke out *vt* enfumer – débusquer
smooch fam *vi* se bécoter *(UK)* – danser joue contre joue
smooth *vt* défroisser – masser
smooth back *vt* lisser en arrière – rabattre en lissant
smooth down *vt* lisser – planer
smooth out *vt* lisser – faire disparaître (en lissant)
smooth over *vt* rendre lisse (en ratissant) – aplanir
smooth-talk *vt* enjôler
smother *vt/vi* étouffer
smoulder *vi (UK)* couver – fumer
smolder *vi (US)* couver – fumer
smudge *vt* salir ; *vi* faire des taches
smuggle *vt* passer en contrebande ; *vi* faire de la contrebande
smuggle in *vt* faire entrer *ou* passer en contrebande – introduire en fraude
smuggle out *vt* faire sortir en fraude *ou* en contrebande
snack *vi (US)* grignoter
snaffle *vt (UK)* fam se procurer – mettre un bridon à
snag *vt* faire un accroc à ; *vi* s'accrocher
snake *vi* serpenter ; *vt* serpenter – sinuer
snap *vt* casser net ; *vi* se casser net *ou* avec un bruit sec
snap off *vt* casser ; *vi* casser net
snap on *vt (US)* allumer
snap out *vt* poser d'un ton sec ; *vi* sortir de
snap up *vt* happer – sauter sur
snare *vt* piéger – prendre au piège
snarl *vi* gronder ; *vt* lancer d'une voix rageuse
snarl up *vt* emmêler ; *vi* gronder
snatch *vt* saisir ; *vi* attraper
snatch away *vt* arracher – ôter
snatch up *vt* ramasser vite *ou* vivement *ou* d'un seul coup
sneak *vi* se glisser ; *vt* glisser en douce *ou* sans se faire remarquer
sneak away *vi* se défiler – s'esquiver
sneak off *vi* se défiler – s'esquiver
sneak up *vi* s'approcher à pas feutrés *ou* furtivement
sneer *vi* ricaner – sourire avec mépris *ou* d'un air méprisant
sneeze *vi* éternuer
snick *vt* faire une petite entaille *ou* une encoche dans
snicker *vi* ricaner – hennir doucement
sniff *vi/vt* renifler
sniff at *vt* faire la grimace *ou* la moue devant
sniff out *vt* découvrir en reniflant *ou* en flairant – découvrir
sniffle *vi* renifler – avoir le nez qui coule
snigger *vi* ricaner – rire dans sa barbe
snip *vt/vi* couper (en donnant de petits coups de ciseaux)
snip off *vt* couper *ou* enlever (à petits coups de ciseaux)
snipe *vi* tirer (d'une position cachée) – aller à la chasse aux bécassines
snitch fam *vi* moucharder ; *vt* chiper
snivel *vi/vt* pleurnicher
snog fam *vi (UK)* se rouler une pelle ; *vt* rouler une pelle à
snooker *vt (UK)* fam mettre dans l'embarras – laisser dans une position difficile
snoop *vi* fam fourrer son nez dans les affaires des autres
snooze *vi* sommeiller – faire la sieste
snore *vi* ronfler
snorkel *vi* nager sous l'eau (avec un tuba)
snort *vi* s'ébrouer ; *vt* grogner
snow *vi* neiger ; *vt (US)* fam baratiner
snow in *vt* bloquer par la neige
snow under *vt* submerger par la neige
snow up *vt* bloquer par la neige
snowball *vt* bombarder de boules de neige ; *vi* faire boule de neige
snowboard *vi* faire du surf des neiges
snowplough *vi (UK)* faire du chasse-neige
snowplow *vi (US)* faire du chasse-neige
snub *vt* remettre à sa place – repousser (dédaigneusement)
snuff *vi* priser ; *vt* moucher
snuff out *vt* éteindre – ôter
snuffle *vi* renifler ; *vt* dire *ou* prononcer d'une voix nasillarde
snuggle *vi* se blottir ; *vt* serrer contre soi
snuggle down *vi* se blottir – se pelotonner
snuggle up *vi* se blottir *ou* se serrer contre qqn
soak *vt* faire *ou* laisser tremper ; *vi* tremper
soak in *vi* pénétrer – fam faire son effet
soak out *vi* partir (au trempage) ; *vt* faire disparaître *ou* partir (en faisant tremper)
soak through *vi* filtrer au travers – s'infiltrer
soak up *vt* absorber
soap *vt* savonner
soap down *vt* savonner
soar *vi* monter en flèche – se dresser vers le ciel
sob *vi/vt* sangloter
sob out *vt* raconter en sanglotant
sober up *vi/vt* dessoûler
socialize *vi* sortir ; *vt* socialiser
socialise *vi (UK)* sortir ; *vt* socialiser
sock *vt* fam flanquer une beigne à
sod *vt (UK)* tfam emmerder
sod off *vi (UK)* tfam foutre le camp
sodomize *vt* sodomiser
sodomise *vt (UK)* sodomiser
soften *vt* ramollir ; *vi* se ramollir
soften up *vt* fam attendrir ; *vi* devenir mou
soft-pedal *vi* mettre la sourdine ; *vt* glisser sur
soft-soap *vt* passer de la pommade à
soil *vt* salir ; *vi* se salir

solace *vt* consoler – soulager
solder *vt* souder
soldier *vi* être soldat – servir dans l'armée
▪ **soldier on** *vi (UK)* continuer *ou* persévérer (malgré tout)
sole *vt* ressemeler
solemnize *vt* solenniser – célébrer
solemnise *vt (UK)* solenniser – célébrer
solicit *vt* solliciter ; *vi* racoler
solidify *vi* se solidifier ; *vt* solidifier
soliloquize *vi* soliloquer – monologuer
soliloquise *vi (UK)* soliloquer – monologuer
solve *vt* résoudre – élucider
somersault *vi* faire la culbute *ou* un saut périlleux *ou* des sauts périlleux – faire un tonneau *ou* des tonneaux
soot up *vt* couvrir *ou* recouvrir de suie – encrasser
soothe *vt* calmer – apaiser
sorrow *vi* éprouver du chagrin *ou* de la peine
sort *vt* classer – trier
▪ **sort out** *vt* trier – ranger
▪ **sort through** *vt* trier
sough *vi* murmurer – susurrer
sound *vi* sonner ; *vt* sonner
▪ **sound off** fam *vi* crier son opinion sur tous les toits – se vanter
▪ **sound out** *vt* sonder
soundproof *vt* insonoriser
sour *vi* surir ; *vt* aigrir
source *vt* provenir de
souse *vt* (faire) mariner dans du vinaigre – immerger
sow *vt/vi* semer
space *vt* espacer
▪ **space out** *vt* espacer – échelonner, espacer
space walk *vi* marcher dans l'espace
spam *vt* envoyer un spam
span *vt* couvrir – enjamber
spangle *vt* pailleter – décorer de paillettes
spank *vt* donner une fessée à ; *vi* aller bon train
spar *vi* s'entraîner (avec un sparring-partner) – se disputer
spare *vt* accorder – épargner
spark *vt* susciter ; *vi* jeter des étincelles
▪ **spark off** *vt* susciter
sparkle *vi* étinceler – briller
spatter *vt* éclabousser ; *vi* gicler
spawn *vt* pondre ; *vi* frayer
spay *vt* stériliser
speak *vi* parler ; *vt* dire
▪ **speak for** *vt* être pris *ou* réservé
▪ **speak out** *vi* parler franchement – ne pas mâcher ses mots
▪ **speak up** *vi* parler plus fort – parler franchement
spear *vt* transpercer d'un coup de lance – piquer
spearhead *vt* être le fer de lance de – mener
specialize *vi* se spécialiser
specialise *vi (UK)* se spécialiser
specify *vt* spécifier – préciser
speck *vt* tacheter
speckle *vt* tacheter – moucheter
spectate *vi* assister à
speculate *vi* s'interroger – spéculer
speechify *vi* discourir – faire de beaux discours
speed *vi* aller à toute allure ; *vt* accélérer
▪ **speed up** *vi* aller plus vite ; *vt* faire travailler plus vite
spell *vt* écrire ; *vi* connaître l'orthographe
▪ **spell out** *vt* épeler – expliquer bien clairement
spell-check *vt* faire la vérification orthographique de
spend *vt/vi* dépenser
spew *vt/vi* tfam dégueuler
▪ **spew up** *vi/vt* tfam vomir
spice *vt* épicer – pimenter
spiel *vi* baratiner
spike *vt* garnir de pointes ; *vi* smasher
spill *vt* renverser ; *vi* se renverser
▪ **spill out** *vt* renverser ; *vi* se renverser
▪ **spill over** *vi* déborder – se déverser
spin *vt* faire tourner ; *vi* tourner
▪ **spin off** *vt* monter une affaire
▪ **spin out** *vt* faire durer – délayer
▪ **spin round** *vi (UK)* tourner (sur soi-même) ; *vt* faire tourner
▪ **spin around** *vi* tourner (sur soi-même) ; *vt* faire tourner
spin-dry *vi/vt* essorer
spiral *vi* vriller – s'envoler
▪ **spiral up** *vi* monter en spirale – monter en flèche
spirit *vt* déplacer *ou* faire disparaître qqch discrètement
▪ **spirit away** *vt* faire disparaître (comme par enchantement) – escamoter
▪ **spirit off** *vt* faire disparaître (comme par enchantement) – escamoter
spit *vi/vt* cracher
▪ **spit out** *vt* cracher
spite *vt* contrarier – vexer
▪ **spit-roast** *vt* faire rôtir à la broche
splash *vt* éclabousser ; *vi* faire des éclaboussures
▪ **splash about** *vi (UK)* barboter ; *vt* faire des éclaboussures de
▪ **splash around** *vi* barboter ; *vt* faire des éclaboussures de
▪ **splash down** *vi* amerrir
▪ **splash out** fam *vi* faire des folies ; *vt* claquer
splatter *vt* éclabousser ; *vi* crépiter
splay *vt* écarter ; *vi* s'écarter
splice *vt (UK)* fam convoler en justes noces
splint *vt* éclisser – mettre dans une attelle
splinter *vt* briser en éclats ; *vi* se briser en éclats
split *vt* fendre ; *vi* se fendre
▪ **split off** *vi* se détacher ; *vt* enlever (en fendant)
▪ **split on** fam *vt (UK)* vendre, moucharder
▪ **split up** *vi* se fendre ; *vt* fendre
splodge *vt (UK)* éclabousser ; *vi* s'étaler
splurge *vt* dépenser – dissiper
▪ **splurge out** *vi* faire une folie *ou* des folies
splutter *vi* postillonner ; *vt* bredouiller
spoil *vt* gâter ; *vi* se gâter
▪ **spoil for** *vt* chercher la bagarre
sponge *vt* donner un coup d'éponge sur ; *vi* fam vivre aux crochets de qqn
▪ **sponge down** *vt* éponger – laver à l'éponge
sponsor *vt* sponsoriser – présenter

spoof *vt* parodier – faire marcher
spook *vt (US)* faire peur à – hanter
spool *vt* bobiner
spoon *vt* servir – verser
spoon out *vt* servir à l'aide d'une cuillère – verser à l'aide d'une cuillère
spoon up *vt* manger avec une cuillère – ramasser avec une cuillère
spoon-feed *vt* nourrir à la cuillère
sport *vt* porter ; *vi* batifoler
spot *vt* repérer ; *vi* se tacher
spot-check *vt* contrôler au hasard – sonder
spotlight *vt* diriger les projecteurs sur – mettre en vedette
spout *vi* jaillir ; *vt* faire jaillir un jet de
sprain *vt* fouler – étirer
sprawl *vi* être affalé *ou* vautré ; *vt* se vautrer
spray *vt* faire des pulvérisations sur ; *vi* jaillir
spray on *vt* appliquer (à la bombe) ; *vi* s'appliquer (par pulvérisation)
spray-paint *vt* peindre à la bombe – peindre au pistolet
spread *vt* étaler ; *vi* s'élargir
spread out *vi* s'étendre ; *vt* disperser
spread-eagle *vt* envoyer par terre
spring *vi* bondir ; *vt* déclencher
spring up *vi* se lever d'un bond – bondir
spring-clean *vi* faire un nettoyage de printemps ; *vt* nettoyer de fond en comble
sprinkle *vt* saupoudrer ; *vi* tomber des gouttes
sprint *vi* sprinter
sprout *vi* germer ; *vt* pousser
sprout up *vi* pousser – pousser comme des champignons
spruce up *vt* donner un coup de neuf à – refaire
spur *vt* éperonner – inciter
spur on *vt* éperonner – aiguillonner
spurn *vt* dédaigner – éconduire
spurt *vi* jaillir ; *vt* laisser jaillir
spurt out *vi* jaillir – gicler
sputter *vi* toussoter ; *vt* bredouiller
sputter out *vi* s'éteindre
spy *vi* faire de l'espionnage ; *vt* apercevoir
spy on *vt* espionner
spy out *vt* chercher à découvrir (subrepticement) – repérer
squabble *vi* se disputer – se quereller
squall *vi* brailler ; *vt* brailler
squander *vt* gaspiller – dissiper
square *vt* mettre droit ; *vi* cadrer
square away fam *vt (US)* régler – mettre en ordre
square off *vi* se mettre en garde ; *vt* quadriller
square up *vi* faire les comptes
square up to *vt* faire face *ou* front à – se mettre en position de combat contre
squash *vt* écraser ; *vi* s'entasser
squash in *vi* s'entasser
squash together *vi* se serrer (les uns contre les autres) ; *vt* serrer
squat *vi* s'accroupir ; *vt* squatter
squawk *vi* criailler ; *vt* brailler
squeak *vi* grincer ; *vt* glapir
squeak by fam *vi* se faufiler – réussir de justesse
squeak through fam *vi* se faufiler – réussir de justesse
squeal *vi* pousser un cri perçant ; *vt* crier
squeeze *vt* presser ; *vi* passer de justesse
squeeze in *vi* se faire une petite place ; *vt* réussir à faire entrer
squeeze out *vt* essorer – exprimer
squeeze up *vi* se serrer – se pousser
squelch *vi* patauger ; *vt* écraser
squinch *vt (US)* fam se plisser les yeux
squint *vi* loucher – plisser les yeux
squirm *vi* se tortiller – être gêné
squirrel away *vt* engranger – cacher
squirt *vt* faire gicler ; *vi* gicler
squish fam *vt (US)* écrabouiller ; *vi* s'écrabouiller
stab *vt* donner un coup de couteau à ; *vi* frapper – piquer
stabilize *vt* stabiliser ; *vi* se stabiliser
stabilise *vt (UK)* stabiliser ; *vi* se stabiliser
stable *vt* mettre à l'écurie
stack *vt* empiler ; *vi* s'empiler
stack up *vt* empiler ; *vi* se comparer
staff *vt* pourvoir en personnel
stage *vt* monter – organiser
stage-manage *vt* s'occuper de la régie de orchestrer
stagger *vi* chanceler ; *vt* échelonner
stagnate *vi* stagner – croupir
stain *vt/vi* tacher
stake *vt* jouer *(US)* – financer
stake off *vt* délimiter
stake out *vt* délimiter (avec des piquets) *(US)* – mettre sous surveillance
stale *vi* perdre son charme
stalemate *vt* faire pat à
stalk *vt* traquer ; *vi* rôder
stall *vi* caler ; *vt* caler
stammer *vi* balbutier ; *vt* bredouiller
stamp *vt* timbrer ; *vi* taper du pied
stamp down *vt* tasser avec les pieds – enfoncer du pied
stamp on *vt* écraser – étouffer
stamp out *vt* éteindre avec les pieds *ou* en piétinant – éradiquer
stampede *vi* s'enfuir (pris d'affolement) ; *vt* faire fuir
stand *vi* se lever ; *vt* mettre
stand about *vi (UK)* rester là – traîner
stand around *vi* rester là – traîner
stand aside *vi* s'écarter
stand back *vi* reculer – être en retrait *ou* à l'écart
stand by *vi* rester là (sans rien faire) ; *vt* soutenir
stand down *vi (UK)* se désister ; *vt* licencier
stand for *vt* représenter – tolérer
stand in *vi* assurer le remplacement
stand off *vi* s'écarter ; *vt (UK)* mettre en chômage technique
stand out *vi* saillir – ressortir
stand over *vt* surveiller ; *vt (UK)* remettre (à plus tard)
stand to *vi* se mettre en état d'alerte
stand up *vi* se lever ; *vt* mettre debout
stand up for *vt* défendre

■ **stand up to** *vt* résister à qqch
tandardize *vt* standardiser – étalonner
tandardise *vt (UK)* standardiser – étalonner
taple *vt* agrafer
tar *vt* avoir comme *ou* pour vedette ; *vi* être la vedette
tarboard *vt* passer à tribord
tarch *vt* empeser – amidonner
tare *vi* regarder (fixement) ; *vt* regarder (fixement)
■ **stare out** *vt (UK)* faire baisser les yeux à
■ **stare down** *vt (US)* faire baisser les yeux à
tart *vt/vi* commencer
■ **start back** *vi* rebrousser chemin – recommencer
■ **start in on** *vt* s'attaquer à
■ **start off** *vi* partir ; *vt* commencer
■ **start on** *vt* commencer – s'en prendre à
■ **start out** *vi* se lancer – s'installer
■ **start over** *vi/vt (US)* recommencer (depuis le début)
■ **start up** *vt* créer ; *vi* commencer
:artle *vt* surprendre ; *vi* s'effaroucher
:arve *vi* souffrir de la faim ; *vt* affamer
■ **starve out** *vt* affamer – obliger à sortir en l'affamant
:ash fam *vt* planquer – ranger
■ **stash away** *vt* fam planquer
:ate *vt* déclarer – formuler
:ation *vt* placer – poster
:aunch *vt* étancher – arrêter
■ **stave in** *vt* enfoncer – défoncer
■ **stave off** *vt* retarder – écarter
:ay *vi* rester ; *vt* aller jusqu'au bout de
■ **stay away** *vi* ne pas aller – s'abstenir d'aller
■ **stay behind** *vi* rester
■ **stay down** *vi* rester en bas *(UK)* – redoubler
■ **stay in** *vi* rester à la maison – être consigné
■ **stay on** *vi* rester
■ **stay out** *vi* ne pas rentrer – rester dehors
■ **stay over** *vi* s'arrêter un certain temps – passer la nuit
■ **stay up** *vi* veiller – rester debout
■ **stay with** *vt* fam s'accrocher à qqch
steady *vt* stabiliser ; *vi* se stabiliser
steal *vt/vi* voler
■ **steal away** *vi* partir furtivement – s'esquiver
steam *vt* (faire) cuire à la vapeur ; *vi* fumer
■ **steam up** *vi* s'embuer ; *vt* embuer
steamroll *vt* cylindrer
steamroller *vt* écraser
steel *vt* aciérer
steep *vt* (faire) tremper ; *vi* tremper
steepen *vi* devenir plus raide *ou* escarpé – croître
steer *vt/vi* conduire
stem *vt* arrêter ; *vi* faire du stem *ou* stemm
stencil *vt* dessiner au pochoir
step *vi* faire un pas ; *vt* mesurer
■ **step aside** *vi* s'écarter – s'effacer
■ **step back** *vi* reculer – prendre du recul
■ **step down** *vi* descendre ; *vt* abaisser
■ **step forward** *vi* faire un pas en avant – se présenter
■ **step in** *vi* entrer – intervenir
■ **step out** *vi* sortir – presser le pas
■ **step up** *vi* s'approcher ; *vt* augmenter
stereotype *vt* stéréotyper – clicher
sterilize *vt* stériliser
sterilise *vt (UK)* stériliser
stevedore *vi* travailler comme docker *ou* débardeur
stew *vt* préparer en ragoût ; *vi* cuire en ragoût
stick *vt* planter ; *vi* se planter
■ **stick around** fam *vi* rester (dans les parages) – attendre
■ **stick at** *vt* persévérer
■ **stick by** *vt* soutenir – s'en tenir à
■ **stick down** *vt* coller ; *vi* (se) coller
■ **stick in** *vt* planter ; *vi* se planter
■ **stick on** *vt/vi* coller
■ **stick out** *vt* tendre ; *vi* sortir
■ **stick out for** *vt* s'obstiner à vouloir – exiger
■ **stick to** *vt* respecter
■ **stick together** *vi* rester ensemble – se serrer les coudes
■ **stick up** *vt* afficher ; *vi* s'élever
■ **stick up for** *vt* prendre la défense *ou* le parti de qqn
■ **stick with** *vt* s'en tenir à – persister dans
stiffen *vt* raidir ; *vi* devenir raide *ou* rigide
stifle *vt* réprimer ; *vi* étouffer
stigmatize *vt* stigmatiser
stigmatise *vt (UK)* stigmatiser
still *vt* faire taire – apaiser
stimulate *vt* stimuler
sting *vt/vi* piquer
stink *vi* puer – empester
■ **stink out** fam *vt* chasser par la mauvaise odeur – empester
stint *vt (UK)* lésiner sur ; *vi (UK)* lésiner sur qqch
stipulate *vt* stipuler ; *vi* stipuler qqch
stir *vt* remuer ; *vi* bouger
■ **stir in** *vt* ajouter *ou* incorporer en remuant
■ **stir up** *vt* soulever – provoquer
stir-fry *vt* faire sauter à feu vif (tout en remuant)
stitch *vt* coudre – suturer
■ **stitch down** *vt* rabattre
■ **stitch up** *vt* coudre – suturer
stock *vt* avoir (en stock) – approvisionner
■ **stock up** *vi* s'approvisionner ; *vt* approvisionner
stockade *vt* palissader
stockpile *vt* stocker ; *vi* faire des stocks
stoke *vt* alimenter – entretenir
■ **stoke up** *vi* alimenter le feu ; *vt* alimenter
stomach *vt* supporter – digérer
stomp *vi* fam marcher d'un pas lourd
stone *vt* dénoyauter – jeter des pierres sur
stonewall *vi* monopoliser la parole (pour empêcher les autres de parler) – jouer très prudemment
stook *vt* moyetter
stoop *vi* se baisser ; *vt* baisser
stop *vt/vi* arrêter

- **stop away** *vi (UK) fam* rester absent
- **stop by** *vi fam* passer
- **stop down** *vi (UK)* rester en bas ; *vt* diaphragmer
- **stop in** *fam vi (UK)* ne pas sortir – rester à la maison
- **stop off** *vi* s'arrêter – faire une halte
- **stop out** *vi (UK) fam* ne pas rentrer
- **stop over** *vi* s'arrêter – faire escale
- **stop up** *fam vi (UK)* ne pas se coucher – veiller

stopper *vt* boucher – fermer
store *vt* emmagasiner – conserver
- **store away** *vt* garder en réserve
- **store up** *vt* garder en réserve

storm *vi* tempêter ; *vt* emporter
stow *vt* ranger – remplir
- **stow away** *vi* s'embarquer clandestinement ; *vt (UK) fam* enfourner

straddle *vt* chevaucher ; *vi (US) fam* ne pas prendre position
strafe *vt* mitrailler (au sol) – bombarder
straggle *vi* pousser de façon désordonnée – traîner
straighten *vt* redresser ; *vi* se dresser
- **straighten out** *vt* redresser ; *vi* devenir droit
- **straighten up** *vi* se dresser ; *vt* ranger

strain *vt* tendre (fortement) ; *vi* tirer fort
- **strain off** *vt* vider – égoutter

strand *vt* échouer
strangle *vt* étrangler – étouffer
strangulate *vt* étrangler
strap *vt* sangler – attacher
- **strap down** *vt* sangler – attacher avec une sangle *ou* une courroie
- **strap in** *vt* attacher la ceinture (de sécurité) de – attacher avec un harnais *ou* avec une ceinture
- **strap on** *vt* attacher
- **strap up** *vt* sangler – mettre un bandage à

straphang *vi (UK) fam* voyager debout (dans les transports en commun)
stratify *vt* stratifier ; *vi* se stratifier
stray *vi* errer – s'éloigner du sujet
streak *vt* tacher ; *vi* faire du streaking (traverser un lieu public nu en courant)
stream *vi* ruisseler ; *vt (UK)* répartir en classes de niveau
streamline *vt* donner un profil aérodynamique à – rationaliser
strengthen *vt/vi* se fortifier
stress *vt* insister sur ; *vi fam* stresser
- **stress out** *vt fam* stresser

stretch *vt* tendre ; *vi* s'étirer
- **stretch out** *vt* tendre ; *vi* s'étendre

strew *vt* répandre – joncher
stride *vi* marcher à grands pas *ou* à grandes enjambées ; *vt* arpenter
strike *vt/vi* frapper
- **strike back** *vi* se venger – contre-attaquer
- **strike down** *vt* foudroyer – terrasser
- **strike off** *vt* rayer ; *vi* se lancer en direction de
- **strike on** *vt (UK)* trouver (par hasard) – trouver
- **strike out** *vi* s'établir à son compte ; *vt* rayer
- **strike through** *vt (UK)* rayer – barrer
- **strike up** *vt /vi* commencer à jouer

string *vt* monter – enfiler
- **string along** *fam vi* suivre (les autres) ; *vt* faire marcher
- **string out** *vt* suspendre (sur une corde)
- **string together** *vt* enfiler – monter
- **string up** *vt* suspendre – *fam* pendre

strip *vt* déshabiller ; *vi* se déshabiller
- **strip down** *vt* défaire (complètement) ; *vi* se déshabiller
- **strip off** *vt* enlever ; *vi* se déshabiller
- **strip out** *vt* démonter – démanteler

stripe *vt* rayer – marquer de rayures
- **strip-search** *vt* fouiller qqn après l'avoir fait déshabiller

strive *vt* lutter – se battre
stroke *vt* caresser ; *vi* être chef de nage
stroll *vi* se balader ; *vt* balader
- **strong-arm** *vt fam* faire violence à

strop *vt* repasser sur le cuir
structure *vt* structurer
struggle *vi* lutter – se battre
- **struggle along** *vi* peiner – subsister avec difficulté
- **struggle on** *vi* continuer à se battre
- **struggle through** *vi* s'en sortir tant bien que mal

strum *vt* gratter sur ; *vi* gratter
strut *vt* se pavaner ; *vi fam* se montrer en spectacle
stub *vt* cogner
- **stub out** *vt* écraser

stucco *vt* stuquer
stud *vt* clouter – garnir de clous
study *vt/vi* étudier
stuff *fam vt* fourrer – bourrer
- **stuff up** *vt* boucher

stultify *vt* abrutir – étouffer
stumble *vi* trébucher – faire un faux pas
- **stumble across** *vt* rencontrer par hasard – trouver par hasard
- **stumble on** *vt* rencontrer par hasard – trouver par hasard
- **stumble upon** *vt* rencontrer par hasard – trouver par hasard

stump *vt fam* laisser perplexe ; *vi* marcher d'un pas lourd
- **stump up** *fam vi (UK)* casquer *vt* cracher

stun *vt* assommer – abasourdir
stunt *vi* faire des acrobaties ; *vt* retarder
stupefy *vt* abrutir – stupéfier
stutter *vi* bégayer ; *vt* bégayer
style *vt* appeler – créer
stylize *vt* styliser
stylise *vt (UK)* styliser
stymie *vt* barrer le trou à – *fam* coincer
sub *vt* substituer ; *vi* remplacer
subcontract *vt* (faire) sous-traiter *vi* travailler en sous-traitance
subdivide *vt* subdiviser ; *vi* se subdiviser
subdue *vt* assujettir – refréner
subedit *vt (UK)* corriger ; *vi* travailler comme secrétaire de rédaction
subject *vt* soumettre – assujettir
subjugate *vt* assujettir – dompter
sublease *vt* sous-louer
sublet *vt* sous-louer
sublimate *vt* sublimer

sublime *vt* sublimer
submerge *vt* submerger ; *vi* plonger
submit *vi* se rendre ; *vt* soumettre
subordinate *vt* subordonner
suborn *vt* suborner
subpoena *vt* citer (à comparaître en qualité de témoin)
subrogate *vt* subroger
subscribe *vi* s'abonner ; *vt* donner
subside *vi* cesser – s'abaisser
subsidize *vt* subventionner
subsidise *vt (UK)* subventionner
subsist *vi* subsister
substantiate *vt* confirmer – apporter *ou* fournir des preuves à l'appui de
substitute *vt* substituer ; *vi* remplacer qqn
subsume *vt* subsumer
subtend *vt* sous-tendre
subtitle *vt* sous-titrer
subtract *vt* soustraire – déduire
subvert *vt* subvertir – corrompre
succeed *vi* réussir ; *vt* succéder à
succour *vt (UK)* secourir – aider
succor *vt (US)* secourir – aider
succumb *vi* succomber – céder
suck *vt/vi* sucer
■ **suck down** *vt* engloutir
■ **suck off** *vt* sucer – vulg tailler une pipe à
■ **suck up** *vt* aspirer ; *vi* fam lécher les bottes à qqn
sucker *vt* enlever les drageons de ; *vi* drageonner
suckle *vt* allaiter ; *vi* téter
sue *vt* poursuivre en justice ; *vi* intenter un procès
suffer *vi* souffrir ; *vt* souffrir de
suffice *vi* suffire ; *vt* suffire à
suffix *vt* suffixer
suffocate *vi* suffoquer ; *vt* suffoquer
suffuse *vt* se répandre sur – baigner
sugar *vt* sucrer
suggest *vt* suggérer – proposer
suit *vt* aller à ; *vi* convenir
■ **suit up** *vi* mettre sa combinaison
sulk *vi* bouder – faire la tête
sully *vt* souiller – ternir
sum *vt* additionner – calculer
■ **sum up** *vt* résumer ; *vi* récapituler
summarize *vt* résumer
summarise *vt (UK)* résumer
summer *vi* passer l'été ; *vt* estiver
summon *vt* appeler – convoquer
■ **summon up** *vt* rassembler – réunir
summons *vt* citer *ou* assigner (à comparaître)
sun *vt* prendre le soleil
sunbathe *vi* prendre un bain de soleil – se faire bronzer
sup *vi* souper ; *vt* boire à petites gorgées
superimpose *vt* superposer
superintend *vt* surveiller – diriger
superpose *vt* superposer
supersede *vt* supplanter – remplacer
supervise *vt/vi* surveiller
supplant *vt* supplanter – évincer
supplement *vt* augmenter – compléter
supply *vt* fournir – munir
support *vt* soutenir – supporter
suppose *vt/vi* supposer
suppress *vt* supprimer – réprimer
suppurate *vi* suppurer
surcharge *vt* surtaxer – faire payer un supplément à
surf *vt/vi* surfer
surface *vi* faire surface ; *vt* revêtir
surfeit *vt* rassasier
surge *vi* monter – se ruer
■ **surge up** *vi* monter rapidement
surmise *vt* conjecturer – présumer
surmount *vt* surmonter – vaincre
surpass *vt* surpasser – dépasser
surprise *vt* surprendre – étonner
surrender *vi* se rendre ; *vt* livrer
surround *vt* entourer – encercler
survey *vt* contempler – dresser le bilan de, étudier
survive *vi* survivre ; *vt* survivre à
suspect *vt* soupçonner – douter de
suspend *vt* suspendre – retirer (provisoirement)
suss *vt (UK)* fam flairer
■ **suss out** fam *vt (UK)* piger – saisir le caractère de
sustain *vt* entretenir – soutenir
suture *vt* suturer
swab *vt* nettoyer (avec un tampon) – laver
swaddle *vt* envelopper – emmitoufler
swagger *vi* se pavaner – se vanter
swallow *vt/vi* avaler
■ **swallow up** *vt* engloutir
swamp *vt* inonder – submerger
swan *vi* se pavaner
swank fam *vi* se vanter – frimer
swap *vt/vi* échanger
■ **swap over** *vt/vi (UK)* échanger
■ **swap round** *vt/vi (UK)* échanger
swarm *vi* essaimer – fourmiller
swat *vt* écraser – fam frapper
swathe *vt* envelopper – emmailloter
sway *vi* se balancer ; *vt* (faire) balancer
swear *vi/vt* jurer
■ **swear by** *vt* jurer par
■ **swear in** *vt* faire prêter serment à – assermenter
■ **swear off** *vt* fam renoncer à
sweat *vi* suer ; *vt* faire suer *ou* transpirer
■ **sweat off** *vt* éliminer
■ **sweat out** *vt* prendre son mal en patience
sweep *vt/vi* balayer
■ **sweep along** *vt* emporter – entraîner
■ **sweep aside** *vt* écarter – repousser
■ **sweep away** *vt* balayer – emporter
■ **sweep by** *vi* passer à toute vitesse – passer majestueusement
■ **sweep down** *vi* descendre
■ **sweep up** *vt/vi* balayer
sweeten *vt* sucrer – fam graisser la patte à
■ **sweet-talk** *vt* fam embobiner
swell *vi/vt* gonfler
swelter *vi* étouffer de chaleur – suer à grosses gouttes
swerve *vi* faire une embardée ; *vt* faire virer
swig *vt* lamper – siffler
■ **swig down** fam *vt* vider d'un trait – siffler
swill *vt (UK)* laver à grande eau – fam écluser
swim *vi* nager ; *vt* traverser à la nage
swindle *vt* escroquer
swing *vi* se balancer ; *vt* balancer
■ **swing round** *vt (UK)* faire virer ; *vi* se retourner
■ **swing to** *vi* se refermer
swipe *vt* donner un coup à ; *vt* fam faucher

swirl *vi* tourbillonner ; *vt* faire tourbillonner *ou* tournoyer
swish *vi* siffler ; *vt* faire bruire
switch *vt* changer de ; *vi* changer
▪ **switch off** *vt* éteindre ; *vi* s'éteindre
▪ **switch on** *vt* allumer ; *vi* s'allumer
▪ **switch over** *vi* changer de chaîne – changer de station
▪ **switch round** *vt/vi* changer de place
swivel *vi* pivoter – tourner ; *vt* faire pivoter
swoon *vi* se pâmer – s'évanouir
swoop *vi* s'abattre – faire une descente
swoosh fam *vi* murmurer – siffler
swot fam *vi (UK)* bûcher – potasser
▪ **swot up** fam *vi (UK)* bûcher ; *vt* bûcher
syllabify *vt* décomposer en syllabes
symbolize *vt* symboliser
symbolise *vt (UK)* symboliser
sympathize *vi* sympathiser – compatir
sympathise *vi (UK)* sympathiser – compatir
sync(h) *vt* synchroniser **synchronize** *vt* synchroniser ; *vi* être synchronisé
synchronise *vt (UK)* synchroniser ; *vi (UK)* être synchronisé
syncopate *vt* syncoper
syndicate *vt* syndiquer ; *vi* former un groupement *ou* syndicat
synopsize *vt (US)* résumer – faire un résumé de
synopsise *vt (UK et US)* – résumer – faire un résumé de
synthesize *vt* synthétiser
synthesise *vt (UK)* synthétiser
syringe *vt* seringuer
systematize *vt* systématiser
systematise *vt (UK)* systématiser

T

table *vt* présenter *(US)* – ajourner
taboo *vt* proscrire – interdire
tabulate *vt* mettre sous forme de table *ou* tableau – classifier
tack *vt* clouer ; *vi* faire *ou* courir *ou* tirer une bordée
▪ **tack down** *vt* clouer – maintenir en place au point de bâti
▪ **tack on** *vt* fixer avec des clous – bâtir
tackle *vt/vi* tacler
tag *vt* étiqueter *(US)* – suivre
▪ **tag along** *vi* suivre
▪ **tag on** *vt* ajouter ; *vi* fam suivre
tail *vt* suivre – couper la queue à
▪ **tail along** *vi* fam suivre
▪ **tail away** *vi* s'affaiblir – diminuer petit à petit
▪ **tail back** *vi* être arrêté – s'égrener
▪ **tail off** *vi* baisser – diminuer
tailgate *vt* coller au pare-chocs de
tailor *vt* faire sur mesure – adapter à un besoin particulier
taint *vt* corrompre – gâter
take *vt/vi* prendre
▪ **take aback** *vt* étonner – déconcerter
▪ **take after** *vt* ressembler à – tenir de
▪ **take apart** *vt* démonter – critiquer
▪ **take aside** *vt* prendre à part – emmener à l'écart
▪ **take away** *vt* enlever – emporter
▪ **take away from** *vt* enlever à
▪ **take back** *vt* reprendre – rapporter
▪ **take down** *vt* descendre ; *vi* se démonter
▪ **take in** *vt* héberger – saisir
▪ **take off** *vt* enlever ; *vi* décoller
▪ **take on** *vt* prendre ; *vi* fam s'en faire
▪ **take out** *vt* prendre – sortir
▪ **take over** *vt* reprendre ; *vi* prendre le pouvoir
▪ **take to** *vt* se prendre d'amitié *ou* de sympathie pour – se mettre à
▪ **take up** *vt* monter ; *vi* reprendre
▪ **take upon** *vt* se charger de faire qqch – prendre qqch sur soi
▪ **take up on** *vt* accepter
▪ **take up with** *vt* se lier d'amitié avec qqn
talc *vt* talquer
talk *vi* parler ; *vt* parler
▪ **talk about** *vt* parler de
▪ **talk at** *vt* parler à (sans être attentif à son interlocuteur)
▪ **talk away** *vi* passer le temps à parler – parler sans arrêt
▪ **talk back** *vi* répondre
▪ **talk down** *vt* faire atterrir par radio-contrôle ; *vi* parler à qqn comme à un enfant
▪ **talk into** *vt* convaincre
▪ **talk out** *vt* débattre de – discuter de
▪ **talk out of** *vt* dissuader
▪ **talk over** *vt* discuter *ou* débattre de
▪ **talk round** *vt (UK)* persuader ; *vt (UK)* tourner autour de
▪ **talk up** *vt* vanter les mérites de – faire de la publicité pour
tally *vt* pointer ; *vi* correspondre
tame *vt* apprivoiser – mater
tamp *vt* tasser – bourrer (à l'argile *ou* au sable)
▪ **tamp down** *vt* tasser – damer
▪ **tamper with** *vt* trafiquer *(US)* – suborner
tan *vt* tanner ; *vi* bronzer
tangle *vt* emmêler ; *vi* s'emmêler
▪ **tangle up** *vt* emmêler – enchevêtrer
tango *vi* danser le tango
tank *vt* mettre en cuve *ou* en réservoir
▪ **tank up** *vi (UK)* faire le plein (d'essence) ; *vt* fam se soûler
tantalize *vt* tourmenter – taquiner
tantanlise *vt (UK)* tourmenter – taquiner
tap *vt* taper légèrement ; *vi* tapoter
▪ **tap in** *vt* enfoncer à petits coups – taper
▪ **tap out** *vt* sortir à petits coups – taper
▪ **tap-dance** *vi* faire des claquettes
tape *vt* enregistrer – attacher avec du ruban adhésif
▪ **tape together** *vt* attacher ensemble avec du ruban adhésif – coller (avec du ruban adhésif)
▪ **tape up** *vt* attacher avec du ruban adhésif – fermer avec du ruban adhésif
taper *vt* fuseler ; *vi* être fuselé
▪ **taper off** *vi* se terminer en fuseau *ou* en pointe – diminuer progressivement

ape-record *vt* enregistrer (sur bande magnétique)
ar *vt* goudronner – bitumer
arget *vt* prendre pour cible – diriger
▪ **tarmac** *vt* macadamiser – goudronner
arnish *vt* ternir ; *vi* se ternir
arry *vi* s'attarder – rester
▪ **tart up** fam *vt (UK)* retaper – rénover
ask *vt* mettre à l'épreuve
assel *vt* garnir de glands
aste *vt* sentir (le goût de) ; *vi* avoir goût
at *vi* faire de la frivolité
attle fam *vi* jaser – rapporter
attoo *vi* tatouer ; *vt* tatouer
aunt *vt* railler – tourner en ridicule
auten *vt* tendre ; *vi* se tendre
ax *vt* imposer – mettre à l'épreuve
axi *vi* se déplacer au sol ; *vt* transporter en taxi
each *vt* apprendre ; *vi* être enseignant
eam *vt* mettre en équipe – assortir
▪ **team up** *vt* mettre en équipe ; *vi* faire équipe
ear *vt* déchirer ; *vi* se déchirer
▪ **tear apart** *vt* déchirer
▪ **tear at** *vt* arracher
▪ **tear away** *vt* arracher – enlever
▪ **tear down** *vt* arracher – démolir
▪ **tear into** *vt* se précipiter sur – fam enguirlander
▪ **tear off** *vt* arracher – fam écrire à toute vitesse
▪ **tear out** *vt* arracher – détacher
▪ **tear up** *vt* déchirer (en morceaux) – arracher
tease *vt* taquiner ; *vi* faire des taquineries
▪ **tease out** *vt* démêler – faire ressortir
teasel *vt* peigner – démêler
ted *vt* faner
tee *vt* placer sur le tee ; *vi* placer la balle sur le tee
▪ **tee off** *vi* jouer sa balle *ou* partir du tee (du tertre de départ) ; *vt (US)* agacer
▪ **tee up** *vi* placer la balle sur le tee
teem *vi* grouiller – fourmiller
teeter *vi* chanceler *(US)* – se balancer
teethe *vi* faire *ou* percer ses premières dents
telecast *vt* diffuser – téléviser
telegraph *vt/vi* télégraphier
telephone *vt* téléphoner à ; *vi* téléphoner
teleport *vt* téléporter
telescope *vt* condenser ; *vi* s'emboîter
Teletype *vt* transmettre par Télétype ®
televise *vt* téléviser
telework *vi* télétravailler
telex *vt* envoyer par télex – télexer
tell *vt* dire à ; *vi* savoir
▪ **tell apart** *vt* distinguer (entre)
▪ **tell off** *vt* réprimander – affecter
▪ **tell on** *vt* dénoncer – se faire sentir sur
temp *vi* faire de l'intérim
temper *vt* modérer – tremper
temporize *vi* temporiser – chercher à gagner du temps
temporise *vi (UK)* temporiser – chercher à gagner du temps
tempt *vt* tenter – attirer
tend *vi* tendre ; *vt* garder
tender *vt* donner ; *vi* faire une soumission
tenderize *vt* attendrir
tenderise *vt (UK)* attendrir
tenon *vt* tenonner
tense *vt* tendre – bander
▪ **tense up** *vi* se tendre ; *vt* rendre nerveux
tent *vi* camper
term *vt* appeler – nommer
terminate *vt* terminer ; *vi* se terminer
terrify *vt* terrifier – effrayer
terrorize *vt* terroriser
terrorise *vt (UK)* terroriser
test *vt* tester ; *vi* rechercher la présence de
▪ **test out** *vt* tester – essayer
▪ **test-drive** *vt* essayer
testify *vt* déclarer ; *vi* porter témoignage
tether *vt* attacher
text *vi* envoyer un mini-message (à qqn)
thank *vt* remercier
thatch *vt* couvrir de chaume
thaw *vi* fondre ; *vt* faire dégeler *ou* fondre
▪ **thaw out** *vt/vi* décongeler
theorize *vi* théoriser ; *vt* émettre une hypothèse
theorise *vi (UK)* théoriser ; *vt (UK)* émettre une hypothèse
thicken *vi* s'épaissir ; *vt* épaissir
thieve fam *vi* voler ; *vt* voler
thin *vt* allonger ; *vi* s'éclaircir
▪ **thin out** *vt* éclaircir ; *vi* se disperser
think *vi* penser ; *vt* penser à
▪ **think about** *vt* penser
▪ **think ahead** *vi* prévoir
▪ **think back** *vi* se rappele qqch
▪ **think of** *vt* penser à – estimer
▪ **think out** *vt* élaborer – bien étudier *ou* examiner
▪ **think over** *vt* bien examiner – bien réfléchir à
▪ **think up** *vt* trouver
thirst *vi* avoir soif de qqch
thrash *vt* battre ; *vi* se débattre
▪ **thrash about** *vi* se débattre ; *vt* battre de
▪ **thrash around** *vi* se débattre ; *vt* battre de
▪ **thrash out** *vt* débattre de – finir par trouver
thread *vt* enfiler ; *vi* s'enfiler
threaten *vt/vi* menacer
thresh *vt* battre
thrill *vt* transporter ; *vi* tressaillir
thrive *vi* pousser (bien) – prospérer
throb *vi* vibrer – battre fort
throne *vt* mettre sur le trône – introniser
throng *vt/vi* affluer
throttle *vt* étrangler
▪ **throttle down** *vt* mettre au ralenti
▪ **throttle back** *vt* mettre au ralenti
throw *vt* lancer – jeter (par terre)
▪ **throw about** *vt (UK)* lancer – jeter
▪ **throw around** *vt* lancer – jeter
▪ **throw aside** *vt* rejeter – laisser tomber
▪ **throw away** *vt* jeter ; *vi* se défausser
▪ **throw back** *vt* relancer – rejeter en arrière

- **throw down** *vt* jeter – lancer
- **throw in** *vt* jeter ; *vi (US)* s'associer à *ou* avec
- **throw off** *vt* enlever *ou* ôter (à la hâte) – se défaire de
- **throw on** *vt* enfiler *ou* passer (à la hâte)
- **throw out** *vt* jeter – mettre à la porte
- **throw over** fam *vt* quitter – abandonner
- **throw together** *vt* fam fabriquer à la hâte – rassembler à la hâte
- **throw up** *vt* jeter *ou* lancer en l'air ; *vi* fam vomir

thrum *vi* vibrer – vrombir
thrust *vt* enfoncer ; *vi* allonger *ou* porter une botte
- **thrust aside** *vt* écarter brusquement – écarter *ou* rejeter brusquement
- **thrust away** *vt* repousser
- **thrust forward** *vt* pousser en avant brusquement
- **thrust in** *vi* s'introduire de force ; *vt* enfoncer
- **thrust out** *vt* allonger brusquement – pousser dehors

thud *vi* faire un bruit sourd – battre fort
thumb *vt* feuilleter ; *vi (US)* fam faire du stop *ou* de l'auto-stop
- **thumb through** *vt* feuilleter – consulter rapidement

thump *vt* donner un coup de poing à ; *vi* cogner
- **thump out** *vt* marteler

thunder *vi* tonner ; *vt* lancer d'une voix tonitruante *ou* tonnante
thwack *vt* donner un coup sec à – gifler
thwart *vt* contrecarrer – contrarier les efforts de
tick *vi* faire tic-tac ; *vt* cocher
- **tick away** *vi* faire tic-tac – passer
- **tick off** *vt* cocher – compter
- **tick over** *vi (UK)* tourner au ralenti – tourner normalement

ticket *vt* étiqueter – désigner
tickle *vt/vi* chatouiller
- **tide over** *vt* dépanner

tidy *vt* ranger – mettre de l'ordre dans
- **tidy away** *vt* ranger – ramasser
- **tidy up** *vi* tout ranger ; *vt* ranger

tie *vt* attacher ; *vi* s'attacher
- **tie back** *vt* attacher (en arrière) – attacher
- **tie down** *vt* attacher – accaparer
- **tie in** *vi* être lié *ou* en rapport ; *vt* coïncider
- **tie on** *vt* attacher – nouer
- **tie together** *vt* attacher (ensemble) ; *vt* relier
- **tie up** *vt* ficeler ; *vi* être lié

tie-dye *vt* teindre en nouant (pour obtenir une teinture non uniforme)
tier *vt* disposer en gradins
tighten *vt* resserrer ; *vi* se resserrer
- **tighten up** *vt* serrer – renforcer
- **tighten up on** *vt* renforcer

tile *vt* couvrir de tuiles – carreler
till *vt* labourer
tilt *vt* pencher ; *vi* se pencher
- **tilt over** *vi* pencher – se renverser

timber *vt* boiser
time *vt* chronométrer – fixer *ou* prévoir (l'heure de)
timetable *vt (UK)* fixer une heure pour – établir un emploi du temps pour
tin *vt (UK)* mettre en conserve *ou* en boîte – étamer
tincture *vt* teinter
ting *vi* tinter ; *vt* faire tinter
tinge *vt* teinter
tingle *vi* fourmiller – frissonner
tinker *vi* bricoler
tinkle *vi* tinter ; *vt* faire tinter
tinsel *vt* orner *ou* décorer de guirlandes
tint *vt* teinter
tip *vt* mettre un embout à ; *vi (UK)* incliner
- **tip back** *vi* se rabattre en arrière ; *vt* faire basculer (en arrière)
- **tip down** fam vi *(UK)* pleuvoir des cordes ; vt *(UK)* pleuvoir des cordes
- **tip off** fam *vt* avertir – prévenir
- **tip out** *vt (UK)* vider – faire basculer
- **tip over** *vi* pencher ; *vt* faire basculer
- **tip up** *vi* se rabattre ; *vt* faire basculer
- **tippex out** *vt* effacer qqch (avec du Tipp-Ex ®)

tipple *vi* fam picoler
tiptoe *vi* marcher sur la pointe des pieds
tire *vi* se fatiguer ; *vt* fatiguer
- **tire out** *vt* épuiser – éreinter

tithe *vt* lever la dîme sur
titillate *vt* titiller
titivate fam *vi* se bichonner ; *vt* bichonner
title *vt* intituler
titter *vi* rire bêtement *ou* sottement – glousser
tittle-tattle *vi* jaser – cancaner
toady *vi* être flatteur
toast *vt* griller – porter un toast à
toboggan *vi (US)* dégringoler
toddle *vi* faire ses premiers pas – aller
- **toddle off** fam *vi* aller – s'en aller

toe *vt* toucher du bout du pied
- **tog out** fam *vt* nipper – fringuer
- **tog up** fam *vt* nipper – fringuer

toggle *vt* attacher avec un cabillot ; *vi* basculer
toil *vi* travailler dur – avancer péniblement
- **toil away** *vi* travailler dur – peiner

toilet-train *vt* apprendre à un enfant à être propre
tolerate *vt* tolérer
toll *vt/vi* sonner
tone *vi* s'harmoniser ; *vt* tonifier
- **tone down** *vt* adoucir – atténuer, baisser
- **tone in** *vi* s'harmoniser – s'assortir
- **tone up** *vt* tonifier

tongue *vt* détacher – langueter
tonsure *vt* tonsurer
tool *vt* travailler ; *vi* fam rouler (en voiture)
- **tool up** *vi* s'équiper ; *vt* outiller

toot *vi* klaxonner ; *vt* klaxonner
tooth *vi* s'engrener
tootle *vi* jouer un petit air
top *vt* couvrir *(UK)* – écimer
- **top off** *vt (UK)* terminer – *(US)* remplir

top out *vt* fêter l'achèvement de
top up *vt (UK)* remplir
topple *vi* basculer ; *vt* faire tomber
torch *vt* mettre le feu à
torment *vt* torturer – tourmenter
torpedo *vt* torpiller – faire échouer
torture *vt* torturer
toss *vt* lancer ; *vi* s'agiter
toss about *vt (UK)* ballotter ; *vi* s'agiter
toss around *vt* ballotter ; *vi* s'agiter
toss off *vt* expédier ; *vi (UK)* vulg se branler
toss up *vt* lancer ; *vi* jouer à pile *ou* face
tot up *vt (UK)* additionner ; *vi (UK)* revenir à
total *vt* additionner – s'élever à
tote *vt* fam porter
totter *vi* chanceler – tituber
touch *vt* toucher ; *vi* se toucher
touch down *vi* atterrir ; *vt* marquer un essai
touch off *vt* faire exploser – déclencher
touch on *vt* aborder
touch up *vt* faire des retouches à *(UK)* – tfam peloter
touch-type *vi* taper sans regarder le clavier
tough *vt* fam tenir bon
toughen *vt* rendre plus solide ; *vi* durcir
toughen up *vt/vi* rendre plus solide
tour *vt* visiter ; *vi* voyager
tousle *vt* ébouriffer – friper
tout *vt (UK)* revendre (au marché noir) ; *vi* vendre des pronostics
tow *vt* tirer – remorquer
towel *vt* frotter avec une serviette
tower *vi* dominer
toy with *vt* jouer avec
trace *vt* suivre la trace de – suivre
trace back *vt* retrouver l'origine de qqch ; *vi (US)* remonter à – être dû à
track *vt* suivre à la trace ; *vi* suivre le sillon
track down *vt* retrouver – traquer et capturer
trade *vt* échanger ; *vi* faire du commerce
trade in *vt* faire reprendre
trade off *vt* échanger – accepter en compensation
trade on *vt* exploiter – profiter de
trademark *vt* apposer une marque sur – déposer
traffic *vi* faire le commerce de
trail *vt* suivre ; *vi* traîner
trail away *vi* s'estomper
trail off *vi* s'estomper
train *vt* former ; *vi* recevoir une formation
traipse *vi* fam vadrouiller
tramp *vi* marcher ; *vt* parcourir
trample *vt* piétiner ; *vi* marcher d'un pas lourd
trample on *vt* piétiner – bafouer
trample over *vt* piétiner – bafouer
trampoline *vi* faire du trampoline
tranquillize *vt* calmer – mettre sous tranquillisants
tranquillise *vt (UK)* calmer – mettre sous tranquillisants
tranquilize *vt (US)* calmer – mettre sous tranquillisants
transact *vt* traiter – régler
transcend *vt* transcender – surpasser
transcribe *vt* transcrire
transect *vt* sectionner transversalement
transfer *vt* transférer ; *vi* être transféré
transfigure *vt* transfigurer
transfix *vt* transpercer – pétrifier
transform *vt* transformer – métamorphoser
transgress *vt* transgresser ; *vi* pécher
transistorize *vt* transistoriser
transistorise *vt (UK)* transistoriser
transit *vt* transiter – passer sur
translate *vt* traduire ; *vi* se traduire
transliterate *vt* translitérer – translittérer
transmit *vt* transmettre ; *vi* émettre
transmute *vt* transmuer – transmuter
transpire *vi* apparaître ; *vt* transpirer
transplant *vt* transplanter – greffer
transport *vt* transporter
transpose *vt* transposer
transship *vt* transborder
trap *vt* prendre au piège – piéger
trash fam *vt* jeter – débiner
traumatize *vt* traumatiser
traumatise *vt (UK)* traumatiser
travel *vi* voyager ; *vt* faire
traverse *vt* traverser ; *vi* faire une traversée
travesty *vt* bafouer
trawl *vi* pêcher au chalut ; *vt* traîner
tread *vt* fouler ; *vi* marcher
tread down *vt* tasser (du pied)
tread in *vt* tasser la terre autour de
treadle *vi* actionner la pédale
treasure *vt* tenir beaucoup à – garder précieusement
treat *vt* traiter ; *vi* traiter de
treble *vt/vi* tripler
tree *vt* forcer *ou* obliger à se réfugier dans un arbre
trek *vi* avancer avec peine – faire de la randonnée
trellis *vt* faire un treillage de – treillager
tremble *vi* trembler – frémir
trench *vt* creuser une tranchée *ou* des tranchées dans ; *vi* creuser une tranchée *ou* des tranchées
trend *vi* s'étendre – s'incliner
trepan *vt* forer – trépaner
trespass *vi* s'introduire dans une propriété privée
triangulate *vt* diviser en triangles – trianguler
trice *vt* hisser
trick *vt* tromper – escroquer
trick out *vt* parer
trick up *vt* parer
trickle *vi* dégoutter ; *vt* faire couler goutte à goutte
trickle away *vi* s'écouler lentement – disparaître petit à petit
trickle in *vi* entrer goutte à goutte – entrer par petits groupes
tricycle *vi* faire du tricycle
trifle with *vt* jouer *ou* plaisanter avec
trigger *vt* déclencher – provoquer
trigger off *vt* déclencher
trill *vi* triller ; *vt* triller
trim *vt* tailler – orner
trim down *vt* tailler – réduire
trim off *vt* enlever – couper
trip *vt* faire trébucher ; *vi* trébucher

trip over *vi* trébucher ; *vt* buter sur *ou* contre

trip up *vt* faire trébucher ; *vi* trébucher

triple *vi* tripler ; *vt* tripler

triplicate *vt* multiplier par trois – tripler

trisect *vt* diviser en trois parties égales

triturate *vt* triturer

triumph *vi* triompher

trivialize *vt* banaliser – dévaloriser

trivialise *vt (UK)* banaliser – dévaloriser

troll *vi* pêcher à la traîne *(UK)* – fam se balader

troop *vi* passer en troupe ; *vt* faire le salut au drapeau

trot *vi* trotter ; *vt* faire trotter

trot along *vi* trotter – fam partir

trot away *vi* partir au trot – fam partir au pas de course

trot out fam *vt (UK)* débiter – réciter

trouble *vt* inquiéter ; *vi* se déranger

troubleshoot *vi* régler un problème – localiser une panne

trounce *vt* écraser – battre à plate couture *ou* plates coutures

truant *vi* manquer les cours

truck *vt (US)* camionner ; *vi (US)* aller *ou* rouler en camion

trudge *vi* marcher péniblement *ou* en traînant les pieds ; *vt* traîner

true up *vt* aligner – ajuster

trump *vt* couper – renchérir sur

trumpet *vi* barrir ; *vt* claironner

truncate *vt* tronquer

truncheon *vt* matraquer

trundle *vi* avancer *ou* rouler lentement ; *vt* pousser (avec effort)

truss *vt* ligoter – armer

truss up *vt* ligoter – trousser

trust *vt* faire confiance à ; *vi* faire confiance à

try *vt/vi* essayer

try on *vt* essayer

try out *vt* essayer ; *vi* faire un essai pour se faire engager

tube-feed *vt* nourrir à la sonde

tuck *vt* rentrer – mettre

tuck away *vt* cacher – fam s'enfiler

tuck in *vt* rentrer ; *vi* fam attaquer un repas

tuck up *vt* border (dans son lit) – remonter

tucker *vt (US)* fam crever

tug *vt/vi* tirer sur

tumble *vi* faire une chute ; *vt* renverser

tumble about *vi* gambader ; *vt* mettre en désordre

tumble down *vi* faire une culbute – dégringoler

tumble out *vi* faire une culbute ; *vt* faire tomber en vrac *ou* en tas

tumble over *vi* culbuter ; *vt* renverser

tumble to fam *vt (UK)* piger – saisir

tumble-dry *vt* faire sécher dans le sèche-linge

tune *vt* accorder – mettre au point

tune in *vi* se mettre à l'écoute ; *vt* régler sur

tune out *vi (US)* faire la sourde oreille ; *vt* ignorer

tune up *vi* accorder son instrument ; *vt* accorder

tunnel *vt* creuser ; *vi* creuser *ou* percer un tunnel *ou* des tunnels

turf fam *vt (UK)* balancer – *(UK)* flanquer

turf out fam *vt* vider – sortir

turn *vt/vi* tourner

turn against *vt* se retourner contre, s'en prendre à

turn aside *vi* s'écarter ; *vt* écarter

turn away *vt* détourner ; *vi* se détourner

turn back *vi* revenir ; *vt* faire faire demi-tour à

turn down *vt* baisser ; *vi* tourner vers le bas

turn in *vt* rendre ; *vi* fam se coucher

turn off *vt* éteindre ; *vi* tourner

turn on *vt* allumer ; *vt* attaquer

turn out *vt* éteindre ; *vi* venir

turn over *vt* retourner ; *vi* se retourner

turn round *vi (UK)* se retourner ; *vt* tourner

turn to *vt* se tourner vers – s'adresser à

turn up *vt* mettre plus fort ; *vi* apparaître

tussle *vi* se battre

tut *vi* pousser une exclamation désapprobatrice – exprimer son mécontentement

tutor *vt* donner des cours (particuliers) à ; *vi* suivre des cours particuliers

twang *vt* pincer les cordes de ; *vi* vibrer

tweak *vt* tordre (doucement) – mettre au point

tweet *vi* pépier

twiddle *vt* tourner – tripoter ; *vi* tourner

twig *vi/vt (UK)* fam piger

twin *vt (UK)* jumeler

twine *vt* entortiller ; *vi* s'enrouler

twinkle *vi* briller – scintiller

twirl *vt* faire tournoyer ; *vi* tournoyer

twist *vt* tourner ; *vi* serpenter

twist about *vi (UK)* s'entortiller – serpenter

twist around *vi* s'entortiller – serpenter

twist off *vt* dévisser ; *vi* se dévisser

twist round *vt (UK)* enrouler ; *vi* se retourner

twist together *vt* tresser – enrouler

twist up *vt* enrouler ; *vi* s'emmêler

twitch *vi* avoir un mouvement convulsif ; *vt* remuer

twitter *vi* gazouiller – jacasser

two-time fam *vt* tromper – être infidèle à

type *vt/vi* taper (à la machine)

type out *vt* taper (à la machine) – effacer (à la machine)

type over *vt* écraser

type up *vt* taper (à la machine)

typecast *vt* enfermer dans le rôle de

typeset *vt* composer

typify *vt* être typique *ou* caractéristique de – symboliser

tyrannize *vt* tyranniser ; *vi* tyranniser

tyrannise *vt/vi (UK)* tyranniser

U

ululate *vi* ululer – hurler
um *vi* dire euh
umpire *vt* arbitrer ; *vi* servir d'arbitre
unbalance *vt* déséquilibrer
unblock *vt* déboucher – dégager
unbolt *vt* déverrouiller – déboulonner
unbuckle *vt* déboucler – défaire la boucle de
unburden *vt* décharger (d'un fardeau) – livrer
unbutton *vt* déboutonner ; *vi* fam se déboutonner
uncap *vt* décapsuler – déboucher
unchain *vt* enlever *ou* défaire les chaînes de – déchaîner
unclasp *vt* ouvrir – dégrafer
unclench *vt* desserrer
unclog *vt* déboucher – débloquer
uncoil *vt* dérouler ; *vi* se dérouler
uncork *vt* déboucher – déchaîner
uncouple *vt* découpler – dételer
uncover *vt* découvrir
uncross *vt* décroiser
uncurl *vt* dérouler ; *vi* s'ouvrir
underachieve *vi* ne pas obtenir les résultats attendus
undercharge *vt* faire payer insuffisamment *ou* moins cher à
undercook *vt* ne pas assez cuire
undercut *vt* vendre moins cher que – amoindrir
underestimate *vt* sous-estimer – mésestimer
underexpose *vt* sous-exposer – faire insuffisamment la publicité de
underfeed *vt* sous-alimenter
undergo *vt* subir – éprouver
underinsure *vt* sous-assurer
underlay *vt* doubler
underlie *vt* sous-tendre – être à la base de
underline *vt* souligner
undermine *vt* miner – saper
underpay *vt* sous-payer
underperform *vi* rester en deçà de ses possibilités
underpin *vt* soutenir – étayer
underplay *vt* minimiser ; *vi* jouer volontairement une petite carte
underprice *vt* vendre au-dessous de sa valeur – sous-évaluer
underproduce *vt* produire insuffisamment de ; *vi* produire insuffisamment
underquote *vt* vendre moins cher que
underrate *vt* sous-estimer
underscore *vt* souligner
underseal *vt (UK)* faire un traitement antirouille
undersell *vt* vendre moins cher que ; *vi* se vendre mal
understand *vt/vi* comprendre
understate *vt* minimiser (l'importance de) – dire avec retenue
understudy *vt* apprendre un rôle en tant que doublure – doubler
undertake *vt* entreprendre – s'engager à
underuse *vt* sous-utiliser
undervalue *vt* sous-évaluer – sous-estimer
underwhelm *vt* décevoir – désappointer
underwrite *vt* garantir – soutenir *ou* appuyer financièrement
undo *vt* défaire ; *vt* annuler
undress *vt* déshabiller ; *vi* se déshabiller
undulate *vi* onduler
unearth *vt* déterrer – dénicher
unfasten *vt* défaire – ouvrir
unfit *vt* rendre inapte
unfix *vt* remettre
unfold *vt* déplier ; *vi* se déplier
unfreeze *vt* dégeler ; *vi* (se) dégeler
unfrock *vt* défroquer
unfurl *vt* déferler ; *vi* se déployer
unhand *vt* lâcher
unharness *vt* déharnacher – dételer
unhinge *vt* démonter – déséquilibrer
unhitch *vt* détacher – dételer
unhook *vt* décrocher ; *vi* se dégrafer
unhorse *vt* démonter – faire tomber
unify *vt* unifier – uniformiser
uninstall *vt* désinstaller
unionize *vi* se syndicaliser ; *vt* syndicaliser
unionise *vi (UK)* se syndicaliser ; *vt* syndicaliser
unite *vt* unir ; *vi* s'unir
unlace *vt* délacer – défaire le lacet *ou* les lacets de
unlatch *vt* soulever le loquet de ; *vi* s'ouvrir
unlearn *vt* désapprendre
unleash *vt* lâcher – déchaîner
unload *vt/vi* décharger
unlock *vt* ouvrir ; *vi* s'ouvrir
unloose(n) *vt* relâcher – desserrer
unman *vt* renvoyer l'équipage de – faire perdre courage à
unmask *vt* démasquer
unnerve *vt* démonter – déconcerter
unpack *vt* défaire ; *vi* défaire ses bagages
unpick *vt* découdre
unpin *vt* enlever les épingles de
unplug *vt* débrancher
unravel *vt* défaire ; *vi* se défaire
unroll *vt* dérouler
unsaddle *vt* desseller – désarçonner
unsay *vt* retirer – revenir sur
unscramble *vt* déchiffrer – résoudre
unscrew *vt* dévisser ; *vi* se dévisser
unseal *vt* ouvrir – décacheter
unseat *vt* désarçonner – faire tomber
unsettle *vt* inquiéter – déranger
unsheathe *vt* dégainer
unstick *vt* décoller ; *vi* se décoller
unstop *vt* déboucher
unstrap *vt* défaire les sangles de
unsubscribe *vi* se désinscrire (de)
untangle *vt* démêler – débrouiller
untie *vt* dénouer – défaire
unveil *vt* dévoiler – inaugurer
unwind *vt* dérouler ; *vi* se dérouler
unwrap *vt* déballer – ouvrir
unzip *vt* ouvrir *ou* défaire (la fermeture Éclair ® de) ; *vi* se dégrafer
up *vt* augmenter ; *vi* faire qqch tout d'un coup
upbraid *vt* réprimander
update *vt* mettre à jour – moderniser
upend *vt* mettre debout – bouleverser
upgrade *vt* améliorer ; *vi* passer à un système plus puissant
uphold *vt* défendre – maintenir
upholster *vt* recouvrir – tapisser
uplift *vt* élever (l'esprit de) – encourager

upload *vt* télécharger (vers un gros ordinateur)
uproot *vt* déraciner
upset *vt* renverser – bouleverser
upstage *vt* éclipser – voler la vedette à
upturn *vt* retourner – mettre à l'envers
urbanize *vt* urbaniser
urbanise *vt (UK)* urbaniser
urge *vt* exhorter – conseiller vivement
■ **urge on** *vt* talonner – faire avancer
urinate *vi* uriner
use *vt* se servir de
aux modal
■ **use up** *vt* consommer – finir
usher *vt* conduire – accompagner
■ **usher in** *vt* inaugurer – marquer le début de
usurp *vt* usurper
utilize *vt* utiliser – exploiter
utilise *vt (UK)* utiliser – exploiter
utter *vt* prononcer – publier

V

vacate *vt* libérer – quitter
vacation *vi (US)* prendre *ou* passer des vacances
vaccinate *vt* vacciner
vacillate *vi* hésiter
vacuum *vt* passer l'aspirateur sur – passer l'aspirateur dans
valet *vt* faire un lavage-route à sa voiture
validate *vt* confirmer – valider
valuate *vt (US)* estimer – expertiser
value *vt* expertiser – apprécier
vamoose *vi (US)* fam filer
vamp fam *vt* vamper ; *vi* jouer la vamp
■ **vamp up** *vt* enjoliver
vandalize *vt* saccager
vandalise *vt (UK)* saccager
vanish *vi* disparaître – se dissiper
vanquish *vt* vaincre
vaporize *vt* vaporiser ; *vi* se vaporiser
vaporise *vt (UK)* vaporiser ; *vi* se vaporiser
vapour *vi (UK)* s'évaporer – *(US)* fam se vanter
vapor *vi (US)* s'évaporer – *(US)* fam se vanter
varnish *vt* vernir – vernisser
vary *vi* varier ; *vt* varier
vault *vi* sauter ; *vt* voûter
vaunt *vt* vanter ; *vi* se vanter
vector *vt* radioguider
veer *vi* virer ; *vt* faire virer
vegetate *vi* végéter
veil *vt* voiler – couvrir d'un voile
vend *vt* vendre
veneer *vt* plaquer
venerate *vt* vénérer
vent *vt* pratiquer un trou dans – laisser échapper
ventilate *vt* ventiler – agiter (au grand jour)
venture *vt* hasarder ; *vi* se lancer
verbalize *vt* verbaliser – exprimer par des mots
verbalise *vt (UK)* verbaliser – exprimer par des mots
verge *vt* border
■ **verge on** *vt* côtoyer – s'approcher de
■ **verge upon** *vt* côtoyer – s'approcher de
verify *vt* vérifier – confirmer
versify *vt* versifier ; *vi* rimer
vest *vt* investir
vet *vt* examiner minutieusement – examiner
veto *vt* mettre *ou* opposer son veto à
vex *vt* contrarier – ennuyer
vibrate *vi* vibrer – osciller
victimize *vt* faire une victime de – exercer des *ou* user de représailles sur
victimise *vt (UK)* faire une victime de – exercer des *ou* user de représailles sur
victual *vt* ravitailler ; *vi* se ravitailler
video *vt* enregistrer sur magnétoscope – magnétoscoper
video-record *vt* enregistrer sur magnétoscope – magnétoscoper
videotape *vt* enregistrer sur magnétoscope – magnétoscoper
vie *vi* rivaliser – lutter
view *vt* voir ; *vi* regarder la télévision
vilify *vt* diffamer – calomnier
vindicate *vt* justifier – faire valoir
violate *vt* violer – troubler
visa *vt* viser
visit *vt* rendre visite à ; *vi* visiter
■ **visit with** *vt (US)* passer voir – bavarder avec
visualize *vt* se représenter – envisager
visualise *vt (UK)* se représenter – envisager
vitiate *vt* vicier
vitrify *vt* vitrifier ; *vi* se vitrifier
vituperate *vt* vitupérer (contre) ; *vi* vitupérer
vocalize *vt* exprimer ; *vi* vocaliser
vocalise *vt (UK)* exprimer ; *vi* vocaliser
vociferate *vi* vociférer – hurler
voice *vt* exprimer – voiser
void *vt* vider – annuler
volley *vt* tirer une volée *ou* une salve de ; *vi* tirer par salves
volunteer *vt* donner *ou* fournir spontanément ; *vi* se porter volontaire
vomit *vt* vomir
voodoo *vt* envoûter – ensorceler
vote *vt/vi* voter
■ **vote down** *vt* rejeter (par le vote)
■ **vote in** *vt* élire – voter
■ **vote out** *vt* rejeter – relever de ses fonctions
■ **vote through** *vt* voter – ratifier
vouch *vi* se porter garant de qqn *ou* qqch
vouchsafe *vt* accorder – octroyer
vow *vt* jurer
voyage *vt* traverser ; *vi* voyager par mer
vulgarize *vt* rendre vulgaire – vulgariser
vulgarise *vt (UK)* rendre vulgaire – vulgariser

W

wad *vt* faire un tampon de – boucher (avec un tampon)
waddle *vi* se dandiner
wade *vi* patauger ; *vt* passer *ou* traverser à gué
■ **wade in** *vi (UK)* s'y mettre
■ **wade into** *vt (UK)* attaquer – *(UK)* s'atteler à

■ **wade through** *vt* avancer *ou* marcher péniblement dans

wafer *vt* cacheter (avec du papier rouge) – diviser en tranches

waffle *fam vi* baratiner – faire du remplissage

waft *vt* porter ; *vi* flotter

wag *vt* agiter ; *vi* remuer

wage *vt* faire

wager *vt/vi* parier

waggle *vt* agiter ; *vi* bouger

wail *vi* gémir ; *vt* dire en gémissant

wait *vi* attendre ; *vt* attendre

■ **wait about** *vi (UK)* traîner – faire le pied de grue

■ **wait behind** *vi* rester

■ **wait for** *vt* attendre

■ **wait in** *vi* rester à la maison

■ **wait on** *vt* servir

■ **wait out** *vt* rester jusqu'à la fin *ou* jusqu'au bout de – attendre la fin de

■ **wait up** *vi* rester debout – veiller

waive *vt* ne pas insister sur – déroger à

wake *vi* se réveiller ; *vt* réveiller

■ **wake up** *vi* se réveiller ; *vt* réveiller

waken *vi* se réveiller ; *vt* réveiller

walk *vi* marcher ; *vt* faire à pied

■ **walk about** *vi (UK)* se promener – se balader

■ **walk across** *vi* traverser (à pied) ; *vt* faire traverser (à pied)

■ **walk away** *vi* partir – s'en aller

■ **walk away with** *vt* remporter

■ **walk back** *vi* revenir *ou* retourner (à pied) ; *vt* raccompagner (à pied)

■ **walk in** *vi* entrer ; *vt* faire entrer

■ **walk into** *vt* entrer dans – se cogner à

■ **walk off** *vi* partir ; *vt* faire passer en marchant

■ **walk off with** *vt* emporter *ou* voler qqch

■ **walk out** *vi* sortir – se mettre en grève

■ **walk out on** *vt* quitter

■ **walk over** *vt* traverser ; *vi* aller

■ **walk up** *vi* monter – s'approcher

wall *vt* clôturer, entourer d'un mur – fortifier

■ **wall in** *vt* clôturer, entourer d'un mur

■ **wall off** *vt* séparer par un mur *ou* par une cloison

■ **wall up** *vt* murer – emmurer

wallop *fam vt* flanquer un coup à – écraser

wallow *vi* se vautrer – se rouler

wallpaper *vt* tapisser (de papier peint)

waltz *vi* valser ; *vt* valser avec

wander *vi* errer ; *vt* errer dans

■ **wander about** *vi (UK)* errer – flâner

■ **wander around** *vi* errer – flâner

wane *vi* décroître – diminuer

wangle *fam vt* se débrouiller pour avoir – obtenir par subterfuge

wank *vi (UK) vulg* se branler

want *vt/vi* vouloir

■ **want for** *vt* manquer de

war *vi* faire la guerre

warble *vi* gazouiller – chanter (avec des trilles) ; *vt* gazouiller – chanter (avec des trilles)

■ **ward off** *vt* éviter – parer

warehouse *vt* entreposer – emmagasiner

warm *vt* réchauffer ; *vi* prendre de sympathie pour

■ **warm over** *vt (US)* (faire) réchauffer – ressasser

■ **warm through** *vt* (faire) réchauffer complètement

■ **warm up** *vt* réchauffer ; *vi* se chauffer

warn *vt* avertir – conseiller

■ **warn off** *vt* décourager

warp *vt/vi* gauchir

warrant *vt* justifier – assurer

wash *vt* laver ; *vi* se laver

■ **wash away** *vt* emporter – éroder

■ **wash down** *vt* laver (à grande eau) – arroser

■ **wash off** *vt* enlever *ou* faire partir au lavage ; *vi* s'en aller *ou* partir au lavage

■ **wash out** *vt* enlever *ou* faire partir au lavage ; *vi* s'en aller *ou* partir au lavage

■ **wash up** *vi (UK)* faire *ou* laver la vaisselle ; *vt (UK)* laver

wassail *vi* chanter (des chants de Noël)

waste *vt* gaspiller – atrophier

■ **waste away** *vi* dépérir

watch *vt/vi* regarder

■ **watch for** *vt* guetter – surveiller

■ **watch out** *vi* faire attention – prendre garde

■ **watch over** *vt* garder – surveiller

water *vt* arroser ; *vi* larmoyer

■ **water down** *vt* couper (d'eau) – édulcorer

watermark *vt* filigraner

waterproof *vt* imperméabiliser – rendre étanche

■ **water-ski** *vi* faire du ski nautique

wave *vi* faire un signe *ou* un geste de la main ; *vt* agiter

■ **wave about** *vt (UK)* agiter

■ **wave aside** *vt* écarter *ou* éloigner d'un geste – écarter

■ **wave down** *vt* faire signe à un véhicule de s'arrêter

waver *vi* vaciller – trembloter

wax *vt* cirer ; *vi* croître

waylay *vt* attaquer – intercepter

weaken *vt* affaiblir ; *vi* s'affaiblir

wean *vt* sevrer

■ **wean off** *vt* detourner de

weaponize *vt* militariser

wear *vt* porter ; *vi* durer

■ **wear away** *vt* user ; *vi* s'user

■ **wear down** *vt* user ; *vi* s'user

■ **wear off** *vi* s'effacer ; *vt* effacer par l'usure

■ **wear on** *vi* avancer lentement – se poursuivre lentement

■ **wear out** *vt* user ; *vi* s'user

■ **wear through** *vt* trouer ; *vi* se trouer

weary *vt* fatiguer ; *vi* se lasser

weasel *vi (US)* ruser ; *vt* s'insinuer dans

■ **weasel out** *vi fam* se débrouiller pour se dégager de qqch

weather *vt* réchapper à ; *vi* se patiner

weatherproof *vt* imperméabiliser – rendre étanche

weave *vt/vi* tisser

wed *vt* épouser ; *vi* se marier

wedge *vt* caler – enfoncer

■ **wedge in** *vt* faire rentrer – enfoncer

wee *vi fam* faire pipi

weed *vt/vi* désherber

■ **weed out** *vt* éliminer – expulser
weekend *vi* passer le week-end
weep *vi* pleurer ; *vt* verser
wee-wee *vi* faire pipi
weigh *vt/vi* peser
■ **weigh down** *vt* faire plier – courber
■ **weigh in** *vi* se faire peser (avant une épreuve) – intervenir
■ **weigh on** *vt* peser
■ **weigh out** *vt* peser
■ **weigh up** *vt* examiner – mesurer
weight *vt* lester – retenir *ou* maintenir avec un poids
■ **weight down** *vt* lester – maintenir *ou* retenir avec un poids
welcome *vt* accueillir – être heureux d'avoir
■ **welcome back** *vt* accueillir (à son retour)
weld *vt/vi* souder
well *vi* monter – jaillir
■ **well out** *vi* jaillir
■ **well up** *vi* monter – jaillir
welsh *vi (UK)* fam partir *ou* décamper sans payer
wend *vt* s'acheminer
westernize *vt* occidentaliser
westernise *vt (UK)* occidentaliser
wet *vt* mouiller
■ **wet-nurse** *vt* servir de nourrice à – élever au sein
whack *vt* donner un coup *ou* des coups à *(UK)* – flanquer une dérouillée *ou* raclée à
whale *vi* pêcher la baleine ; *vt (US)* fam mettre une raclée à
wham *vt* donner une raclée à – rentrer dans
wheedle *vt* enjôler
wheel *vi* tournoyer ; *vt* pousser
wheelclamp *vt* mettre un sabot à une voiture
wheeze *vi* respirer bruyamment *ou* comme un asthmatique ; *vt* dire d'une voix rauque
whelp *vi* mettre bas
whet *vt* affûter – aiguiser
whiff fam *vi* sentir mauvais – puer
■ **while away** *vt* faire passer
whimper *vi* gémir ; *vt* gémir
whine *vi* gémir ; *vt* dire en gémissant
whinge fam *vi (UK) (australian english)* – geindre – pleurnicher
whinny *vi* hennir
whip *vt/vi* fouetter
■ **whip away** *vt* emporter brusquement
■ **whip in** *vt* ramener ; *vi* entrer précipitamment
■ **whip off** *vt* se débarrasser de – écrire en vitesse
■ **whip on** *vt* cravacher
■ **whip out** *vt* sortir vivement ; *vi* sortir précipitamment
■ **whip round** *vi* se retourner vivement – faire volte-face
■ **whip through** fam *vt* parcourir en vitesse – expédier
■ **whip up** *vt* attiser – susciter
whirl *vi* tourner ; *vt* faire tourner
whirr *vi* bruire – ronronner
whisk *vt* battre ; *vi* aller vite
■ **whisk away** *vt* enlever – chasser
■ **whisk off** *vt* emporter *ou* emmener à vive allure – conduire sur-le-champ
whisper *vi* chuchoter ; *vt* chuchoter
whistle *vi* siffler ; *vt* siffler
■ **whistle up** *vt (UK)* siffler – dénicher
whistle-stop *vi (US)* faire une tournée électorale en passant par des petites villes
white *vi* blanchir ; *vt* blanchir
■ **white out** *vt* effacer (au correcteur liquide)
whiten *vi* blanchir ; *vt* blanchir
whitewash *vt* blanchir à la chaux – blanchir
whittle *vi* tailler (au couteau) ; *vt* tailler (au couteau)
■ **whittle away** *vt* amoindrir ; *vi* tailler
■ **whittle down** *vt* tailler (au couteau) – amenuiser
whiz(z) *vi* filer **whoop** *vi* avoir un accès de toux coquelucheuse
■ **whoop up** *vt* fam faire la noce bruyamment
whoosh *vi* fam passer en trombe
whop fam *vt* rosser – écraser
whore *vi* se prostituer – fréquenter des prostituées
widen *vt* élargir ; *vi* s'élargir
widow *vt* devenir veuf *ou* veuve
wield *vt* brandir – exercer
wiggle *vt* remuer ; *vi* (se) remuer
will *aux modal (*exprime le futur ou se traduit par « vouloir » dans les invitations et les demandes cf. tableau, ne se conjugue pas
will *vt* léguer ; *vi* vouloir
wilt *vi* se faner ; *vt* faner
■ **wimp out** *vi* fam se défiler
win *vi/vt* gagner
■ **win back** *vt* reprendre reconquérir
■ **win out** *vi* triompher
■ **win over** *vt* rallier
■ **win through** *vi* remporter
wince *vi* crisper le visage – grimacer (de dégoût)
winch *vt* monter *ou* descendre qqch au treuil
wind *vt* laisser souffler – faire faire son renvoi à
wind *vi* serpenter ; *vt* enrouler
■ **wind back** *vt* rembobiner
■ **wind down** *vi* se détendre ; *v* faire descendre
■ **wind forward** *vt* (faire) avancer
■ **wind on** *vt* enrouler
■ **wind up** *vt* terminer ; *vi* fam finir
windlass *vt* monter au treuil – tirer au treuil
windmill *vi* tourner en moulinet – tourner par la force du vent
windsurf *vi* faire de la planche à voile
wine *vt* arroser ; *vi* arroser un événement
wing *vt* blesser – darder
wink *vi* faire un clin d'œil ; *vt* faire un clin d'œil
■ **winkle out** fam *vt* arracher – déloger
winnow *vt* vanner – démêler
winter *vi* passer l'hiver ; *vt* hiverner
winterize *vt (US)* aménager pour l'hiver
winterise *vt (UK* et *US)* aménager pour l'hiver
wipe *vt/vi* essuyer
■ **wipe away** *vt* essuyer – enlever
■ **wipe down** *vt* lessiver
■ **wipe off** *vt* enlever – effacer
■ **wipe out** *vt* nettoyer – effacer
■ **wipe up** *vt* éponger ; *vi (UK)* essuyer (la vaisselle)
wire *vt* relier avec du fil de fer – mettre l'électricité dans
■ **wire together** *vt* relier avec du fil de fer

- **wire up** *vt (US)* fam énerver

wiretap *vt* mettre sur écoute ; *vi* mettre un téléphone sur écoute

- **wise up** fam *vt (US)* mettre dans le coup ; *vt* mettre dans le coup

wish *vt* souhaiter ; *vi* vouloir

- **wish away** *vt* souhaiter que qqch n'existe pas
- **wish for** *vt* souhaiter
- **wish on** *vt* souhaiter à

withdraw *vt* retirer ; *vi* se retirer

wither *vi* se flétrir ; *vt* flétrir

- **wither away** *vi* se dessécher – se faner

withhold *vt* refuser – taire

withstand *vt* résister à

witness *vt* être témoin de ; *vi* témoigner

witter *vi* parler interminablement de qqch

wobble *vi* trembler ; *vt* faire basculer

wolf *vt* engloutir – dévorer

- **wolf down** fam *vt* engloutir – dévorer

womanize *vi* courir les femmes

womanise *vi (UK)* courir les femmes

wonder *vt* se demander ; *vi* penser

woo *vt* courtiser – chercher à plaire à

woof *vi* aboyer

word *vt* rédiger – formuler

word-process *vi* travailler sur traitement de texte ; *vt* saisir en traitement de texte

work *vi* travailler ; *vt* faire travailler

- **work away** *vi* travailler
- **work down** *vi* glisser
- **work in** *vt* incorporer – faire entrer *ou* introduire petit à petit
- **work off** *vt* se débarrasser de – éliminer
- **work on** *vt* essayer de convaincre
- **work out** *vt* acquitter en travaillant ; *vi* se passer
- **work over** *vt (US)* revoir – fam tabasser
- **work round** *vi* tourner ; *vt* finir par traiter de qqch
- **work through** *vt* faire passer à travers ; *vt* résoudre
- **work up** *vt* exciter ; *vi* remonter

worm *vt* débarrasser de ses vers

- **worm out** *vt* soutirer

worry *vt* inquiéter ; *vi* s'inquiéter

- **worry at** *vt* retourner dans tous les sens

worsen *vi* empirer ; *vt* empirer

worship *vt* adorer ; *vi* faire ses dévotions

worst *vt* battre – avoir le dessus sur

would *aux modal* (se traduit généralement par un conditionnel, cf. tableau, ne se traduit pas)

wound *vt* blesser

wow *vt* impressionner – emballer

wrangle *vi* se disputer ; *vt (US)* garder

wrap *vt* emballer – envelopper

- **wrap up** *vt* envelopper ; *vi* s'habiller

wreak *vt* causer – assouvir

wreathe *vt* envelopper ; *vi* monter en volutes

wreck *vt* provoquer le naufrage de – casser

wrench *vt* tirer violemment sur ; *vi* se dégager de qqch

wrest *vt* arracher violemment – arracher

wrestle *vi* lutter ; *vt* lutter contre

wriggle *vt* tortiller ; *vi* remuer

- **wriggle about** *vi (UK)* se tortiller – frétiller
- **wriggle around** *vi* se tortiller – frétiller
- **wriggle out** *vi* sortir – se dégager (en se tortillant)
- **wriggle out of** *vt* se dérober de qqch

wring *vt/vi* essorer

- **wring out** *vt* essorer

wrinkle *vt* froncer ; *vi* se rider

- **wrinkle up** *vi/vt* se plisser

write *vt/vi* écrire

- **write away** *vi* écrire – écrire pour demander
- **write back** *vi* répondre (à une lettre)
- **write down** *vt* écrire – réduire le prix de
- **write in** *vi* écrire ; *vt* ajouter
- **write off** *vt* passer aux profits et pertes ; *vi* commander par lettre
- **write out** *vt* écrire – recopier
- **write up** *vt* écrire – recopier

write-protect *vt* protéger contre l'écriture

writhe *vi* se tordre – se contorsionner

- **writhe about** *vi (UK)* se tortiller
- **writhe around** *vi* se tortiller

wrong *vt* faire du tort à – traiter injustement

wrong-foot *vt* prendre à contre-pied

X

X *vt* marquer d'une croix

xerox *vt* photocopier

x-ray *vt* radiographier – passer aux rayons X

X-ray *vt* radiographier – passer aux rayons X

Y

yacht *vi* faire du yachting

yackety-yak *vi* fam jacasser

yak *vi* fam jacasser

yank *vt* tirer brusquement (sur) – tirer d'un coup sec

- **yank off** *vt* arracher
- **yank out** *vt* arracher

yap *vi* japper – jacasser

yarn *vi* raconter des histoires – raconter de longues histoires

yaw *vi* être déporté ; *vt* faire dévier de sa trajectoire

yawn *vi* bâiller ; *vt* dire en bâillant

yearn *vi* languir – s'attendrir

yeast *vi* mousser

yell *vi* crier (à tue-tête) ; *vt* hurler

yellow *vi* jaunir ; *vt* jaunir

yelp *vi* japper – crier

yield *vi* céder ; *vt* produire

- **yield up** *vt (UK)* livrer – dévoiler

yodel *vi* jodler – iodler

yoke *vt* atteler – lier

yowl *vi* miauler (fort) – hurler

yuppify *vt* s'embourgeoiser

Z

zap *vi* courir ; *vt* ravager
zero *vt* régler sur zéro
▪ **zero in on** *vt* se diriger *ou* piquer droit sur – fam se concentrer sur
zigzag *vi* avancer en zigzags – zigzaguer
zing *vi* siffler – passer dans un sifflement
zip *vi* siffler ; *vt* zipper
▪ **zip on** *vt* attacher (avec une fermeture à glissière) ; *vi* s'attacher avec une fermeture Éclair® *ou* à glissière
▪ **zip up** *vt* fermer avec la fermeture Éclair® *ou* à glissière ; *vi* se fermer avec une fermeture Éclair® *ou* à glissière
zone *vt* diviser en zones – désigner
zoom *vi* monter en flèche – vrombir
▪ **zoom in** *vi* faire un zoom
▪ **zoom off** *vi* filer
▪ **zoom out** *vi* faire *ou* produire un effet d'éloignement avec le zoom

Imprimé en Espagne par Dédalo offset
Dépôt légal : Février 2011 - 301529/1
N° de projet : 11005913 - Février 2011